名家通识讲座书系

中国历史地理十五讲（第二版）

韩茂莉 著

北京大学出版社
PEKING UNIVERSITY PRESS

图书在版编目(CIP)数据

中国历史地理十五讲/韩茂莉著.—2版.—北京:北京大学出版社,2023.3
(名家通识讲座书系)
ISBN 978-7-301-33820-9

Ⅰ.①中… Ⅱ.①韩… Ⅲ.①历史地理—中国 Ⅳ.①K928.6

中国国家版本馆 CIP 数据核字(2023)第 037417 号

审图号:GS(2023)1117 号

书　　　名	中国历史地理十五讲(第二版) ZHONGGUO LISHI DILI SHIWU JIANG(DI-ER BAN)
著作责任者	韩茂莉　著
责任编辑	艾　英
标准书号	ISBN 978-7-301-33820-9
出版发行	北京大学出版社
地　　　址	北京市海淀区成府路 205 号　100871
网　　　址	http://www.pup.cn　新浪微博:@北京大学出版社
电子邮箱	编辑部 wsz@pup.cn　总编室 zpup@pup.cn
电　　　话	邮购部 010-62752015　发行部 010-62750672 编辑部 010-62756467
印　刷　者	北京中科印刷有限公司
经　销　者	新华书店 965 毫米×1300 毫米　16 开本　22.5 印张　405 千字 2015 年 6 月第 1 版 2023 年 3 月第 2 版　2025 年 6 月第 5 次印刷
定　　　价	69.00 元

未经许可,不得以任何方式复制或抄袭本书之部分或全部内容。
版权所有,侵权必究
举报电话 010-62752024;电子邮箱:fd@pup.pku.edu.cn
图书如有印装质量问题,请与出版部联系,电话:010-62756370

"名家通识讲座书系"
编审委员会

编审委员会主任
　　许智宏(中国科学院院士　生物学家　北京大学原校长)

委　员
　　许智宏
　　刘中树(吉林大学教授　文学理论家　吉林大学原校长　教育部中文学科教学指导委员会原主任)
　　张岂之(清华大学教授　历史学家　西北大学原校长)
　　董　健(南京大学教授　戏剧学家　南京大学原副校长、文学院院长)
　　李文海(中国人民大学教授　历史学家　中国人民大学原校长　教育部历史学科教学指导委员会原主任)
　　章培恒(复旦大学教授　文学史家　复旦大学古籍研究所原所长)
　　叶　朗(北京大学教授　美学家　北京大学艺术学院原院长　教育部哲学学科教学指导委员会原主任)
　　徐葆耕(清华大学教授　作家　清华大学中文系原主任)
　　赵敦华(北京大学教授　哲学家　北京大学哲学系原主任)
　　温儒敏(北京大学教授　文学史家　北京大学中文系原主任　中国现代文学学会原会长　北京大学出版社原总编辑)

执行主编
　　温儒敏

"名家通识讲座书系"总序

本书系编审委员会

　　"名家通识讲座书系"是由北京大学发起，全国十多所重点大学和一些科研单位协作编写的一套大型多学科普及读物。全套书系计划出版100种，涵盖文、史、哲、艺术、社会科学、自然科学等各个主要学科领域，第一、二批近50种将在2004年内出齐。北京大学校长许智宏院士出任这套书系的编审委员会主任，北大中文系系主任温儒敏教授任执行主编，来自全国一大批各学科领域的权威专家主持各书的撰写。到目前为止，这是同类普及性读物和教材中学科覆盖面最广、规模最大、编撰阵容最强的丛书之一。

　　本书系的定位是"通识"，是高品位的学科普及读物，能够满足社会上各类读者获取知识与提高素养的要求，同时也是配合高校推进素质教育而设计的讲座类书系，可以作为大学本科生通识课(通选课)的教材和课外读物。

　　素质教育正在成为当今大学教育和社会公民教育的趋势。为培养学生健全的人格，拓展与完善学生的知识结构，造就更多有创新潜能的复合型人才，目前全国许多大学都在调整课程，推行学分制改革，改变本科教学以往比较单纯的专业培养模式。多数大学的本科教学计划中，都已经规定和设计了通识课(通选课)的内容和学分比例，要求学生在完成本专业课程之外，选修一定比例的外专业课程，包括供全校选修的通识课(通选课)。但是，从调查的情况看，许多学校虽然在努力建设通识课，也还存在一些困难和问题：主要是缺少统一的规划，到底应当有哪些基本的通识课，可能通盘考虑不够；课程不正规，往往因人设课；课量不足，学生缺少选择的空间；更普遍的问题是，很少有真正适合通识课教学的教材，有时只好用专业课教材替代，影响了教学效果。一般来说，综合性大学这方面情况稍好，其他普通的大学，特别是理、工、医、农类学校因为相对缺少这方面的教学资源，加上很少有可供选择的教材，开设通识课的困难就更大。

　　这些年来，各地也陆续出版过一些面向素质教育的丛书或教材，但无论数量还是质量，都还远远不能满足需要。到底应当如何建设好通识课，使之能真正纳入正常的教学系统,并达到较好的教学效果?这是许多学校师生普遍关心的问题。从2000年开始,由北大中文系系主任温儒敏教授发起,联合了本校和一些兄弟院校的老师,经过广泛的调查,并征求许多院校通识课主讲教师的意见,提出要策划一套大型的多学科的青年普及读物,同时又是大学素质教育通识课系列教材。这项建议得到北京大学校长许智宏院士的支持,并由他牵头,组成了一个在学术界和教育界都有相当影响力的编审委员会,实际上也就是有效地联合了许多重点大学,协力同心来做成这套大型的书系。北京大学出版社历来以出版高质量的大学教科书闻名,由北大出版社承担这样一套多学科的大型书系的出版任务,也顺理成章。

编写出版这套书的目标是明确的,那就是:充分整合和利用全国各相关学科的教学资源,通过本书系的编写、出版和推广,将素质教育的理念贯彻到通识课知识体系和教学方式中,使这一类课程的学科搭配结构更合理,更正规,更具有系统性和开放性,从而也更方便全国各大学设计和安排这一类课程。

2001年年底,本书系的第一批课题确定。选题的确定,主要是考虑大学生素质教育和知识结构的需要,也参考了一些重点大学的相关课程安排。课题的酝酿和作者的聘请反复征求过各学科专家以及教育部各学科教学指导委员会的意见,并直接得到许多大学和科研机构的支持。第一批选题的作者当中,有一部分就是由各大学推荐的,他们已经在所属学校成功地开设过相关的通识课程。令人感动的是,虽然受聘的作者大都是各学科领域的顶尖学者,不少还是学科带头人,科研与教学工作本来就很忙,但多数作者还是非常乐于接受聘请,宁可先放下其他工作,也要挤时间保证这套书的完成。学者们如此关心和积极参与素质教育之大业,应当对他们表示崇高的敬意。

本书系的内容设计充分照顾到社会上一般青年读者的阅读选择,适合自学;同时又能满足大学通识课教学的需要。每一种书都有一定的知识系统,有相对独立的学科范围和专业性,但又不同于专业教科书,不是专业课的压缩或简化。重要的是能适合本专业之外的一般大学生和读者,深入浅出地传授相关学科的知识,扩展学术的胸襟和眼光,进而增进学生的人格素养。本书系每一种选题都在努力做到入乎其内,出乎其外,把学问真正做活了,并能加以普及,因此对这套书的作者要求很高。我们所邀请的大都是那些真正有学术建树,有良好的教学经验,又能将学问深入浅出地传达出来的重量级学者,是请"大家"来讲"通识",所以命名为"名家通识讲座书系"。其意图就是精选名校名牌课程,实现大学教学资源共享,让更多的学子能够通过这套书,亲炙名家名师课堂。

本书系由不同的作者撰写,这些作者有不同的治学风格,但又都有共同的追求,既注意知识的相对稳定性,重点突出,通俗易懂,又能适当接触学科前沿,引发跨学科的思考和学习的兴趣。

本书系大都采用学术讲座的风格,有意保留讲课的口气和生动的文风,有"讲"的现场感,比较亲切、有趣。

本书系的拟想读者主要是青年,适合社会上一般读者作为提高文化素养的普及性读物;如果用作大学通识课教材,教员上课时可以参照其框架和基本内容,再加补充发挥;或者预先指定学生阅读某些章节,上课时组织学生讨论;也可以把本书系作为参考教材。

本书系每一本都是"十五讲",主要是要求在较少的篇幅内讲清楚某一学科领域的通识,而选为教材,十五讲又正好讲一个学期,符合一般通识课的课时要求。同时这也有意形成一种系列出版物的鲜明特色,一个图书品牌。

我们希望这套书的出版既能满足社会上读者的需要,又能有效地促进全国各大学的素质教育和通识课的建设,从而联合更多学界同仁,一起来努力营造一项宏大的文化教育工程。

2002 年 9 月

目 录

"名家通识讲座书系"总序
本书系编审委员会 /1

第一讲　绪论
　　——昨天、前天的地理 /1
第二讲　人类文明的进步
　　——从史前时期西辽河流域说起 /6
　　一　史前时期聚落的环境选择 /7
　　二　聚落环境选择与人类生产方式 /9
　　三　史前时期西辽河流域聚落持续
　　　　使用时间与环境容量 /20
第三讲　从"中国"到中国
　　——地理视角下的历代疆域变迁 /27
　　一　"中国"的含义及其空间变化 /29
　　二　中国历代疆域变化及其地理基础 /34
　　三　清代晚期的疆界条约与疆域变迁 /53
　　四　关于疆域问题的余论 /55
第四讲　冷暖时空
　　——历史时期气候变化与植被的地理分布 /59
　　一　历史时期气候冷暖干湿之变 /60
　　二　历史时期植被地理分布变化
　　　　与重要农业生产界限 /66

第五讲　民生与大地
　　——历史农业地理背景下的人类活动/74
　　一　历史时期人类农业开发与土地利用/75
　　二　农业开发与环境改造/88

第六讲　复栽与插秧
　　——中国古代经济重心南移与北方移民的技术贡献/96
　　一　从易田制到土地连作
　　　　——江南土地利用率第一次提升/97
　　二　从水稻秧播到稻麦两熟制
　　　　——江南土地利用率第二次提升/101
　　三　中国古代经济重心的环境选择与南移时间/103

第七讲　大河大江
　　——江河湖泊演变与人类活动/110
　　一　历史时期黄河河道变迁/110
　　二　关于历史时期黄河水患原因的探讨/126
　　三　历史时期长江中下游水道变迁/134
　　四　长江中下游湖泊变迁/136

第八讲　移动的牧场
　　——畜牧业的地理空间与草原游牧方式/149
　　一　非农业民族的地理分布与经济生活方式/150
　　二　畜牧业从原始农业中分离与游牧业诞生/152
　　三　逐水草而居的游牧方式/155
　　四　各有分地与游牧区域/164

第九讲　政治的空间
　　——中国古代地方行政制度与行政区/169
　　一　分封制与政治空间管理/170
　　二　郡县制与地方行政管理/178

第十讲　空间的政治
　　——行政区划界原则与历史渊源/218
　　一　"随山川形便"行政区边界/219

二　"犬牙交错"行政区边界/222
　　　三　"随山川形便"与"犬牙交错"划界原则
　　　　　对当代的影响/225
第十一讲　千古足音
　　　　　——华北、内蒙古、东北三大区域的道路系统/230
　　　一　太行山东麓道路与重要战例/231
　　　二　华北平原通向内蒙古的道路与重要战例/235
　　　三　燕山山脉与华北通向东北的道路/237
　　　四　黄河中下游地区陆路交通/240
第十二讲　蜀道通西南，丝路达西北
　　　　　——西北、西南道路交通/244
　　　一　"关中"的得名与道路系统/244
　　　二　川陕交通道路走向与重要战例/249
　　　三　西南地区交通道路与民族经济文化/256
　　　四　丝绸之路与东西文化交流/263
第十三讲　舟楫千里
　　　　　——运河与水路交通影响下的
　　　　　　南北经济文化交流/279
　　　一　运河的开凿与主要运河的流向/279
　　　二　天然河道的利用/286
第十四讲　根本之地与四战之地
　　　　　——地理形势与古代战略空间的演变/292
　　　一　从西向东的政治空间与战略进程/294
　　　二　从北向南的人口流动与军事交锋/301
　　　三　中国北方农牧交错地带的战事
　　　　　与长城的地理学意义/307
第十五讲　都邑春秋
　　　　　——城市地域空间格局与都城内部结构/312
　　　一　城市产生、发展的地理过程/313
　　　二　中国古代城市地域空间格局/319
　　　三　中国早期城市形态与重要古都平面布局/327

四　中国古代都城选址的地理基础/340

主要参考书目/344

第二版后记/347

第一讲

绪 论
——昨天、前天的地理

无论从旧石器还是新石器时代算起,人类在大地上已经走过万年以上的历程,而人类对于地理的认识几乎可以追溯至人类诞生之初。当代学术界给地理学下的定义是:地球表面自然现象和人文现象的分布,以及它们之间相互关系的研究。其实在地理成为科学并成为学者的研究对象之前,早已存在于人们对于环境的感知与创造之中。人类对于地理的认识首先来自求生、觅食这一与动物没有区别的本能行为,采集、渔猎乃至于原始农业,人们都必须观察四周环境,获得哪里有食物可供采集、猎取,哪里的土地可以种植作物这类信息,并且在这样的观察中探寻出能够通行的道路与能够安置聚落的地方。这些人类早期本能的求生行为成为人类认识地理的第一步,并且人类在社会进步中继续迈出第二步、第三步……地理学逐渐发展成独立的科学。在今天的学术之林中,地理学似乎无足道,但一个不能否认的事实是,地理学是人类最早拥有的科学。

地理学的形成是一个渐进过程,人类掌握的地理知识,以及对于地理现象的探索并非停留在一个阶段,伴随社会进步,人类行为逐渐从利用环境发展到改造环境,对于自己生活之地,也从了解步入创造。这正如《全球通史》的作者 L. S. 斯塔夫里阿诺斯所表述的那样,各种生物均以遗传因子适应环境而实现进化,只有人类的进化相反,不是遗传因子适应环境,而是通过改变环境适应自己的遗传因子。① 正是这样的进化,使人类不仅从动物

---

① 〔美〕L. S. 斯塔夫里阿诺斯:《全球通史:1500 年以前的世界》,吴象婴、梁赤民译,上海社会科学出版社 1999 年版,第 67 页。

中分离出来,而且凌驾在所有生物之上。确切地讲,当人类处于采集、渔猎阶段,仅属于利用环境;原始农业生产出现之后就不同了,农作物取代了天然植被,由此环境发生了改变,可以数出种类的栽培植物覆盖了地表,人类通过城邑、聚落的修建,道路的延伸,工商业的经营,改变大地面貌而形成新的地理景观。人类改造环境、营造新的地理景观的同时,继续利用环境,但这时的利用已不同于采集、渔猎对于食物的索取,而是将政治、军事意图与空间利用结合为一体,并利用地理达到政治、军事目的。《左传》中的名篇《烛之武退秦师》就是一例,春秋时期郑国面临秦、晋两国军事进攻的威胁,郑国谋士烛之武为郑国退秦、晋联军,游说秦国时一语点明利害说的就是地理,即秦与郑之间有晋相隔,而晋与郑为邻,秦、晋联军若战胜郑国,直接受益者是晋而不是秦。烛之武利用秦、晋、郑之间的地理位置,以及攻郑必然会导致"邻之厚,君之薄"这样的结果,成功地分化了秦、晋联军,实现了退军的政治目的。固然,人类基于政治、军事意图利用地理并没有改变地物的格局,但却延伸了地理的含义,从可见的自然现象、人文现象扩展到抽象的政治、军事地理。伴随着人类社会发展,涉及政治、军事的地理从来没有离开过我们,但几乎无从在大地上找到哪里是政治,哪里是军事,两者的存在通过人们的意愿、目的、智慧而实现,且在历史的进程中不断变化手法。这样总结起来,地理的构成包括两个层面,一类属于自然界本有的,如山脉、河流、湖泊、荒漠、植被的分布,气候、土壤的形成与变化;另一类则源于人类创造,农业、城市、聚落、交通、工商业乃至于政治、军事、文化均可成为地理。这就是通常所说的自然地理与人文地理两大分支。两类地理现象的成因不同,但彼此之间相互关联、相互依存,共同点缀、改造着我们脚下的大地与头顶的天空。

　　历史地理隶属于地理学,但研究对象分属于不同的时代——侯仁之曾经说过历史地理是昨天的、前天的地理——因此历史地理将历史学的时间体系纳入研究之中,融时间与空间于一体,并在回归人类所经行的历程中探寻旧日的足迹及其影响。中国有着悠久的历史,历史中也孕育了对历史地理的探求。史念海指出中国历史地理这一名称最早出现在20世纪30年代,那时顾颉刚创办了专门从事历史地理研究的学术团体——禹贡学会,并同时出版了学术期刊《禹贡》半月刊。《禹贡》本是《尚书》中的一篇,为中国最早的地理著作,以此命名学会与刊物,乃显示其渊源的久远,但《禹贡》

半月刊的英文译名却是 The Chinese Historical Geography。无疑,《禹贡》半月刊的问世就是历史地理登上中国学术舞台的年代,然而这并不是历史地理研究起步的年代,追寻历史地理的渊源,可上溯至东汉班固所撰《汉书·地理志》。《汉书·地理志》虽未提及历史地理这一名目,但其表述形式、记述内容已具有"昨天""前天"地理的特征,这一切将中国历史地理的学术渊源推溯至两千年前。①

如果说《汉书·地理志》开启了传统历史地理的第一页,那么20世纪中国历史地理学则进入了新的阶段,1909年张相文创办中国地学会,并出版会刊《地学杂志》。《地学杂志》从1910年问世至1937年全面抗战前夕停办,28年间共出版181期,发表论文1600余篇,其中不乏历史地理文章。继中国地学会之后,前已提及,20世纪30年代前期,顾颉刚联合北京大学、燕京大学、辅仁大学三校有志于历史地理与民族史的同学,组织成立了禹贡学会,并创办了《禹贡》半月刊。中国地学会囊括地学各个领域,禹贡学会则专门致力于历史地理研究,这是历史地理第一次独立登上学术舞台。无疑,禹贡学会与《禹贡》半月刊的创办是中国历史地理学发展的重要里程碑。《禹贡》半月刊于1934年3月创刊,至1937年"七七"事变被迫停刊,共出版了7卷82期,发表文章700多篇。这些文章都成为后来历史地理各个领域的先声。② 禹贡学会不仅为20世纪中国历史地理学的发展做出了重要贡献,而且为中国历史地理学乃至历史学、民族史、方志学等学科造就了一批人才,当年禹贡学会的创立与组织者顾颉刚、谭其骧,以及学会成员侯仁之、史念海、冯家升、吴晗、童书业、齐思和、白寿彝、朱士嘉、周一良、张维华、杨向奎、韩儒林等,都成为后代瞩目的著名学者。

禹贡学会开启了中国历史地理的近代化阶段,20世纪50年代,在侯仁之的倡导之下,中国历史地理逐渐与现代地理学接轨,并融入现代学术体系之中。侯仁之在全面审视地理学的性质与研究宗旨之后指出:"研究历史时期主要由人的活动而产生或影响的一切地理变化,这就是今日所理解的

---

① 史念海:《历史地理学的形成因素》,《中国历史地理论丛》1989年第2期。
② 参见徐兆奎:《"禹贡学会"的历史地理研究工作》,《历史地理》创刊号,上海人民出版社1981年版。

历史地理学的主要课题。"①从那时到今天,60年中,中国历史地理各代学者的研究涉及"由人的活动而产生或影响的一切地理变化"的各个领域,即历史自然地理、历史农业地理、历史人口地理、历史城市地理、历史聚落地理、历史交通地理、历史工商业地理、历史政治地理、历史军事地理、历史文化地理等,由于人类的空间活动、空间创造、空间利用多种多样,这些研究领域几乎囊括生产、生活的所有层面,且涉及了不同领域的空间现象。

本书正文分十四讲讲述历史地理的重要问题:史前时期聚落选址与环境(第二讲)、历代疆域变化的地理基础(第三讲)、历史自然地理(第四讲、第七讲)、历史农业地理(第五讲、第六讲、第八讲)、历史政治地理(第九讲、第十讲)、历史交通地理(第十一讲、第十二讲、第十三讲)、历史军事地理(第十四讲)、历史城市地理(第十五讲)。固然,这些并未囊括历史地理所有研究,但却是最重要的研究领域。其中将历史地理上溯至史前时期,并非仅仅拉长了研究时段,主要在于自新石器时期人与环境的关系就发生了变化,此时人类已经从依靠大自然的恩惠采集食物,转向栽培植物养活自己,这一具有根本意义的"农业革命",使人类不仅在自然的束缚中获得更多的自由,且在大地上建立了由自己创造的地理。20世纪中期,侯仁之提倡将历史地理研究上溯至一万年以来,自此针对人类改造环境、利用自然的探索成为历史地理的一个重要研究领域。历史地理的各个研究领域中,历史自然地理以坐落在大地上的山川湖沼、气候变化的冷暖干湿为核心,但自从人类迈出改造自然的步伐,原封未动且沿袭至今的景观与地物几乎不存在,即使环绕在四周的空气也添加了越来越多的人为生产物——甲烷、二氧化碳、雾霾……因此历史自然地理研究一方面致力于复原历史环境,另一方面则着重探讨人类活动施加于自然环境的影响及其后果。历史留给今天的大致有两类地理现象:一类如同化石,不仅残存且已固化,成为我们探讨、复原过去的标识;另一类生成于过去,却通过人类不间断的、连续性的行为影响到今天,环境变化即是如此。历史农业地理、历史交通地理、历史城市地理均属于人类改造环境、创造地理的结果,这样的创造不仅有形、有物,成为人类保全自己、壮大自己的依托,且全然替换了原本属于大地上的植被,我们置

---

① 侯仁之:《历史地理学四论》,中国科学技术出版社1994年版,第3页。

身于当下,环顾四周,多属于高度耕作的景观与整治了的景观。人类立足在大地上,改造环境、整治景观并不能完全摆脱自然力的制约,因此探寻人类出于不同需求,改造环境且建构地理现象之间的空间关系,成为这些领域的基本研究内容。如果说上述历史地理各个领域更多讨论的是人与自然的直接关系,那么历代疆域变化、历史人口地理、历史政治地理、历史军事地理则着重体现了人类的组织形式与集群形式,由此形成的地理几乎没有改变大地上的什么,却凭借人类组织与政治、军事意愿利用了地理,并就此形成人类组织空间分布形式以及与政治、军事捆绑在一起的空间谋略,这就是国家疆域、人口的分布与迁移、国家执行管理的空间单元——行政区以及行军作战的路径与战场。地理学乃至历史地理学所构成的研究领域,展现了所有人类活动方式与空间的关系,这样的关系过去存在,今天依然在继续。

回顾历史,不仅是对过去的追溯,回味、反思、借鉴都在其中。人类不应该因为拥有今天而割断对于昨天、前天的记忆,其实,我们今天迈出的脚步也会落在往日的足迹之上。而旧日的足迹究竟带来的是福还是祸?答案就在我们的探索之中。历史地理不是显赫的学科,却拥有任何学科都不可替代的地位。

◎作者讲课实录:

第二讲

人类文明的进步
——从史前时期西辽河流域说起

　　凡事都有本有源,有起始之时、起步之处,历史地理研究也是如此。那么历史地理研究的起点在什么时段?很多年前侯仁之即提出,历史地理研究应起步于距今一万年的最年轻的地质时期——全新世,而全新世早中期属于文字产生之前人类社会所经历的史前时期。无疑,这是一个距离我们久远,且让我们充满探求欲的时代。《全球通史》的作者 L. S. 斯塔夫里阿诺斯为这部著作第一编确定的篇目,即为"文明之前的人类"。这意味着回顾历史,尽管人们的目光会更多地停留在近世繁华与纷争,但仍没有忘记"人之初"刻印在大地上的那几串脚印。这些足迹尽管稚拙,却开启了文明之门。然而,人类文明进程首先改变的不是精神追求,而是食物获取方式,严格意义上讲史前时期人类的所有活动均以寻觅食物为目的,正因此,L. S. 斯塔夫里阿诺斯将文明之前的人类分为食物采集者与食物生产者。食物获取方式的变化不仅仅事关人类通过什么途径存活,且在追寻食物的过程中,人类从对环境绝对依赖转为部分依赖,进而逐渐成为环境的利用者、支配者,并踏上自由王国之路。所有这一切,始终贯穿在人与环境的交融之中。因此,人类历史并非仅限于自身的行为与创造,无论人类作为食物采集者还是食物生产者,均与环境密切相关。而地球上的环境却复杂多样,既有冷暖干湿之别,且存在平原、山地、茂林、草原之异,人类本着求生的本能,对于环境不仅善者用之,劣者舍之,且因地而结庐建舍,因地而觅食垦殖,这时人类不仅叩响了文明之门,且依自然环境的变化,展现了各地人类活动的地理差异。

　　历史地理研究就是试图揭示人类历史全过程中人与环境的关系,无疑,中国是广大的,历史更是漫长的,对于史前时期人与环境这一命题,本讲自然不能涵盖集结在时空焦点上的一切，因此，选择了西辽河流域这片塞外的土地，并以此为样本，揭示人类的进步以及人与环境的关系。

西辽河流域，地处北纬41°—45°、东经118°—124°之间，包括由西辽河干流以及西拉木伦河、老哈河、教来河等主要支流汇成的区域；此外，乌尔吉木伦河在特大洪水期也能进入西辽河，因此人们也将其视为西辽河流域。西辽河流域地处中国北方生态脆弱地带，这意味着这一地区不仅环境波动甚于其他地区，且人类应对环境变化也必须不断变换自己的生存方式，建构新的人地关系。因此，尽管西辽河流域远离黄河、长江这些中华文明的核心地带，但却留下了人地关系变化中串串清晰的足迹，成为后人拨开历史的帷幕透视"人之初"的窗口。

一　史前时期聚落的环境选择

聚落是人类的居止之处，也是生产地与生活地的结点。史前时期正处于人类的蒙昧时代，这时的人类带有鲜明的动物性特征，不仅对于环境有强烈的依赖性，且以延续自身生命为目的，将寻觅食物视作根本之务，因此聚落选择在什么地带，不仅意味着人类在那里可以凭借渔猎、采集获得丰厚的食物，而且意味着那里也是一处能够运用石刀、石铲将周围土地开垦为农田的地方。聚落所在之地，拥有满足史前时期人类生存需要的资源与环境，因此，针对聚落展开的历史地理学术探讨，目的在人而不在聚落，聚落仅是储存人类活动信息的载体。依托这些信息，通过人类在哪类地理环境起步、凭借什么生产活动起步这类问题，在追寻人类社会进化轨迹的同时，解读人与环境的关系。

人地关系研究涉及人、地两者，史前时期并无文字记载，作为人类活动的标识唯有考古文化遗址，史前时期西辽河流域先后出现兴隆洼、赵宝沟、红山、小河沿、夏家店下层、夏家店上层等考古文化类型，从属于这些考古文化的聚落不仅载有人类活动的信息，且因考古文化的变化而呈现时代差异。

以"地"加以概括的西辽河流域环境比较复杂，具有丘陵山地与河谷平原兼备的地貌特征，整个流域地势西南高、东北低。西辽河干流横穿流域中部，在河流的长期作用下形成冲积平原。受地形影响，来自东南方向的降水沿山地呈 C 字形分布：C 字核心地带最为干旱，年降雨量约 200 毫米，跨西辽河南北两侧的科尔沁沙地即分布在这里；C 字形的边缘随地形抬升而面迎水汽，年降雨量增至 400 毫米，并因降雨量增加为森林、草原等多种生态系统的存在提供了条件。西辽河流域半干旱地区的气候特征，使水资源成为环境中的制约性因素，而地貌、高程不仅影响水资源再分配与动植物资源的重新组合，也是人类存活与聚落选址的必要条件，因此研究史前时期西辽河流域聚落的环境选择自然需要从这两项要素入手。

  史前时期的聚落早已湮埋在历史的尘埃之下，西辽河流域史前时期各考古文化期的聚落位置来自《中国文物地图集·内蒙古自治区分册》中的第二次文物普查资料，由于流域内各旗县文物普查力度不一，并非所有旗县的普查结果均满足统计要求，其中以敖汉旗的调查最为充分。利用 GIS 技术获得西辽河流域史前聚落高程与地貌信息，且以敖汉旗为主进行的分析让我们看到这样一个结果，各考古文化期的聚落主要在 400—700 米的高程区域内，坐落在这一高程区的聚落占同一文化期聚落总数的 70% 以上，其中兴隆洼文化遗址坐落在 400—700 米高程内的聚落共占 95.1%，赵宝沟文化占 87.7%，红山文化占 87.2%，小河沿文化占 64.8%，夏家店下层文化占 73.0%，夏家店上层文化占 71.8%，具有明显的共同选择趋向。与 400—700 米高程区不同，400 米以下、800 米以上高程区很少有聚落分布。针对地貌的进一步分析发现，从兴隆洼文化至夏家店上层文化前后 5000 年左右的时段内，聚落在地貌选择上的总体取向偏重分布在河谷两侧的坡地、山坡。这样的地貌位置与 400—700 米高程相吻合。就高程与地貌而言，事实上不仅敖汉旗一地，其他旗县史前聚落均有相近的特征，兴隆洼文化典型聚落林西县白音长汗遗址、克什克腾旗南台子遗址、赵宝沟文化命名地赵宝沟遗址等处房屋均处于山坡，且呈现明显的顺坡排状分布。1999 年赤峰中美联合考古项目组也观察到，分布在赤峰附近的兴隆洼文化聚落主要坐落于锡伯河和半支箭河流域，河漫滩与远离主要河流的较高山丘上都没有发现聚落遗址，近 90% 的聚落遗址分布在距河道 40—50 米的坡冈上。[①]

[①] 赤峰中美联合考古项目：《内蒙古东部(赤峰)区域考古调查阶段性报告》，科学出版社 2003 年版，第 26—36 页。

由史前时期西辽河流域聚落高程与地貌的分析可见：史前时期人类对于聚落位置的选择几乎有着统一的意识、统一的要求，即400—700米高程区的近河山坡、坡地是聚落的首选位置，这一高程之外的山顶、河谷只在一定时期发挥过作用。面对史前时期西辽河流域聚落环境选择的结果，我们不禁要问：在没有任何人、任何信息指导先民建构生产与生活之地的时代，是什么动力推动人们形成如此统一的认识并走向共同的地理环境？其实，史前时期尽管人类拥有明确的觅食目的，却没有一定的行动方向，如今我们看到的考古聚落遗址均是人们向东、向西、向南、向北、向上、向下，经历许多探索的结果，而探索过程中走入不宜生存之地的先民多数有去无还，没有留下遗迹；其中少数则面对困境做出重新选择，并在反复探索中成功地走到宜居之地，落脚生根。显然，西辽河流域绝大多数史前聚落坐落的400—700米高程区近河山坡就是宜居之地。

二　聚落环境选择与人类生产方式

无论文明之火为后代带来怎样绚丽的光华，点燃它的火种却是人类以生存为目的的觅食方式，而人类生存必需的是水源与食物，因此聚落坐落的位置就应是人类获取水源、食物的理想地带。

追寻西辽河流域的史前文明，从距今8000年的兴隆洼文化至距今3000年夏家店上层文化，前后延续5000年，各考古文化期的聚落围绕400—700米高程区的山坡形成最主要的分布区，尽管5000年内，人类对水源、食物的追求贯穿始终，但却经历着从食物采集者到食物生产者的变化，食物来源不同，人类对于环境的利用幅度、利用方式自然不会一样。那么，从兴隆洼、赵宝沟、红山、夏家店下层至夏家店上层各考古文化期，人类通过什么方式利用自然且赢得了自身的生存？

（一）兴隆洼、赵宝沟文化的采集、渔猎生存方式与聚落环境

以聚落为依托留存的人工制品、人类居住遗迹以及文化堆积，不仅从各个角度揭示了人类生存方式的特征，而且也展示了聚落所在地的环境面貌。兴隆洼、赵宝沟文化分别存在于距今8000—6500年与距今7100—6400年

的时段内①，工具以及动植物遗存显示，这一时期人类处于食物采集者的阶段，生存方式基本以采集与渔猎为主，遗址中几乎没有发现栽培作物的种粒以及配套的农耕生产工具。② 史前时期没有文字资料，对于这一问题的进一步佐证，来自古人类食物结构与石器微痕研究等技术鉴定。20世纪中期考古学界引入古人类食性分析技术，这项技术的核心理论认为，人类在一定环境中生活，且长期以某类植物为食物，经人体消化吸收，转化为人体组织成分，因此人体骨组织的化学组成与食物中的化学组成密切相关，食物来源不同，人骨的化学成分也存在差异。因此，根据人骨的化学成分，即稳定同位素比值和微量元素含量，便可揭示人们的食物结构、生活方式以及生存环境等多方面信息。依食物特性可将植物分为 C_3、C_4 两类，C_3 类植物与稻米、小麦以及坚果相关，C_4 类植物包括粟、黍等作物。针对兴隆洼文化期人骨的测量结果显示，C_3 类植物的摄入量较多，由于此时西辽河流域还没有种植水稻、小麦，故人类直接摄入的 C_3 植物来自坚果；间接摄入与以 C_3 类坚果为食物源的动物相关。③ 此外兴隆洼文化期人类的 $\delta_{15}N$ 值也较高，这是食肉较多的反映。$\delta_{15}N$ 值高与人体吸收含氮食物相关④，人类吸收氮有两个途径，一是通过食用具有固氮功能的豆科类植物，二是食用已转化了的氮化合物，即非豆科类植物、陆相动物、海洋生物等。兴隆洼文化期西辽河流域还没有种植豆类作物，因此 $\delta_{15}N$ 值应与食用动物相关。与古人类的食物结构对应，人类使用的石器也保留了食物类型的信息。兴隆洼文化遗址的细石叶具有明显的 E_1、E_2（被加工物为动物皮、肉类）以及 D_1、D_2（被加工物为骨头、鹿角）型光泽，这类光泽说明细石叶是用来切割肉类或解体动物的。赵宝沟文化遗址的细石叶也同样具有 E_1、E_2、D_1、D_2 型光泽。细石叶之外，兴隆洼文化遗址出土的石刀极少数作砍砸之用，主要用于加工木材或动物骨骼，多数为肢解动物的工具。这一文化期出土的石斧同样属于加工动物皮革、鞣制兽皮的工具。⑤ 以上古人类食物结构与石器微痕

---

① 中国社会科学院考古研究所编：《中国考古学中碳十四年代数据集1965—1991》，文物出版社1991年版，第54—68页。
② 刘国祥：《兴隆洼文化聚落形态初探》，《考古与文物》2001年第6期。
③ 张雪莲、王金霞、冼自强、仇士华：《古人类食物结构研究》，《考古》2003年第2期。
④ $\delta_{15}N$ 为氮15同位素。
⑤ 王小庆：《兴隆洼与赵宝沟遗址出土细石叶的微痕研究——兼论兴隆洼文化和赵宝沟文化的生业形态》，《西部考古》第一辑，三秦出版社2006年版。

分析,进一步将西辽河流域人类食物指向坚果与动物,而无论坚果还是动物均来自人类的采集、渔猎。

兴隆洼、赵宝沟文化期人类以动植物为对象的食物采集,并非盲目的行为,而是立足于地区环境。敖汉旗宝国吐乡兴隆洼遗址的房址与灰坑内均发现有植物果核,经鉴定属于胡桃科的胡桃楸。① 胡桃楸为温带乔木树种,不适宜干旱以及夏季高温闷热环境,却具有一定的耐寒性,最适宜生长温度为 15—30℃。此外通过浮选,在敖汉旗兴隆沟遗址发现了黄芪、球序卷耳等草本植物种子②,其中黄芪为典型旱生多年生草本植物。胡桃楸果核、黄芪等出现在兴隆洼文化聚落遗址中,不仅说明今天具有温带半干旱草原气候特征的西辽河流域,8000—6400 年前却呈现出温带针阔混交林的环境景观,而且也显示了聚落位置具有森林、草原双重属性的环境特征。与植物籽粒对应的是兴隆洼聚落房址的居住面上以及灰坑内发现的鹿骨、狍骨以及猪骨,鹿、狍都属于活动在针阔混交林林缘地带的动物,这些动物骨骼的发现进一步指示了聚落所在位置的环境属性应为林缘地带,即林地与草地的结合部。生态学研究将鹿作为典型的林地指示动物,而牛则为典型的草地环境指示动物,对此考古学界也已形成共识。③ 与敖汉旗兴隆洼遗址的动物骨骼相似,林西县白音长汗兴隆洼、赵宝沟文化遗址中有马鹿、斑鹿、狍子等林地环境中的动物骨骼,也有牛这类适宜草地生存的动物骨骼,经进一步鉴定确定为野牛,即属于猎取物,并非人工驯养的家畜。④ 这样的动物类型明确地告诉我们,兴隆洼、赵宝沟文化时期聚落选址具有林缘地带的环境特征。

林缘地带处于林地与草地的结合部,究竟与林地存在什么样的距离关系?美国学者简·麦金托什(Jane McIntosh)根据民族学研究证明,在仅能维持生存的原始经济中,人类的定居点通常选择在最接近觅食地的方,如

---

① 杨虎、朱延平、孔昭宸、杜乃秋:《内蒙古敖汉旗兴隆洼遗址发掘简报》,《考古》1985 年第 10 期。
② 赵志军:《从兴隆沟遗址浮选结果谈中国北方旱作农业起源问题》,《东亚古物》A 卷,文物出版社 2004 年版,第 188—199 页。
③ 尤玉柱:《史前考古埋藏学概论》,文物出版社 1989 年版,第 59—60 页。
④ 内蒙古自治区文物考古研究所:《白音长汗——新石器时代遗址发掘报告》,科学出版社 2004 年版,第 547—551 页。

猎人通常在距离营地 2 小时路程的范围内活动；农耕者则将耕地开垦在距离聚落 1 小时路程的半径内；采集者也会将他们的采集范围限于 1 小时的行走半径内,通常这一行走半径大约相当于 5 公里的路程。① 处于原始经济背景下的兴隆洼文化期,以聚落为核心,人类的活动半径也应大致如此,即从聚落至林地边缘大约 5 公里。林缘地带兼具林地、草地双重资源特征,不仅动植物资源种类丰富,而且觅食较易,自然成为采集、渔猎生存方式下聚落首选之地。人们将聚落安置在这里,依托林地、草地不同种属的动植物为食物来源,完成了自身的繁衍,也为西辽河流域播撒下文明之源。

(二) 红山文化与原始农业

考古学用考古文化表示考古遗存中观察到的共同体,即属于同一时代、分布于共同地区且具有共同特征的一群遗存。而遗存的背后,则应是具有共同关联的社会群体。考古文化之间的替换、覆盖,事实是一个具有共同关联的社会群体对于另一个社会群体的取代。继兴隆洼、赵宝沟文化之后,距今 5700—4800 年,西辽河流域出现了红山文化。② 西辽河流域进入红山文化期,不仅仅是考古文化类型的转变与替换,就文明进程而言,这一时期西辽河的先民已从食物采集者转变为食物生产者,这无疑是人类文明进程中的一件大事。

传统观点一般将推动农业起源的原因归为社会发展与动植物驯化,20 世纪 60 年代一些国外学者全方位审读了人类社会发展进程,提出了不同于以往的重要命题,即农业需要人类付出比采集、狩猎高得多的劳动代价,而且实现这两种生存方式的转变,还涉及漫长而艰巨的物种择优汰劣的选择驯化过程,没有万不得已的外界强大压力和持久不懈的实践努力,是不可能完成的。③ 无疑,这一观点所指陈的事实不仅让我们重新审视人类社会发展历程,而且将思考的核心放在迫使人类将生存方式由采集、渔猎转向农业原因的解读。有人将采集、渔猎归为利用型经济,农业等则为生产型经济,

---

① Jane McIntosh, *How We Know What We Know about the Past*, New York: The Paul Press Ltd., 1986, pp.156-157.
② 中国社会科学院考古研究所编：《中国考古学中碳十四年代数据集》,文物出版社 1991 年版,第 54—68 页。
③ 陈淳：《考古学的理论与研究》,学林出版社 2003 年版,第 227—237 页。

人们放弃劳动代价较小的利用型经济,转向劳动代价较高的生产型经济,只有在自然资源不能保证直接索取的前提下才会出现,而影响自然资源丰富程度的关键因素,一方面取决于资源本身,另一方面则与人口密度直接相关。

既然农业萌生与人口相关,那么红山文化期人口是如何发展的？赤峰中美联合考古项目组利用遗址面积与陶片数量这两项指标获得了衡量人口规模的指标——人口指数,兴隆洼文化期为0.16,赵宝沟文化期为1.06,红山文化期则增至2.78。① 比较这三个文化期的人口指数,红山文化期人口呈现大幅度增长。红山文化期在人口增加的同时,人类生存方式也出现重要变化,来自聚落遗址的工具以及动植物遗存表明,原始农业开始在人类生存方式中占突出地位。资源与人口这两项因素在红山文化发展历程中孰先孰后,对于解读人类将生存方式由采集、渔猎转向农业的原因有重要意义。

来自民族学、人类学的研究成果证明,人口规模取决于可获得食物的数量,当人们意识到自身的增长已经打破了人与食物资源之间的平衡,往往会通过溺婴等手段自觉抑制人口增长速度,因而由人口增长而导致动植物资源短缺,进而将利用型经济转向生产型经济的理由并不充足。红山文化是人们从采集、渔猎转向原始农业的关键阶段,近年关于全新世以来西辽河流域环境变化的研究给了我们很多启示。大家在确认距今8500—3000年存在全新世大暖期的同时,指出这一时期在总体气温呈上升趋势的背景下,也经历着冷暖、干湿的气候波动,红山文化期所处的时段正是大暖期内"气候波动剧烈"的阶段。距今6000—5000年中国北方处于波动降温期,各地普遍出现落叶阔叶林减少、寒温性和温性针叶树种增加以及海平面下降事件,且在距今5500年前后气候呈变干趋势。② 虽然这样的气候波动并不能改变大暖期的总体气候特征,但会在一定程度上影响人类赖以生存的动植物资源分布,在西辽河流域这一生态敏感地带更为突出。与气温下降、气候转

---

① 赤峰中美联合考古项目:《内蒙古东部(赤峰)区域考古调查阶段性报告》,科学出版社2003年版,第62—72、178页。

② 孔昭宸等《中国北方全新世大暖期植物群的古气候波动》、施雅风等《中国全新世大暖期气候与环境的基本特征》、裴善文《东北西部沙地古土壤与全新世环境》,施雅风主编,孔昭宸副主编:《中国全新世大暖期气候与环境》,海洋出版社1992年版,第48—65、1—18、153—160页。

干相伴的是动植物资源减少,进而导致人们单纯通过采集、渔猎获取食物变得困难,为了保证人口的生存繁衍,在惯常的利用型经济中加入生产型经济,并通过农业获得稳定的食物补给成为必要的选择。固然如美国学者 L. S. 斯塔夫里阿诺斯《全球通史》所说的那样,"早在农业革命之前,人们已普遍知道促使植物生长的方法"①,但推动原始农业在人们经济生活中地位提升的,应是气候变化。

与渔猎、采集等生存手段相比,农业是一个人口承载力较大的部门,这一点正如科恩(M.N.Cohen)所阐述的那样,农耕方式虽然并不比狩猎采集方式更容易,而且也不提供更高质量、更美味的食物来源,但与狩猎、采集相比唯一的优势在于,它可以在单位土地及单位时间内提供更多的卡路里,并因此得以支持更密集的人口。② 正是由于农业生产的这一特征,当它在红山文化中占有越来越突出的地位时,人口也因之而不断增加。完成上面的论述后,可归纳出这样的因果关系:

气候变迁 ⟶ 动植物资源减少 ⟶ 原始农业发展 ⟶ 人口增加

在这一关系图中,引发人类生存方式改变以及促使人口增殖的根本原因在于气候变迁。

其实农业起源并不意味着在一天之内就占有优势且取代采集、渔猎,原始农业从起源到成为人类赖以生存的本业经历了漫长时期。马克内森(R. S. MacNeish)在研究中发现,中美洲人类对栽培作物的依赖从 5% 增加到 75% 用了近 7000 年的时间。③ 根据中国考古学界对于西辽河流域兴隆洼、赵宝沟、红山等考古文化工具类型以及植物籽粒的研究,可以肯定人们对农业的依赖程度是逐渐增加的。取自兴隆洼文化遗址的细石叶具有明显的 E_1、E_2 以及 D_1、D_2 型光泽,而赵宝沟文化遗址的细石叶同样具有 E_1、E_2、D_1、

---

① 〔美〕L. S. 斯塔夫里阿诺斯:《全球通史:1500 年以前的世界》,吴象婴、梁赤民译,上海社会科学院出版社 1999 年版,第 83 页。

② Mark Nathan Cohen, *The Food Crisis in Prehistory—Over Population and the Origin of Agriculture*, New Haven: Yale University Press, 1977, pp.18-70.

③ R. S. MacNeish, "Reflections on My Search for the Beginning of Agriculture in Mexico", in Willey G. R. ed., *Archaeological Research in Retrospect*, Cambridge, Masssachusetts: Winthrop Publishing Inc., 1974, pp.207-234.

D_2型光泽,少数还具有 A 类光泽。E_1、E_2、D_1、D_2型光泽为切割动物的结果,而 A 类光泽与禾本植物、竹子等相关。如果赵宝沟文化期细石叶具有的 A 类光泽确实是原始农业的产物,那么兴隆洼到赵宝沟两类文化之间石器微痕从 E_1、E_2、D_1、D_2型光泽到 A 类光泽的出现,反映的应是原始农业比重增加的过程。此外,古人类食物结构研究证明,兴隆洼、红山、夏家店下层文化食用 C_4、C_3类植物的百分比分别为 85.3%、14.7%、100%、0%、100%、0%,即兴隆洼文化期人类对 C_3类植物的摄入量在当时的食物总构成中占 14.7%,而红山与夏家店下层文化几乎不存在这一类型的食物,其比例均为 0。如前所述,C_3类植物的直接摄入与坚果有关,间接摄入与以 C_3类坚果为食物源的动物相关。无论 C_3类植物还是动物的获得均与采集、渔猎生存方式相关;与 C_3类植物不同,C_4类植物应部分来自原始农业。C_4、C_3类植物与人类生存方式的关系,间接地向我们展示了原始农业在各考古文化期中所占的比例,这一比例是递增的。正由于原始农业从起源到成为人类赖以生存的基本经济生活方式经历了漫长的时期,因此红山文化时期出现的原始农业不仅不是独立存在的,而且在相当长时期内伴生于采集、渔猎等利用型经济生活方式。

无疑,红山文化处于史前时期的一个重要转折阶段,这个阶段不仅出现了人类生存方式的转变,而且聚落环境选择也表现出新的取向。红山文化期农业与采集、渔猎等经济生活方式的伴生关系,在很大程度上决定了聚落的环境选择取向。红山文化聚落不但密度增加,而且对于环境的选择已超越兴隆洼、赵宝沟文化期的局限。虽然考古界并未对红山文化各个聚落所处的具体年代加以甄别,但面对数量众多的聚落遗址,我们绝不能认为它们存在于同一时段,更不能认为这些聚落的空间分布大势是同时形成的。根据农业与采集、渔猎等经济生活方式的伴生关系推断,红山文化早期聚落对环境的选择与兴隆洼、赵宝沟文化期具有一致性,即由于这一时段人们对农业的依赖程度很小,主要食物需要通过采集、渔猎等手段获取,因此聚落仍选择在林缘地带。红山文化聚落脱离林缘地带,并将聚落位置扩展至此前未加利用的环境地带,应该是在人们对农业依赖性增强的红山文化中晚期。400—700 米高程区域的山坡并不完全属于林缘地带,那些坐落在非林缘地带的聚落应该大多出现在红山文化中晚期,与原始农业生产工具与生产技术相吻合,其所在之处应属于草原环境。①

(三) 夏家店下层文化聚落的环境选择与原始农业发展

继红山文化之后,距今4200—3200年,西辽河流域出现了夏家店下层文化。夏家店下层文化期聚落环境选择改变了红山文化以及此前的兴隆洼、赵宝沟文化期聚落分布的空间格局,这一时期的聚落数量较红山文化期也有了大幅度增加,据《中国文物地图集·内蒙古自治区分册》所载文物普查资料数据,敖汉旗内不与其他文化重叠的单一红山文化期遗址154个,单一夏家店下层文化遗址则有1321个,数量极为悬殊。聚落遗址数量增加必然导致密度提高与分布范围扩展,据赤峰中美联合考古项目组调查,在其研究范围内几乎每2平方公里就有一处夏家店下层文化聚落遗址;此外,聚落分布呈现以林缘地带为轴线向山顶与河岸台地扩展的状况:红山文化期坐落于山坡的聚落占总数的70.2%,夏家店下层文化期则为43.2%;在山坡聚落比例下降的同时,位于山顶的聚落比例有大幅度提高,红山文化期分布在山顶的聚落仅占3.2%,夏家店下层文化期则为30.2%。

夏家店下层文化聚落环境选择的变化,与这一时期的气候变迁相关。夏家店下层文化期经历了明显的气候波动,不但气温出现下降,而且干旱度也有所增加。② 在整个气候趋于冷干的背景下,人类生存所依托的动植物资源种类逐渐减少,这直接加快了人们对农业的倚重程度,在敖汉旗兴隆沟夏家店下层遗址获得的植物籽粒中,99%属于黍、粟、大豆等谷物,就清楚地证明了这一事实。③ 人类生存方式由采集、渔猎占主导地位向原始农业占

---

① 目前考古学界对于红山文化遗址提出比较明确分期的研究,以张星德《红山文化分期初探》(《考古》1991年第8期)最具代表,他提出红山文化具有早期、中期、晚期三个发展时期,属于早期的遗址多集中在400—700米高程,中、晚期在部分聚落保持原有环境选择取向的同时,另一部分逐渐向低于400米高程地带移动。
② 孔昭宸、杜乃秋、许清海、童国榜:《中国北方全新世大暖期植物群的古气候波动》,施雅风主编,孔昭宸副主编:《中国全新世大暖期气候与环境》,海洋出版社1992年版,第48—65页;武吉华、郑新生:《中国北方农牧交错带(赤峰市沙区)8000年来土壤和植被演变初探》,周廷儒、张兰生等:《中国北方农牧交错带全新世环境演变及预测》,地质出版社1992年版,第55—70页。
③ 赵志军:《从兴隆沟遗址浮选结果谈中国北方旱作农业起源问题》,《东亚古物》A卷,文物出版社2004年版,第188—199页。

主导地位的转变，实际也是人类从对自然环境完全依赖向部分依赖的转变，与采集、渔猎相比，农业对环境的依赖程度相对减弱，因此可以通过人类的生产活动将耕地拓垦到更广大空间，这些地方可能不具备采集、渔猎的条件，却可以发展农耕。当然，考古学界对夏家店下层聚落的研究指出，山顶的建筑利用地形优势，与普通聚落不同，往往具备军事需求或祭祀功能。但我们并不排除在非普通聚落功能存在的同时，驻守要塞或祭祀地的人们也有食品与粮食的需求，而这种需求必然要引发农业生产，因此从这一角度看，即使坐落在山顶的建筑，无论城寨、要塞还是祭祀地，均与农业生产相关。

人口增长是原始农业发展的结果，夏家店下层文化期人口指数为51.87，较红山文化时期有大幅度增长。聚落是人类生活与生产的立足之地，农业与人口发展必然会导致聚落数目增加与分布范围扩展，这在《中国文物地图集·内蒙古自治区分册》所汇集的调查结果中已得到验证。人地关系是一个复杂系统，固然夏家店下层文化期聚落数量大幅度增加，但聚落规模却有所减小，这样的变化与气候波动导致动植物资源富集程度降低相关。应对这一变化，人类必须采取较小的群体与较小的聚落维持生存。《内蒙古东部(赤峰)区域考古调查阶段性报告》提供了由四个采集点构成的1036号遗址及该遗址各时期居住范围变化图①(见图2-1)：

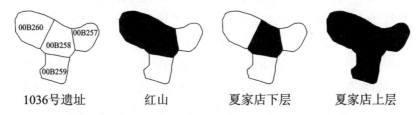

图2-1　1036号遗址及遗址各时期居住范围变化图

此图展示了红山、夏家店下层、夏家店上层文化聚落范围的变化特点，这三期考古文化中夏家店下层文化期聚落规模最小，在一定意义上反映了这一时期聚落的规模特点。1036号遗址只是孤证，尚不具备说服力，因此仍选择敖汉旗的文物普查结果，且将各考古文化遗址面积列为表2-1。其间聚

---

① 赤峰中美联合考古项目：《内蒙古东部(赤峰)区域考古调查阶段性报告》，科学出版社2003年版，第196页。

落面积的变化虽然不及 1036 号遗址清楚,但变化趋势仍然十分明显,即在各考古文化遗址中夏家店下层文化小于 5000 平方米的遗址面积占的比例最大,达66.2%,大于 20000 平方米的遗址面积占的比例虽略高于小河沿文化,但也仅为7.8%;而红山文化小于 5000 平方米的遗址面积占 23.6%,大于 20000 平方米的遗址面积则为 30.1%。原始农业在红山与夏家店下层文化中均占突出地位,但聚落遗址面积却呈现不同的变化趋势,这一变化趋势与 1036 号遗址有相同之处。由此看来,夏家店下层文化在 1036 号遗址表现出的面积特征,不是特例,在西辽河流域应具有一定的普遍性。

表 2-1 敖汉旗各考古文化聚落遗址面积比例(%)

考古学文化	遗址面积(平方米)		
	<5000 平方米	5000 平方米≤x≤20000 平方米	>20000 平方米
兴隆洼文化	50.0	37.5	12.5
赵宝沟文化	37.5	37.5	25.0
红山文化	23.6	43.2	30.1
小河沿文化	35.3	52.9	5.9
夏家店下层文化	66.2	25.8	7.8

(四)夏家店上层文化期聚落与环境

夏家店上层文化存在于距今 3000 年,与红山诸文化、夏家店下层文化由采集、渔猎向原始农业为主的生存方式转变不同,夏家店上层文化遗址显现出了不同于夏家店下层的文化信息:出土器物证明其农业与制陶工艺技术远不及夏家店下层文化发达,青铜器铸造技术却高于夏家店下层文化。发现的器物有生活用具、武器与装饰品,其中宁城南山根出土的锚状有倒刺的马衔,不但显示了驯马初期对马衔的刻意加工,而且两端倒刺的外端有可以转动的环,只要马头偏离方向,倒刺便刺入嘴中,任何野马都容易驯服。与马具的出现相吻合,夏家店上层出土的动物骨骼明显多于夏家店下层文化,其种类除了夏家店下层常见的牛、羊、猪、狗、鹿外,还有前所未见的马。[①] 通过对出土器物与房址、窖穴的审度,考古学界认为夏家店上层文化虽然还过着定居生活,也有一定的农业,但畜牧业已得到充分发展,表现出

---

① 田广金:《内蒙古长城地带诸考古学文化与邻境同期文化相互影响规律的研究》,《内蒙古文物考古》1993 年第 1—2 期。

了与夏家店下层不同的半农半牧经济生活方式。

畜牧业这种不同于以往的生存手段的出现,拓展了人类的食物资源,也为聚落的环境选择带来了一些影响。但需要强调的是,这时的半农半牧区不是农、牧两种经济生活方式的插花式分布,而是通过兼业行为表现出来的。这一时期遗址中出土的遗物既有粮食,又有动物骨骼;既有石铲等农业生产工具,又有用于骑射的马具。可以想见,当时居住在农牧交错带的先民,在从事农耕的同时,也经营一些与定居农业有联系的牲畜放养,大有一身而兼二职的情形。正是这种兼业行为,决定了夏家店上层文化期的畜牧业依托农业定居生活而存在,并以聚落为中心形成放牧圈。根据农牧业生产特征推测,原始农业开拓的农田紧邻聚落,牲畜的放牧地则位于农田外侧;由于这一时期还没有进入游牧状态,因此放牧业应以聚落为中心,以每日往返距离为半径确定放牧范围。

在半农半牧兼业的经济生活方式下,聚落的环境选择偏重农业生产的适应性,但有时也会超越农业生产通常的耕种范围,使聚落周围的土地利用从原来的农业利用发展到农牧并存,进而扩大了聚落范围以及人类活动对环境的扰动规模,缩小了聚落之间的缓冲地带。本讲所提出的这一看法,可以在1036号遗址中得到证实。红山、夏家店下层、夏家店上层文化聚落都在1036号遗址留下了遗迹,与其他考古文化相比,夏家店上层文化是聚落范围最大的时期,遗址所在四个采集点都发现了这一时期的陶片,其他几个时期却只在一个或两个采集点发现了陶片。对于这种现象,赤峰中美联合考古项目组并未进行解释,我将这一现象归为环境变迁与人类生产方式双重影响的结果。环境承载能力决定聚落规模,第四纪研究的各项成果证明,从红山文化至夏家店下层、夏家店上层文化,气候变化总体趋于冷干,这一全球变化特点直接影响到西辽河流域可食性动植物资源的丰富程度,当食物资源并不丰厚时,人类只能以小群体形式活动并构成聚落,因此夏家店下层文化期人群规模与聚落规模都小于红山文化期。全新世大暖期结束于距今3500—3000年[①],按照前面的推理,夏家店上层文化期气候冷干特征更为突出,聚落范围更应该缩小,但事实却完全相反,恐怕与畜牧业出现有直接

[①] 姚檀栋、施雅风:《祁连山敦德冰心记录的全新世气候变化》,施雅风主编,孔昭宸副主编:《中国全新世大暖期气候与环境》,海洋出版社1992年版,第206—211页。

关系,正是牲畜的放养将农田之外拓展为牧场,延伸了人类活动范围,才使考古界在数个采集点都发现了陶片,因此这一文化期气候虽然趋于冷干,但半农半牧的生存方式却拓展了人类活动范围。

通过对史前时期西辽河流域聚落环境的分析,我们了解到人类以聚落为依托在生存需求与环境限度之间寻求共存的全过程。虽然在这一过程中,人类的活动方式并不存在明显的环境意识,但人们在反复探求中不仅知道环境能给他们什么,而且清楚哪些地方有什么,正因此人类以维持生存为根本目的的聚落环境选择,始终追求的一个条件是食物的最大富集量。当然人类的食物包括来自采集、渔猎的成果,也包括农业产品,而无论哪种来源的食物要保证满意的收获,都必须选择最适宜的环境条件。史前时期西辽河流域的文明起步于兴隆洼、赵宝沟文化期,这两个文化期聚落遗址所在的林缘地带即林地、草地交界处,这里不仅是文明的起源地,而且也是采集、渔猎背景下适宜的环境选地。此后,从红山文化至夏家店上层文化,在气候转向冷干—原始农业比重提高—人口增加一系列因素影响下,聚落环境选择一步步突破林缘地带,不断扩展。各考古文化追求食物的目标是一致的,其间的差异仅在于获取食物的途径,包括采集、渔猎、农业以及畜牧业等,红山文化时农业开始逐渐成为主角,夏家店上层文化则在农业中伴生有畜牧业。人类获取食物途径的每一种变化,都反映在聚落与环境的关系中。

三　史前时期西辽河流域聚落持续使用时间与环境容量

从历史地理视角研究史前时期的人类活动,与考古学最大的不同在于,不仅关注人类的文明进程,且将重点放在人类活动对环境的扰动程度上。一些研究提出西辽河流域红山与夏家店下层两个文化期聚落密度有超过当代聚落密度的趋势,实际上这正是在思考聚落持续使用时间与环境容量的问题。目前的研究对于解决这一问题并没有实质性的成果,本节进行尝试性的探讨。

(一) 聚落持续使用时间与环境容量

考古文化一般延续上千年或数千年,而任何聚落都不会持续使用这么长时间,能否找到判断聚落持续使用时间的途径?为此,我注意到聚落文化层的堆积厚度。虽然文化层的堆积厚度用于估计聚落持续时间存在不确定性,但若抛开单个遗址文化层堆积厚度的比较,着眼于一个地区某一考古学文化期全部遗址文化层的平均厚度,其结果应该具有一定的意义。因为在所有遗址文化层平均值的计算过程中,既有通过日积月累形成的文化堆积,也有因房屋突然倒塌而留下的废墟,正由于其中包含了逐渐与突然两种情况,因此文化层的平均堆积厚度越大,持续使用时间越长,反之则使用时间越短。

然而,聚落文化层厚度固然可以区分彼此经历时间的长短,却并不能指示具体的使用时限。为了解决这一问题,我注意到了特定历史时期聚落文化层,希望从中找到可参照的依据。辽王朝是公元916—1125年建立在西辽河流域的政权,前后延续二百余年,据内蒙古文物普查,巴林左旗境内辽代聚落文化层厚度平均为1.8米。① 辽王朝是由契丹人建立的政权,聚落均为安置来自中原地区的农业移民的设施。根据《辽史》记载,辽王朝虽然建立于916年,但在此之前即大约905年前后的军事行动中,已经开始将中原农业人口以战俘的形式迁入西辽河流域,并首先安置在都城上京临潢府(今巴林左旗)附近,因此这一地区是辽境内聚落延续使用时间最长的地方。② 假定自905年前后中原农业人口即在巴林左旗境内兴建聚落,并持续使用到辽王朝结束,220年平均文化堆积为1.8米,每年平均文化堆积厚度即为0.82厘米,这一已知年平均文化层厚度可以成为推测西辽河流域各考古文化期内聚落持续使用时间的基础。仍以敖汉旗为例,为了分析便利,这里选择的聚落均为单一文化留下的遗址,凡两种或两种以上文化聚落坐落的同一地点都不在此列。如表2-2所列,兴隆洼文化聚落遗址8处,文化层厚度0.5—1米的占87.5%,若按每年平均堆积厚度0.82厘米计,0.5—1米需要60—120年。红山文化聚落遗址154处、夏家店下层文化1321处、夏家店上层文化48处,文化层厚度均以0.5—1米为主,即使用时间为60—120年。虽然各个文化期聚落使用时间均主要集中在60—120年,但兴隆

---

① 国家文物局主编:《中国文物地图集·内蒙古自治区分册》,西安地图出版社2003年版,第112—131页。
② 韩茂莉:《辽代西拉木伦河流域聚落分布与环境选择》,《地理学报》2004年第4期。

洼文化低于60年使用时间的聚落占12.5%,红山文化占3.2%,夏家店下层文化占0.5%,夏家店上层文化不存在;反之,兴隆洼文化不存在长于120年的聚落,而红山文化长于120年的聚落占7.8%,夏家店下层文化占46.6%,夏家店上层文化占27.1%。文化层平均堆积厚度在各考古学文化期的变化,意味着聚落使用时间趋于延长;兴隆洼文化聚落的平均持续使用时间最短,红山文化逐步增加,至夏家店下层文化聚落持续使用时间已在兴隆洼文化的基础上提高了近一倍。

表2-2 敖汉旗考古文化遗址文化层平均厚度

考古文化 遗址数 文化层平均厚度	兴隆洼文化	红山文化	夏家店下层文化	夏家店上层文化
	8	154	1321	48
<0.5米	12.5%	3.2%	0.5%	
0.5—1米	87.5%	89.0%	52.9%	72.9%
1.1—1.5米		7.1%	20.3%	22.9%
1.6—2米		0.7%	17.2%	2.1%
2.5—3米			6.6%	2.1%
>3.5米			2.5%	

聚落既是人类的定居场所,也是人们对环境加以选择的结果,因此聚落持续使用期与人类生存方式以及环境都存在关联性,而环境容量则是探讨这一问题的重要思考点。环境容量可以视作自然环境为人类提供生存条件的能力,当人口密度与资源环境处于相对平衡,即环境容量没有达到饱和时,人们多以稳定形式定居下来,迁移频率较低;当人口超载,资源难以承受人口压力时,人口迁移与聚落更新会变得频繁起来。迁移既是人类减轻环境压力的手段之一,也是环境容量的重要标识。

从兴隆洼至夏家店上层文化聚落持续使用时间逐渐增加,一个值得关注的现象呈现在我们面前:在兴隆洼、赵宝沟文化期以采集、渔猎为主的人类生存方式下,聚落更新与位置迁移相对较多;而红山、夏家店下层文化期以原始农业占主导的生存方式下,迁移活动相对较少;夏家店上层文化虽然出现驯养动物,但这是依托农业生产而存在的放养型畜牧业,与定居背景直接相关,这一时期聚落同样表现出稳定性特征。显然,采集、渔猎与农业对于环境、资源的要求是不一样的,与这两种人类活动方式相对应的环境容量也不同。采集、渔猎是建立在动植物资源基础上的人类获取食物的方式,在兴隆洼、赵宝沟文化期人口极为稀少的背景下,聚落仍存在相对频繁的迁移,说明全新世中期西辽河流域林缘地带的可采集物与可猎获物并不丰富,动植物资源的丰富程度与更新速度都不能满足人类长期持续利用的需要,林西县白音长汗遗址出土的动物骨骼就是十分有力的证据。白音长汗遗址从兴隆洼经赵宝沟、红山,一直持续使用到小河沿文化期,遗址中发现了马鹿、斑鹿、狍子以及野猪、野牛、马、野兔等动物骨骼,通过对骨骼的测量及对动物个体、种类的分析,可以明显看出从兴隆洼至红山文化期野生动物的数量在逐渐减少,其中马鹿、斑鹿等大型食草动物的变化尤为明显。[1] 生态系统中食草动物以植物为食物源,因此食草动物减少同时昭示着植物资源的减少。面对可觅性食物资源的减少,人类必须定居一定时段后通过迁移重新开辟觅食地。与兴隆洼、赵宝沟文化期不同,进入红山文化以后,虽然人口不断增加,但人类的经济生活方式有了变化,农业不是自然资源的单纯获取,而是在人类活动支配下的资源再生产过程,通过农业生产活动,人们将生产品的数量与更新控制在自己手中,可以在固定的范围内繁衍自己的生命,正因此聚落位置比较稳定。此外,红山、夏家店下层、夏家店上层文化聚落使用时间具有一定的稳定性,也表明这一时期人类的农业垦殖以及聚落规模并没有突破西辽河流域的环境容量,资源能够满足需求,人们不必通过频繁地迁移去寻求新的生存空间。[2]

涉及红山文化以来西辽河流域人类活动与环境容量的关系,需要考虑的另一个重要问题是这一时期人类农业活动的力度,事实上这也是现有研究关注而尚未解决的问题。农业生产、人口数量与环境扰动存在正相关关系,即随着人口数量增大,对环境产生的扰动也相应增大。以人口密度最大的夏家店下层文化为例,敖汉旗境内发现这一时期的聚落遗址约 2193 处(包括与其他文化期相重叠的聚落遗址),大约每 3.8 平方公里即有一处聚落,这是一个与当代这一地区聚落密度接近的结果。[3] 但夏家店下层文化

---

[1] 内蒙古自治区文物考古研究所:《白音长汗——新石器时代遗址发掘报告》,科学出版社 2004 年版,第 546—575 页。
[2] 详见韩茂莉:《史前时期西辽河流域聚落与环境研究》,《考古学报》2010 年第 1 期。
[3] 据敖汉旗人民政府《敖汉旗地名志》所载,1987 年该旗有 1859 个自然村,每个自然村为 1 个聚落。

期聚落并不属于同一个时段,据前文分析,多数聚落文化层的平均厚度为0.5—1.5米,日积月累,这一厚度的形成时间不过数十年。这说明一个聚落使用几十年后可能被放弃,邻近地区则会出现新的聚落。因此可以肯定,今天考古发掘出的聚落,固然同属于夏家店下层文化期,但在某一个时段内聚落密度不仅低于今天,而且聚落所包容的人口以及人口对邻近资源的摄取量也低于今天,地旷人稀是当时的环境利用特征,人类农业活动力度在整体上保持低水平发展,并在客观上具有与环境基本协调的属性。

(二) 聚落文化的更迭与环境扰动

西辽河流域地处环境脆弱地带,人类对环境的持续作用必然会对环境造成影响,导致人类赖以生存的食物资源匮乏,进而中断聚落的使用。然而,这又是一个怎样的过程呢?

兴隆洼文化是西辽河流域新石器时代早期考古文化,我们的探索就从这里开始。从兴隆洼文化至夏家店上层文化延续5000年时间,敖汉旗所在区域内共有60个兴隆洼文化遗址,其中只有萨力巴乡水泉村一处遗址为兴隆洼、赵宝沟、红山、小河沿、夏家店下层、夏家店上层这些西辽河流域考古文化期连续使用,其余59处中有10处为兴隆洼一个考古文化期所用,包括兴隆洼在内两个考古文化期使用的30处,三个考古文化期的14处,四个考古文化期的3处,五个考古文化期的2处。聚落的存在依托于稳定的食物供应,当它中断了使用过程,也必然与食物供应相关,而食物供应无论来自采集、渔猎还是农业生产,都是一定环境下的产物。伴随人类扰动以及全球变化,当环境出现逆转,食物资源得不到满足时,为了保证人类自身的繁衍,终止在这一聚落周围的生产活动,追逐食物资源富集地,选择未经扰动的地方移居建立聚落成为必然。

移居固然是史前时期人类适应环境退化的方式,但并非都是永久性的,西辽河流域聚落多数处于使用、中断与再建交相存在的状态,即一种文化人群迁离出去,一些年之后另一种文化人群又迁回来,从人地关系考虑,聚落的中断与再建实际就是环境退化转向环境恢复的过程。环境要素中与人类食物资源相关的是生态系统的稳定性,体现生态系统稳定性的重要方面之一就是生态系统的弹性恢复能力。在外界力量没有对生态系统造成致命性破坏的情况下,生态系统具有自我修复功能;各类生态系统的自我修复能力不同,脆弱系统表现出较长的恢复周期。生态学的研究显示,当人类迁出,人类活动施加于环境的压力减轻,生态系统在裸地上自行恢复的周期一般在50年左右。[①] 史前时期西辽河流域虽然多数情况没有在同一个聚落选地形成连续的文化序列,却也很少出现文化全然中断的状况。这一现象说明的正是人类活动对环境的扰动没有超出这一地区环境的临界值,所有影响都在环境限度之内。虽然某一时段人类对食物的索取,造成环境退化或资源短缺,但当人类退出后,环境经过自身修复,仍可恢复到良性状态,并再次成为人类赖以生存的聚落选地。

聚落持续使用时间与聚落文化更迭从两个不同方面证明,史前时期西辽河流域人地关系相对平衡,无论兴隆洼、赵宝沟文化期采集、渔猎生存方式还是红山文化以后的农业生产都没有突破这一地区的环境容量。各考古学文化中,兴隆洼、赵宝沟文化期采集、渔猎生存方式下聚落持续使用时间较短,红山文化以后农业生产占主导地位时对于周围环境的利用周期长于采集、渔猎时期。这样的变化与人类食物获取途径分别为利用型经济与生产型经济相关,由于两类途径对自然环境的依存程度有差异,直接导致人类以聚落为依托而作用于环境的时间尺度不同。

聚落是人地关系的产物,无论人类活动方式还是环境变化都会影响聚落选址、聚落规模甚至聚落持续使用时间。人地关系为聚落发展的控制性因子,地理环境为自变量,人类活动为因变量,因此聚落环境选择首先体现的是环境特征,其次是人类需求。在人地关系背景下,由聚落引申出诸多环境思考,其中聚落位置对环境的标识作用可以视作思考的起点。聚落位置对环境的标识作用通过人类生存方式获得,兴隆洼、赵宝沟文化期人类的采集、渔猎活动决定了西辽河流域人类的定居生活开始于林缘地带,受这一地区环境条件制约,林缘地带多分布在400—700米高程的坡地。人类从林缘地带这一聚落初始位置扩展自己的生存空间,经历了漫长而复杂的过程,从红山文化至夏家店上层文化人类在气候变化的推动下不断扩大农业生产的比重,聚落也不再局限于林缘地带,开始以草地为主扩展分布范围,这样的

---

① 周鸿:《人类生态学》,高等教育出版社2001年版,第111—112页。

扩展虽然在各考古文化间有区别,如夏家店下层文化期坐落在山顶的聚落明显增加,但基本趋势是一致的。人类以聚落为核心的定居并非连续不断的,无论环境还是人类活动方式变化都会导致聚落迁移,表面上聚落迁移在追逐食物资源,实际受环境容量制约。环境容量可以视作自然环境为人类提供生存条件的能力,从采集、渔猎到农业,各类生存方式对环境的依赖程度依次降低,环境容量反而提高,从兴隆洼至夏家店上层文化聚落持续使用时间逐渐延长就是这一人地关系互动影响的结果。本讲在完成史前时期西辽河流域聚落与环境相关问题的探讨后,需要强调的是史前时期西辽河流域整体上不存在人地关系不协调问题。

史前时期是一个距离我们很遥远的时代,那个时代遍布全国各地的考古文化如同繁星,固然西辽河流域的文明仅是其中的一个角落,但各地人类与环境之间的抗衡、交流有着相似的历程,因此西辽河流域的文明告诉我们的不仅仅是一条河的故事,而是人与环境共同的经历。

◎作者讲课实录:

第三讲

从"中国"到中国
—— 地理视角下的历代疆域变迁

地理学是以空间为研究对象的科学,若将国家作为研究空间,疆域变迁则是最根本的问题。然而,中国历史悠久,疆域变迁不仅是开疆拓土那些事,也与地理相关,也许其间的关系更重于政治。

"疆域"一词具有界限以及界限所包纳空间的含义,若将疆域与政治共同思考,则应从属于国家的概念。当代政治学认为国家包括三要素,即领土、人民、主权,疆域与三要素中的领土有着相近的内容,但又有所不同。当代政治涉及的领土为立体形态,包括领土、领空、领海,其中领海不仅包含内海,还包含领海基线以外12海里范围内的海域。此外不能忽视的,还有领海以外拥有主权的岛屿。这样看中国古代的疆域仅属于狭义的领土,但其中还有一些差别,多数历史时期疆域没有明确的边界,其包纳的空间又分实在管辖与松散管辖两类。

20世纪60年代初谭其骧主编《中国历史地图集》,经国务院、外交部同意,确定以18世纪50年代至1840年鸦片战争以前的版图作为历史时期中国疆域,历史时期在这个范围之内活动的民族、建立的政权,都属于中国历史上的民族与政权。[①] 本讲述及的疆域,即以这一空间为基准,探讨其变迁过程以及支撑疆域变化的地理基础。

现代汉语中疆域属于一个完整的词汇,但最初"疆"指放置在地上的绳子,"域"则指绳子所包围的空间,因此将疆域用作表述一个政权的境界,包含着疆界与空间两重含义。若就疆域包含的两重内容而论,我们早已意识到一

---

① 谭其骧:《历史上的中国和中国历代疆域》,《长水粹编》,河北教育出版社2000年版,第1—22页。

个事实,即中国历史时期长期存在有域无疆或以域代疆状态。当代国际上具有法律效力的疆界,不仅需要双方签署边界文件,而且地面通过划界设有包括经纬度信息的准确界标,并由界标相连成线,构成双方的主权界线。中国历史时期完全不同,对于疆域的确认多数根据边疆地区民众的归属与行政管辖的范围,边界地区若存在地理障碍性明显的山川湖泊,即成为可寻识的地标,若没有这样的地物,边界则无标可寻,具有鲜明的有域无疆特点。入清以后与俄罗斯等国划界之前,历史上中原王朝与周邻政权划定明确疆域走向的事例不多,至于公元8世纪后期唐蕃清水会盟与公元11世纪初宋、辽"澶渊之盟"①,均发生在历史时期的中国乃至于现今中国疆域之内,不属于真正意义上的国际边界协约,真正意义的国际边界条文在进入清代之前鲜见记载。

中国历史上为什么会长期出现有域无疆现象?国家乃至于政权是地球表面上具有确定组织的人类集团,国家、政权作为空间有机体,发展中总会遇到自然界限,即山川、沙漠、森林,这些自然地物既是人类集团维持生存的屏障,也是人类集团继续拓展空间的障碍,因此山脉、河流等往往成为国家或政权的边界。若国家继续发展,遇到强大的邻国、部族给予有效的反对,相互之间势均力敌之处自然构成边界。19世纪晚期德国地理学家F.拉采尔曾就边界做出这样的诠释:界限是相邻民族扩展的结果。边界既服从于自然物的走向,也是政治从属关系不同的人类集团间力量抗衡的结果。如果仅存在山川、沙漠、森林这些地理性的障碍,仅表明这一人类集团活动的范围与扩展能力,只有另一个相邻人类集团出现,才使两个人类集团划定界限成为必要且具有意义。那么,历史时期的中国又是一种什么状况?另一位西方学者美国人L. S. 斯塔夫里阿诺斯撰写的《全球通史》,述及中国历史的内容并不多,但他对于中国文明的阐述却发人深省:中国为什么会拥有世界上最古老、连续不断的文明?根本原因在于地理——它与人类其他伟大文明相隔绝的程度举世无双。② 斯塔夫里阿诺斯讲的是历史,核心却意

---

① 《旧唐书·吐蕃传》载德宗建中四年(783)正月经唐、蕃双方议定,今国家所守界:"泾州西至弹筝峡西口,陇州西至清水县,凤州西至同谷县,暨剑南西山、大渡河东,为汉界。蕃国守镇在兰、渭、原、会,西至临洮,又东至成州,抵剑南西界磨些诸蛮、大渡水西南,为蕃界。"澶渊之盟"为1004年宋辽交战后签署的盟约,其中规定以今河北白沟为双方境界。

② 〔美〕L. S. 斯塔夫里阿诺斯:《全球通史:1500年以前的世界》,吴象婴、梁赤民译,上海社会科学院出版社1999年版,第278—279页。

在地理。中国西部与中亚联为一体的荒漠以及北部的干旱草原,并不是适宜人类生存或孕育强大人类集团的地带,这一被斯塔夫里阿诺斯称为"与世隔绝"的区域环绕于中国的东北、西北,因此在漫长的历史时期,或因地广人稀,或因游牧民族的流动性生活,中国东北、西北地区几乎没有实质性划界的需要。疆界是政权与政权、国家与国家空间直接接触,为了辨明彼此而出现的标识,若不存在相互抗衡的另一方,其结果必然是形成有域无疆的边界特征。与东北、西北相比,朝鲜半岛以及东南亚多为定居农业社会,中国与这些国家、政权间的疆域走向反而比较清楚,且留有文献记载。自1689年《中俄尼布楚条约》签订之后,随着一系列边界条约的签署,中国结束了有域无疆的历史,疆域变迁进入另一个阶段。

中国疆域的形成经过漫长的历史,而最初的起步之处又在什么地方?

一 "中国"的含义及其空间变化

中国,是今天我们这样一个拥有960万平方公里陆上疆土主权国家的称呼,它所包括的政治理念与空间界域十分清楚,但这一称呼所具有的含义并非从来如此,而是经历过从标定地域到涵盖整个国家的变化。

于省吾在题为《释中国》的文章中提到,最早关于"中国"的提法出自西周早期被称为"何尊"(图3-1)的青铜器铭文。1963年何尊出土于陕西宝鸡贾村,尊高38.8厘米,口径28.8厘米,重14.6公斤,为圆口棱方体,长颈,腹微鼓,高圈足,内底铸有铭文12行、122字(图3-2):"唯王初□,宅于成周。复禀武王禮福自天,在四月丙戌,王诰宗小子于京室,曰:昔在尔考公氏,克弼文王,肆文王受兹大命;惟武王既克大邑商,则廷告于天,曰:余其宅兹中国,自之乂民。呜呼!尔有唯小子,亡识

图3-1 何尊

图 3-2 何尊铭文

视于公氏,有爵于天,彻命。敬享哉!惠王恭德裕天,训我不敏。王咸诰。何赐贝卅朋,用作□公宝尊彝。唯王五祀。"①铭文中出现"中国"一词,这是"中国"首次见于文字记载。但这时"中国"并不代表国家,也不是国家所领有的空间,仅表明位居中部方位的一个区域。唐兰释何尊铭文大意为:"成王五年四月,周王开始迁都成周,并按照武王的礼,进行福祭。祭祀是从天室开始的,四月丙戌周王在京室诰训'宗小子'们说:'过去你们的父亲能为文王效劳,文王接受了大命。武王战胜了大邑商,就向天下卜告说,我要住在中央地区,从这里来治理民众。呜呼,你们或者还是小子,没有知识,要看公氏的样子,有功劳于天,完成使命。'"②

唐兰之外,张政烺、马成源等对何尊铭文"中国"之释,大体相同。当代学者释"中国"并非出于自己的创意,于省吾指出"中国"一词由"中""国"两字组成,"中"在甲骨文中形状如有旒旗帜,商王有事立旗帜以召集士众,士众围绕周围听命,故"中"的含义由旗帜引申为中央;"国"字的含义则与"邑"相同;"中"与"国"合为一体自然有中央区域之意。先秦文献中含有"中国"的记载,均表明了这番意思,只不过那时视为中央区域的,或为殷商乃至于后来西周的核心区域——黄河中下游地带,或为京师所在之地。《诗经·大雅·荡》载:"文王曰咨,咨女殷商。女炰烋于中国,敛怨以为德。……文王曰咨,咨女殷商。如蜩如螗,如沸如羹。小大近丧,人尚乎由行。内奰于中国,覃及鬼方。"《诗经》中"中国"指商都或商的基本控制区。《尚书·梓材》载:"皇天既付中国民越厥疆土于先王,肆王惟德用,和怿先

---

① 李学勤:《何尊新释》,《中原文物》1981年第1期。
② 唐兰:《何尊铭文解释》,故宫博物院编:《唐兰先生金文论集》,紫禁城出版社1995年版,第187—193页。

后迷民,用怿先王受命。"这里的"中国"指文王、武王伐商及商属国所在的地区。武王克殷,以周代商,周人所在核心区域则被视为"中国",《诗经·大雅·民劳》云:"民亦劳止,汔可小康。惠此中国,以绥四方。"《毛诗注疏》释"中国,京师也。四方,诸夏也"。此处"中国",指周人国都丰镐及毗邻地区。商人居东,周人居西,由西周进入东周,周人的政治中心也由位于丰镐的宗周移向位于洛邑的成周,伴随这一迁移,"中国"再次回到殷商时期的位置,即黄河中下游地带。入周以后,有关"中国"的记载越来越偏重黄河中下游地带,即后世所称的中原地区,《诗·小雅·六月》序:"小雅尽废则四夷交侵,中国微矣。"《左传》僖公二十五年:"德以柔中国,刑以威四夷。"《左传》成公七年:"春,吴伐郯,郯成。季文子曰:'中国不振旅,蛮夷入伐。'"这些文献提到的"中国"均指中原地区。不仅如此,何尊铭文所及"中国"也应指中原,《尚书·大传》载:"周公摄政,一年救乱,二年克殷,三年践奄,四年建侯卫,五年营成周,六年制礼作乐,七年致政成王。"位于洛邑的成周是周公辅佐成王时期营建的,故唐兰等均认为"余其宅兹中国"为中央之地即中原地区。

早期关于"中国"一词的使用,使我们获得一个重要的信息,即无论"中国"代表中央之地还是京师,都不是政治空间,而具有鲜明的文化区特征。凡被视作"中国"的区域有着与周边地区完全不同的风范,正像唐人孔颖达所说的那样,"中国有礼仪之大,故称夏;有服章之美,谓之华,华夏一也"[1]。礼仪、服章强调的都是文化,显然"中国"所在区域盛行华夏所代表的文化;反之,没有这样文化风范的区域,均不属于"中国"。前述《左传》鲁成公七年吴伐郯事件之后,鲁国季文子说"中国不振旅,蛮夷入伐"就是这样的事例,吴国先祖本为太伯、仲雍,不但不是外人,而且与周天子同为姬姓[2],但远在长江下游,全失华夏风范,竟被鲁人视作蛮夷。西周时期,人口不多,开发程度也不高,地区之间不仅存在明显的文化差异,而且华夏之风也没有可能为普天下效仿,于是不仅吴、楚不在"中国"之列,位于今四川的蜀也是如

---

[1] 《春秋左传正义》卷五六,上海古籍出版社1990年版。
[2] 太伯,周人部落首领古公亶父长子,太王欲传位季历及其子昌(即周文王),太伯乃与仲雍让位三弟季历而出逃至江南,为吴国第一代君主。

此,故西汉经学家孔安国称"蜀,叟也,春秋之时不与中国通"①。"叟"是那个时代对蜀地民族的称呼,限于地理条件,叟人至春秋之时与中原地区仍来往不多。文化风范与社会经济生活方式关系密切,同处于农耕生活背景下的吴、楚、蜀尚不被视为"中国",生活在中原周边地带的非农耕民族更无法纳入"中国"这一文化空间,被称为戎狄、蛮夷。

上古时期"中国"一词具有的内涵,对后世影响很大,故以后的历史时期仍然用"中国"表述地域间文化属性的差异。如《新唐书》载:"姚州地险瘴,到屯辄死。柬之论其弊曰:'臣按姚州,古哀牢国,域土荒外,山岨水深。汉世未与中国通,唐蒙开夜郎、滇、筰,而哀牢不附。东汉光武末,始请内属,置永昌郡统之,赋其盐布毡罽以利中土。'"《宋史》载:"禁掠卖生口入蛮夷嵲峒及以铜钱出中国。"《三朝北盟会编》载:"恐兵革一动,中国昆虫草木皆不得而休息矣。"程大昌《禹贡山川地理图》载:"华阴,河行华山之北故曰华阴,河自北狄入中国皆南行,至此而极。"《乾道临安志》载:"钱塘自五代时知尊中国,效臣顺,及其亡也,顿首请命,不烦干戈,今其民幸富足安乐。"以上所列,涉及的内容完全不同,但"中国"的含义却很相似,其所指均不是政权空间,而是文化区域。其中《新唐书》所书姚州,东汉时已经归永昌郡统辖,与中原内地有着完全相同的管辖方式,但在唐朝人理念中仍不在"中国"或"中土"之列。五代十国时期,南北政权对峙,并无正统与非正统之分,但中原诸国与都于杭州的吴越国之间,宋人仍认为位于黄河流域的政权为"中国"。唐五代时期,早已打破了上古时代文化地域隔绝现象,吴越所在之地不仅拥有了与中原地区同样的礼仪风范,而且经济发展也达到了不凡的水平,尽管如此,上古时期形成的"中国"空间理念并未消退,人们仍然将设在中原的政权统称为"中国"。

可以肯定,在华夏文化已经传布到各地后,文化诞生地被视作"中国"的理念仍然沿承下来,无论涉及政治、经济还是自然山川,凡言及"中国",其地理方位均不离商周时期"中国"所在的黄河中下游地区,这一地区或指建立在中原的地方政权,或指中原政权的核心区域。至于非汉民族建立的政权是否自认为"中国",仍在于政权的政治核心是否在中原。《辽史·张

---

① 《资治通鉴》卷一,周安王十五年注引。

砺传》载:"砺奏曰,今大辽始得中国,宜以中国人治之,不可专用国人及左右近习。苟政令乖失,则人心不服,虽得之亦将失之。"张砺本为磁州人(今河北磁县),入辽后上奏辽太宗的奏文中以"大辽"与"中国"相对,因辽王朝的政治核心在塞外西辽河流域,而辽南京所辖地区在后晋石敬瑭所献燕云十六州之内,属于传统"中国"的范畴,故有上述言辞。与《辽史》记载的情况不同,《金史·食货志》载:泰和"八年七月,言事者以茶乃宋土草芽,而易中国丝、绵、锦、绢有益之物,不可也"。金章宗泰和年间已是金人迁都南京(今北京)50年之后了,由于政治中心位居中原一带,金人以"中国"自居,反过来对位于江南的南宋政权却以宋人相称。《辽史》《金史》的记载说明,古人理念中是否视为"中国",并不在于政权建立者的民族归属,政权政治核心的位置与文化风范可能更为重要,故虽为女真人,只要拥有了中原之地,仍然不妨碍成为"中国"的代表。

很多研究者指出,"中国"一词从文化区转为主权国家的代表,自1689年《中俄尼布楚条约》始。以下所引为《中俄尼布楚条约》有关疆域的内容:

《中俄尼布楚条约》(1689.9.7)

……康熙二十八年七月二十四日,两国使臣会于尼布楚城附近,为约束两国猎者越境纵猎、互杀、劫夺、滋生事端,并明定中俄两国边界,以期永久和好起见,特协议条款如左:

一、以流入黑龙江之绰尔河,即鞑靼语所称乌伦穆河附近之格尔必齐河为两国之界。格尔必齐河发源处为石大兴安岭,此岭直达于海,亦为两国之界;凡岭南一带土地及流入黑龙江大小诸川,应归中国管辖;其岭北一带土地及川流,应归俄国管辖。惟界于兴安岭与乌第河之间诸川流及土地应如何分划,今尚未决,此事须待两国使臣各归本国,详细查明之后,或遣专使,或用文牍,始能定之。又流入黑龙江之额尔古纳河亦为两国之界:河以南诸地尽属中国,河以北诸地尽属俄国。凡在额尔古纳河南岸之黑里勒克河口诸房舍,应悉迁移于北岸。

二、俄人在雅克萨所建城障,应即尽行除毁。俄民之居此者,应悉带其物用,尽数迁入俄境。

……

自"中国"一词出现后,《中俄尼布楚条约》第一次赋予了它代表主权国家的含义。当然,清人签署国际条约中使用"中国"一词,明显含有西洋为化外之邦之意,尽管如此,此后"中国"一词逐渐摆脱了标定文化区的初始含义,而成为国家全部领土、全部主权、全体人民的代表。

"中国"一词词义的变化,其意义并不在词汇自身,它象征着中国历史进入了一个不同以往的时期,这正是从"家天下"走向"天下为公"的时代。故梁启超《少年中国说》称:"我中国畴昔,岂尝有国家哉?不过有朝廷耳。我黄帝子孙,聚族而居,立于此地球之上者既数千年,而问其国之为何名,则无有也。夫所谓唐、虞、夏、商、周、秦、汉、魏、晋、宋、齐、梁、陈、隋、唐、宋、元、明、清者,则皆朝名耳。朝也者,一家之私产也;国也者,人民之公产也。"上下五千年,中国历史绵长久远,但以"中国"作为主权国家的代表仅数百年,以数百年之短比万年之长,真可谓少年中国。

二 中国历代疆域变化及其地理基础

今天,人们观念中的地理仅限于山在哪儿、水在哪儿、路在哪儿、矿在哪儿。事实上地理对于历史与今天而言并非如此简单。人类立足于大地上,无论个体还是人类集团——国家、政权,均未离开过地理,包含空间与界限的疆域更是如此。疆域是两个政权或部族空间互相碰撞的结果,若世界上只有一个政权或一个部族就不会出现疆域,而两个人类政治集团相互碰撞且稳定在某一地带,并非无因无由,地理——这一来自自然的力量始终发挥着重要作用。

(一) 史前文化的空间组合与地理选择

一个部族不断壮大并继续扩展空间时,往往会因两种障碍而驻足,即难以逾越的山川湖泊、沙漠荒原等自然物以及相互抗衡的其他部族。大的山川湖泊往往会成为多个部族驻足之处,而在环境差异不明显且没有地物成为屏障的地域,部族间在力量抗衡中以强凌弱、以大并小,成为赢家的一方会因此而扩大境域,并形成势力范围。疆域是与政治、国家、政权相关的理念,中国国家的起源在三代,三代之前属于史前时期,这一时期虽不存在疆域,却构建了后世国家的基础。苏秉琦提出了古文化—古城—古国的发展模式,认为史前文明与后世国家存在密切联系。史前文明呈漫天星斗之势分布于各地，国家却诞生在黄河中下游地区，能够遵循古文化—古城—古国这一模式最终走向古代国家的并不是所有文化类型。从考古学角度去审度，遍布各地的史前文化类型没有高下之分，为什么只有一些文化类型实现了与后世历史的接轨，成为文明的薪火传人，而更多的文化类型戛然终止于灿烂的史前时期？解读这些问题，是探讨国家乃至于疆域地理基础的起点。

20世纪70年代苏秉琦针对黄河流域摇篮说，提出中国史前文明"多元多中心"说，与这一学说相伴的是史前文化六大区系理论。考古文化是构成考古文化区系的基础，考古学用考古文化表示考古遗存中所观察到的属于同一时代、分布于共同地区并且具有共同特征的一群遗存。这一表述若从另一角度理解，可以视作凝聚在共同的社会力量之下、彼此之间具有联系的文化人群，在共同的时空背景之下形成具有共同特征的经济生活方式与社会组织形式，而考古器物、墓葬形式等只是后世识别文化人群共性的标识。审度考古文化包含的内涵，一个不可忽视的问题摆在我们面前，这就是地理环境。能够将一个地域的人群凝聚在一起的力量，除共同的社会体系之外，相对完整且自然环境相似的地理单元十分重要；完整的地理单元是保障人们无障碍交流且构成文化统一体的前提，相似的自然环境则是人们从事同一文化创造的根本，地理环境不仅是人们立足之本，也是构成文化区系的基础。苏秉琦划分的六大考古文化区系为：以燕山南北长城地带为中心的北方文化区，以山东为中心的东方文化区，以关中、晋南、豫西为中心的中原文化区，以环太湖为中心的东南部文化区，以环洞庭湖与四川盆地为中心的西南部文化区，以鄱阳湖—珠江三角洲一线为轴的南方文化区。六大区系虽为考古文化区，却没有离开地理基础，或以基本完整的地理单元为依托，或发展于相似的地理环境下，或依凭交通纽带而自成体系。

六大考古文化区系中，中原区有着特殊的地位，突出表现在文化交往上，除巴蜀、岭南没有直接证据外，中原区与其他几个考古文化区均保持频繁的文化往来，而这样的向心性特征是其他文化区系所没有的。中原区与其他文化区系交流，或作为文化扩散中心将文化传布到各地，或将其他文化融入自己的文化肌体中，融合过程又表现为文化传入与文化覆盖两种形式，如红山文化南下进入燕山以南属于前者，龙山文化西扩对仰韶文化的替代则属于后者。中原区与其他考古文化区系的关系将这一地区推向了文化融汇中心的地位。需要探讨的是,为什么六大区系之中只有中原区拥有这样的地位？地理是一个不可忽视的因素。

中原区拥有文化融汇中心的地位,取决于这里拥有创造文明、保全文明的地理环境。童恩正《中国北方与南方古代文明发展轨迹之异同》一文阐述黄河中下游地区即中原区从部落迈向国家的进程,十分强调北方以黄河中下游为中心的地带具有实现社会组织一统性与文化一统性的基础,其中平坦的地势利于文化交流并形成超出部落组织的更大政治实体；干旱寒冷的气候促使人们及时调整社会组织与生产对策；邻近游牧民族的地理区位会因战争联合为整体,并涌现出具有领导性的权威人物；缺水的自然环境使人们在治水的共同需求下形成高级的政治集团；共同的生产基础往往使人们将政治集团领袖的祖先视作共同祖先,进而形成宗教意识。① 若将童恩正论证的五个方面稍加分析,均可归入地理环境这一根本理念之中。凭借黄河中下游地区的地理环境,人们实现了社会组织与文化意识一统的基础,并从部落迈向国家。创造文明离不开地理环境,保全文明同样要借助地理环境。竺可桢曾就气候与文明的关系指出,世界最古老的文明基本起源于干旱的大河流域,如尼罗河流域的埃及,幼发拉底河、底格里斯河流域的巴比伦,黄河流域的周、秦、汉、唐,正是干旱大河流域周边不利于人类生存的干旱环境,成功地阻隔了其他民族的入侵并保全了文明。与竺可桢观点相似的是《全球通史》作者 L. S. 斯塔夫里阿诺斯,前面已有提及,他认为中国拥有世界上最古老、连续不断文明的一个原因在于地理——中国与人类其他伟大文明相隔绝的程度举世无双。无论竺可桢还是 L. S. 斯塔夫里阿诺斯,他们指陈了一个共同的问题,即持续久远的伟大文明与地理环境相关,而这一地理环境就是能够孕育文明且保全文明的区域。无疑,六大文化区系中,只有中原区拥有这样的环境。黄河中下游地区不仅具备史前人类生存的基本条件,而且也具有促成部落联盟的地理基础,正因此,史前时期同时存在六个考古文化区系,但最终影响四方且从部落发展为国家的只有这里。疆域不是从来就有的理念,讨论史前时期考古文化区系之间的关系,目的不在疆域本身,而在疆域起步之处。

---

① 童恩正:《中国北方与南方古代文明发展轨迹之异同》,《中国社会科学》1994 年第 5 期。

(二) 从黄河中下游地区走向长江流域

历史并没有停止在部族联合阶段,新的较量、新的联合促成了国家的诞生。夏、商、周三代中国进入国家阶段,这一时期国家的空间形态具有城邦国家的某些特点。以城为邦是城邦国家的领土形式,作为国家整体而言,夏、商、周任何一个政权都不属于城邦国家,但由于地广人稀,无论方国还是诸侯,基本境土的中心都是城邑,远离城邑的地方或人口稀少,或仍属蛮荒,国家为众多城邦的联合体。这样的时代,虽然整个国家的疆域并不清晰,但通过政治、军事措施营建核心地带并通过核心地带扩展掌控空间的意图却很明确。

《史记·五帝纪》载:"于是黄帝乃征师诸侯,与蚩尤战于涿鹿之野,遂禽杀蚩尤。而诸侯咸尊轩辕为天子,代神农氏,是为黄帝。天下有不顺者,黄帝从而征之,平者去之,披山通道,未尝宁居。东至于海,登丸山,及岱宗。西至于空桐,登鸡头。南至于江,登熊、湘。北逐荤粥,合符釜山,而邑于涿鹿之阿。""帝喾溉执中而遍天下,日月所照,风雨所至,莫不从服。""唯禹之功为大,披九山,通九泽,决九河,定九州,各以其职来贡,不失厥宜。方五千里,至于荒服。南抚交阯、北发,西戎、析枝、渠廋、氐、羌,北山戎、发、息慎,东长、鸟夷,四海之内咸戴帝舜之功。"顾颉刚提出疑古说,认为三皇五帝的古史系统是由神话传说层累式造成的,这样看来三皇五帝的系统未必是真。但三代前的历史却不会空缺,司马迁述及这一时代的疆域空间包含了几个不同的概念,如黄帝时代的东至于海,西至于空桐,南至于江,北逐荤粥,禹治水之后南抚交阯、北发,西戎、析枝、渠廋、氐、羌,北山戎、发、息慎,东长、鸟夷,这些均是非常具体的地方,用东南西北的地理方位标定了基本空间;另一类则如"日月所照,风雨所至""四海之内"这些大而化之的概念。若对这些概念标定的地域认真探讨,前者涉及的范围更像汉代的版图,后者囊括的空间更广,《尔雅·释地》篇释四海为"九夷、八狄、七戎、六蛮,谓之四海",这一空间包括中原政权的核心区以及四周为中原人直接领属或有过往来的所有区域。显然,文献中涉及三代以前疆域的记载与三代前的古史系统一样,并不具备完全的真实性。随着考古学的发展,大量物证为我们认识历史提供了新的依据,也将疆域、境土进一步落到实处。

从夏代进入国家阶段,夏人以及从属于它的方国、部族就开始了以黄河中下游地区为核心的部族联合以及空间扩展。顾颉刚和史念海《中国疆域沿革史》、童书业《中国疆域沿革略》等著作均述及三代时期的疆域与族群起源地，但观点并不一致：《中国疆域沿革史》在杨向奎观点基础上提出夏人早期的政治中心在山东、河北、河南交界之处，晚期西迁至伊、洛河流域以及山西南部；《中国疆域沿革略》认为夏人起自西方，后渐东迁，其疆域范围为郑州之西、华山之东、长治之南、伊水流域之北，即豫、晋、陕三省交界地带。两个观点的不同在于对族群起源地的认识。从20世纪30年代至今，考古学已经有了大量成果，针对夏文化，考古学界提出王湾三期文化经由新砦期过渡到二里头文化的观点。其中王湾三期文化属于夏代早期，为公元前2132—前2030年。这一文化可分为王湾与煤山两个地方类型，王湾类型以洛阳盆地为中心，东起郑州，西至渑池，南至栾川，北抵济源；煤山类型主要分布在嵩山以南的颍河、汝河流域。新砦期遗存时代介于王湾三期与二里头之间，且得名于河南新密市。二里头遗址位于洛阳偃师市，其文化层包括夏代晚期与早商时期不同时代的埋藏。二里头文化分布范围很广，中心位于河南洛阳、郑州和山西西南部的运城、临汾一带，并向西伸入陕西关中东部、丹江上游的商州，南至鄂、豫交界地带，东至开封一带，北抵沁河。在这一范围之内又可分为二里头、东下冯（山西夏县）、牛角岗（河南杞县）、杨庄（河南驻马店）、下王岗（河南淅川）五个类型，五个类型中二里头类型属于核心文化，其他类型均具有派生特点。考古学成果将夏代早中晚期的核心区均落实在嵩山南北地区，这一地区与《史记》所载"夏桀之居，左河济右泰华，伊阙在其南，羊肠在其北"大体吻合。这也可以在《中国疆域沿革史》《中国疆域沿革略》两部著作中找到共识，尽管它们对于夏人起源地有分歧，但对于夏人核心区却有同样的看法。

考古学界在确定二里头文化核心区的同时，也探讨了二里头文化与其他文化类型的关系，并指出二里头文化周围甚至边缘地区的考古学文化中可以见到二里头文化的要素，二里头遗址中也发现了具有周边文化要素的遗物。总的来看，双向交流中，二里头文化对其他文化的影响占主要地位，而其他文化对二里头文化的影响较小；若就时间而论，二里头文化第二、三期对其他文化有较大影响，第四期则主要接受下七垣、岳石等文化影响。①

---

① 下七垣文化属于先商文化，位于河北磁县。岳石文化是继山东龙山文化之后分布于海岱地区的一支考古学文化，因最早发现于山东省平度市东岳石村而得名。

在文化输出与吸收中,二里头文化对于东方的岳石文化主要为吸收、接纳;对于江淮、江汉、巴蜀、晋中盆地、甘青以及北方草原地区以文化输出为主;而与位于江南的马桥文化之间则吸收与输出是对等的。① 以二里头文化为核心形成的文化辐射区并不能算作疆域,仅能视作影响范围。

商人起源于东方,《中国疆域沿革史》与《中国疆域沿革略》均认为商人先祖来自渤海湾附近。商人本是与夏人并立的部族,以后不断南迁,并在南迁中进入中原,灭掉了夏人建立的国家。历史学界这一观点在考古学中获得充分印证。考古学将商代文化划分为几个时期,即先商以及商代早、中、晚期,其中先商时期指成汤之前商人各代先祖所在时代,这一时期的代表为下七垣文化。考古学认为下七垣文化核心位于涞水至河南杞县之间,商人先祖早期活动在河北保定以北,与历史学界提出的渤海湾附近极为接近。此后,商人活动范围不断南迁。《尚书》序载:"自契至成汤八迁,汤始居亳。"据王国维《说亳》考证,汤所居亳位于今山东曹县,汤之后,商人经过屡次迁都,最后定都今河南安阳。商人的空间发展经历了几个阶段,被考古学界定为早商的时代,为郑州商城、偃师商城始建且开始使用时期,这一时期商人从经营"有夏之居"开始,并以偃师至郑州一线为核心扩展到晋南,此后随着商人势力加强,逐渐向西扩展到陕西耀县、铜川一线;向东囊括整个豫东地区,不仅取代了原有的岳石文化,甚至泰沂山脉以北的济南大辛庄一带都是商族的势力范围;东南江淮地区,商人势力已达到巢湖以东的大城墩一带;南部形成以湖北黄陂盘龙城为中心的庞大遗址群;向北商人重返太行山东部一带,不仅覆盖了先商时期下七垣文化主要分布区,甚至远抵太行山以北的壶流河流域。中商至晚商时期,虽然商人西、南活动区域有所缩小,但仍然南达淮河一线,西至关中西部。

商人活动范围在扩大过程中也因远近之别而管理方式渐有差异,《尚书·酒诰》载:"自成汤咸至于帝乙……越在外服,侯、甸、男、卫、邦伯;越在内服,百僚、庶尹、惟亚、惟服、宗工。"同载于《尚书》的《禹贡》篇以更清楚的文字记述了五服以及九州制度。文献所载五服制度与考古成果相辅相成地

---

① 参见中国社会科学院考古研究所编著:《中国考古学·夏商卷》,中国社会科学出版社2003年版,第1—139页。

第三讲 从"中国"到中国 39

印证了疆域从核心区到边缘地的渐进过程。《禹贡》成书于战国初期①,年代虽然在三代之后,但五服的空间理念应在三代已形成思想基础,故《周礼·职方》《吕氏春秋》《尔雅》中均述及了同样的概念。若对五服、九州包含的空间理念认真分析,可以发现它们并非处于同一个空间系统之内,也不属于同一个时代:九州反映了王权之下对于天下空间划分的理念,每个州不仅依山川形便享有具体的空间,而且与中央保持着固定的朝贡关系,这应是西周分封制出现后产生的理念;而五服则不同,它的空间分割仅是依凭距离形成的圈层,甸、侯、绥、要、荒这些以五百里为半径形成的圈层,更大程度上表现的是概念性空间。概念性空间的出现是领属关系松散的反映,这样的时代应在夏、商两代。与我的这一看法类似,葛剑雄指出"九州制是对未来的设想,五服制却是对过去的理想化"②(图3-3)。夏、商时期处于国家制度实行初期,无论夏人还是商人,都处于以本部族所在地为核心不断扩张领地的状态,新扩展的空间不仅远离核心区,属于国家境土的新增长点,且这里的人口还属于"外人",对于这样的区域的管理自然不能与自己本部的核心区等同,五服制度不仅表现了由核心向边缘渐行渐远的关系,也实行不同的管理方式。唐晓峰《殷商"外服"农业发展在国家领土扩张上的意义》一文指出,商代不仅存在内、外服两套职官,

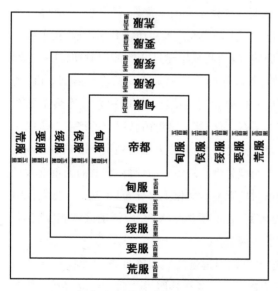

图3-3 《禹贡》五服图

---

① 关于《禹贡》成书年代的讨论留下多篇文章,史念海《论〈禹贡〉的著作年代》通过荷水为吴王夫差北上赴"黄池之会"与晋国争霸而开凿这一事件,将《禹贡》成书上限确定在公元前486年,这一内证的提出成为《禹贡》成书不早于春秋晚期的铁证。
② 葛剑雄:《统一与分裂——中国历史的启示》,生活·读书·新知三联书店1994年版,第9—16页。

而且核心区与周围区域也存在相当内、外服职能的两层空间；外服被辟为农田，也是诸侯征战之地，外服的出现既是商人超越部族界限扩展领土的结果，也是当地族群逐渐接受商人统治的新型国家地域。①

商人直接掌控区外，分布着众多属其他文化类型的部族，他们与商人存在各种关联。东方是商人不断发展的区域，此外长江下游一带湖熟文化人群，长江中游鄂东南以及湖南湘江、资江下游地区和澧水、沅江中下游与江西鄱阳湖、赣江中下游等地的考古文化，四川三星堆文化，陕西关中、山西南部以及位于内蒙古中部的朱开沟文化与东部、辽西的夏家店下层文化，都直接或间接受到中原地区商文化的影响。② 甲骨文中称为鬼方、人方、土方、盂方、井方、羊方、羌的方国或部族就应在这些考古文化所代表的区域之中。商人与这些方国、部族交往，一步步将中原人的视野跨出黄河流域。

周人起于西方，兴起之后，不断向东方发展。相传周人先祖后稷生于邰，历史学界对于邰的位置有两种观点，一为陕西武功县，另一为山西闻喜县③，但均未得到考古学证实。此后公刘至豳，古公亶父居岐，文王作丰，武王都镐，豳即今陕西彬州，岐山位于陕西岐山、扶风两县北部，丰、镐位于陕西西安市西南郊沣河两岸，丰在河西，镐在河东。这一时期周人的基本活动区域均在泾、渭水流域，并形成自西向东的迁移路径。周武王克商后境土进一步东扩，并通过分封制逐层控制疆域空间。西周时期经历两次分封，周武王封同姓宗室周公旦于鲁（河南鲁山）、召公奭于燕（河南郾城）④，异姓功臣太公望于吕（河南南阳），并封同姓贵族叔鲜于管（河南郑州）、叔度于蔡（河南上蔡）、叔处于霍（山西霍州），号称"三监"以监视殷商遗民，这一分封范围集中在豫中、晋南。成王时期周公平定"三监之乱"东征成功后，于洛邑营建成周的同时实行第二次分封，这次分封首先更移旧封之地，更封周公之子伯禽于曲阜、太公之子于营丘（山东临淄）、召公于燕（天津蓟州区），

---

① 唐晓峰：《殷商"外服"农业发展在国家领土扩张上的意义》，《中国学术》2002 年第九辑。
② 中国社会科学院考古研究所编著：《中国考古学·夏商卷》，中国社会科学出版社 2003 年版，第 170—658 页。
③ 童书业《中国疆域沿革略》提出邰即陕西武功，钱穆《周初地理考》提出邰即山西闻喜。
④ 1962 年北京市文物工作队在房山琉璃河发现了商周文化遗址，随葬品中青铜器铭文告诉我们：燕国本封于今北京附近，没有经过更封；受王命就封于燕的，不是召公奭本人，而是其长子，名克。这一发现对于传统说法产生巨大冲击。

并新封康叔于卫(河南淇县)、微子启于宋(河南商丘)、唐叔于晋(山西)等71国①,其后又陆续分封至数百国。其控制范围北至辽宁喀左旗、朝阳一带,西抵渭河上游陇东一带,东至于海,南到长江中下游。西周时期宗周、成周是周人的核心,初封之时也在这一带形成姬姓集团的主要控制区,成王时期周公东征获得成功,将周人控制区大幅度向东扩展,伴随这次空间扩展,周宗室的封地以更封的形式同步东移,并在周天子王畿之外形成次一级的政治圈层,至于西周中期南征与荆楚等地建立的关系,则更为松散且疏远。

公元前770年周平王东迁,进入了东周阶段,周天子逐渐失去了天下共主的地位。伴随春秋五霸迭起,战国诸侯争雄,以一地为核心形成的圈层空间结构逐渐淡化,在人口增殖的背景下,原本存在于列国之间的旷土逐渐联为一体,为城邦国家走向领土国家奠定了基础。在土地空间联为一体的同时,以华夏文化为基础的诸侯领地也不断向四方扩展。春秋时期以五霸为首的"尊王攘夷"不断促成周边戎狄蛮夷的同化,而五霸中,齐、晋、秦、楚以及吴或与戎狄、蛮夷相邻,或自身即被中原诸侯视作蛮夷,因此无论是在他们主持下的"尊王攘夷"军事行动,还是自身文化趋向于中原,都扩展了华夏文化的空间。此时不仅有齐桓公北征山戎、存邢救卫,吴王夫差北上赴"黄池之会"这样的事例,而且西周时期楚国自称蛮夷,至春秋后期则以华夏自居。进入战国,齐、楚、秦、燕、赵、魏、韩七雄纷纷开疆拓土,其中楚、秦、燕、赵疆土的拓展最为突出:楚人跨过洞庭湖,进入湘、资、沅、澧流域,在控制了鄂西、湘西等地的同时又伸入广西、贵州乃至于云南;秦人则将自己的力量延伸至泾水、渭水上游,并跨过秦巴山地辟地巴蜀,进而将境土推向西南;北边燕人北击东胡,却地千里,境土扩展至辽东、辽西一带;赵人自武灵王"胡服骑射",北击东胡、楼烦,北境拓土至阴山一线。至战国末年诸雄已将境土东北拓展至朝鲜半岛北部,北面抵达阴山一线,西面至洮河流域,南至浙江、江西、湖南、四川等地。

今天我们探讨疆域变迁,是以后人的眼光去看前人的成就,当历史早已过去,前人走过的路径清清楚楚地呈现在我们面前的时候,或许当事者未必经过谋划,但摆在我们面前的事实却透露出古人行为的目的与最终的结果。

---

① 《荀子·儒效》篇:周公"兼制天下,立七十一国,姬姓独居五十三人"。

夏人为中原土著,商人来自东方渤海湾沿岸地带,周人源于西部黄土高原,他们共同趋向于黄河中下游所在的中原地区,这一趋向虽源于史前时期,但真正以一个部族为核心控制这一区域是从三代开始的。三代时期不仅将黄河中下游地区营造为"中原",而且完成了黄河中下游与江淮地区的政治、文化一体化,其中包括夏、商、周三代的政治制度与文化崇尚,这既是"华夏"的基本内涵,也是中原政权或"中国"的象征。三代时期为黄河中下游地区确立的文化属性虽不属于疆域,却为领土国家的疆域奠定了精神认同的标准,至战国末期虽然政治上列国分立,但华夏文化所及之地,已跨过淮河到达长江流域,实现了江河两大流域文化的认同,并为政治统一营造了基础。

(三) 以农耕区为核心的疆域扩展

当代地理学依据综合自然条件将中国分为东部季风区、西北干旱区、青藏高寒区三大自然区,三大自然区中只有东部季风区具备发展农业生产的条件。黄河、长江不仅是中国的两条大河,更重要的在于其流域是中国最重要的两大农耕区,从江河两大流域联为一体起,农耕区就成为中国疆域的核心,并以此为基点开疆拓土。

疆域扩张的动力是多元的,如人口增殖、资源获取以及政治、军事需求等。秦统一六国之后中国进入了以郡县制为主的历史时期,这一时期疆域不断突破农耕区界限,伸向草原,伸向大漠⋯⋯清以前推动疆域扩展的动力并非来自人口,政治、军事因素占主导地位,那些构成盛大王朝版图的辽远边地,一方面来自中原王朝服从于政治、军事目标的开疆拓土,另一方面则来自非农业民族的内附以及他们建立的政权。

秦实行郡县制管理,这样的管理体制将整个国家从国都到边地都纳入统一的政治体系之中,边地通过边郡的设置清清楚楚地显示出来。《史记·秦始皇本纪》记载,始皇二十六年,初并天下,"海内为郡县,法令由一统"。于是,秦始皇"分天下以为三十六郡"。此时三十六郡所在范围北抵长城,南止于今浙江、江西、湖南、四川,西部限于陇右一带。此后北征匈奴,且"兴师逾江,平取百越,又置闽中、南海、桂林、象郡"[①],从三十六郡增至四

---

① 《晋书》卷一四《地理志上》。

十八郡,新增十二郡除内地旧郡析分外,边地闽中郡与岭南三郡系平定百越后设置,北边郡数虽然没有变化,但九原、北地、上郡等边郡的辖境却向西延伸,一直抵达黄河之滨。秦从三十六郡至四十八郡,境土虽在扩展,但疆域的地理边界却没有本质变化,仍守在东部季风区所在的农耕区之内。

走出农耕区的自然界限,大幅度地开疆拓土始于西汉。秦汉时期中原王朝周边民族逐渐强大起来,境土相接,互有伸缩。秦亡汉兴,西汉初期南北边地疆域均出现内缩,今浙江、福建境内的东瓯、闽越,入汉后虽封王,但不为朝廷直接所属,岭南赵佗居南海、象郡、桂林自立为南越王,北边匈奴人南下,占去了河套以及秦代开垦的"河南地"。汉武帝时国力大盛,北逐匈奴,收复秦"河南地",辟武威、张掖、酒泉、敦煌河西四郡;东征辽东、朝鲜,于东北置乐浪、临屯、真番、玄菟辽东四郡;南征南越,平东瓯、闽越;西南重整五尺道、零关道通西南夷;西北通"丝绸之路",并在新疆设置西域都护府。(表3-1)汉昭帝时又设置了金城郡,管理甘肃、青海一带。

表3-1 汉武帝时期新置郡、县

设郡地区	新置郡、县
河西走廊	武威(甘肃武威)、张掖(甘肃张掖)、酒泉(甘肃酒泉)、敦煌(甘肃敦煌)
辽东地区	乐浪(朝鲜平壤南)、临屯(朝鲜江陵)、真番(朝鲜平壤南)、玄菟(朝鲜咸兴)
东瓯、闽越	冶(福建福州)、回浦县(浙江临海一带)属会稽郡
南越	南海(广州)、郁林(广西贵县)、苍梧(广西梧州)、合浦(广东海康)、交趾(越南河内)、九真(越南清化)、日南(越南广平)、象
西南	犍为(初治贵州遵义,后徙四川宜宾)、越巂(四川西昌)、沈黎(四川雅安)、汶山(四川茂县)、武都(甘肃成县)、益州(云南晋宁)
海南	珠崖(海南琼山)、儋耳(海南儋州)

边郡所在位置标定了边疆的基本走向,若就地理含义对边郡位置加以分类,可以分为两类。一类属于极限,汉代东边、南边的边郡全部边海,边海意味着达到了陆地的极限;西边越巂、沈黎、汶山、金城等郡边临青藏高原,青藏高原的高寒环境是农耕民族难以逾越的环境极限。具有地理极限意义的边地,凭借自然形势构成天然屏障,设置在这里的边郡一般比较稳定,即使出现分合之变,也不会持续很久。另一类边郡或贴近农耕区的边缘,或设置在非农耕区内的宜农地带,如辽西、辽东、右北平、渔阳、上谷、代郡、雁门、定襄、五原、云中、朔方、西河、上郡、北地等郡均贴近农耕区边缘,而河西四

郡乃至于西域都护府则设置在非农耕区中的宜农地带。中国西北气候干旱，仅凭降雨无法发展农业，唯河西四郡可依托祁连山冰雪融水形成绿洲；与河西四郡相同，西域都护府所在乌垒（今新疆轮台东北）以及西域诸国均建立在天山、昆仑山下的绿洲，绿洲成为非农区域内的宜农地带。回顾历史，这类边郡没有难以逾越的自然障碍，农牧民族间的文化交融与武力争雄往往发生在这里，在政治、军事力量的推动下，既是离合最多的地带，也是历代王朝竭尽全力控制的区域。

距离汉武帝开疆拓土没多久，西北边地即出现内缩。西汉末年各种矛盾日益激化，随着土地兼并愈演愈烈，国势也越来越弱，王莽执政虽然也力图解决诸如土地问题、流民问题等动摇国基的大事，但他采取的措施不但没有缓和国内危机，反而激化了中原王朝与周边民族、部族的矛盾，导致周边各民族纷纷内进。王莽之后经赤眉、更始至东汉立国，政权不断更迭，数十年内忙于内战，无暇外顾，加之东汉移都洛阳，远离边关，边境缓急对于朝廷的安危不似前朝那样紧迫，于是周边民族屡屡南下。直至汉光武帝建武二十四年（48）匈奴分为南北单于，南单于率领属部向东汉王朝称臣款塞，居五原"愿永为藩篱，捍御北虏"，边境才有了一段太平日子。南单于入居西河郡美稷县（今内蒙古准格尔旗境内），其别部分别移居北地、定襄、雁门、代郡。最初南匈奴确实起到了捍边的作用，但东汉王朝应对周边民族的侵扰，除了依靠南匈奴外，并没有什么得力的措施，因而边境的太平也没有维持多久，不仅边郡累遭侵扰，甚至曾为前朝国都所在地的三辅也"比遭寇乱"①。于是汉安帝不得不于永初五年"诏陇西徙襄武，安定徙美阳，北地徙池阳，上郡徙衙"②。四郡本位于陇右、陕北，正当游牧民族南下之要冲，四郡向关中靠拢不仅仅是治所的转移，附属郡县的农耕人口也相随南下。东汉一代边郡的内迁并没有就此停止，迫于无奈，建安二十年（215）再次"省云中、定襄、五原、朔方，置一县领其民，合以为新兴郡"③，新兴郡治今山西忻州。可以想见迁移后的陇西郡、安定郡、北地郡、上郡以及新兴郡的位置

---

① 《后汉书》卷八九《南匈奴传》。
② 《后汉书》卷五《孝安帝纪五》。陇西郡位于今甘肃临洮，襄武在今甘肃陇西县东南；安定郡位于今甘肃镇原东南，美阳县在武功县北；北地郡位于今宁夏吴忠一带，池阳县在今泾阳县北；上郡位于今陕西榆林东南，衙县在今陕西白水县东北。
③ 《后汉书》卷一一三《郡国志五》朔方郡条引《魏志》。

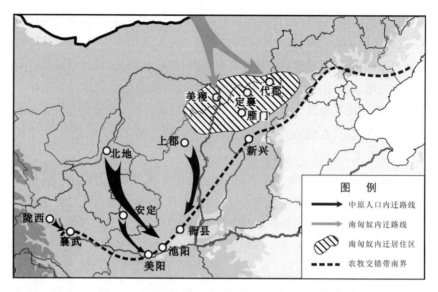

图 3-4　东汉时期边郡内迁以及农牧交错带南界

就是当时东汉王朝能够控制的最北端,四郡以北为匈奴等游牧民族的活动区域,四郡以南暂为农耕区。(图3-4)

东汉年间西北疆域内缩,西南地区却有了进一步发展。公元69年居于益州郡西部今云南澜沧江以东的哀牢夷人归附东汉王朝,汉明帝在其地建永昌郡(今云南保山东北)。今四川、云南西部越嶲郡的邛都夷大羊诸部,蜀郡西部都尉的笮都夷白狼、槃木、唐菆诸部,也相继归附东汉王朝。东汉政府另增设蜀郡属国、犍为属国以统治新归附的各部族。东汉王朝直接统治下的领土,"东乐浪,西敦煌,南日南,北雁门,西南永昌,四履之盛,几于前汉"①。

魏、蜀、吴三国至南北朝时期,政权分裂,各自为政,形成多个政治中心,疆域变化的特点也不一致,史念海曾将这一时期的疆域变化贴切地表述为"北边蹙土,南边扩地"。三国时期吴、蜀两个政权分处长江流域,它们的存在强化了东南、西南地区的开发与政治控制,吴人征山越、蜀人平南中,将这些地方原本松散的管理变得更具实质化;曹魏政权居于北方,因平乌桓而幸保辽东,但西北边郡再未恢复。

十六国时期各个政权的建立者虽然以非汉民族为主,但他们几乎全部

---

① 《通鉴地理通释》卷二《后汉郡国》。

放弃了原有的经济生活方式,选取了以中原为核心的农耕区,表现出明显的自外向内、自周边向中原的空间移动趋向。因此讨论这些政权,若就建立在农耕区的政权控制范围而言,在匈奴、鲜卑、氐、羯、羌人南下中表现为内缩;但抛开民族属性,西北边地通过非农业民族的驻地而延伸。十六国时期政权更迭最多的地域在黄土高原,而河西走廊以及与之毗邻的青海湟水谷地牢牢地控制在西秦、前凉、后凉、南凉、北凉、西凉这些政权手中,燕山以北以及辽东一带则在前燕、后燕、北燕、南燕的控制下,保持着基本疆域走向。南北朝时期,鲜卑人建立的北魏政权从草原逐步移至中原,北边草原地带柔然取代了鲜卑人,北魏修筑长城的同时沿边自东而西设置了怀荒(今河北张北)、柔玄(今内蒙古兴和西北)、抚冥(今内蒙古四子王旗东南)、武川(今内蒙古武川西)、怀朔(今内蒙古固阳西南)、沃野(今内蒙古五原东北)六镇。北方大部分地带疆域变化不大,唯从河西走廊到西域一线有了长足的发展。南朝政权继承了吴、蜀经营的南土,但至陈时西南已不在其控制之中了。

中国历史以王朝为期形成不同阶段,伴随各个王朝的兴衰,边地也呈现反复的扩大与缩小;隋唐时期统一帝国再现,南北重新归属在一个政权之下,但边地仍然上演着与以往历史时期相似的剧目,不同的是中原帝王改换了姓氏,周边旧的民族消失、新的民族崛起。隋、唐时期突厥、吐谷浑、回纥、吐蕃等取代了魏晋北朝时期的"五胡"民族,这些民族驰骋在北方草原上,在与中原政权的较量中或南或北,或东或西,南下时占取了大量农耕区的土地,内附时又将大片草原带给中原政权。表3-2列举的就是隋唐时期中原政权与周边民族以疆域为主题的大事件。这些事件中,北边的离合仍占主体,西南也屡经反复。

五代时期中原王朝北边疆域变化最大,后晋时期失去"燕云十六州",中原政权北边以白沟—雁门关一线与辽王朝为界。北宋时期北边仍维持这一界限,西边与西夏政权大体沿横山—六盘山一线形成边界。南宋、金南北对峙时期,两个政权基本以秦岭—淮河为界。两宋时期中原政权北边、西边境土大为蹙缩,但非汉民族建立的辽、金乃至于云南大理国却将疆域大幅度扩展,尤其辽、金两个政权的建立者契丹人与女真人,凭借马背生活的优势,向西步入中亚草原,向北走向外兴安岭。蒙元时期疆域再度扩展,元朝统一后的疆域北边越过蒙古、贝加尔湖进入西伯利亚,南到南海,西南包括今西藏、云南,西北至今新疆东部,东北至外兴安岭、鄂霍次克海。

表3-2　隋唐时期中原政权与周边部族、政权关系①

部族、政权		重要事件
隋	中南半岛	隋炀帝时期平林邑(越南中部),置比景、海阴、林邑三郡。
	西南	隋文帝时期经营云南,置恭州(曲靖东北)、协州(曲靖东北)、昆州(昆明),未几即叛。开皇十七年遣史万岁南征,平而后未守。
	吐谷浑	隋初,吐谷浑扰弘州(甘肃庆阳)、旭州(临潭)、汶州(四川茂县)、廓州(青海西宁)。隋军击败吐谷浑,置西海郡、河源郡、鄯善郡、且末郡。
	突厥	隋初,突厥南下,临渝、武威、天水、金城、上郡、宏化、延安六畜咸尽。开皇十九年封突厥突利可汗为启民可汗,筑大利城以处之,此后徙至五原,于夏、胜两州之间,任情放牧。开皇十九年末,突厥大乱,东突厥奔漠北,西突厥奔吐谷浑,迁启民可汗于碛口,为突厥大可汗。
	朝鲜半岛	隋代从开皇十八年到大业九年四次征高丽。
唐	突厥	唐初,突厥颉利、突利可汗举国南下,深入邠州至渭桥,唐太宗亲征。贞观二年突利可汗降,邠州至灵州分突厥故地置顺、祐、化、益四州都督府;分颉利之地为六州,左置定襄都督府,右置云中都督府。贞观二十三年于西突厥地置瑶池都督,安置降众于庭州。高宗永徽三年,西突厥重新统一,寇庭州。显庆二年唐平定,至濛池都督府(楚河东)、崑陵都督府(楚河西)。西突厥所属各国设州,统于安西都护府。
	铁勒	唐太宗时置燕然都护府安置铁勒降部。
	回纥	龙朔元年,回纥犯边,唐破之于天山,设瀚海都护府。贞元三年德宗以亲女咸安公主妻回纥王。
	吐谷浑	贞观初吐谷浑寇岷、洮、凉、兰等州,贞观九年平之。高宗总章二年,吐蕃败唐军于大非川(青海湟源县),吐谷浑入吐蕃。
	西域	贞观十三年,唐军入吐鲁番,高昌亡,次年唐于其地设西州,置安西都护府,高宗显庆三年移至龟兹。贞元五年北庭陷于吐蕃,不久西州亦陷。
	吐蕃	贞观八年吐蕃攻吐谷浑,取青海西南地,继攻党项。贞观十五年文成公主入藏,中宗景龙三年金城公主入藏。大非川败后,吐谷浑陷吐蕃,云南、河西、陇右受困于吐蕃。仪凤中吐蕃攻陷龟兹、疏勒、焉耆、于阗四镇。武周长寿二年收复四镇,仍于龟兹设都护府。"安史之乱"后,西域陷于吐蕃。建中四年唐蕃清水会盟,盟文规定:"今国家所守界,泾州西至弹筝峡(泾水上游)西口,陇州西至清水县,凤州西至同谷县,暨剑南西山大渡河东为汉界。蕃国守镇在兰、渭、原、会,西至临洮,东至成州,抵剑南西界磨些诸蛮,大渡水西南为蕃界。"贞元二年吐蕃寇边,泾、陇、邠、宁、盐、夏、银、麟诸州多陷。宣宗时期唐取原州,凤翔、秦、宁、陇、渭、凉诸州来归。沙州刺史张义潮定瓜、伊、西、甘、肃、兰、鄯、河、岷、廓州。
	云南	唐太宗时期击西爨,于其地置傍、望、览、丘、求五州。高宗时期定洱、滇二海。738年南诏于太和城立国。756年吐蕃、南诏联兵入寇,取嶲州会同军(会理北),据清溪关。唐德宗时出兵,败蕃、诏联盟,南诏臣于唐。文宗初再次陷嶲州、戎州(宜宾)、邛州(邛崃)。
	朝鲜半岛	贞观年间唐太宗亲征高丽,高宗再征朝鲜半岛,置安东都护府于平壤,开元年间后朝鲜半岛北部为渤海国占领。

① 参见王恢:《中国历史地理》,台湾学生书局1986年版,第916—936、956—1005页。

随着大明王朝建立,蒙古人北归草原,明代北疆大致沿阴山南麓至西拉木伦河一线,永乐年间始于北部东起鸭绿江、西抵嘉峪关筑长城,并在沿边地带设置辽东、蓟镇、宣府、大同、山西、延绥、宁夏、固原、甘肃九个军事重镇,明初且于长城以北的东北地区设置辽东都司(辽阳),1409年设置奴儿干都司,管理黑龙江、乌苏里江流域事务。明朝北部边地在与蒙古人的较量中基本守在农牧交错带的边缘,但在其他几个方向仍保持了优势:明初在西藏设有乌思藏都指挥使司,在青海、川西设朵甘都指挥使司,在拉达克地区(克什米尔)设俄力思军民元帅府。西北长城外,明前期曾于亦力把里(伊犁)至嘉峪关一带设有哈密卫,采取羁縻统治。洪武年间继承元代西南境土,并设置了六个宣慰司,其辖境伸入今泰国、缅甸、老挝境内,16世纪下半叶西部内缩至迈立开江、萨尔温江一线,南面所余景栋后入缅甸,明后期车里宣慰司南界与今同,且拥有老挝北部孟乌(今孟乌怒)、乌得(今孟乌再)等小部分地区。① 中国历史上的各个王朝均不注重海洋的经营,明代却留下了显著的业绩,不仅继元代之后继续在澎湖列岛设置巡检司,而且通过郑和下西洋声扬海外,南海诸岛以及钓鱼岛或为大陆渔民出没的地方,或构成了海疆的界限。②

细数历代疆域变迁,各类政治、军事事件交融在历史的时空之中,留给后世深刻记忆,然而很少有人注意,历史上民族之间的争雄、武力之间的抗衡,为什么总发生在今内蒙古西部、陕西北部、山西北部、宁夏、甘肃一带?也很少有人想到,决定、制约疆域伸缩的力量,在政治、军事之外,还存在地理基础。回顾边地所有政治、军事事件发生地,一个清楚的地理地带呈现在我们面前,这就是年降雨量400毫米等降雨量线,即中国北方农牧交错带。(图3-5)降雨量制约着人类经济生活方式,年降雨量400毫米等降雨量线是农业生产需求雨量的底线,这条界线以东以南地区凭借丰沛的雨量成为农业长期稳定的生产地;从年降雨量400毫米等降雨量线向西向北,气候越来越干旱,这片深处欧亚大陆腹心的土地,仅在小片绿洲地带可获得高山冰雪融水的滋润,广大的高原山地没有农耕生产的条件,成为畜牧业的基地。

---

① 参见邹逸麟:《中国历史地理概述》,上海教育出版社2013年版,第139—148页。
② 1562年明浙江提督胡宗宪《筹海图编》中的"沿海山沙图"标明了福建罗源、宁德沿海各岛,"钓鱼屿""黄尾山"和"赤屿"等岛屿列在其中。明《使琉球录》:"闰五月初一日过钓鱼屿,初三日至赤屿焉。赤屿者,界琉球地方山也。再一日之风,即可望古米山矣。"当时中国已将钓鱼岛列岛中最靠近琉球的赤屿(今赤尾屿)作为与琉球分界的标志。

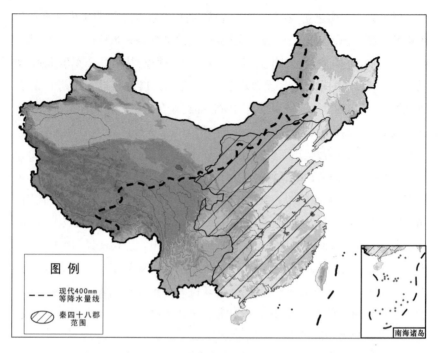

图 3-5　年降雨 400 毫米等值线与秦西北边郡位置关系

在农业与畜牧业之间,耕作于土地上的农民面对驰骋在马背上的草原民族,貌似并不具备优势的定居生活却成为守疆固土的法宝,即使在国力最弱的王朝,国家坚守的疆域底线也不是军事要塞与锁钥之地,而是农业生产能够持续进行的界线——年降雨量 400 毫米等降雨量线。年降雨量 400 毫米等降雨量线既是中原王朝守疆固土的底线,也是新生疆土的增长点。这条自然界线不为人所见,却以潜在的力量左右着人们的生产方式与政治、军事行动。受这一自然力量支配,无论农业民族还是非农业民族,人们的行为空间如同摆钟的钟摆一样,总是围绕着一个中心值做规律性的往返摆动,向左或向右;当动力消失,最后停下来的位置是左右之间的中线——那条横亘在大地上的农牧交错带。

清以前各个王朝,周边民族的族属虽然不同,但中原王朝与周边民族互有伸缩的土地之争始终没有离开农牧交错地带,农牧交错带既是新生疆土的增长点,也是疆域内缩的终止线。清朝面对的疆域形势不仅与以往中原王朝完全不同,也与蒙元帝国并不一致。蒙古人进入中原之前已经拥有了西边、北边，在此基础上实行由外及内的领土路线；满洲人只拥有东北，整个内地及其他各边均不在控制之内，故仍然采取由内及外的领土路径，但与前朝不同，清人在北边采取了联蒙政策。16世纪蒙古分为漠南、漠北（即喀尔喀蒙古）、漠西（即卫拉特蒙古）三大部，清人入关前已经与漠南蒙古建立了联属关系，漠北喀尔喀蒙古也归附在清人统辖之下，至17世纪末内外蒙古全部归于清版图内。由于南、北两部蒙古的归属，清人在将农牧交错带融于境土腹心的同时，将疆域向北延伸至贝加尔湖南岸，向西抵达西域。西部蒙古即卫拉特蒙古，游牧于天山南北，其中准噶尔部势力最强且不断侵扰漠南、漠北两部蒙古，并与境外势力建立了联系。针对西北边疆危机，清廷于康熙、雍正、乾隆三朝陆续发兵，平定了准噶尔与回部大小和卓势力，统一了西域。就地理意义而言，清王朝针对蒙古准噶尔部以及回部大小和卓的系列战役，争夺的空间早已逾越了农牧交错带，而推至中亚草原的边缘。

中国历代王朝不乏将境土扩展到中国北方农牧交错带以西以北的事例，其中汉唐两代拓土西域尤其为历代称颂；但必须说明的一个事实是，所有清王朝以前的历史，对于年降雨量400毫米等降雨量线以西以北地区都没有持续而稳定的获取，王朝国力强盛时期拓土西北，国力衰微即固守农牧交错带。只有清朝的军事行动不仅突破了这条农耕民族守疆固土的底线，将疆土延伸至中亚草原，而且稳定、持续地拥有了这片土地，并在光绪年间设立新疆巡抚，将其置于与内地等同的管理系统之下。必须承认，中国人几乎很少意识到清初康、雍、乾三世对西北军事行动的重大政治地理意义，又是一位西方学者——法国人勒内·格鲁塞在他的名著《草原帝国》中清楚地指出了这一切对于中国疆土意味着什么："乾隆皇帝对伊犁河流域和喀什噶尔的吞并，标志着实现了中国自班超时代以来的18个世纪中实行的亚洲政策所追随的目标，即定居民族对游牧民族的、农耕地区对草原的还击。"[①]格鲁塞提及班超时代，事实上还可以向前追溯一百多年至汉武帝以及郑吉时代，近两千年的历史进程中，农耕民族以北方农牧交错带为基点，在将疆土扩展的目标伸向草原过程中经历了多次反复；最终跨过农牧交错带，将帝国的疆土实实在在锁定在伊犁河流域和喀什噶尔地区的，不是汉

---

① 〔法〕勒内·格鲁塞：《草原帝国》，蓝琪译，商务印书馆1998年版，第670页。

武、唐宗,而是清朝前期康熙、雍正以及乾隆三位帝王所在的时代。如果说中国疆域扩展经历了黄河与长江流域两大农耕区的联合、以中国北方农牧交错带为基点的疆域伸缩、突破北方农牧交错带三个阶段,那么第三个阶段几乎决定了泱泱大国的基本版图。

与西域具有同样重要地理意义的是西藏,继元、明两代对西藏的管理,1727年清廷向西藏派出驻藏大臣,办理前后藏事务,继续保持对西藏的统属。台湾正式纳入中原政权行政区是在康熙朝,1683年清军于澎湖海战击败郑氏水师,台湾划入大清帝国版图,初归福建省管辖,1885年设立台湾省。西方列强进入中国之前,清王朝的版图不仅辽远,而且有着超越汉唐时期的完整疆域。

从史前时期至1689年《中俄尼布楚条约》签订,中国疆域均处在有域无疆状态,数千年之内疆土屡有伸缩,也经历了几个重要发展阶段。从黄河中下游地区凝聚为一体,到国家掌控范围自黄河流域伸向长江流域,首先完成了农耕区核心地区的政治、文化认同与境土弥合;此后以此为核心将境土向周边扩展,其中主要离合纷争发生在北方农牧交错带,这一地区在疆域变迁的回旋起落之中承担着起点与终点的双重角色;清王朝突破农牧交错带,融南北蒙古、西域以及青藏高原于大清版图之内。回顾历史,固然左右中国疆域变迁的动力取决于政治、军事,但若从宏观角度观察,其中依循的却是由地理因素控制的环境。历史时期疆域变迁的三个阶段分别在空间上构成了三个圈层,每个圈层的地理环境与资源禀赋均不同,中原政权缘起于农耕民族,因此首先弥合与延伸的范围是自己熟悉的农耕环境,然后才会将疆土拓展到非农业生产地带。疆土扩展中,每逾越一类地理障碍,就意味着进入一个新的环境地带。正因此,唐代人提及西域,留下"西出阳关无故人"的诗句。而清代乃至于民国时期人们仍然将清初所设十八省称为"本部","本部"更多强调的是农业生产环境的共同性;而在十八省之后设置的各省均在农业生产尚未成为主流的地方,新疆远在西域,台湾属于海岛,黑龙江、吉林、奉天三省也处于尚未进行农业开发的寒荒之地,至于西藏、青海以及乌里雅苏台将军之地更属于非农业生产地区。

地理能够成为疆域伸缩的基础,在于它左右着人们的经济生活方式,并在此基础上形成文化意识与文化认同。疆土与人类的社会组织或政权相对应,而将散处在各地的松散人群凝聚在一个政权之中、整合在共同疆土之上,除了政治,文化认同也许具有更重要的意义。跨越地理环境,将疆土推向经济生活方式完全不同的地区,应是政治、军事与文化的合力。

从《诗经》时代的"普天之下"到大清帝国拥有的四至八道,"天下"已经增添了更多的内涵,数千年之内多民族的融合,共同营造了脚下的土地与头顶上的蓝天。

三 清代晚期的疆界条约与疆域变迁

清朝晚期,整个世界进入了一个新的时代。15世纪的地理大发现将西方人的视野与步履引向世界的各个角落,18世纪以来的欧洲工业革命则为西方国家带来从未有过的经济实力与对全世界资源的渴求,新大陆的占有并没有满足他们的欲望,利益推动着他们以不寻常的方式叩响了中国这一东方大国的国门。准确地说,除去魏源等少数有识之士,无论大清帝国的帝王还是国民,面对世界的变化,都没有任何思想准备,随着1839年广州虎门的几声炮响,天还是那片天,脚下的土地却发生了变化,当各类边界条约摆在谈判桌上,中国边疆面临的是割裂与丧失。

大清帝国晚期正是沙俄越过乌拉尔山向远东发展的时候,随着俄国人的步步东进,大清帝国与俄罗斯这两个原本分处于欧亚两洲的国家最终相遇了,以"天朝上国"自诩的清帝国第一次面临必须通过签订边界条约保障权益的问题。1689年,通过谈判,清廷与沙俄签订了《中俄尼布楚条约》,这是中国历史上与外国订立的第一个边界条约,划定了自沙宾达巴哈至额尔古纳河上游清朝北部与俄国边界的走向,即今天蒙古国与俄罗斯的边界。为了抵制沙俄在北方蒙古地区的扩张,清政府与俄国经两年谈判,1727年9月1日再次签订《中俄布连斯奇界约》。这两个条约结束了中国有域无疆的历史,史学界认为这两个条约是平等条约。

《中俄尼布楚条约》之后,中俄边界东段的确立使清东北边疆获得了百余年的相对安宁。沙俄自彼得大帝时起,坚定地实施"俄国必须占有涅瓦河口、顿河口和黑龙江口"的战略,第一次鸦片战争后,利用清王朝的衰落,于1854年和1855年两次强行入侵中国内河黑龙江,并于1856年出兵沿江建立堡垒和哨所。1858年5月,英法联军攻占大沽,天津告急,沙俄趁机迫使清政府草签了《中俄瑷珲和约》,规定黑龙江以北割让俄国,乌苏里江以东为"两国共管",对于这一割地要求清政府并未批准。1860年,沙俄迫使清政府签订《中俄北京条约》,条约规定确认《中俄瑷珲和约》,并将黑龙江以北和乌苏里江以东中国领土割予俄国。与《中俄尼布楚条约》时期的中国版图相比,《中俄瑷珲和约》与《中俄北京条约》使中国在中俄边界东段丧失了100万平方公里的领土,由《中俄尼布楚条约》确定的中国东北边界出现重大变化。

19世纪初期沙俄完成了对中亚哈萨克草原的兼并,逐渐逼近中国西北边疆。1844—1847年,俄国军队先后数次侵入新疆巴尔喀什湖以东阿拉套山一带,1864年10月清政府代表被迫在《中俄勘分西北界约记》画押。与《乾隆内府舆图》确立的清西北疆域相比,这一不平等条约将北起阿穆哈山,南达葱岭,西自爱古斯河、巴尔喀什湖、塔拉斯河一线,东临伊犁九城、塔尔巴哈台绥靖城总面积约44万平方公里的中国西部领土划入俄境。1871年7月沙俄趁中亚浩罕汗国军官阿古柏侵占新疆并向东进犯之际,出兵占领了伊犁地区。1875年陕甘总督左宗棠督办新疆军务,1876年4月进军新疆,于1877年12月击溃阿古柏,收复了除伊犁地区以外的全部新疆领土。在清政府与沙皇俄国谈判收复伊犁事宜过程中,沙俄胁迫谈判大臣签订了《中俄交收伊犁条约》,条约规定俄国归还伊犁地区,中国将霍尔果斯河以西以及特克斯河流域一带割让俄国,并酌改塔尔巴哈台、喀什噶尔地区两国边界,此条约未获得清政府批准;在此基础上再次签订了《中俄伊犁条约》,这一条约对边界走向略做修改,即俄国将伊犁地区归还中国,中国将霍尔果斯河以西伊犁河南北两岸土地划归俄有。《中俄伊犁条约》签订后,沙俄又根据该约中关于修改南、北疆边界的原则规定,于1882—1884年强迫清政府签订了《中俄伊犁界约》《中俄喀什噶尔界约》《中俄科塔界约》《中俄塔尔巴哈台西南界约》和《中俄续勘喀什噶尔界约》五个勘界议定书,分段重新勘定了中俄西段边界。沙俄通过《中俄伊犁条约》和上述勘界议定书,共割占了霍尔果斯河以西、斋桑湖以东7万多平方公里的中国领土。①

发生在清朝晚期的边疆问题,不仅限于前述地区,新疆西部的帕米尔高原以及西南地区中印、中缅、中老、中越均存在边界条约,若将香港、澳门的

---

① 参见邹逸麟:《中国历史地理概述》,上海教育出版社2013年版,第155—163页。

租借期视为一体,这时的中国,无论陆疆还是海疆都面临危机。

与周邻地区的自然环境,自然构成了中国与其他文化背景民族接触的障碍,这也是中国长期有域无疆的原因之一。历史时期疆域界限虽未设定,但朝廷、地方官员均明白国家辖境以及管辖范围,当地百姓也清楚地知道自己的归属。如果说有域无疆时代的帝王没有明确疆域边界的意识,并不是事实的全部,确切地讲那时的朝廷不但没有签订边界条约的必要,也不知道和谁签约。清前期北边外兴安岭、漠北喀尔喀蒙古以北进入亚寒带冷寒地区,西边巴尔喀什湖以西地区除阿姆河、锡尔河两河流域几近荒漠,这样的边境地理环境与欧洲完全不同,欧洲除阿尔卑斯山构成地理屏障之外,多数属于平原缓丘,建立在这里的政权难以凭借天然屏障构成疆界,于是各种条约成为必要。经常有文章提及,历史上欧洲某某小国签过多少条约,其实中国帝王并不愚钝,关键在于他们的那个时代还没有这个必要。有域无疆的历史延续了几千年,从16世纪中叶沙皇伊凡四世执政,俄国才开始向东方扩张,逐步吞并了西伯利亚汗国将疆域伸向远东,在大清皇帝还没有清楚地意识到周边发生了什么的时候,俄国人的步履已经踏上大清帝国的境土。《中俄尼布楚条约》结束了中国有域无疆的历史,从此中国的边界表述形式实现了"与国际接轨",但也丧失了140多万平方公里的土地。民国时期再次失去漠北蒙古(今蒙古国)以及唐努乌梁海(今俄罗斯联邦的图瓦共和国)所在领地。

国土是立国之本、民生之根,中国疆域进入有域有疆的历史并不久远,但留给后人的记忆却刻骨铭心。

四 关于疆域问题的余论

疆域是在历史进程中,经过多次境域伸缩与多民族融合形成的政治领属空间,因此疆域不仅是渗透多种因素的复杂体,而且疆域理念之下也有许多需要探讨的问题。

(一)疆域伸缩的多变性

述及历史时期盛大王朝开疆拓土始终是让论者、听者兴奋的事,但理性地看待这个问题,就会发现历史时期多数王朝的版图并没有一直停留在开疆拓土的盛期,疆域延伸只是一时的状态,不能代表整个朝代。就说东汉时期的西域,班超投笔从戎、万里封侯是一件为历代传颂且彪炳青史的业绩,但从公元73年班超出使西域,到91年为西域都护,加上此后两任继任者,至107年撤西域都护,共34年,可以将这34年看作东汉政权掌控西域的时期,这一时段在东汉王朝195年的历史中仅占1/6;随着西域都护的撤任,西域再次陷入匈奴人控制之中。再看唐代,《新唐书·地理志》载:"开元、天宝之际,东至安东,西至安西,南至日南,北至单于府。"这是唐代版图最大的时期。此后随着"安史之乱"爆发,盛极一时的唐王朝江河日下,西域先后为回纥、黠戛斯、吐蕃控制,至张议潮收归河西之前河西走廊及其以西地区几乎不为唐王朝掌控;东北契丹、奚等民族脱离唐王朝,916年契丹首领耶律阿保机建立了辽王朝;10世纪初,交州土著势力渐大,且脱离唐王朝统辖自称节度使,938年吴权称王,彻底脱离中原政权。开元、天宝年间的盛唐版图至晚唐时期几乎四边皆失,《新唐书·地理志》记述的安东、安西、日南以及单于府均不为唐王朝所属。

如前节所述,中原政权疆域的不稳定性主要缘于农耕民族与非农耕民族的力量对比,而经济生活方式不同的背后是自然环境的差异,正是由于自然环境的差异,无论农耕民族还是非农耕民族跨越自身熟悉的生存环境均需要做出很大的努力。

(二) 疆域归属的时间性

"自古以来某某地方就是中国领土的一部分",这是我们经常听到的话,葛剑雄在《统一与分裂——中国历史的启示》曾指出这不是完全尊重历史的说法,其中最典型的事例就是西藏的归属时间。元朝之前,中原王朝与吐蕃是历史时期中国范围内两个并立的政权,因此此前两者之间的所有交往,如文成公主入藏、唐蕃会盟等等,用今天的视角看可以作为两个政权间的政治交往。大元帝国建立之后,西藏正式归属于中原政权,中央政府设置总制院(公元1288年改称宣政院)掌管全国佛教事务及西藏等地的军政事务,同时在西藏清查民户、设置驿站、征收赋税、驻扎军队、任命官员,并将朝廷制定的刑法、历法颁行于西藏。元朝中央在西藏设置了三个不相统属的宣慰使司,均直属宣政院管理,这就是藏文史书中所说的"三区喀",元代的这一设置成为此后西藏行政区划的基础。元朝之后,明、清、民国乃至于中华人民共和国相沿不替，不仅拥有对西藏的领属，而且继续实行对西藏的管理，那些将西藏归属中原政权的时间提前到元朝之前的说法并没有历史根据。(图3-6)

疆域是历史的产物，今天我们看到的疆域现状既不是从来就如此的，也不是一朝一代的结果。

(三)"九州与四海=中国+夷狄"

中国疆域形成的历史进程中，充当主角的不只是位于中原的汉民族，周边各民族同样做出了贡献。"多民族、多元一体化的中国"是近年出现的主

图3-6 《元史》中宣政院统领西藏的记载

流提法，但事实上古代社会早已出现类似的理念，日本学者渡边信一郎《中国古代的王权与天下秩序——从日中比较史的视角出发》根据中国文献记载提出"九州与四海=中国+夷狄"这一中国古代天下观，这一提法可以在《周礼·职方》中找到线索："职方氏掌天下之图，以掌天下之地，辨其邦国、都鄙、四夷、八蛮、七闽、九貉、五戎、六狄之人民与其财用、九谷、六畜之数要，周知其利害。"显然，职方氏执掌天下之图，天下之地不只包括中原地区，也不只包括农业社会，其中涉及的蛮、夷、戎、狄以及六畜均属非农业民族以及非农物产，农业民族与非农业民族共同构成天下。《周礼》将九谷、六畜包融在职方氏的权限内并非偶然，自春秋战国至秦汉时期，中原与周边民族的融合是人所共睹的事实，故我们可以在东汉人王充的《论衡》中看到这样的记述："古之戎狄，今为中国；古之裸人，今被朝服；古之露首，今冠章甫；古之跣跗，今履高舄。"古人置身于疆域伸缩与民族交融的过程之中，我们今天享有的是历史积累的结果，因此古人的体会更为深刻。中国疆域变

迁的历史进程中,无论疆土局限在农耕区之内还是迈出农牧交错带向非农业区域延伸,民族之间的交融始终贯穿其中,因此疆域既是历史的产物,也是民族、文化融合的结果,并非一个民族、一种文化的功绩。

　　疆域是一个国家存在的根本,也是演绎文明的舞台,然而回顾历史,任何一个国家的疆域都难以做到始终稳定,几乎都经历过伸缩之变。从"中国"到中国,中国久远的历史,不仅为我们留下了灿烂的文明,也因疆域的伸缩,成就了最壮观的历史大戏。

◎作者讲课实录:

第四讲

冷暖时空
—— 历史时期气候变化与植被的地理分布

  大地是人类的立足之地，但无论人类还是万物都置身于气候的冷暖之变中，地球自身的变化与人类施加于大气的影响共同影响着人类历史与文明进程，并通过人类活动记录着人地之间的互动关系。

  气候是大气物理特征的长期平均状态，且主要用冷、暖、干、湿这些要素衡量。然而包围在地球表层的大气物理状态并非永远不变，导致气候变化的原因来自内、外两方面：内部进程是地球受自身内部的动力以及天体之间相互作用而引发的冷暖、干湿之变；外压的强迫力量主要在于人类活动方式施加的影响，而人类活动对于气候施加的影响一方面取决于方式，另一方面则与数量相关。就农业与工业两大生产部门而言，工业生产本身以及工业社会施加给气候的影响远远大于农业生产与农业社会。欧洲的工业革命发生在18世纪，而工业革命的实质是以机器取代人力、以大规模工厂化生产取代个体工场手工生产的一场生产与科技革命，在这场革命中能源的消耗、各类金属和非金属原料的使用，由此而排放的气体，给予大气乃至于下垫面从未有过的影响。每当人们赞颂工业革命带来的奇迹时，总会想起马克思曾经说过的话：在资产阶级统治的不到一百年间，所创造的生产力超过了以往历史的总和。是的，但是若站在气候变化的角度看待这一问题，也可以认为这一百年内人类活动施加给气候的力量超过任何农业社会阶段，且以更强大的力量推动着以后的气候变化。

  由于工业革命起步于18世纪，因此我们有理由认为历史时期人类面临的冷暖干湿之变，绝大多数时段来自地球自身，只有近三百多年的时间内，人类活动施加的影响才占有明显的份额，故工业革命前后是气候变化的两个不同阶段:前期动力来自地球内部以及行星因素,而书写在历史文献中的人类活动方式的改变与相关考古发现仅仅记录了全球变化走过的足迹,以及人类应对变化的举措;后期气候变化则是地球内部进程与外部压迫双重因素叠加的结果。与西方相比,中国工业化进程大约晚两百年,通过人类活动施加给气候的影响也同样滞后。

一 历史时期气候冷暖干湿之变

生活在21世纪,气候变暖并不是陌生的问题。若回顾全球变化的历程,气候冷暖干湿之变不仅发生在当代,而且存在于地质时期。地质时期指地球已经存在的46亿年前至今,这一漫长时期的最后时段已经进入人类历史时期,研究历史时期气候变化,通常将时间上限确定为全新世初期,即距今一万多年前。选择这一时间的原因在于末次冰期结束,全球气候普遍转暖,中、高纬度冰川大量消融,海平面迅速上升,喜暖动植物逐渐向较高纬度和较高山地推移,全球地理环境逐渐向现代演进。对中国历史时期气候展开研究的成果首推竺可桢《中国近五千年来气候变迁的初步研究》,自这篇文章之后,针对不存在气象观测技术的历史时期,依托历史文献、考古发掘,以及孢粉、稳定同位素、冰芯、石笋、树木年轮、古湖泊、古土壤分析等代用材料与技术手段从事研究的成果纷纷问世,这些研究肯定末次冰期结束后的这一万年以来,气候在地球内部动力的推动下,从未停止以冷暖干湿为基本特征的变化。

(一) 历史时期中国气候的冷暖之变

学术界依据不同的代用材料与技术手段,针对一万年以来中国气候变化形成研究结论:距今3000年是全新世大暖期的重要界限,在此之前温度以上升为主要趋势,并在距今3000年左右达到最暖期,此后温度明显下降。[1] 这项研究将全新世以来中国气温变化分为两个时期,虽然前后两个时期气温变化的特征不一致,但每个时期内仍然存在气温的上下波动。近

---

[1] 姚檀栋、L. G. Thompson:《敦德冰芯记录与过去5ka温度变化》,《中国科学》B辑,1992年第10期。

2000年因气温波动出现的冷暖之变尤其令人关注。距今2000年全新世大暖期结束,随之气温开始下降,气候变化进入新的时期。大量研究证明,这一时期气温并非一路走低,同样经历着冷暖之变。

对近2000年以来气温的冷暖变化,不同领域研究得出的结论并不一致。竺可桢提出,全新世大暖期结束后气温出现系列上下摆动,最低温度发生在公元前1000年、公元400年、1200年和1700年,摆动范围为1—2℃;在每一个400—800年期间,可以分出50—100年为周期的小循环,温度波动范围为0.5—1℃。[1] 姚檀栋认为,距今1500年$\delta^{18}O$值降至全新世平均水平以下[2],且在距今1000年出现低温事件,其温度低于全新世平均值1℃左右;这一低温波动自5世纪开始,至10世纪达到最低;此后13世纪出现小暖峰,不久气温再次波动,并呈现下降趋势,转入小冰期,至17世纪达到最低。[3] 王绍武认为,近千年来中国存在5个冷期,分别是12世纪前半叶、14世纪前半叶、15世纪后半叶至16世纪前半叶、17世纪、19世纪,其中后三个冷期可以认为处于小冰期阶段,年平均气温的10年平均距平最低在-1℃以下,30—50年平均距平在-0.5℃以下[4];20世纪是近12个世纪中最暖的一个世纪,比近1200年平均气温高0.5℃以上。[5] 张丕远认为,魏晋至南北朝时期(3—6世纪)属于寒冷阶段,气温较今天约低1℃;这一时期也存在气候波动,气候变冷从公元280年开始,360年后气候回暖,气温再次下降发生在490年以后,560—580年后气候逐步回暖,大约610年进入较今日温暖时期;温暖期一直延至1230年,并且以880年左右为界划分为两个时期,这一年以前,气候基本持续温暖,其后寒冷事件迅速增加,但是10世纪初气温重新变暖,880—1230年气候波动性很大,充满了奇寒、暴暖事件,且相间分布,中国气候在这一时期发生突变;近2000年内,1230年前平均气

---

[1] 竺可桢:《中国近五千年来气候变迁的初步研究》,《竺可桢文集》,科学出版社1979年版,第475—498页。

[2] $\delta^{18}O$为氧同位素,用于冰川年代确定。

[3] 姚檀栋、施雅风:《祁连山敦德冰芯记录的全新世气候变化》,施雅风主编,孔昭宸副主编:《中国全新世大暖期气候与环境》,海洋出版社1992年版,第206—211页。

[4] 距平值在气象上主要是用来确定某个时段,相对于该数据的某个长期平均值的高、低状态。

[5] 王绍武、龚道溢:《全新世几个特征时期的中国气温》,《自然科学进展》2000年第4期。

温较今天高1℃,此后始终未达到这一程度。① 葛全胜研究指出,中国小冰期寒冷气候始于14世纪早期(1320),迄于20世纪初(1910),由四个较明显的寒冷时段和三个相对短暂的温暖时段组成,而魏晋南北朝冷期是过去2000年唯一可与小冰期相比拟的寒冷气候阶段;中世纪暖期始于930年,迄于1310年,但它并不是持续稳定的暖期,而是由两个持续百年以上的温暖时段和一个持续近百年的寒冷时段组成;隋唐时期的气温可分为前后两个时段,570—770年气温平均值与20世纪气温平均值一致,780—920年的气温平均值较1950—1970年低。② 张德二研究认为,13世纪中叶是一个典型的气候温暖期;由现代作物种植气候区划资料推断,这一时期中国中部地区年平均气温高于现代0.9—1.0℃,1月平均气温高于现代0.6℃以上,极端最低气温的多年平均值高于现代3.5℃。③ 满志敏研究认为,过去2000年中国东部冷暖变化,气温高于1951—1980年的平均值且持续时间超过百年的暖期有四段:0—200年、570—770年、930—1310年与1920年以后;气温低于1951—1980年且持续时间超过百年的冷期有三段:210—560年、780—920年、1320—1910年。每个冷暖期内均存在明显的冷暖振动,特别930—1310年暖期还包含一个比1951—1980年冷且持续时间达90年的冷谷。④

　　以上并没有涵盖所有研究成果,仅举其要者。总结起来看,各家几乎没有统一的研究结论。而出现分歧的原因与代用指标自身的局限相关,大多数代用指标指示环境有多解性与年代误差,简单地运用某种指标解释环境难免失之偏颇;若代用指标应用于千年乃至千年以上尺度的研究,年代误差可以忽略;进入历史时期后以百年甚至50年为研究尺度,年代误差自然会明显影响结论。然而上述研究尽管存在冷暖时段起讫时间的明显分歧,但对中世纪暖期与明清小冰期的存在有基本共识,这就意味着近2000年以来

---

　　① 张丕远、王铮、刘啸雷等:《中国近2000年来气候演变的阶段性》,《中国科学》B辑,1994年第9期。
　　② 葛全胜、郑景云、满志敏等:《过去2000年中国温度变化研究的几个问题》,《自然科学进展》2004年第4期。
　　③ 张德二:《我国"中世纪温暖期"气候的初步推断》,《第四纪研究》1993年第2期。
　　④ 邹逸麟、张修桂主编,王守春副主编:《中国历史自然地理》,科学出版社2013年版,第33—36页。

气温波动明显存在一个持续时间较长的高值期与一个持续时间较长的低值期。

(二) 历史时期中国气候的干湿变化

距今 3000 年前的全新世大暖期,气温升高的同时,也表现出湿润。施雅风、孔昭宸等根据植被带的变动,指出全新世大暖期中国降水较现代丰沛。新疆、西藏、内蒙古等地年降水量比现今高数十至数百毫米,并伴随因增温而致的高山冰雪融化,出现内陆湖泊水面上升与湖水淡化现象;华北、东北地区大规模湖泊化、沼泽化,风沙与黄土沉积层中存在多层古土壤。中国北方降水量普遍提升的同时,风沙活动表现出以东经 108°为界东西两侧不同的活动特征:东经 108°以东地区大部分流沙已被固定,以西地区风沙仍然活动。①

伴随全新世大暖期结束,气温降低,近 2000 年以来中国气候的干湿变化在东西部地区仍然表现出差异。

1. 近 2000 年以来中国东部地区气候干湿变化

郑斯中等根据地方志中的旱涝记载分析中国东南地区近 2000 年的湿润状况,发现自公元初以来,水灾相对减少,旱灾相对增加。若以公元 1000 年为界分为两个时段,前一千年旱期持续时间短,湿润时期持续时间长;后一千年湿润时期短,干旱时期长。② 在此基础上,郑景云等根据各类历史文献进行数值化处理,得出过去 2000 年中国东部干湿分异的研究结果:2—11 世纪,中国东部干湿分异表现为东西两个区域,西干东湿;12—15 世纪,东西分异与南北分异并存,但仍以东西分异为主;16—19 世纪则表现为南北分异,北干南湿。冷暖变化与干湿变化的空间对应关系为:暖期干湿分界线偏西,最西达大同、太原、西安、汉中一线;冷期干湿分界线偏向东南,达济南、菏泽、南阳一线。摆动最大幅度达 5 个经度以上。冷期华北地区偏干,长江中下游及其以南地区偏湿;暖期华北地区湿润,华东地区特别是长江下

---

① 施雅风、孔昭宸、王苏民等:《中国全新世大暖期气候与环境的基本特征》,施雅风主编,孔昭宸副主编:《中国全新世大暖期气候与环境》,海洋出版社 1992 年版,第 1—15 页。
② 郑斯中、张富春、龚高法:《我国东南地区近两千年气候湿润状况的变化》,中央气象局气象科学研究所编:《气候变迁和超长期预报文集》,科学出版社 1977 年版,第 67—75 页。

游及其以南地区偏干。① 张丕远等提出,近2000年以来中国东部地区气候干湿变化除了时间、空间不同步之外,还具有系列突变现象,主要发生在280年、490年、880年和1230—1260年;与这些气候突变相关,280—490年中国平均湿润度出现明显转折,280年前气候偏湿,经历一个波动周期,自280年开始迅速变干,这一过程大约结束于480—500年;此后湿润指数保持稳定,在总体特征变干的趋势下,发生于1230—1260年的气候突变再次将气候变化分为两个阶段,此前温暖偏湿,此后寒冷偏干。②

尽管针对近2000年来中国东部地区气候干湿变化的研究来自不同视角,却都得出干湿变化时段与地域不同步的结论。

2. 近2000年以来中国西部地区气候干湿变化

有关近2000年以来中国西部地区气候干湿变化,主要研究成果来自树木年轮分析。针对青海柴达木盆地东北缘宗务隆山和沙利克山的祁连圆柏年轮宽度序列和树木径向生长对气候要素变化响应的分析结果表明,过去千年年降水量变化中,多雨期主要为1520—1633年与1933—2001年,少雨期主要为1429—1519年和1634—1741年。此外,1430年以前年降水量的变化幅度较小,大约15毫米;1430—1850年间变化幅度增大至30毫米左右;1850年之后变化幅度有所下降,并且高值的振幅大于低值的振幅。20世纪90年代以来,与温度升高的趋势相反,降水有下降趋势。③

利用祁连山中部地区祁连圆柏树木年轮的另一项研究指出,自公元904年以来,该地区历经了31次相对干期和30次相对湿润期的变化。其中连续两个10年以上的干期有17次,1540—1590年出现长达60年的持续时间最长的干期,1670—1710年为次长期,长达50年;湿润期12次,持续时间最长的湿润期为1240—1270年、1860—1890年两个时段,各有40年。若以世纪尺度而论,16世纪最干,其中有80年为少雨年;最湿润的是13世纪和19世纪,有60年为多雨年。自公元904年以来,降水量共发生了35次

---

① 郑景云、张丕远、葛全胜等:《过去2000a中国东部干湿分异的百年际变化》,《自然科学进展》2001年第1期。
② 张丕远、王铮、刘啸雷等:《中国近2000年来气候演变的阶段性》,《中国科学》B辑,1994年第9期。
③ 邵雪梅、黄磊、刘洪滨等:《树轮记录的青海德令哈地区千年降水变化》,《中国科学》D辑,2004年第2期。

突变,16次属于由旱向涝的突变,19次为由涝向旱的突变,平均约30年发生一次。11世纪是这一地区降水多变时期,15—16世纪是降水相对稳定时段,20世纪又进入降水多变时期。①

中国地域辽阔,尽管影响东西部地区干湿之变的气候系统不一致,干湿时段也不存在对应关系,但近百年以来,无论东西部都表现出共同的气候变干特点,而近年西北地区出现罕见的变湿润征兆。

(三) 极端气候事件与气候平均状态对于确定气候变化的意义

极端气候事件严重偏离平均态,统计上属于不易发生的事件,多指50年一遇或百年一遇的小概率事件。气候平均状态则反映了一个地方多年的天气平均状况。极端气候事件与气候平均状态性质不同,但极端天气现象的非正常表现往往会保留在文献之中,成为一些研究判断气候冷暖的依据。这类事件对于科学判定气候状态是否具有整体性的意义?现今的事例具有同比性,2008年初湖南、广西等地的冰雪灾害,2013年末素有"春城"之称的昆明迎来降雪,这些亚热带南部地区频繁遭遇的大寒事件,都是今天经历的极端天气现象,多数人不会因极端天气而否认当下处于全球变暖时期的事实。极端气候事件与气候平均状态相比,后者更具有判断气候状态的意义,而全国性气象观测出现之前,标识气候平均状态的重要依据在于农作物、农作物种植制度、农作物物候期长年稳定的分布区域。

上述研究揭示历史时期中国气候冷暖、干湿之变的同时,也指陈了一个事实,即气候冷暖、干湿之变主要受地球自身动力驱动的变化,在人类文明从肇始时期步入现代化的进程中,无时无地不在经历着这样的变化。置身其间并研究其中的规律,成为自20世纪中期以来科学研究的重要视角。由于各种代用指标的局限性以及气候系统的复杂性,尽管目前的学术研究尚未形成整齐划一且时空对应清楚的结论,但学术界的成果仍揭示了气候变化的基本特征。

---

① 康兴成、程国栋、陈发虎等:《祁连山中部公元904年以来树木年轮记录的旱涝变化》,《冰川冻土》2003年第5期。

二 历史时期植被地理分布变化与重要农业生产界限

植被立足于大地之上,气候是制约其地理分布与空间变化的重要因素。每粒植物种子均带有鲜明的地理信息,这些信息是它们植根的土地以及地理环境的水热特征赋予的属性。植物本身所具有的依托水热条件生成适应性品种的属性,使植物不仅具有鲜明的地理分布,而且成为指示环境的标识物。正因此,历史气候研究往往通过植物地理分布的变化判断气候冷暖干湿之变。然而,自人类出现在地球上,近一万年以来逐渐从采集、渔猎等对自然单纯利用性的生产活动,转向以农业为主的改造性的活动,大地上的植被发生了变化,天然植物与人工栽培植物即农作物形成两大类别,共同营造了地球表层的绿色世界与植物地理分布。

(一)历史时期天然植被地理分布变化

距今360万年前,青藏高原整体快速隆升,对中国气候、环境产生巨大影响[①],在东部季风区、蒙新干旱区和青藏高原区三大自然区形成的同时,与之对应的气候、植被带也相应成型。仅就植被而言,自东向西依水热条件的变化,形成森林、草原与荒漠的分布格局,这一格局第四纪更新世时期即已存在,末次冰期的降温促使森林带大幅度向南退缩,草原与荒漠也自北向南扩展分布空间,并取代了森林原有的位置。末次冰期结束,进入全新世大暖期,温暖湿润的气候为植被分布带来了与末次冰期反方向的变化,森林向西北大幅度扩展,草原与荒漠面积明显缩小。

全新世大暖期东部平原各个植被带明显北推,寒温带的林木主要由落叶松组成,南界位于北纬50°左右,比现今落叶松分布南界向北推移了2个纬度。以松、栎、桦为主组成的温带针叶和落叶阔叶混交林分布范围明显缩小,仅限于长白山和大兴安岭地区。暖温带落叶阔叶林是向北扩张最明显的植被带,北界向北推移了5个纬度,充分显示了气候暖湿的特征。北亚热

---

① 李吉均、方小敏:《青藏高原隆起与环境变化研究》,《科学通报》1998年第8期。

带落叶和常绿阔叶混交林以山毛榉科为主,并含有常绿阔叶树种、林下灌木和蕨类,这一植被类群的北界北移了2—3个纬度,到达北纬35°左右。中南亚热带常绿阔叶林以山毛榉科树木为主要常绿成分,并有漆树科、大戟科、木兰科、樟科和山龙眼科,这一植被带北移的幅度较小,大约只有1个纬度,其北界至成都、合肥、南京一线。热带雨林变动的幅度更小。

中国自西向东巨大的地形阶梯,引起温度、湿度明显的梯度变化,西北地区处于亚洲腹地,全新世大暖期带来的暖湿气候也改变了这里的水热条件,植被带兼垂直与水平双向变化。中国西北部表现为草原范围扩展,荒漠缩小,植被带出现经向西迁,森林与森林草原带的界线移至满洲里、扎兰屯、呼和浩特、贺兰山南、西宁一线,比现今西移了3—5个经度,温带森林草原与典型草原的界线则向西移动了3—4个经度。高山与高原边缘表现为林线下降,这时阿尔泰山、天山为森林草原环境,整个青藏高原地区的植被面貌则以高原草原与森林混交以及高原草原为主,高寒半荒漠和荒漠植被的范围大幅度缩小,仅分布在塔里木盆地中部和内蒙古西部、昆仑山南侧及柴达木盆地中西部。[1]

全新世大暖期结束,气候转冷,植被地理分布再次向南推移。这次气候变化影响下,在东部季风区、蒙新干旱区和青藏高原区三大自然区的基础上,无论受热量条件变化表现出依纬度地带分布的植被,还是依水分条件呈现经度地带特点分布的植被,均为后来确定了基本空间分布形式。

近年环境变迁成为学术界关注的热点,总结以历史时期植被类型地理分布与空间变化为题的研究成果,东南、西北地区差异性变化是值得注意的问题,两个地区的分界大约在今中温带与暖温带之间。在气候转冷转干的背景下,西北地区植被具有明显的取代性变化:荒漠面积扩展,取代了草原;草原环境变差,干草原取代了疏林草原。而东南地区基本保持了原有植被的地带性特征,变化比较明显之处在于喜暖植物的北界。全新世大暖期结束后,植被地理分布在西北与东南地区的变化说明,气候转冷转干的幅度存在明显的地域差异,西北地区气候变化影响植被变化的力度明显强于东南地区。

---

[1] 施雅风、孔昭宸、王苏民等:《中国全新世大暖期鼎盛阶段的气候与环境》,《中国科学》B辑,1993年第8期。

当代中国植被呈现的寒温带针叶林、温带针阔叶混交林、暖温带落叶阔叶林、亚热带常绿阔叶林、热带季雨林、雨林、温带草原、温带荒漠、青藏高原高寒植被八大植被区域①，是在全新世大暖期结束后数千年内逐渐形成的。这些植被区域是地带性因素与地形因素共同影响的结果，因此它们的存在是地表环境属性的真实反映，如果没有人类农业生产活动，大地上的植被就会依循各地自然环境的属性，呈现出相应的地带性分布。农业生产的出现改变了原生态的环境面貌，无论北方旱地还是南方水乡，无论平原还是山地，农业在发展中用人类栽培作物取代了自然界原有的植被，彻底改变了植被地理分布，历史时期植被地理分布与空间变化向我们陈述了农田取代天然植被的事实，古人曾经感受的"茂林青榛""密箓丛枝"的景观与我们渐行渐远。

近2000年以来植被地理分布与空间变化是自然环境与人类活动相互较量的结果，时至今日，平原地带已经完全被农田取代，唯有丘陵山地尚能保存少量地带性天然植物。

(二) 重要农业生产界限的空间走向与气候意义

农业是在人类活动参与下的动植物生产，而动植物尤其植物本身就具有依托水热条件生成适应性品种的属性。这些携带环境信息的种子，通过人们的生产活动，不仅同类环境属性的作物相连成片，自成系统，而且不同环境属性的作物也清楚地构成了各自的分布空间。尽管农作物不同于野生植物，播种、收获操纵在农民手中，但农作物立足在土地之上，发展变化从未脱离过环境，当农田取代天然植被，大地上种满庄稼时，人类不仅根据自己的需求选择农作物，也根据环境安排农作物；尽管农作物种在哪里是人们耕作的结果，但环境却导致作物开花结实或衰败枯萎，即农作物有着与野生植物完全一致的对于自然环境的依存性。而各类农业生产界限就是人类生产活动、环境、农作物三者之间互动的结果，农作物长年稳定的分布界限、农作物种植制度界限、农业技术实行界限以及农作物物候期等均是研究历史时期气候变化的重要依据。一旦界限发生变动，则意味着农作物生境有了变

---

① 参见中国科学院中国植被图编辑委员会编纂：《中华人民共和国植被图1:1000000》，地质出版社2007年版。

化,响应这种变化,农作物逢暖而北上,遇冷则南下。

各类农业生产界限中,冬小麦分布北界最为重要。由于冬小麦秋种夏收的越冬作物属性构成农作物两年三熟的核心,因此冬小麦分布北界不仅标识了这种作物的分布空间,而且涉及农作物两年三熟制实施区域,无论冬小麦还是两年三熟制分区的变化均与气候相关。在各类农业生产界限中,冬小麦分布北界位居最北,对于环境敏感性极强,但凡气候发生冷暖之变,均会随之变动,具有重要的环境指示意义。

研究各类农业生产界限,历史文献具有重要价值。各种代用指标中,历史文献属于唯一不存在年代误差的材料,但是科学解读历史记载却需要对历史的了解,如果存在历史学的缺陷,得出的结论同样是谬误的。

冬小麦原产于西亚、北非一带,大约4000年前传入中国,并逐渐推广到各地。唐代是冬小麦空间扩展的重要时期,整个黄河中下游地区冬小麦的地位有了全面改变,两税法就是在这一背景下出台的。两税法诞生于唐德宗建中元年(780),依税法规定两税中"夏税尽六月,秋税尽十一月"①。其中的六月和十一月正是冬小麦与粟等作物的成熟期,故《旧唐书》有这样的记载:"关内、河中、河南等道秋夏两税、青苗等钱,悉折纳粟麦,兼加估收籴以便民。"②尽管麦、粟(今谷子)为夏、秋两税的主纳物,但并非必须缴纳两者才能完税,正如宋人程大昌评述两税法时指出的:"自杨炎立两税法,农田一年,岁输官两色:夏蚕熟,则输䌷绵绢丝,亦有输麦者;秋稻熟,则专输米,皆及时而取所有也。"③即麦熟为夏税起收的时间标志,粟、稻等成熟为秋税起收的时间标志,夏、秋两税与麦、粟相关的主要在于征收时间,而全国各地缴纳的物品并非只有麦、粟二物,而是因地设项。正由于因地设项,夏税交纳时间与冬小麦成熟期吻合,但并非夏税征纳地就是冬小麦种植区,银、钞、钱、绢都是非冬麦区的替代物,因此实行两税法征纳夏税的地区大于冬小麦分布区。那么历史时期冬小麦分布北界位于什么地方?宋人庄绰有言,"陕西沿边地苦寒,种麦周岁始熟,以故黏齿不可食"④。冬小麦与春小

---

① 《新唐书》卷一四五《杨炎传》。
② 《旧唐书》卷一二《德宗本纪上》。
③ [宋]程大昌:《演繁录续集》卷二《徽州苗绢》。
④ [宋]庄绰:《鸡肋编》卷上,中华书局1983年版,第16页。

麦是食性与生长期完全不同的小麦品种,春小麦春种秋收,冬小麦秋种夏收,属于越冬作物,不是周岁始熟,而是跨岁而熟。但凡对冬、春小麦制品的食性有知者,均明白"黏齿不可食"是春小麦制成品的典型食性。生长期与食性二者证明宋代陕西沿边种植的是春小麦,这时陕西边地大致位于无定河流域至横山一线,即北纬38°度附近;冬小麦的分布区应在此线之南,从陕西沿边向东进入河东路。欧阳修针对与府州纬度相近的宁化军(今山西宁武县)却留下这样的记述:"本军地寒,民不种麦。"①宁化军位于北纬39°附近,由此看来这一纬度位置正值冬小麦北界的边缘地带。将陕西、山西冬小麦的北部边缘连接起来成一斜线,这条斜线与中国北方地形变化完全吻合,顺应这一趋势向太行山以东的河北路(今河北)延伸;由于河北路地处华北平原之上,气温高于河东、陕西所在的黄土高原,冬小麦的北界大约在北纬40°燕山一线。宋人刘一清生活在南宋末至元朝初年,南宋德祐二年(1276)随同大宗丞赵若秀等作为纳土官北上至元上都,写有行程记一篇,记述沿途见闻:闰三月初,东行过武清县,初七过王台镇,"四望桑麦青青","土人云,此地其冷,五月方可养蚕。麦苗长不满三寸,六月方食麦"。② 六月食麦也是冬小麦的物候期。这样看来沿横山、无定河经河东中部至燕山一线就是当时的冬小麦北界,越过这条线以北地带再无与冬小麦有关的记载。

探讨历史时期冬小麦分布北界与气候变化,需要提及的是满志敏提出了9—13世纪冬小麦北界达到今长春附近的观点③。这项研究将金代两税法涉及的燕山以北今内蒙古东部、辽宁东部视作冬小麦分布区,并以此作为温暖期的证据。《金史·食货志》载金代两税法:"夏税六月止八月,秋税十月止十二月。……泰和五年……改秋税限十一月为初。中都、西京、北京、上京、辽东、临潢、陕西地寒,稼穑迟熟,夏税限以七月为初。"前文已经说明两税法实行地区并不一定是冬小麦分布区,那么金代在这一地区征收两税中的夏税,究竟是征纳冬小麦还是替代品?最直接的证据是这里是否种植冬小麦。事实是辽金时期文献不仅只字未提塞外种植冬小麦,且与小麦相

---

① [宋]欧阳修:《文忠集》卷一一五《乞减配卖银五万两状》。
② [宋]刘一清:《钱塘遗事》卷九《丙子北狩》。
③ 满志敏:《中国历史时期气候变化研究》,山东教育出版社2009年版,第188—192页。

关的信息也十分少见,这说明这里不属于冬小麦分布区,更不具备以冬小麦为纳税物的可能。

冬小麦为暖温带粮食作物,冬季最低温度是其生长的制约性因素。至20世纪初冬小麦的北界仍维持在明长城以南,辽东半岛南端的大连存在小范围种植区。① 20世纪90年代小麦专家金善宝根据气候转暖这一变化将冬小麦发展规划北界定在辽宁朝阳、锦州、营口、岫岩一线②,但多年来这一线冬小麦尚处于试验种植阶段。1991—1998年沈阳农业大学引进乌克兰冬小麦M808在辽宁省40个地点试种,确定了辽阳、海城、盖州一线为最适种植区;铁岭、阜新以南,铁岭、沈阳、本溪以西地区(除建平县)为适宜种植区;昌图、康平、法库、彰武等县区及大连市全区为可能种植区;辽东大部分及建平县为不能种植区;安全种植北界为阜新、新民、铁岭、本溪一线。③ 与此同时,这一安全种植线以北以西的内蒙古以及吉林长春等地也引进了耐寒品种进行试验,但真正具备经济价值的冬小麦种植区尚未成熟。当代全球变暖的气候背景与各种现代农业科技之下,冬小麦稳定分布区尚不能达到长春一带,金代又如何能至呢? 满志敏将宋元时期定为暖期的依据是冬小麦大幅度北上,并由此得出当时长城沿线以及今辽宁中部地区冬季平均气温比现代高的结论,既然立论的依据不存在,这一结论必然大可商榷。

沿横山、无定河经山西中部至燕山一线构成的冬小麦分布北界,经历宋、辽、金至明清时期大体维持未变。明清方志中康熙《西宁县志》《庄浪县志》《隆德县志》《通州志》、顺治《安塞县志》、雍正《朔州志》、隆庆《丰润县志》,所记州县依地理位置自西向东,从青海、甘肃经陕北、山西至燕山南北两侧,我们看到的都是种植春小麦的信息,从这一地带向南,尽管也存在种植春小麦的现象,但已然属于冬小麦能够生长的地方了。《明史》载,"(天顺)三年四月,顺天、河间、真定、保定、广平、济南连日烈风,麦苗尽败。……(崇祯)十五年五月,保定、广平诸县怪风,麦禾俱伤"④;"(洪武)二十六年四月丙申,榆社陨霜损麦。……(弘治)八年四月庚申,榆社、

---

① 龚绍先主编:《粮食作物与气象》,北京农业大学出版社1988年版,第19—87页。
② 金善宝主编:《中国小麦学》,中国农业出版社1996年版,第870—884页。
③ 谢立勇、侯立白、高西宁等:《冬小麦M808在辽宁省种植区划研究》,《沈阳农业大学学报》2002年第1期。
④ 《明史》卷三〇《五行志三》。

陵川、襄垣、长子、沁源陨霜杀麦豆桑。辛酉,庆阳诸府县卫所三十五,陨霜杀麦豆禾苗。……(嘉靖)二十二年四月己亥,固原陨霜杀麦"①。这些文献均记载有四月灾害伤麦事件,从小麦生长期分析这些受损麦子当为冬麦,此时春麦刚刚出苗,而冬麦却是生长的关键时期,故各地因灾受损,成为载于史籍的大事。上文所及之顺天、保定、真定、广平、河间、榆社、襄垣、长子、陵川、沁源以及庆阳、固原一线,基本位于冬小麦地理分布北界附近。此外,弘治十七年(1504)李东阳奉使途中"适遇亢旱",见"天津一路,夏麦已枯,秋禾未种"②,天津也属于这一地带。上述界限以北地区,自然条件基本不能满足小麦越冬需求,很少种植冬小麦,如"大同地寒,无宿麦。春分前种小麦"③。宁夏也属于这样的地方,明英宗时工部右侍郎罗汝敬奏文中提到:"宁夏地滨黄河,资其灌溉,旱涝俱收,米贱而物贵,以此从宜定例:大布一匹,折粮八斗;中布一匹,折粮六斗;大绢一匹,折粮一石五斗;中绢一匹,折粮一石;绵花一斤,折粮二斗五升。"④宁夏银川一带均不是冬麦区,因此上述折粮物品均是以米相折。由于气候条件制约,宁夏直到近年在新品种与地膜技术支撑下才开始推广冬小麦。2004年6月《宁夏日报》的一条新闻标题为《我区冬麦北移计划开始启动》,其试验地点在吴忠;我后来读到的一条与宁夏冬麦北移计划相关的网上新闻,记述了1999年以来在银川一带试种冬小麦的情况。这一切进一步证明了明代甚至此后相当长时期内宁夏北部不适宜种植冬麦这一事实。

　　自然环境是个复杂系统,气候影响并制约着天然植物与农作物的地理分布,因此一方水土不仅养一方人,也同样造就了一方的环境面貌与植物种属。但是衡量气候的冷、暖、干、湿要素,在近代气象观测出现之前,几乎可以视作来无踪、去无影,置身其中可以感受,却无法一把抓住,留下证据。然而冬小麦分布北界却在气候因素参与之下成为躺在大地上的一道标识。来自历史文献记载与20世纪以来农业试验的结果均呈现了一个事实,即在1000多年内冬小麦北界几乎稳定在相近的位置上,这一结果直接冲击了近

---

① 《明史》卷二八《五行志一》。
② 《明史》卷一八一《李东阳传》。
③ 乾隆《大同府志》卷七《风土》。
④ 《明英宗实录》卷三三"正统二年八月乙亥"条。

2000年来气候变化的研究。面对这一矛盾,生态学为我们解释这一问题提供了思路。生态学用生态幅度说明一种植物适应环境条件的能力,事实上任何一种天然植物或农作物均有属于自己的生态幅度,环境变化若在这种农作物的生态幅度之内,农作物不会因此改变地理分布。而阈值则是表达环境变化与农作物生态幅度关系的概念,一个领域或一个系统的界限称为阈,阈值即为临界值,指触发某种行为或者产生反应所需要的最低值。回顾近1000年以来,面对气候变化,冬小麦分布北界却没有明显改变,其原因在于气候变化没有超过冬小麦生态幅度的阈值,自然不能改变其基本地理分布。这一切向我们传递一个重要信息,那就是近1000年以来尽管存在气候变化,但气候变化幅度并不大,即使在冬小麦分布北界——暖温带与中温带的临界地这样一个环境敏感地带也没有改变冬小麦的分布格局。也许,正是气候变化幅度小这一原因,导致根据不同代用材料做出的研究难以形成一致的结论。

气候的冷暖干湿之变存在于过去,也发生在当下。这样的变化直接影响人类的生存;反过来,人类活动留下的足迹又成为气候变化的印证。面向未来,探寻其中的规律,历史时期气候变化将为我们带来更多的思考。

◎作者讲课实录：

第五讲

民生与大地
——历史农业地理背景下的人类活动

从人类将第一粒种子撒在土壤之中,即开启了农业生产的大门,以此为基础,人类活动直接参与了环境改造。农业生产是以满足人类生存基本物质需求为目的的动植物生产过程,农业耕作的对象植根在大地上,农田与农作物每前进一步均会侵夺天然植被,毫无疑问农田的出现不仅意味着天然植被退却、消失,也同时改变了大地的面貌。

谈及人类活动与环境,留给世人一般的印象是破坏,但是从科学的视角审度这一问题,这样的结论不足以概括全部。若从新石器时期人类由采集、渔猎步入原始农业开始算,中国已经有八九千年农业史了,这个时段对于地球46亿年的历史而言仅是短暂的一瞬,但对于人有生之年而言又是漫长的历程。20世纪80年代国外提出可持续发展理论,其核心在于,享用地球给予我们的大地、天空、资源的同时,发展既要着眼于当代,又需顾全未来。无疑,这是指导人类从今天走向明天,并为明天留下光明的理论。与国外的理论不同,中国古人并没有直言"可持续发展",但从那时到今天我们脚下的这片土地提供农产品,繁衍众生,已然有几千年的历史了,若人类从铲掉第一片天然植被开始,几千年中不断延续着破坏、破坏……那么没等到今天畅谈可持续发展,我们就早已湮没在环境的废墟之中了。事实是祖先活着,我们也活着,这意味着在没有可持续发展理论协调当下与未来的时代,人们在农业耕作中已意识到并摸索出了协调农产品需求与环境的途径,在实践中走着可持续发展之路。

中国农业包含的可持续发展要素与精耕细作农业生产技术直接相关。回顾历史,精耕细作农业生产技术伴随中国农业延续2000年,得益于天、地、人三才理论。天、地、人三才理论是中国古代以农业生产为背景形成的人地关系论,也是指导精耕细作农业技术的思想基础。成书于战国时期的《吕氏春秋·审时》篇载有中国人早期的三才思想:"夫稼,为之者人也,生之者地也,养之者天也。"其中所言稼、人、天地三者就是农业生产所包含的生产者、生产对象、生产环境三个组成部分,通过农业生产技术因天时、顺地力协调三者的关系是三才理论的核心。在三才理论的影响下,中国农业持续前行,并力图在探索中找到协调农业开发与环境改造的途径。

一 历史时期人类农业开发与土地利用

农业是民生的基础,因此农业开发是在人口发展推动下的土地与技术拓展过程。回顾中国历史,农业开发基本围绕扩大耕地面积、提高作物产量两个核心进行。耕地面积扩展与区域开发空间进程相关,产量提高则涉及农业生产技术,前者属于农业广度开发,后者则为深度开发,两者相辅相成共同推进了农业进步与环境改造。

(一) 以扩展农业种植空间为核心的广度开发

土地是农业生产依托的资源,农业萌生的时代还没有人认为土地不够用,那时地广人稀,开垦土地的人力严重不足,"地胜于人"成为相当长历史时期的基本状态。从人力不足到土地不足,社会与农业发展都面临新的挑战,朝廷上的政治家着眼于事关资源分配与社会稳定的政策制定,耕作在田中的农夫更注重尺寸之间土地的利用,于是,土地改造与新的土地类型在农夫手中问世了。

载于《列子》中的《愚公移山》,是很多人都熟悉的故事,愚公面对智叟以一老翁之力,能否搬走太行、王屋二山的质疑,留下了"子又生孙,孙又生子;子又有子,子又有孙:子子孙孙,无穷匮也"的豪言壮语,搬山是否成为愚公子孙沿承的事业,谁也不能肯定,但"子子孙孙,无穷匮也",却是人类繁衍的规律。历史人口研究告诉我们,秦汉之前全国总人口接近四千万,西汉中期五千多万,此后相当长时期全国基本保持在五六千万的人口规模,明代人口提升至八千万到一亿,清初至嘉庆年间人口从一亿到两亿,两亿到四亿,一百多年人口翻了两番。(图5-1)纵观中国人口数据的变化,难免有人

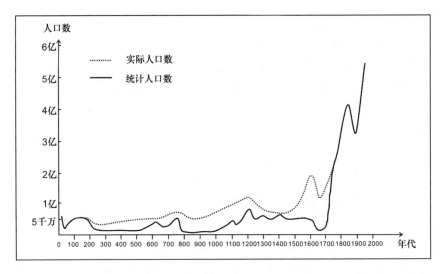

图 5-1　中国历代人口变化图

会问为什么清代人口出现这样快速的增长？其实人口增长的背后是税收政策。中国古代的税收由地税、口税两部分组成，有土地的人缴纳地税，无地者自然没有这笔支出，这如同今天有收入者纳税是同一个道理；口税却具有普遍性，人一生，无论老幼都要纳税。于是穷困人家为了减免负担，往往用溺婴方式避免家庭人口过多。历史时期赋税、战争、灾疫共同影响人口增殖，于是五口之家成为通常家庭的基本规模。清代雍正皇帝免除实行了两千多年的人头税，将赋税全部摊到地亩之中，这就是"摊丁入亩"政策。这一改革，最大的受惠者是无地的穷人，免了人头税，对他们而言总的感觉是解放了。于是民间就留下这样的话语：孩子多了，不要紧，一个也是养，两个也是带。失去了税收束缚，人口快速增殖。

人是生产者，也是消费者，古人一句"民以食为天"，点明了人与农业的关联，哪朝哪代赖以为生的都是农业。而农业根植的土地又是怎样顺应人口需要而同步增加的呢？

如果说以施肥为主旨改造土壤的举措，目的在于增加土壤肥力，提升单位面积作物产量，那么，扩展农田面积，同样可以获得总产量提高的结果。正因此，人们一方面在已有农田上精耕细作，另一方面通过各种途径扩展土地面积。然而，在中国农业与现代科技接轨之前，靠传统生产方式带来单位土地面积上农作物的增产、增殖，远不能满足人口与社会发展的需求。为了生存,人们将眼光一次次投向山林边荒,耕地扩展成为中国农业发展进程中的主流。

拓展土地的实质,是将未被人类扰动的土地改造为农田。无论未开垦土地的潜力如何,都被视作"荒地",开垦这些土地的举措自然称为"开荒"。那个时代距离今天已经很远了,但我们仍然可以透过"叩石垦壤""筚路蓝缕,以启山林"这样的描述体味其中的艰辛。中国南北方拓展土地的方式或许不同,将农田延展至未开垦土地,开荒却是一致的举措。北方平原面积广大,去除杂草石块,平整土地,施肥灌溉,经过这一系列的劳动,荒地变为良田。于是我们看到春秋战国时期黄河中下游岛状农耕区消失,农田连为一体。此后,两千多年间继续沿袭这样的路径,北方农田以黄河中下游为核心,从华北扩展到长城沿线以至东北,南方也将农业立足于平原冈阜。唐宋两代是中国南北方人口数量倒转的时期:唐宋以前北方人口多于南方;经历了数次人口南迁,至唐宋时期南方人口逐渐超越北方。南方平原有限,以丘陵山区为主,人口增加带来的最大问题是土地不足。面对人口压力,平原、丘陵山区都在寻找扩展土地的途径,改造与拓新并存于人们的探索中。

耕地扩展取决于社会经济与地理环境双重因素,人口增殖是推动耕地扩展的动力,而新开垦的土地选在什么地方,则深受自然条件与生产力发展水平制约。中国虽是一个幅员辽阔的大国,但适宜发展农耕生产的只是其中一部分。自然条件的差异,决定了农耕区的扩展只能在以东部季风区为主的范围内进行,并形成了黄河、长江两大农耕区。

1. 黄河流域农耕区的兴衰及扩展

黄河流域的农业,最初主要分布在沿河两岸的冲积沃土上。这里地势平坦,气候温和,加上疏松易耕的黄土冲积层,自然条件适宜经营农业,故从史前时期就出现了原始农业。但这时人口稀少,生产工具原始落后,被开垦出来的土地只是聚落周围狭小的一块,就此形成的农田景观只是散布在莽原中的小片点状区域。进入历史时期,夏、商、周三代农业虽然摆脱了原始阶段,但土地开发能力仍很弱,农耕区主要分布在汾河、涑河、伊、洛河、沁河下游一带肥腴的冲积沃土上,即《史记》提到的河东、河南、河内这三河地带[①]。钱

[①] 《史记·货殖列传》:"昔唐人都河东,殷人都河内,周人都河南。夫三河在天下之中。"

穆在《中国文化史导论》中将这些黄河干流与支流交汇的三角地带称为"汭"。"汭"是早期农业开发最有利的地带，拥有冲积沃土，且不受黄河泛滥影响。由此不仅成为中国历史上开发最早的农耕区，也是当时全国经济最发达的地区。三河地带受司马迁称道的是先进的农业，然而三河范围并不大，三河之外其他地区由于人口稀少，劳动力不足，农田主要分布在城邑附近，远离城邑的地方往往是大片荒野，农耕区基本呈岛状分布。岛状农耕区消失，农田相连成片，大约在春秋末、战国时期。列国鼓励人口增殖，发展农业生产的政策，促进了黄河中下游地区经济发展，整个黄河流域经济发达区也不再限于三河一带，各诸侯国国都周围都形成了区域性的经济中心。

公元前221年，秦始皇统一了六国。汉继秦祚，在完成国内事业的同时，继续开疆拓土。幅员辽阔、疆域广大的帝国对经济发展起了很大推动作用，黄河流域在昔日繁盛的基础上继续发展，不但成为全国的政治中心，而且也是经济最发达的地区。《史记·货殖列传》将天下分为关西、关东、江南及龙门碣石以北四个经济区，其中龙门碣石以北基本为畜牧业生产区；江南一带虽维持着农业生产方式，但尚处于开发的初期，人口与经济实力都不能与位于黄河流域的关西、关东抗衡；关西、关东两地开发历史悠久[①]，人口众多，物产丰富，是天下财富的生产地与聚集地，黄河两岸沃土上的物产不仅哺育了华夏的芸芸众生，也造就了人类文化的赫赫精英。

秦汉以来黄河中下游一带不仅是经济最发达的地区，而且也是全国政治与军事中心。国家政权力量对政治中心所在地区的经济发展有积极推动作用，同时也会带来巨大的破坏。这是因为，国都既是政治集团权利之争的核心地带，也是军事攻击的主要目标。当政治冲突发展到军事行动时，无论是小的武力讨伐还是全国性的战乱，这里都是受害最重的地方。在中国历史进程中，黄河流域的农业生产在火炼与血屠中经历了大起大落、大浮大沉。从东汉末年黄巾军起义到公元4世纪北魏统一北方为止，中国历史进入了分裂、动荡时期，其间民族仇杀，战祸相寻，几无中辍。农业生产是生物连续性生产过程，适宜的自然条件是其发展基础，而稳定的社会条件则是必要保证。干戈相攘、锋镝战火之中，人民生命尚难保证，更谈不上维持农业

---

① 关西、关东地处黄河中下游地区，且以函谷关为界，各分东西。

生产。长达3个世纪的政局动荡与人民流移,对农业生产造成空前破坏,土地荒芜,生产凋敝,黄河流域经济受到致命打击。

经历了战争劫难,黄河流域重新振兴是在隋唐时期,隋文帝于公元589年重新统一了全国。隋祚虽短,却为唐朝的发展奠定了基础。抛开实际户口数额不说,仅以文献见载数额论,唐天宝年间全国有人口5200万,秦岭、淮河以北占3/5,其中河北、河南两道,即相当于今冀、鲁、豫三省之地,又占北方人口的2/3,形成全国人口最稠密的地区。过去几个世纪,尽管黄河中下游饱经战乱,但一经恢复,悠久的农耕文明与雄厚的历史基础便使这里再度兴盛。然而,若将汉唐两代黄河流域的经济地位做比较,则会发现已发生很大的变化。汉唐两代均定都长安,西汉时全国经济发达区只限于黄河流域,支持以长安为中心的国家机器运转,主要靠函谷关以东地区的漕粟。隋唐时期关中政治中心所仰仗的不仅是关东漕粟,而且远及东南,正如《新唐书·食货志》所云:"唐都长安,而关中号称沃野,然其土地狭,所出不足以给京师,备水旱,故常转漕东南之粟。"①这意味着唐代黄河流域已经不是天下唯一的重要农业区,随着长江下游经济区的崛起,从两大流域平分秋色到经济重心转向长江下游。

2. 长江流域的开发与经济重心南移

长江流域开发的时间进程远远落后于黄河流域,当黄河流域早已成为秦汉帝国经济重心的时候,南方还处于"筚路蓝缕,以启山林"的开发初期,大部分地区还保持着自然界的原始面貌。这时位于长江中游的江汉平原还布满了湖泊、沼泽,为古云梦泽的一部分;长江下游太湖平原一带亦因地势低洼,河湖密布,饱受水患之扰。暖湿的气候,茂密的亚热带植被,密布的河湖水系,这些在今天看来十分优越的自然条件,都成为那时人们开发利用的障碍。故《尚书·禹贡》论及天下土壤性状时,将荆州即长江中游地区列为下中,而处于长江下游的扬州则为下下。这里不但人口稀少,而且开发落后,有"卑湿贫国"之称。故汉景帝之子刘发因其母位卑无宠,没有资格跻身于中原诸王之列,才被封为长沙王。② 从《汉书·地理志》所载元始二年(2)全国人口统计来看,这时秦岭、淮河一线以南人口仅占全国总人口的

---

① 《新唐书》卷五三《食货志三》。
② 《汉书》卷五三《景十三王传》。

1/5,具有明显的地广人稀的特点。

开发长江流域,解决劳动力不足是一个关键问题,黄河流域的每一次战乱都为长江流域提供了一次发展契机。从西汉末年王莽之乱以及随之而至的农民起义、东汉末年黄巾军起义到三国分裂、西晋"八王之乱""永嘉之难"、十六国更迭,黄河流域累经兵燹,人口大量南迁。仅公元4世纪初"永嘉之难"至刘宋时期即公元420年前后,南渡人口共约90万。当时刘宋全境人口共500多万,南下的北方移民占1/6,这使江南开发所需劳动力得到补充与改善,江南地区逐渐摆脱了原来的生产方式,开始从粗耕农业的经济类型向精耕农业转变。

南北两大经济区地位的互换与北方政治中心对南方经济的依赖是逐渐形成的。从黄河、长江两大流域人口总的变化来看,自东汉末年以后,黄河流域的人口数量及其人口在全国所占比例都呈递减趋势,而长江流域却呈明显上升。传统社会农业是主要生产部门,劳动力多少是生产力高低的直接标志,因此人口增长直接促进了农业发展。"安史之乱"引发的北方人口南迁,再度推动原已颇具规模的江南经济走上了新的发展阶段,江南不但成为北方政治中心赖以撑持的支点,而且成为全国的经济重心。韩愈指出:"当今赋出天下而江南居十九。"①杜牧进一步肯定了"今天下以江淮为国命"②这一事实。北宋末年由"靖康之难"而造成的第三次北方人口大量南迁,促使江南作为全国经济中心的地位日益巩固。这里有发达的经济、丰富的物产以及众多的人口,仅在有限的平原地区就养活了全国近22%的人口,同时还负担了国家大量粮赋。据《宋史·食货志》所载,太平兴国六年(981)朝廷规定由江淮运往京师的粮食为400万石。以后随着东南经济不断发展,至道元年(995)增为580万石。大中祥符初年(1008)朝廷又将江淮漕粮增至700万石,这一数字是输往京师总漕粮的82%。包拯说:"东南上游,财富攸出,乃国家仰足之源,而调度之所出也。"③在运往京师的巨额漕粮中,"江南所出过半"④,而来自太湖平原一带的漕粮,又"素甲于江

---

① 《全唐文》卷五五五,韩愈《送陆歙州诗序》。
② 《全唐文》卷七五三,杜牧《上宰相求杭州启》。
③ [宋]包拯:《包拯集》卷二《请令江淮发运使满任》。
④ 《宋史》卷二八八《任中正传》。

浙"①,故范仲淹说:"苏、常、湖、秀,膏腴千里,国之仓廪也。"②除了输往京师的漕粮,太湖平原还是东南地区的主要粮食供给地,其中杭州城、宁绍平原、温台沿海平原、福建、淮南都需要从太湖平原漕运粮食,此外太湖平原还有一部分粮食运往海外,可谓名副其实的"苏湖熟天下足"③。

然而中国古代经济重心南移,并不代表移至整个长江流域,而仅限于下游长江三角洲与太湖平原。长江流域各段的农业开发进程并不一致,长江上游的成都平原早在战国时期已进入与中原地区同步开发进程,唯位于中游的江汉平原待宋元时期才进入农业开发。宋元时期江汉平原一直处于湖沼状态,先秦文献中称其为"云梦泽",湖沼水体成为开发利用的障碍。江汉平原的形成与全面开发大约从南宋后期开始,经元代至明清时期达到鼎盛,并成为全国重要的粮食输出地,接受这里粮食的包括南北十余省,民间俗称"湖广熟天下足"。宋代盛产粮食的太湖平原,至明清时期农业生产结构发生了转变:以工商业为依托,大力发展经济作物棉花和蚕桑,粮食作物反而退居到次要地位。由于粮食种植面积减少,太湖平原所需粮食往往不能自给,由原来的粮食输出地变为粮食输入地。随着太湖平原农业生产结构的转变,代之而起的江汉平原承担了长江流域粮食生产中心的职能。长江上中下游的全面开发为整个流域带来了繁盛。

回顾中国古代农业开发历程,以扩展农业种植空间为核心的广度开发是中国历史上农业发展的重要途径,农业开发空间从黄河流域向长江流域的扩展仅是其中最重要的一幕;伴随社会发展与人口增殖,农田继续从长江流域伸向珠江流域,从中原向周边地区,从平原向山区,逐步推向所有能够利用的地带。

(二) 以提高产量为目的的深度开发

人类既是农业的生产者,又是农产品的消费者,随着人口增殖与社会发展,追求产量与产品品质是农业生产的双重目标,农作物嬗替与种植制度变化就是以增加产量、提升农产品品质为目的的农业技术进步,二者不仅是中国古

---

① [宋]崔敦礼:《宫教集》卷一二《平江劝农文》。
② [宋]范仲淹:《范文正公集》卷九《上吕相公并呈中丞咨目》。
③ [宋]高斯得:《耻堂存稿》卷五《宁国府劝农文》。

代农业从广度开发转向深度开发的标识,而且建构了新的农业地理布局。

1. 历史时期主要农作物嬗替与农业地理格局变化

如果说先民将野生植物种子埋在土中是一种无意识的行为,那么在以后的农业发展进程中,人们对作物类型的取舍应是有意识的选择,正是通过这样的选择,农作物种类不断发生变化。

表 5-1　中国古代主要农作物原产地与传入时间

作物	原产地	传入时间	作物		原产地	传入时间
水稻	中国		苎麻		中国	
粟	中国		大麻(纤维)		中国	
黍	中国		桑		中国	
大豆	中国		棉	木棉	未定	
冬小麦	西亚	4000 年前		树棉	南亚	3000 年前
春小麦	未定	西汉		亚洲草棉(中棉)	原产南亚,中国培育为草本	宋元间
荞麦	东亚			非洲草棉	非洲	公元初
大麦	地中海	3000 多年前		陆地棉(美棉)	19 世纪	
高粱	非洲	5000 年前、元代	大麻(油用)		中国	
玉米	南美	明代	油菜	芝麻	西亚	西汉
甘薯	南美	明代		春种油菜	中亚	东汉
马铃薯	南美	明代		秋种油菜	地中海	元代
亚麻	地中海	汉代	花生		南美	明代

源于中国本土的农作物主要为北方谷子、南方水稻。经过数千年的农业生产活动,农作物种类不断丰富,仅从粮食作物种类来看,早已不限于谷子、水稻两大类型,外来作物的传入逐渐淡化了本土作物的地位,并通过作物嬗替、取代,建立了新的作物组合形式,从而改变了农业地理的基本格局。(表 5-1)大约 4000 年前冬小麦传入中国,这是最早传入中国的外来作物之一。继冬小麦之后传入的农作物主要有占城稻、高粱、棉花、玉米、甘薯、马铃薯、辣椒等。这些外来作物不仅具备高产的优势,且在新扩展农耕区内表现出良好的环境适应性,并凭借其环境适应性,不仅在北上南下中不断突破原来的农作物耕作界限,而且对于原有作物存在明显的嬗替取代现象。距

今4000年前传入中国的冬小麦,元代通过二次传播传入的高粱①,明代传入的玉米、甘薯,这些旱地作物逐渐取代了本土作物粟(谷子)、黍的种植空间。随着外来作物逐渐传入,粟、黍最初一统旱地农业的地位逐渐降低,时至20世纪初,即使在黄河流域,粟在耕地中也仅占30%—40%的比例。桑、麻种植在中国均有久远的历史,棉花传入中国之前,人们的衣着主要依托麻、丝制品。盛行数千年的麻、丝衣被天下的现象,随着棉花传入,逐渐改变,这一引起中国纤维作物地理分布格局变化的时代大约在元明时期。

农作物之间的嬗替,不仅发生在外来作物与本土作物之间,外来作物也存在竞争与嬗替,其中棉花与油料作物就是典型的事例。棉花的原产地在印度,宋元时期传入中国的属于树棉即亚洲棉。19世纪西方纺织机传入中国,直接针对亚洲棉(后被称为中棉)发起挑战:中棉对手工纺织而言比较合适,但作为机器纺织原料则存在纤维短的不足。晚清时期原产地为新大陆的陆地棉(亦称美棉)被引进中国,并在各界的促导下,经过一番改良,逐渐推向全国,不仅在中国大部分地区占据了优势,而且逐渐取代了原来种植的中棉。棉花作为纤维类作物,从中棉到美棉属于品种之间的嬗替,而油料作物之间则属于种类的取代。油料作物的种类很多,主要用途在食用与照明。汉以前大麻与苴子作为含油性籽粒用在食品制作中,但使用量不大,多数食物添加的是动物油。"丝绸之路"开通后,原产于地中海沿岸的芝麻传入中国,并遍植于中国南北,芝麻油变成主要食品油。元代随着秋种夏收越冬型油用油菜传入中国,人们利用油菜越冬生长的属性,将其纳入与其他作物一年两熟的轮作体系之中,油菜获得更大的种植空间,并在南方取代芝麻的地位,成为食用油料作物的主流,就此形成北方芝麻、南方油菜的分布格局。进入20世纪,随着西方榨油机的引入,原本中国式榨油机不能榨取的大豆、花生等大籽粒果实能够在机器上顺利榨出油,使这些作物马上进入油料作物的行列,而这些作物替代的是北方芝麻。北方各地大面积种植大豆、花生的同时,芝麻的占地比例不断萎缩,油料作物出现了第二次嬗替。

---

① 考古界在距今5000年前的墓葬中就发现了高粱籽粒,但此后高粱并没有成为主要粮食作物。元代蒙古人西征再次将高粱传入中国,并伴随引进蒸馏法酿酒技术将高粱推入主要粮食作物的行列。

作物间的嬗替是农作物与自然环境、人类社会需求之间的优选过程,正是这一过程的存在,有效地推动了农业发展与农业土地利用的深化。

2. 农作物种植制度

一年四季,冷暖干湿之变是大自然的规律,依托自然而生长的农作物顺应环境变化,落种、萌发、生长、结实、收获都有定时。尽管每一种农作物都经历着同样的生长历程,但作物不一样,生长周期自然也不同。当土地相对于人口无限大的时候,农作物的生长期只是农民根据时节变化安排生产的参照;若人口不断增殖,土地与人口之间的关系不再宽松,农作物生长期的意义发生了变化,如何在有限的土地上种植更多的农作物,根据农作物生长期的长短相互搭配,实行复种轮作,成为拓展土地资源,实现农业深度开发的重要举措。中国古代因天时、顺地力的农业技术措施,并非稳定在一个技术阶段,农业生产技术从粗放经营到精耕细作、从易田制到土地连作,农作物种植制度实现了从一年一熟到两年三熟、一年两熟的发展变化,不同熟制不仅来自自然属性不同的区域,而且也由不同作物组合而成。

说起中国的农业,西方人用"拥挤的时空"来形容土地与作物的关系,而这份"拥挤"就源自复种轮作。我们来看看,中国的农田如何挤满了庄稼。

夏、商、周三代人口稀少,实行以休耕、撂荒为前提的易田制。易田制持续了一千多年,进入春秋战国时期随着人口增殖,土地需求量加大,黄河中下游再没有多余的土地供休耕撂荒,土地利用形式从易田制走向连作制。由于土地连年耕种,地力缺失,农业技术逐渐在粗放经营方式中添加施肥这一精耕环节,但无论处于土地易田还是连作时期,农作物熟制均为一年一熟制。

复种是同一块土地一年内种一茬以上作物的种植方式,轮作则是不同农作物轮流使用土地的用地举措。复种、轮作使土地上的收获物从一年一熟迈向多熟,战国时期今山东一带率先实行以冬小麦为核心作物的两年三熟制,并在以后伴随小麦加工技术的进步[①],不断扩展两年三熟的实施范围。但凡在庄稼地里干过活,都知道每增加一次收成,要增加不少劳动量,

---

① 石磨尚未成为农家必备农业加工工具前,小麦整粒煮食,适口性极差,被视作恶食,种植空间主要集中在今山东一带。西汉中期后,石磨逐渐普及,伴随小麦加工为面粉,面食地位不断提升,冬小麦种植空间迅速扩展。

图 5-2　牛耕图（陕西三原县李寿墓壁画，唐，谭竹钧临摹）

故从战国时期,大约经历近千年,至唐代两年三熟才真正成为华北地区普遍实行的种植制度。而轮作的不仅包括谷子、豆子,至明清时期高粱、棉花也加入进来。于是我们可以看到冬小麦"九月初旬耩种,四月初旬吐穗,五月初旬成熟"①的播种、收获过程。而清人杨一臣《农言著实》所载"麦黄种谷,谷黄种麦",则描述的是冬小麦与谷子互为前后作的复种情景。(图 5-2)

两年三熟制地区农作物种植时序排列如下：

第一年：4月———————→8月——9月——————→
　　　　　早谷、高粱、豆　▲ 整地　　　　冬小麦

第二年：———→6月———————→8月——9月————→
　　　冬小麦　▲　晚谷、豆、晚黍　▲

在这一农作物轮作循环关系中,▲所在位置为作物收获期。

渡过淮河,进入长江流域亚热带的地理环境之中,由于农业开发进程滞后于黄河流域,农作物的多熟制晚于北方,江南一带一年两熟制最早出现在北宋时期。一年两熟制核心作物仍然是冬小麦,且利用水乡环境稻麦相互轮作一年两熟。核心作物连年种植,与之轮作的其他作物需要不断"倒茬"。明清时期江南仍然实行水旱轮作,但水稻逐渐进入核心作物的行列,且出现冬小麦、水稻同时成为核心作物的现象。以水稻为核心的轮作一般

---

① 嘉庆《密县志》卷一一《风土志》。

前作为早稻,后作多为菜、豆、油菜等。

一年两熟稻麦轮作的时序如下:

```
         ──→5月←──        ──→8月──9月──
  豆、麦      ▲      晚稻      ▲   整地    豆、麦
```

南方水乡的一年两熟种植制度从稻麦水旱轮作向以水稻为核心的双季稻发展,又经历几百年的时间。双季稻最初出现于明朝晚期①,零星种植在长江中下游地区,清康熙年间派遣李煦在江南一带推广"御稻",是在官方鼓励下正式种植双季稻的开端。但江南双季稻实行的时间并不长,因连续种植而导致的病虫害与土壤问题,至嘉庆年间基本终止,仅在湖南南部、湖北中部等地留有零星记载。

双季稻的轮作时序如下:

```
  3月←──────→6月──────────→10月
      早稻       ▲        晚稻      ▲
```

清代珠江流域人口增多,南部地区凭借南亚热带的环境优势,出现一年三熟制。

若对中国古代农作物种植制度进行讨论,无论南北,农作物多熟制都是土地利用率提升的标志,而明代江南一带多熟制核心作物由冬小麦转向水稻,让我们看到土地利用率不变的前提下,农作物种植结构出现转型。以小麦为核心的轮作体系下,轮作中无论核心作物还是后作水稻均为粮食作物,农业生产的主要目标为粮食;当核心作物转向水稻,其生产的主要目标则侧重于经济作物,其中的关键之处在于棉花的大量种植。明清时期江南一带棉花种植面积大幅度增加,棉花的生长期为5—6个月,因此种植棉花的土地一般不与其他作物在年内轮作;为了避免病虫害,江南地区通常采取两年棉一年稻的年际轮作形式,种植水稻的年度往往选择早稻,早稻的后作则是豆、菜等作物。显然以水稻为核心作物的轮作中,农业生产追求的产品已经

---

① 历史文献中关于水稻多熟现象凡三类:(1)再生稻,属于头茬水稻被拦腰收割,留在地里的稻茬再次萌生、结实。古人也将第一次收获物称为稻子,将第二次收获物称为稻孙。(2)间作稻,利用早、晚稻不同的播种时间,分地块或条垄播种,并在不同时间获得不同收获。(3)连作稻,同一地块上,第一季水稻播种、收割,再重新整地,第二季水稻播种、收割。前两类均不是真正意义上的双季稻,只有连作稻属于双季稻。

发生了明显变化,农业地理格局也因此而改变。

复种轮作制的出现为土地带来二次开发,如果说第一次开发是农业种植空间的延伸,那么第二次开发不仅提升了土地利用强度,且叠加了更多的技术元素。虽然中国古代农耕区的扩展起步于黄河流域,但最终融汇更多传统农业技术的地区却是在长江流域,中国古代农耕区的扩展不仅实现了南北方绝对空间的延伸,而且凭借差异性的耕作技术营造了江南这一经济重心。伴随中国古代经济重心自黄河中下游地区移向江南,中国农业地理经历了一次重要的技术中心扩展与产量中心转移。

农民从事生产活动年复一年,有限的文字无法彰显平凡劳作中的每一细节,但无论农业生产的广度开发还是深度开发,在我们的回顾中最后仍然落在人与环境的关系上。农业开发与环境改造是在人类农业活动控制下的天然植被变为农田的过程,也许人类最初的农事活动并没有意识到环境问题,但是随着农业开发规模扩大,特别是从易田制进入土地连作制,人们越来越清楚自己埋下的那粒种子能带来什么样的收获,不仅取决于人,也受制于天、地。于是,辨方、物土①、因天时、顺地力等融汇天、地、人三才思想为一体的技术举措被纳入农业生产,成为保证收获且协调农业开发与环境改造的基本途径。农业技术介于农作物与自然环境之间,带有鲜明的地理烙印。在长期的农耕生产中,人们洞悉到地域之间的环境差异,不仅在旱地与水田、平原与山地、北方与南方实行不同的农业技术体系,而且掌握了农作物与环境之间的依存关系以及技术适应方式。为了寻求自然环境属性与农作物生理特征之间的吻合,人们根据土壤特征、灌溉条件等,因地制宜安排农作物;根据气候因素的时空变化,合理安排农时,通过农业生产建立了人类活动与自然环境之间的和谐关系。正因此,尽管农业改造了环境,但农业养活了人类,也成为人类从事时间最久远的一项活动,从原始农业起步至今,大约经历了一万年。

---

① 辨方主要指辨识较大地区土壤类型空间分布特征,而物土则侧重于认识局部地区地形、土质与农作物之间的依存关系,虽然两者涉及的区域范围有所不同,但其核心——寻求土壤、自然环境与农作物之间和谐关系的意图却是共同的。

二　农业开发与环境改造

农作物植根在土地上,但在人类操持农业生产之前,大地上布满了天然植物,并没有农作物的任何空间,农业发展就是农作物在空间上取代天然植被的过程。这一过程不存在合理不合理,只有必需,因此全然质疑农业用地,不是科学的态度。

不取代天然植被就没有农业,没有农业就没有我们,这是顺理成章的道理。但是农作物与天然植被有很大的不同,因此农作物取代天然植被完全改造了环境,其显著之处在于:第一,天然植物是与复杂的自然环境对应的产物,就其种类而言包括乔木、灌木以及草本,种属繁多,而农作物多属于草本植物,且种类单一,由农作物取代天然植被导致植物多样性消失。第二,天然植被长年覆盖在地表,即使一年生草本结束生长,也会将枯草留在地表;而农作物的播种、收获,造成一年内周期性的土地裸露,无论在南方还是北方,裸地的出现均带来明显的环境后果。第三,长年连续耕作与收获,秸秆不归土地,若不采取人工举措,必然导致土壤肥力降低、土壤结构改变、土壤退化。今天我们讨论农业带来的常态环境后果,几乎没有离开上述三点;而三点之中,我们能够减免的只在后两者。

农作物取代天然植被及其引发的后果,深受当代关注,古人考虑最多的则是影响农业生产的环境问题。说起人类活动、农业生产与环境的关系,我们会想起古代先哲发人深省的见解,《荀子·王制》说:"草木荣华滋硕之时,则斧斤不入山林,不夭其生,不绝其长也。"《孟子·梁惠王上》说:"不违农时,谷不可胜食也;数罟不入洿池,鱼鳖不可胜食也;斧斤以时入山林,林木不可胜用也。"先秦诸子"不夭其生,不绝其长"的思想肯定了生态环境、生物资源与人类生存的互依互利关系,不但构成人们早期环境意识的核心部分,而且一直影响着后代相关政令。唐玄宗开元二十一年(733)诏曰:"献岁之吉,迎气方始,敬顺天时,无违月令。所由长吏,可举旧章,诸有藏伏孕育之物,蠢动生植之类,慎无杀伐,致令夭伤。"[①]宋代帝王也发布过这

---

① 《册府元龟》卷四二《帝王部》。

样的诏令:"方春阳和之时,鸟兽孳育,民或捕取以食,甚伤生理而逆时令,自宜禁民二月至九月,无得捕猎,及持竿挟弹,探巢摘卵,州县吏严饬里胥,伺察擒捕,重置其罪。"①辽代也有"方夏,长养鸟兽孳育之时,不得纵火于郊"的规定②。古人的这些环境思想,不仅出于官府与圣贤的倡导,也是依赖土地为生的人们自觉的行为准则。正是这种人与自然关系的思想,对于保护生物资源起了一定作用,也成为数千年内农业发展的保障。

然而人的理性存在限度,在无饥馑之忧的地方一切均会依规而行;而对为求生而寻觅生存资源的人来说,规则就显得十分无力。回顾中国历史,非理性的农业开发渗透在各个时代与南北方各地,但从历史遗患至今,唯宋代以来江南地区围湖造田、宋元明清以来南方山区开发、清代以来沿长城地带开垦农业三者最为显著。

(一)宋代以来江南地区围湖造田引起的湖泊面积萎缩

水乡泽国是江南一带的环境特点,人类社会早期没有人口压力,也不具备征服自然的技术,因此对于水乡环境的利用小心翼翼。唐宋以来,伴随人口增多,人地矛盾日益加重,人们不再满足于对环境的利用,改造环境并取得更多的农业用地成为那个时代群体性的追求,围湖造田是其中对环境扰动最大的举措。

圩田是江浙水乡围湖造田的主要形式,宋人称"堤河两涯而田其中,谓之圩"③。这种田制创始于宋代以前,宋代随着人口增加不但圩田面积和数量不断发展,而且名目与形制也有所更新,如涂田、沙田等均属此列。由圩田派生的各种新的土地利用形式,是江南农户的创举。元人王祯《农书》总结这些垦殖形式,圩田"凡一熟之余,不惟本境足食,又可赡及邻郡",是各类围水造田形式中最重要的一种;在涂田上布种,"其稼收比常田,利可十倍";种植在沙田上的庄稼更"以无水旱之忧"而胜于他田。尽管王祯的话有夸大其词之嫌,但无疑圩田等各种围水造田形式取得了巨大成功。圩田由于具有诸多优越性,迅速在江南各地推广起来。

---

① 《宋大诏令集》卷一九八《政事五十一》"二月至九月禁捕猎诏"条。
② 《辽史》卷二一《道宗本纪一》。
③ [宋]杨万里:《诚斋集》卷三二《圩丁词十解》。

围水造田在获得农业产量成功的同时,也因过度围垦造成环境恶化、湖面缩小。宋代就有人对围水造田引发的环境影响提出看法,围田之前,"东南地濒江海,水易泄而多旱,历代以来,皆有陂湖蓄水以备旱岁。盖湖高于田,田又高于江海,水少则泄田中,水多则放入海,故无水旱之岁、荒芜之田也";北宋中期以后,围水造田活动兴盛,至政和年间两浙地区的湖泊已大有"尽废为田"的态势,于是出现了"涝则水增益不已,旱则无灌溉之利"的景象,农民岁被水旱之患。① 许多著名湖泊如鉴湖、夏盖湖等都是在这一时期被围垦成田的。

鉴湖本为越州境内蓄水、灌溉能力最强的湖泊,被围垦前可灌溉山阴、会稽两县境内9000顷农田,水量仍沛然有余。北宋前期就有人盗湖围田,以后有增无已。大中祥符年间有27户、治平年间80余户,围田700余顷②;熙宁年间增至900余顷③。鉴湖水面日益减少,严重影响了当地农业生产,朝廷不得不派官前来调理。熙宁年间朝廷派至浙东的官员,面对大片湖水已被围垦成田的现状也无可奈何,只好采取妥协之计,"立石碑为界,内者为田,外者为湖"④,使现有湖田两存,即一方面承认既有围田的合法性,另一方面又尽力阻止围田进一步扩展。这样软弱无力的做法自然丝毫不能阻止围垦湖田的强盛势头,至宣和二年(1120)湖田面积已达2200多顷,时人惊呼整个鉴湖已经"湮废尽矣"⑤。晚清女杰秋瑾号"鉴湖女侠",其时鉴湖已非昔日规模了。与鉴湖情况相似,位于越州上虞县境内的夏盖湖、余姚县境内的汝仇湖、明州鄞县境内的广德湖等也都在这一时期因围垦而湮废。

鉴湖等湖泊如此迅速地被围垦罄尽,宋人沈遘曾忧心忡忡地感叹道:"鉴湖千顷山四连,昔为大泽今为田。庸夫况可与虑始,万年之利一朝毁。"⑥沈遘所说的"万年之利"主要指湖泊调蓄水量的作用,大规模围垦湖水甚至竭泽而耕必然加剧水旱灾害。如夏盖湖曾是四周六乡数十万亩田地所仰赖的灌溉水源,湖面被围垦后,周围田地"若雨不时降,则民拱手以视

---

① [宋]李光:《庄简集》卷一一《乞废东南湖田札子》。
② [宋]曾巩:《元丰类稿》卷一三《序越州鉴湖图》。
③ 《宋会要辑稿·食货》八之一九。
④ 同上。
⑤ [宋]庄绰:《鸡肋编》卷中。
⑥ [宋]沈遘:《西溪集》卷三《鉴湖》。

禾稼之焦枯耳";若"一遇旱暵,非唯赤子饥饿,僵踣道路,而计司常赋亏失尤多,虽尽得湖田租课,十不补其三四"。①

两宋之际"靖康之难"迫使中原士庶纷纷南下,南方人口激增。由于人口增加,原来已经十分狭迫的土地,此时显得更为紧张。在这种情况下,人们必然要努力扩大耕地范围,开禧二年(1206)朝廷"以淮农流移,无田可耕",不得不开放曾一度下达的围田禁令,"诏两浙州县已开围田,许元主复围,专召淮农租种"。②

围田初行之时,其意义本在"围田",即将濒临湖陂的土地用堤坝圈围起来,使之淤填成田,以后则变为"围水",也就是"盗湖为田"。南宋时期势家大户盗湖围田之风愈演愈烈,以致成为当时朝政上的一件大事,史云:"自壬子岁入朝,首论明、越间废湖为田之害。"③这时除了鉴湖、广德湖等面积较大的湖泊,像白马湖、落星湖这些溉田不过百余顷的小湖,也相继被盗为田。经过这样一番围垦,"三十年间,昔之曰江曰湖曰草荡者,今皆田也",围水造田最初"只及陂塘……已而侵至江湖",范围逐渐扩大,由于湖面减少造成的水旱灾害十分严重,往往使农田"旱无所灌溉,水无所通泄"。④ 当时人们就意识到所有这一切"弊在于围田"⑤。

宋代是历史上围湖造田第一个高峰期,这一时期以江浙一带围田量最大,此后,特别是明清两代南方各地围水造田的事例越来越多,洞庭湖、鄱阳湖都经历了这样的变化,大片湖泊萎缩、消失。随着湖泊水面减少,不但影响到农业生产灌溉问题,而且造成生态环境恶化以及对江河水量调蓄能力的降低,这一切又间接影响到农业生产的正常发展。

(二) 宋元明清以来南方山区开发与水土流失

中国是一个多山的国家,山区开发历史很久。早期山区开发主要参与者是被中原人称为蛮、僚、傜的民族,他们的生产手段一般都很落后,以刀耕火种为主,加之人口数量很少,开垦规模小而分散,对于环境的破坏并不明

---

① 《嘉泰会稽志》卷一〇。
② 《宋史》卷一七三《食货志上一》。
③ 《宋会要辑稿·食货》六一之一〇八。
④ [宋]卫泾:《后乐集》卷一三《论围田札子》。
⑤ [宋]龚明之:《中吴纪闻》卷一"赵霖水利"条。

显。真正对山区环境有威胁性的开发,从宋朝开始,经元、明、清至今。

山区农业开发对于环境的影响与开垦规模、开垦方式以及当地气候、土质等因素都有直接关系,其实汉代就有人注意到这样的问题,并提出"斩伐林木亡有时禁,水旱之灾未必不繇此也"①的观点。宋代随着东南地区人口迅速增加,破坏山区植被所引起的环境问题越来越明显,宋人魏岘回顾四明一带山区,"昔时巨木高森,沿溪平地,竹木蔚然茂密,虽遇暴雨湍激,沙土为木根盘固,流下不多,所淤亦少",而"近年以来,木植价穹,斧斤相寻,靡山不童,而平地竹木,亦为之一空。大水之时,既无林木少抑奔湍之势,又无包缆以固沙土之□,致使浮沙随流而下,淤塞溪流,至高四五丈,绵亘二三里……繇是舟楫不通,田畴失溉"。② 山区开发带来的环境问题表现在两个方面:山上失去植被,导致水土流失;山下泥沙壅堵,河道不通,舟楫无法通行,农田为泥沙覆盖,难以耕种。

明清时期山区开发进入一个新阶段,人口多、土地开垦范围大,是这一时期山区开发的突出特点,由此引起的水土流失问题也更甚于前代。若就原因进行分析,主要可归为两类:其一,山区开发多采取刀耕火种,在砍伐焚烧之下,山地植被受到根本破坏。清人严如熤就有这样的记载:秦岭山中"产松杉美材,大连抱十余寻,足供栋梁之用",但即使这样的美材,亦在砍伐焚烧之列,"山民垦荒砍伐,朽腐烧灰"。为此严如熤连呼"殊可惜也"。③各类美材毁于斧斤之下不限于秦巴山地,浙闽一带也是如此,山区未开发之前,山上皆美材,"往年风雨时叙,自海隅达之山陬,莫不有茂林蒙密,今则童山而焦矣",山上树木砍伐之彻底,甚至连"拥肿拳曲之给薪蒸者无几",更不用说"材且美者"。④ 其二,玉米、甘薯等作物根系粗大,加剧了山区水土流失。玉米、甘薯的引进对于解决人口增加带来的粮食问题起了很大作用,但是这种作物"根入土深,使土不固,土松遇雨则泥沙随雨而下"。此时前往山区垦荒的棚民往往以三年为契约期,因此耕作方式粗放,全无涵养土壤意识。"种包谷三年,则石骨尽露,山头无复有土矣。山地无土,则不能

---

① 《汉书》卷七二《贡禹传》。
② [宋]魏岘:《四明它山水利备览》卷上《淘沙》。
③ [清]严如熤:《三省边防备览》卷六《险要上》。
④ 嘉靖《惠安县志》卷五《木属》。

蓄水，泥随而下，沟渠皆满，水去泥留，港底填高。五月间梅雨大至，山头则一泻靡遗。"三年之后，由于水土流失，此处已不能开垦，"棚民又赁垦别山，而故所垦处，皆石田不毛矣"。① 这样的情况在东南丘陵山区比较普遍，如清人所言："今日徽郡之患，不在水碓，而在垦山。嘉庆《绩溪县志》载：'乾隆年间，安庆人携苞芦（按，即玉米）入境，租山垦种，而土著愚民间亦效尤。其种法必焚山掘根，务尽地利，使寸草不生而后已。山既尽童，田尤受害，雨集则沙石并陨，雨止则水源立竭，不可复耕者，所在皆有。渐至壅塞，大溪旱弗能蓄，潦不得泄，原田多被涨没，一邑之患，莫甚于此。'诚哉是言！祁自棚民开垦，河道日高，水在沙下，舟不能达。"②类似的情况也出现在云南，"乾隆二十三年以后，塔盘前后诸山渐次开垦，山无草木障蔽，一经大雨，沙石横下，压毁旱坝，冲塞河身"；更为严重的是"嘉庆十三年六月初旬，大雨三昼夜，涧旁被犁之山，尽行倾崩，无量之沙水，数仞之巨石，匈訇怒发，竟将旱坝尽推入河，填满河身。八十余丈点水不流，城内及南北两隅俱成泽国"。③ 这场由垦殖山地引起的灾难，可称惊心动魄。种植在山地的甘薯也会引起严重的水土流失，浙东山区"自温州棚民租山垦掘，种艺番芋，厥土松缺，一遇淫霖积潦，山上砂砾随水奔集于溪，溪路遂处处淤塞，甚为阖邑田庐之害"④。

　　山区植被减少，拦蓄水土能力也相应降低，首先影响山区农业："老林初开，包谷不粪而获⋯⋯迨耕种日久，肥土为雨潦洗净，粪种亦有不能多获者，往时人烟辏集之处，今皆荒废。"⑤为了追求收获，砍伐后的山区农业以撂荒为特点处于游耕状态。山上毁林，间接影响山下农田："溪涧之水，发源山谷，从前山中树木稠密，落叶积地，滋润存水，渐渍入溪，故溪流不涸。今山木日稀，无积叶可以存水，雨霁数日，溪流易涸，至堰田无水可汁。"⑥湖北施州一带，开垦之后，"砂石之区土薄水浅，数十年后，山水冲塌，半类石

---

① 同治《南浔镇志》卷三《河渠》。
② 道光《祁门县志》卷一二《水利志》。
③ 光绪《浪穹县志略》卷四《水利》。
④ 道光《武康县志》卷四《地域志》。
⑤ 道光《鹤峰志》卷一四《杂述》。
⑥ 道光《永州府志》卷五《风俗志》。

田",土壤全无,"从前此地亦产棉花,今则绝无其种"。① 山区植被破坏不但造成自身生态环境恶化,而且也影响到依靠山间水源灌溉的平地农业。

　　古人生动的记载,如实地描述了山区非理性开发带来的后果。自宋代以来近千年,毁坏林木成为南方山区最严重的环境问题,由此成的积弊并非停留于历史时期,而是一直遗患至今。

(三)清代以来沿长城地带农业开垦与土壤沙化

　　长城沿线是中国北方环境脆弱地带,固然历史时期也在这里留下了农业开发的记载,但那时的农业开发处于不连续状态,在时断时续的开发过程中,受到扰动的环境得以修复。入清以来沿长城一带的农业开垦进入完全不同的阶段,以"走西口""闯关东"为主的移民几经艰辛,落脚生根,开荒拓垦的正是这片土地,使得这一地区就此进入连续性农业开发。然而由于生态环境脆弱,农业开发未满百年,土壤沙化已成为人们关注的问题。

　　明代长城内外有不同的生产方式,长城以内以农为主,长城以外则为蒙古人的牧地。入清以来,长城界分蒙汉的功能不存在了,内地农民陆续出关,长城外蒙地相继开垦为农田。仅以陕西横山县为例,清末"边墙以外之农地,属于滩地者,上中地乃有二万四千二百七十七亩;属于沙地者,极下地乃有一千零六顷。惟沙地面积虽广,而地质硗薄,又不能连年耕种,每耕一次须歇荒十余年,以待风吹之尘土日积月累,明沙遮蔽净尽,百草能生之时,始能再耕"②。横山县沙地占全部垦地的81%,这些土地一经开垦即进入沙化过程,若连年耕种,沙化将不可逆转,即使休耕也需要十年左右才能恢复原有植被。以一年之收获,换十年之风沙,是长城沿线农业开垦后的严重问题。

　　清代同治、光绪年间放垦后,山海关外土地被大片开垦,农牧交错带东段经辽河中上游、大兴安岭东麓向北转向,这一界线基本是中国湿润、半湿润气候的北界,其自然条件中对于农业生产最大的障碍性因素是降雨量不足。由于气候干旱,植被稀疏,土壤层一般较薄,一经开垦极易沙化。西辽河一带天山、鲁北、林东等地放垦后,人们斩伐林木,开垦土地,由于耕作粗

---

① 同治《建始县志》卷四《物产》。
② 樊士杰等编:《陕绥划界纪要》卷一《查节委员会横山县知事会呈文》。

放,一块土地种植几年即被抛荒。土地被"抛弃以后,树木不能立刻生长,曾经由草木多少防治一点的黄尘,现在自由飞散,砂在移动"①。这种现象在放垦以后的农牧交错带沿线处处可见,严重影响了这一地区当时与后代的生态环境。

回顾农业发展历程与环境的关系,一个不可避免的事实摆在人们面前,即农业开发并非都在理性指导之下进行,非理性开发每前进一步都渗透着环境代价。若对农业生产导致的环境扰动做出总结,无论哪一类农事活动为环境带来的均属于物理性的改变;与此不同的是工业出现之后,各类污染施加给环境的则是化学性的改变。物理性的变化在弹性范围之内均具有可逆性,正因此,中国近万年农业开发历程中,不断经历环境自我修复而使农业生产得以持续下去。

本讲涉及的是农业,21世纪的今天,我们所面对的乡村与农田,已经远离农业历史讨论的问题多年了。回顾历史未必都是遗憾与痛心,如果说中国历史舞台有一些闪亮的场景,那么传统农业技术一定是其中不可忽略的亮点。每件工具、每项技术,也许算不上影响世界的"大发明",却充满智慧与对收获的期盼。而农业,成就了一切社会发展的基础。

◎作者讲课实录:

---

① 《哀哉热河》,汤尔和译,1933年。

第六讲

复栽与插秧
——中国古代经济重心南移与北方移民的技术贡献

中国古代经济重心南移与北方移民的技术贡献并非新鲜选题,却是一个需要重新审度、进行再研究的重要问题。

北方移民南下,为南方带来中原地区先进的生产技术,并促进了中国古代经济重心南移,这一命题在获得学术界共识之后,又变成社会大众的通识。而从学术研究到普世教育起重要作用的是各种版本的中国通史①。紧跟这一命题,无论中国通史的作者还是从事中国经济史研究的学者均展开了相应的论述②,无疑,所有相关讨论都对认识北方移民南下与中国古代经济重心南移的关系有重要意义,但也必须指出,这些研究存在很大缺憾。在

---

① 如范文澜《中国通史》:"西晋末大乱,黄河流域汉族人大量南迁……他们带着北方比较进步的生产技术来到南方,在南方原有的生产基础上,加入新力量,因而生产力有显著的提高。"郭沫若《中国史稿》:"永嘉之际,北方大量流民渡江南下,不仅给南方增加了许多劳动人手,而且给一些经济落后的地区带来了中原先进的生产技术。"翦伯赞《中国史纲要》:"东晋南朝时期,北方农民不断渡江南来,补充了南方不足的劳动力,也带来了比较进步的生产工具和生产技术。"

② 全汉升:《唐宋帝国与运河》,台湾商务印书馆1995年据1944年版重印;李剑农:《中国古代经济史稿》,武汉大学出版社2005年版;张家驹:《两宋经济中心的南移》,湖北人民出版社1957年版;傅筑夫:《中国封建社会经济史》第四卷,人民出版社1986年版;郑学檬:《中国古代经济重心南移和唐宋江南经济研究》,岳麓书社1996年版;程民生:《中国北方经济史——以经济重心的转移为主线》,人民出版社2004年版。

总结这些研究,可归纳为以下几点:(1)用主要篇幅说明伴随北方移民南下,南北方经济指标的变化,如人口、地亩、赋税、漕运物资等;(2)论述这一时期南方农业生产工具、水利设施等硬件条件的变化;(3)指出丘陵山区开发与多种经济作物种植增加了南方的财富;(4)认为北方在人口南移的同时不断遭受战乱与灾害的打击,农业生产表现出停滞,进而加大了南北地区的经济反差。

传统经济"以农为本"的背景下,农业以及农业中的粮食生产在社会经济结构中始终占有独一无二的地位,因此古代经济重心首先是农业生产重心、粮食生产重心。农业与粮食生产的发展是江南地区步入全国经济重心的第一步,只有具备了这一基础,经济作物与商业、手工业才能因此而获得发展。正因此,探讨移民南下与经济重心南移的核心问题在于粮食生产,若忽视粮食生产而讨论经济重心南移,其论述的结果必然不是问题的关键所在。受自然环境限制,南方各地平原始终是主要粮食生产地。就经济地位与社会意义而言,丘陵山区的多种经营与平原地区的经济作物均是粮食生产的依附者。这些作物的发展建立在粮食生产进步的前提下,即后者是前者存在的基础;而铸造、铁器、工具、水利均服务于农业生产,这些领域技术进步的目的在于农业,本身却不是农业。

既然经济重心就是农业生产重心、粮食生产重心,那么以农业生产为本,以粮食作物为核心,北方人究竟为南方带来了什么样的先进农业生产技术?这是本讲讨论的核心,也是审度中国古代经济重心南移的关键问题。

一 从易田制到土地连作
——江南土地利用率第一次提升

《晏子春秋》载"橘逾淮为枳",这个为人熟知的故事告诉我们,淮河南北环境存在差异,淮河以北属于暖温带,渡过淮河就进入亚热带地区,热量的变化为农作物的多熟制提供了更充足的资源。但资源禀赋的优越并非农业技术进步的绝对条件,纵观历史,唐宋之前南方农业技术不仅没有超越北方,反而落后于北方。当黄河中下游地区已经拥有几千年中华文明政治中心、经济重心地位之时,江南一带还处于"地广人稀,饭稻羹鱼",农耕兼渔猎的时代。至于复种轮作,这项农业技术出现在江南,比北方晚了一千多年。

为什么?难道江南一带,热量条件的优势不够吗?其实,我们都知道,农业生产是人类劳动、自然环境与农作物三位一体共同成就的。三项要素中,农作物属于客体,自然环境的属性限制了农业发展的幅度,人类劳动决定了农业生产的技术取向,而技术取向与人类需求始终捆绑为一体。司马迁《史记》告诉我们江南一带"地广人稀",人口少,粮食需求少,在北方人口大量南下之前,这里几乎没有提高产量、增加收成的需求。农业社会的基本生产资料是土地,换作当代理念,土地属于不动产,依托不动的土地为生,"安土重迁"成为中国农民固守的信条。迫使人们离开家乡,战争是最主要的原因。无论中外,和平与战争始终交替旋转于历史舞台上。中国历史上发生在北方的战争,一次又一次推动北方人离开家乡故土,南下逃生,这就是三次大规模人口南迁,分别是西晋末年"永嘉之难"、唐朝中期"安史之乱"、北宋末年"靖康之难"。人口是生产者,也是消费者,北方人的到来使南方产生了各种社会变化,其中直接影响农业生产的不仅是大量劳动力的增加,还有粮食需求的加大。为了提高粮食产量,南方,尤其江南地区农业生产技术有了重大改变,而土地连作与一年两熟复种轮作制就是其中的重要方面。

北方移民进入江南,最初并不善于水田耕作,但江南水乡环境不允许大量劳动力长期游离于水田耕作之外。正因此,北方移民很快由旱地农民转为水田耕作者,且为提升水田耕作技术做出了重要贡献。从易田制到土地连作是北方移民改变江南地区粗放农业走出的第一步。

(一) 火耕水耨下的易田制

历史自然地理与第四纪地质学的研究成果显示,人类历史早期长江下游地区是典型的水乡泽国,适应水乡地理环境,早在史前时期长江中下游地区就出现了栽培稻,并成为世界水稻起源地之一,至汉代"饭稻羹鱼"成为江南一带代表性的经济生活方式。但江南地区久远的水稻种植历史仅是环境适应的结果,并不说明农业技术水平先进,地广人稀与水乡的环境障碍必然导致农业技术的粗放。江淮地区至6世纪一直保持"火耕水耨"易田制。"火耕水耨",是我们今日并不熟悉的词汇,司马迁《史记》就是用它来描述江南地区的农业技术。那么"火耕水耨"的含义是什么呢?直白地讲,就是将土地上滋生的杂草烧掉,作为肥源,随后灌水入田,播撒稻种,待稻出苗后,若再有杂草,则拔掉踏入水中。无疑,"火耕水耨"过程中,杂草滋生达到肥源标准,需要一段时间,若土地连续使用,几乎无法满足这一需求。因此,"火耕水耨"的除草方式建立在轮流使用土地的易田制基础上。①

---

① 〔日〕西嶋定生:《中国经济史研究》,冯佐哲、邱茂、黎潮合译,农业出版社1984年版,第132—166页。

依夏、商、周时期中原地区实行易田制采取的"菑""新""畬"土地利用方式推测①,火耕水耨耕作方式下,土地轮耕周期大约为2—3年,即耕地中1/2或1/3处于休耕状态。实行休闲制,土地利用率约在50%甚至更低。这时江南地区有限的人口与广大未垦土地之间存在悬殊的数量关系,为人们实行易田制提供了土地空间,因此建立在易田制背景下的火耕水耨,是与当时生产技术以及人地关系吻合的一种耕作制度。

(二)水稻秧播与土地连作

易田制意味着土地利用率最多50%,也许比这还低。改变易田制的时代在唐代。开始于755年的"安史之乱",推动一波又一波北方人一路南下躲避战乱。人多了,需要的土地与粮食自然也多了,单凭一半土地上生产的粮食无法满足需要。人口压力推动土地利用率的提升。土地连作后,除草的问题如何解决呢?当然不能继续采取"火耕水耨"。来自北方的农民,但凡操弄过稻田的都了解"拔而栽之"的复栽技术,自然也将这样的除草技术用在南方稻田之中。于是无须"火耕水耨",北方人带来的技术解决了除草问题。

"拔而栽之",究竟包括怎样的技术环节?水稻固然起源于长江流域,数千年间在北上南下的传播中,北方渭河、汾河、伊洛河、淄水等河谷地带早已栽植了水稻。《齐民要术》载,这些"北土高原"植稻区,稻苗长到七八寸时,地里的草也随之长起,农民的除草方式有两种:一种是剪除杂草用水浸泡,令其腐烂;另一种是水稻、杂草一起拔出,将草捡出浸入水中,稻苗重新栽植。两种去草方式中,第二种"拔而栽之"虽然不是易地插秧,仅是原地复栽,但从技术特征上分析,与水稻移栽插秧具有同类性质。

北方人复栽的目的本是除草,或许北人南渡后也是本着除草的意图实

---

① 《尔雅·释地》解释"菑""新""畬"这三个名词:"田,一岁曰菑,二岁曰新,三岁曰畬。"(周祖谟:《尔雅校笺》,江苏教育出版社1984年版,第93页)许慎认为"菑"是生满杂草的"不耕地";"新"则是"取木也,从斤",本意是斧子砍木材,引申为已经撂荒二年,正在复壮的土地;"畬"的本意"三岁制田",引申义为已耕地经过撂荒、复壮,准备耕垦的土地(许慎:《说文解字》,中华书局1963年版,第24、300、290页)。由于这时还没有实行人工施肥等措施,土地种植一年后地力大减,必须撂荒休耕,下一年的耕作则选择在那些已经撂荒两年或三年的土地上进行。当年种植的仅是其中的一部分,这一部分也许只占全部耕地的1/3。

行复栽,但插秧技术却在复栽中诞生了。插秧由两个环节组成:每年3月前后将稻种播在拥有沃土的苗圃之中,苗圃中出土的秧苗几乎没有间距,因而占地很少;大约一个月后将秧苗移栽到稻田之中。从苗圃中移栽稻秧,本意是将与稻秧同时长起的杂草除掉,无意中成就了插秧技术。唐人高适《广陵别郑处士》诗云:"溪水堪垂钓,江田耐插秧。"①岑参《与鲜于庶子自梓州成都少尹自褒城同行至利州道中作》诗云:"水种新插秧,山田正烧畲。"②两位诗人都生活在唐中期,由诗句可知,当时插秧在长江流域已经成为常见的水田技术了。但是此时插秧的目的仍在除草。以插秧作为除草技术的水稻田,不再通过易田而获取肥源,施肥成为补充土壤肥力的方式,就此江南地区实现了土地连作。(图6-1)

图6-1 插秧(清陈枚《耕织图》)

---

① 高适:《广陵别郑处士》,[清]彭定求等编:《全唐诗》卷二一四,中华书局1979年版,第2338页。

② 岑参:《与鲜于庶子自梓州成都少尹自褒城同行至利州道中作》,[清]彭定求等编:《全唐诗》卷一九八,中华书局1979年版,第2044页。

江南地区放弃火耕水耨易田制,依托复栽技术实行土地连作,土地利用率从原来的50%提升至100%。在这样的背景下,即使粮食亩产没有变化,地区总产量也提升了一倍,增加的粮食不仅成为当地土著与移民的衣食之源,而且增强了江南地区整体经济实力。

二　从水稻秧播到稻麦两熟制
——江南土地利用率第二次提升

如前所述,唐代北方移民携带的复栽技术,使江南地区土地利用率从50%提升到100%,水稻田实现了土地连作制。土地连作对于这时的江南而言,是农业生产的一次飞跃性的进步,但与黄河中下游地区相比,仍然没有任何优势可言。在土地连作的基础上,最终将江南地区推向中国古代经济重心地位的农业技术,当属北宋以来实行的稻麦一年两熟轮作制,一年两熟使江南的土地利用率实现了第二次提升。

参与稻麦一年两熟轮作制的农作物是水稻与冬小麦。南方水乡的环境特点决定了水稻在平原地带的主角地位,冬小麦若要在平原占有一席之地,必须实现与水稻轮作,离开这一前提,就很难在平原形成种植规模。讨论稻麦复种制的首要问题,是确定这一种植制度出现的时间。关于这一问题,30年前我在《宋代农业地理》中就明确指出,稻麦复种制出现在北宋后期,成熟于南宋时期。① 2002年李根蟠针对李伯重的唐代稻麦轮作论再次做出论证,并重申了宋代江南地区出现稻麦复种这一观点。② 此后有关这一问题的讨论,基本对宋代江南地区出现稻麦复种达成了共识。

历史上江南一带的一年两熟稻麦复种轮作制由几项技术构成,其中关键之处在于插秧。稻麦轮作起始于江南,插秧技术却来自北方。插秧本意是除草,却为一年两熟稻麦复种轮作提供了条件。这条件指什么?时间与空间。如同教室中安排课程,一堂课结束,下一堂课才可继续,若同一间教

---

① 韩茂莉:《论宋代小麦种植范围在江南地区的扩展》,《自然科学史研究》1992年第4期;《宋代农业地理》,山西古籍出版社1993年版,第211—221页。
② 李根蟠:《长江下游稻麦复种制的形成和发展——以唐宋时代为中心的讨论》,《历史研究》2002年第5期,第1—28页。

室前后课程时间重叠,课一定上不好。农业用地也是如此,地还是那处,需要对时间进行协调。《齐民要术》告诉我们,水稻直接撒种于农田中,"三月种者为上时,四月上旬为中时,中旬为下时",收获期则在八月下旬。而冬小麦的播种期多在八月下旬、九月上旬,收获期却在四五月,用地时间互有重叠,不具备水稻收获后再种植冬小麦的条件。有了水稻插秧技术就一切都不同了,水稻一般3月育秧,此时虽然正是冬小麦的生长期,但育秧是在苗圃进行,稻麦不存在用地之争;待四月末五月初冬小麦收获上场之时,也正是水稻移秧的日子。同一块土地,稻麦用地完美地衔接起来,一个"下课",另一个"上课",用的是同一间"教室"。水稻5月插秧,8月就可以收获了,宋人称"八月登粳稻"①;冬小麦播种正好在水稻收获之后,"八月社前,即可种麦"②。水稻改为秧播后,水稻在农田中的占地时间为五月至八月,冬小麦为九月到下一年五月,稻麦两种作物在时间与空间上正好填补了彼此的空白,为改变南方平原地区土地利用形式与轮作制度的产生创造了条件。

从插秧到一年两熟稻麦复种轮作经历了不短的历程,唐代中期插秧普遍应用于水田,而稻麦一年两熟复种轮作大约出现在北宋中晚期。北宋朱长文《吴郡图经续记》载,"刈麦种禾,一岁再熟",可见那时的太湖平原已经将稻麦复种纳入农作物的种植序列之中。一年两熟稻麦复种轮作与插秧相隔一百多年的时间,这一百多年,既是水田、旱地相互转变的技术探索过程,也是人口与粮食需求推动技术进步的时代。李伯重曾提到成书于唐代中晚期的《蛮书》记载:云南"水田每年一熟。从八月获稻,至十一月、十二月之交,便于稻田种大麦"。这难道不是唐代出现一年两熟稻麦复种轮作的证据吗?然而,依据这一记载,我们在肯定唐中晚期云南确实出现了一年两熟稻麦复种轮作制的同时,却不能将此结论延展至长江流域。地理常识告诉我们,云南所在的西南季风区与长江流域的东南季风区,有着不同的气候特征,四五月间正逢西南季风区的旱季,十一二月则是其少雨的凉季,无雨的天气帮了稻麦轮作一个大忙,整地、排水都变得容易了一些;而东南季风区就不同了,四五月间盛行梅雨,十一二月也不时阴雨连绵,宋人白珽《过东

---

① [宋]周南:《山房集》卷一《借蹈中过书坞归二十韵》。
② [宋]陈旉撰,万国鼎校注:《陈旉农书校注》卷上,农业出版社1965年版,第31页。

寺》诗云"江南四月雨凄凄",元人王冕《梅花其二》诗云"江南十月天雨霜",春、秋两季正是江南多雨的时节,在多雨之季完成稻麦轮作,技术探索上需要一段时间。由于地理环境的差异,至北宋时期江南一带才有了一年两熟稻麦复种轮作制。

发生在 1126 年的"靖康之难",再次将北方人推向江南。无论百姓还是赵氏宗亲,此时南下的都是惯于面食的北人。在朝野士庶对于面食的需求的推动下,稻、麦两季收成中,国家只征一季水稻租税,有力地提升了农户种植小麦的热情。这样一个北人南渡的历史时期,为冬小麦在南方的扩展与一年两熟稻麦复种轮作制的出现提供了机遇。我们可以在南宋时期的诗文中看到许多稻麦轮作、起麦秧稻的场景:"却破麦田秧晚稻,未教水牯卧斜晖。"①"半月天晴一夜雨,前日麦地皆青秧。"②四五月间冬小麦收割、水稻插秧都在进行,这是农家最忙的季节,乘着梅雨的间隙,抢种、抢收,"双抢"的紧张与繁忙,至今仍留在江南农人的记忆中。稻麦一年两熟,意味着同一块土地多收了一季作物,这份收成既是黄河中下游地区做不到的,在全国也独一无二。农业生产,确切地说是粮食产量的优势,奠定了江南地区成为全国经济重心的基础。

宋代江南地区在北方移民的推动下出现了稻麦复种制,农作物一年两熟使土地利用率从 100%发展到 200%。人们又在这一基础上加大了精耕细作的力度,由提高土地利用率转向提高亩产,进而在亚热带地理条件的支撑下,为江南赢得了经济重心的地位。

三 中国古代经济重心的环境选择与南移时间

中国古代经济重心南移涉及与农业生产相关的各个因素,自然环境、农作物以及劳动者三者相互作用决定了经济重心的地域所在与南下转移的时间。

---

① [宋]杨万里《诚斋集》卷一三《江山道中蚕麦大熟》。
② [宋]陈造《江湖长翁集》卷九《田家谣》。

(一) 稻麦复种的空间规模与环境选择

水稻插秧与稻麦复种构成了中国古代经济重心南移的技术支撑。这两项与北方移民相关的农业技术，环境选择并不一致：唐代插秧技术盛行于长江流域植稻区，并成为水田耕作的重要组成部分；但稻麦复种则受环境影响主要限于江南地区。两项农业生产技术地理分布的变化，成为中国古代经济重心所在地只限于江南地区而不是涵盖整个南方的重要原因。

1. 稻麦两熟制中冬小麦种植范围的变化

由于稻麦两熟制涉及水稻、冬小麦两种作物，两种作物的环境选择叠加在一起才能构成这一种植制度的分布范围，因此探讨这一问题必须考虑与稻、麦两种作物相关的影响因素的变化。曾雄生《析宋代"稻麦二熟"说》一文提出宋代冬小麦以山地种植为多的观点①，这不仅事关冬小麦，且涉及稻麦两熟制，因此对于稻麦复种空间规模的讨论首先从这一问题入手。

一年两熟稻麦复种制是一项需要投入大量劳动力的土地利用方式，农时要求收麦与秧稻几乎在一周左右完成，"秧恶久晴雨害麦"②，稍有疏忽就会导致一茬作物没了收成，因而充足的劳动力是实现"双抢"的必要保证。不妨看一下宋代江南各地人口情况，据《元丰九域志》所载户口数据计算，元丰初年位于太湖平原的苏、湖、常、秀四州平均人口密度为104人/平方公里。不仅相对于丘陵山区，即使在东南各地平原中，太湖平原也表现出明显的人口优势。这一人口优势导致太湖平原地狭人稠，北宋中期苏州人均耕地仅3.5亩③，置身于此处耕作，如苏辙所言，"吴越、巴蜀之间，拳肩侧足以争寻常尺寸之地"④，因而必须通过提高复种指数增加产量。北宋时期太湖平原的人口优势成为推动稻麦复种的动力，而此时的山区虽然进入开发，但与平原相比却有明显的不足，且绝对不具备完成一年两熟的劳动力要求，因此稻麦两熟制形成初期主要实行于平原地带。在这一种植制度下，平原植

---

① 曾雄生：《析宋代"稻麦二熟"说》，《历史研究》2005年第1期。
② [宋]陈造：《江湖长翁集》卷七《田家叹》。
③ 韩茂莉：《宋代农业地理》，山西古籍出版社1993年版，第95页。
④ [宋]苏辙：《栾城集·应诏》卷一〇《进策五道·第二道》。

麦甚于山区。

平原地区在具有充足劳动力的同时,圩田的修建也为稻麦两熟提供了防御水灾的基础。太湖平原属于典型的碟形洼地,吴淞江、东江、娄江为古代太湖湖水入海通道,后来由于潮水携带的泥沙堆积在河口地带,造成三江系统的淤塞,堵塞了太湖水入海去路,不仅导致太湖湖面扩展,而且不断酿成洪灾。为了抵挡洪水,人们发明了围田。宋人杨万里称:"江东水乡,堤河两涯而田其中,谓之圩。农家云:圩者,围也,内以围田,外以围水。"①元人王祯《农书》进一步解释为:"围田筑土作围以绕田也,盖江淮之间地多薮泽,或濒水不时淹没,妨于耕种。其有力之家,度视地形,筑土作堤环而不断,内容顷亩千百,皆为稼地。"虽然围田的历史并非始于宋代,但兴建的高峰却在宋代。就围田的功能而论,在防洪的前提下,近湖地带不必为七八月间水稻成熟期的洪水侵袭而担忧,也为稻麦复种制提供了基础。政和六年(1116)提举常平赵霖的一份奏文证实了这一点:"熙宁四年大水,众田皆没,独长洲尤甚。昆山、陈新、顾晏、陶湛数家之圩高大,了无水患,稻麦两熟,此亦筑岸之验。"②

南宋时期随着稻麦复种制的发展,与水旱轮作相应的耕作体系逐渐形成。水田与旱作是对水分条件有不同要求的两种耕作方式:从水田变为旱作关键在于排水;从旱地改为水田则重在整地灌水。南宋时期江南平原地区稻麦复种制逐渐在各地推广,这样的景象见载于各类诗文:"腰镰刈熟趁晴归,明朝雨来麦沾泥。犁田待雨插晚稻,朝出移秧夜食鈔"③;"腰镰刈晚禾,荷锄种新麦"④;"处处稻分秧,家家麦上场"⑤。随着稻麦复种制的扩展,面食也随之流行,北方人聚集的临安面食种类不下汴梁,仅面点就有50多种,其中大包子、荷叶饼、馒头、烧饼、春饼、千层饼、羊肉馍等都是典型的北方面食。⑥ 临安城内不但有许多流寓至此的食厨仍操旧业,如南瓦子张

---

① [宋]杨万里:《诚斋集》卷三二《圩丁词十解》。
② [明]黄淮、杨士奇编:《历代名臣奏议》卷二五三《水利》,上海古籍出版社1989年版。
③ [宋]范成大:《石湖诗集》卷一一《刈麦行》。
④ [宋]虞俦:《尊白堂集》卷一《和姜总管喜民间种麦》。
⑤ [宋]陆游:《剑南诗稿》卷二七《五月一日作》。
⑥ [宋]周密:《武林旧事》卷六,浙江人民出版社1984年版。

家团子等①,而且当地人开张的食店也"多是效学京师人"。北宋时汴梁别有南食店,"以备江南往来士大夫"不适应北食。北人南渡后"饮食混淆,无南北之分"②,面食地位逐渐提升。

然而面食在江南一带并没有持续保持风光,农作物的种植与传播与其他文化现象一样,均存在外来人口土著化的过程。从南宋初年到中期,需要面食的北方人几代以后已经变成南方当地人,自然失去北方饮食习惯,并导致冬小麦在平原水乡种植面积缩减。而种植在高阜以及丘陵山区的冬小麦却继续维持原有规模且有所发展。这就是曾雄生在《析宋代"稻麦二熟"说》中提及20世纪70年代,他在家乡江西新干看到冬小麦仅种于旱地,而非水麦收获后的稻田中的原因。宋代丘陵山地人口密度普遍很低,一般均在50人/平方公里以下,而稻麦复种制是建立在劳动力充裕前提下的种植制度,这样的人口状态无法满足四五月间"双抢"的劳动量要求,因此这一时期丘陵山区很少实行稻麦复种制。宋人曹勋《山居杂诗九十首》其一中所记述的"隔岁种成麦,起麦秧稻田"的山区稻麦复种现象并不多。

冬小麦是构成稻麦复种制的重要作物,宋代稻麦两熟制出现后,究竟平原种麦还是山区种麦,总体来看是存在于两个不同阶段的现象:南宋中期以前依托稻麦两熟制,以平原种麦为主;南宋晚期随着南迁人口完成土著化,平原冬小麦种植规模缩减,变成山区为多。

2. 参与稻麦两熟制的水稻,是早稻还是晚稻?

稻麦轮作涉及水稻、冬小麦两种作物,与水稻相比,冬小麦在南方始终处于从属地位,农民安排农时优先考虑的不是冬小麦,而是水稻。但水稻存在不同种类,就生长期分类有早稻、晚稻,就稻粒品质分类有籼稻、粳稻、糯稻。籼稻与粳稻是水稻的两大种类,宋人习惯依其形状称之为小禾、大禾或小米、大米。大禾谷就是粳稻,粒大;小禾谷即籼稻,粒小。籼稻、粳稻除在米粒大小、口感优劣上有别,产量以及对土壤的适应性也不同。粳稻产量低、得米少,但食性很好,许多地方除输官纳税外,"非上户不得而食";籼稻

---

① [宋]耐得翁:《都城纪胜》,《东京梦华录 梦粱录 都城纪胜 西湖老人繁胜录 武林旧事》,中国商业出版社1982年版。

② [宋]吴自牧:《梦粱录》卷一六,浙江人民出版社1984年版。

出米多，食性比较差，为大多数地区中产以下日常所食。粳稻对土壤条件要求很高，"非膏腴之田不可种"，籼稻则"不问肥瘠皆可种"①，因此籼稻虽口感差些，但适应性强，故成为各地普遍种植的稻种。两类水稻除上述差别外，籼稻早熟，粳稻晚熟，明人黄省曾对此有明确论述："粳之小者谓之籼，籼之熟也早，故曰早稻。粳之熟也晚，故曰晚稻。"②早稻多在三月插秧，六七月收获③；晚禾则五月插秧，八月收获④。当然，因品种不同，晚稻的收获期并非完全一致，九月乃至十月收获的也有。

早稻、晚稻成熟期一般相差两个月左右，晚稻收割后正是冬小麦的播种季节；南方冬小麦一般四月收获，晚稻插秧在五月，"收麦在四月，种禾在五月初，不因麦，迟了种禾"⑤；这样的农时满足了晚稻与冬小麦双方的生长要求，成为稻麦复种的基础。1993年我在《宋代农业地理》中对于这一问题已有明确交代："稻麦两熟制中，由于冬小麦的成熟期在四月中至五月初，起麦后再进行稻作，只能插晚秧，才合农时。晚禾收割以后，有时直接整地耕翻，为冬小麦的播种做准备。也有时为了倒茬，晚禾之后，直接种冬菜。"⑥由于稻麦复种制度中冬小麦的后作是晚稻，稻麦复种制必然处于晚稻分布区内，因此探讨晚稻空间分布不仅限于水稻本身，而且有助于了解稻麦复种的空间规模。

晚稻对于环境的要求导致宋代晚稻即粳稻的种植区主要集中在太湖平原以及淮南一带，其他地区则多以早稻为主。既然参与稻麦复种的水稻品种为晚稻，那么晚稻分布地区就应该是稻麦复种的主要区域。太湖平原是粳稻的主要分布区之一，"吴地宜粳稻，玉粒香甘，为天下甲"⑦，这里的粳稻不但口感好，而且种植范围也广。"浙西纯种晚秋禾"就是宋人对这一地区以粳稻为主的作物种植结构的描述⑧。浙西指太湖平原南部湖州一带，曾

---

① [宋]舒璘：《舒文靖公文集》卷三《与陈仓论常平》。
② [明]黄省曾：《理生玉镜稻品》，《丛书集成初编》本，商务印书馆1937年版。
③ [宋]吕颐浩：《忠穆集》卷二《论经理淮甸》载："三月间多种早禾，六七月间成熟。"
④ [宋]罗濬等：《宝庆四明志》卷四《叙产》，《宋元方志丛刊》，中华书局1990年版。
⑤ [宋]黄震：《黄氏日钞》卷七八《咸淳八年中秋劝种麦文》。
⑥ 韩茂莉：《宋代农业地理》，山西古籍出版社1993年版，第234页。
⑦ [宋]孙应时：《琴川志》卷九，《宋元方志丛刊》，中华书局1990年版。
⑧ [宋]曹勋：《松隐集》卷二〇《浙西刈禾以高竹叉在水田中望之如群驼》。

在湖州为官的王炎也留下了"管内多系晚田,少有早稻"的记载①。宋代诗文不但记述了太湖平原一带以粳稻为主的作物类型,而且也描述了种植晚稻的劳动场面:"梅花开时我种麦,桃李花飞麦丛碧。多病经旬不出门,东陂已作黄云色。腰镰刈熟趁晴归,明朝雨来麦沾泥。犁田待雨插晚秧,朝出移秧夜食秒。"②五月麦熟,晚稻插秧,农家一片繁忙景象。长期的精耕细作,使太湖平原成为一片肥田沃土,适宜粳稻生长。太湖平原以外,淮南是南方另一处粳稻种植比例较高的地区,但这里因气候条件制约,多不具备实行稻麦两熟制的基础。

(二) 中国古代经济重心南移时间

结合上述两个问题的探讨,庄绰《鸡肋编》所言"竞种春稼,极目不减淮北"的现象应该出现在南宋北方移民南下之初。随着北方移民完成土著化过程,平原植麦区向太湖平原一带退缩,而小麦最终能够在这一水乡地区立足则是由于与晚稻轮作构成了一年两熟稻麦复种制。

将冬小麦种植区与晚稻分布区叠加在一起,两者的重合部分就是江南地区。虽然自南北朝以来冬小麦逐渐传入南方,但与晚稻结合,发展为稻麦复种一年两熟却仅限于江南地区。

经济重心应具备生产品数量与生产技术均高于其他地方的属性,且不仅能养活高密度的自身人口,还有大量农产品外运。在传统经济中,剩余物产主要来自农业,农业中又以粮食生产为主,一个地区是否具有高于全国其他地方剩余物产的能力,取决于人地关系的相互作用。当江南地区依托水稻插秧、稻麦复种实现粮食产量超出当地人口需求并持续稳定保障大量余粮外运时,就具备了全国经济重心的地位。经济重心南移经历了唐宋两代,尤其是宋代成为最终完成这一过程的重要时期。③

农业并不是政治的产物,历史上政治却将农业推向进步。北方的战乱成为江南农业发展的契机,一年两熟稻麦复种轮作不仅将江南的土地利用

---

① [宋]王炎:《双溪类稿》卷二三《申省论马料札子》。
② [宋]范成大:《石湖诗集》卷一一《刈麦行》。
③ 韩茂莉:《论北方移民所携农业技术与中国古代经济重心南移》,《中国史研究》2013年第4期。

率从100%提升到200%,也将农作物的产量翻了一番。当然,我们所说的江南并非泛指整个长江以南,而专指太湖平原与长江三角洲地区。一千多年前,这块土地在一年两熟稻麦复种轮作的支撑下,有着超乎其他地区的富庶,余粮从这里输往全国各地。民谚"苏湖熟,天下足"包含着人们对这片土地的赞叹。于是,"中国古代经济重心南移"这一命题呈现于众多论著与课本之中。

◎作者讲课实录:

第七讲

大河大江
——江河湖泊演变与人类活动

中国江河众多,借以通行舟楫,灌溉田地,河湖水利早已与人类历史进程联在一起。江河湖泊走入人类历史的同时,也履行着自己的变迁,中国人的那句老话"三十年河东,三十年河西",虽然讲的是世事难料,用以比喻的事例却是自然界中河道的迁移与变化。历史时期江河湖泊的演变不仅在大地上留下行行足迹与难以磨灭的灾难,且将自己的变化历程置于自然规律与人类活动双重因素的制约下。而众多江河之中,无论对于中国历史还是自然环境,影响大者莫过于黄河与长江,故本讲仅选择这两条大河以及与之相关的湖泊作为论述对象。

一 历史时期黄河河道变迁

"遥远的东方有一条河,它的名字就叫黄河。"中国人视野中的黄河不仅是一条大河,而且是国家与文化精神的象征。走出文化,让黄河回归自然,大河两岸哺育中华文明的同时,也刻写着由它导致的灾难,河道变迁引发的洪水是其中最浓重的一笔。

黄河全长约5464公里,发源于青海省巴颜喀拉山北麓,流经青海、四川、甘肃、宁夏、内蒙古、山西、陕西、河南、山东9个省区,最后流入渤海。黄河流域面积约79.5万平方公里。根据水文特性,上、中、下游的分界点分别在内蒙古托克托县河口镇与河南洛阳旧孟津:河口镇以上为上游,河口镇至旧孟津为中游,旧孟津以下为下游。上、中、下游地貌形态、自然环境完全不同,由此产生的地理问题也不同。

(一) 黄河河源的探索

水有源,树有根,中华民族的历史从没有离开过黄河之滨,黄河的源头又在哪里?"君不见,黄河之水天上来,奔流到海不复回",李白诗中将黄河之水如同从天而降,一泻千里,东走大海,势不可当的气势书写得大气磅礴、动人心魄。然而这仅是文学,真正对黄河河源的探索早在春秋战国时期即已存在,"河出昆仑""河出积石""重源潜流"均是春秋战国至秦汉时期对于河源的认识;时至唐贞观年间,将军李靖任"西海道行军大总管",率军远征吐谷浑人,这支军队抵达星宿海以西的河源地区,虽然限于战事,不能进行进一步考察,但这是中原人首次与黄河源头近距离接触。

元世祖至元十七年(1280)由朝廷组织,派遣都实为首领,进行了中国历史上第一次黄河河源勘察。翰林侍读潘昂霄将都实的弟弟阔阔出讲述的考察结果记录为《河源志》:

> 河源在土蕃朵甘思西鄙,有泉百余泓,沮洳散涣,弗可逼视,方可七八十里。履高山下瞰,灿若列星,以故名火敦脑儿。火敦,译言星宿也。群流奔辏,近五七里,汇二巨泽,名阿剌脑儿(按,即扎陵湖、鄂陵湖)。

元人此次考察仅到达星宿海,星宿海以上仍然没有进行踏勘。明清两代对于黄河河源的认识没有超出唐人、元人的成就。进入20世纪,中外考察队先后对黄河河源做过多次考察,经过反复探索,1978年青海省政府组织的考察得出了关于黄河河源最科学的结论,并在探明黄河源头的同时,也厘清了河源区湖泊的位置:星宿海以上共有三条河源,根据长度、水量、流域面积等确定卡日曲为黄河正源;河源区的湖泊扎陵湖在西,鄂陵湖在东。

(二) 黄河中游河道变迁

黄河历史上的灾难可用"善淤、善决、善徙"概括。由于黄河上、中、下游地貌、泥沙含量以及河道水文特点不同,各河段的水患程度也存在明显的差异。历史时期黄河干流河道变迁主要发生在下游平原地带,但是地处上游的银川平原、河套平原以及位于中游的禹门口至潼关段、孟津至武陟段,河道都发生过较大幅度的摆动。

其中禹门口至潼关段的河道摆动尤其令人瞩目，黄河自龙门涌出山西、陕西两省间峡谷地带，河面骤然展宽，失去地形束缚的河道频繁做东西向摆动。黄河河道的摆动不仅使周围的土地时而处于河西，时而处于河东，且令洛河某些年注入黄河，属于黄河的一级支流，另一些年则注入渭河，成为黄河的二级支流，洛河、渭河以及黄河干流之间的位置关系不断变化。① 若黄河干流西移，必然缩减洛河下游的流程，而使洛河直接注入黄河；黄河东移以后，河西之地大幅度扩展，洛河下游流程增长，并注入渭河，成为黄河的二级支流。这"三十年河东，三十年河西"的自然历程伴随黄河干流的摆动，周而复始地穿行在这片土地上。《禹贡》《山海经》记载春秋战国时期黄河河道偏东，洛河注入渭水。秦末汉初，河东那片滩地被开辟为农田。此后《汉书·地理志》仍有洛河注入渭河的记载，这样的河道关系一直维持到隋代。隋代初年，黄河再次西移，不仅洛河注入黄河，西移的河道还冲毁了大量的良田。这次黄河西移维持的时间并不长，隋朝末年河道东移，洛河再度注入渭河。唐至北宋时期黄河稳定在偏东河道，直至北宋后期河道西移，洛河成为黄河的一级支流。中国古代地图流传下来的并不多，但是这一时期的河道变化恰好被地图记录了下来。

辛德勇研究北宋时期的几幅地图发现：元符三年（1100）刊刻的镇江《禹迹图》上，洛河注入渭河。宣和三年（1121）刊刻的《九域守令图》上，洛河下游刻有两条河道，一条入黄河，一条入渭河。如此情况，应是地图刻制之初洛河仍注入渭河，宣和三年后黄河河道西移，洛河直接注入黄河，面对这一变化，图上补刻了一条新的河道。1136年刊刻的西安《禹迹图》与《华夷图》两幅地图上，已经没有洛河注入渭河的河道，只留下一条注入黄河的河道。这四幅地图清楚地展现了历史时期黄河河道的变迁过程。大约元末明初，黄河东移，洛河又注入渭河。明成化年间（1465—1487）黄河又一次西摆，洛河注入黄河，这次西摆形成的河道一直维持到民国初年。1928年黄河开始东移，洛河再次注入渭河，至今河、渭、洛依然保持这一关系。（图7-1、7-2、7-3）②

---

① 直接流入干流的河流为一级支流，流入一级支流的河流为二级支流。
② 辛德勇：《黄河史话》，社会科学文献出版社2011年版，第21—25页。

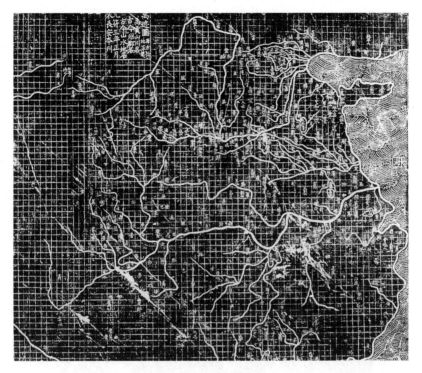

图 7-1 镇江《禹迹图》

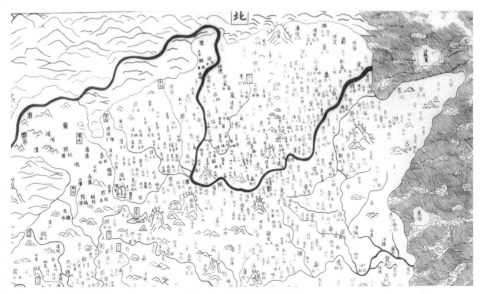

图 7-2 《九域守令图》

第七讲 | 大河大江

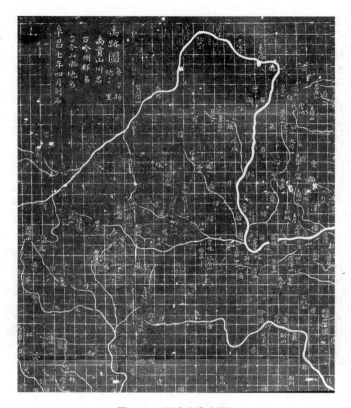

图 7-3 西安《禹迹图》

禹门口至潼关段的河道变化不仅体现了黄河的特性,而且用大自然的足迹印证了"三十年河东,三十年河西"这句老话。

(三) 黄河下游河道变迁

黄河承载着文明,也孕育了灾难。"洪水猛兽"是形容难以抗拒的灾难的常用词,黄河"三年两决口",浊流横溢,毁田庐,荡家舍,更是历史上难以忘记的大灾大难。然而,对于整条黄河而言,虽然上中游地区也存在水灾,但体现"善淤、善决、善徙"典型特征的河段在下游。据黄河水利委员会统计,3000 年以来,黄河下游决口泛滥约 1500 次,较大的改道有二三十次,其中有 6 次重大改道,近年也有人提出应是 5 次重大改道。尽管对于历史时期黄河重大改道次数的认识存在分歧,但不影响一个事实,即频繁的水患北及海河流域,南达淮河流域,在整个黄淮海平原留下了黄河的足迹。

有关黄河下游河道变迁,主要的研究成果集中在中国科学院《中国自然地理》编辑委员会编《中国自然地理·历史自然地理》及邹逸麟、张修桂主编《中国历史自然地理》两部著作中,我们就以这两部著作的研究成果为线索展开讨论。

1. 战国中期筑堤以前的下游河道(前4世纪以前)

黄河下游进入平原地区,与所有平原河道失去地形束缚呈现的特征一样,频繁改道,四处漫溢。图7-4是史前时期黄河中下游地区文化遗址分布图,当我们的视线落在这幅地图上时,免不了产生一个疑问:无论山东丘陵、太行山东麓还是山西、河南等地,都可以找到古人类留下的遗迹,唯有河北平原的腹心地带却是一片空白,既没有文化遗址,也没有城邑、聚落的可信记载。最早注意到这一现象的是谭其骧。难道考古调查与古人都忽略了这块土地?还是另有原因?问题的答案出人意料,现今这片聚落密集、人丁兴盛的土地,当年却没有人类驻足。而阻碍人类居留的原因则在于黄河,那

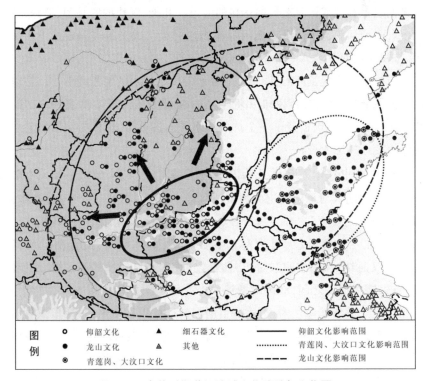

图7-4 史前时期黄河流域文化遗址与文化圈

时黄河行经河北平原，注入渤海，每当汛期河道呈现漫流状态，洪水奔流，四溢成泽，这样的状态一直维持到春秋时期。

终结黄河下游河道漫流状态的，是人工修建的河堤，其时大约在战国中期。此前，整个河北平原旷无人烟。有关黄河河道的记载很少，根据我们掌握的信息，可以肯定当时黄河一路东行，自今河南荥阳广武山北麓东北流，至今浚县西南古宿胥口河道出现分支，《汉书·地理志》《禹贡》《山海经》各自记载了一条支流。其中载于《汉书·地理志》以及《汉书·沟洫志》《水经·河水注》的下游分支河道，自宿胥口东北流至今濮阳县西南长寿津，继续折而北流至今馆陶县东北，经高唐县西南，至东光县西汇合漳水，东北流至今黄骅市入海。《山海经》与《禹贡》所载下游分支从宿胥口转向北流，经今内黄、魏县、曲周、广宗等地，至今河北深州市，《山海经》所载河道继续北流，经安平、蠡县，至容城东流，经霸州市在天津市附近入海；《禹贡》所载河道自深州市东流，在今沧州以北入海。三条下游分支中，《汉书·地理志》所载河道是春秋战国时期长期存在的河道。此外，汉代的笃马河、泒河、沽河、清河、商河等也曾是那时黄河泛滥行经之处。人工筑堤固定的下游河道，被视作黄河下游第一次重大改道。

战国中期修建黄河河堤之前，下游地带洪水四溢的情景固然早已被时间冲淡了痕迹，远古的传说却深深地刻印在后世的记忆中。大禹治水，"随山浚川"的传说不仅创造了一个抗争洪水的远古英雄，也成为中国历史早期环境变迁的思考点。

2. 战国中期修筑河堤至西汉末年下游河道（前4世纪—公元初）

战国中期黄河下游河道两侧出现河堤。据西汉贾让《治河三策》载，战国时期堤距较宽，达数十里，河水"尚有所游荡"，此后堤距不断缩减，"从黎阳北尽魏界，故大堤去河远者数十里，内亦数重，此皆前世所排也"；西汉时期"狭者去水数百步，远者数里"。奔流四溢的河水结束了漫流，被束缚在河堤之间，战国时期河水尚有数十里空间可以摆动，西汉年间则被限于狭窄河滩之内，河水携带的泥沙迅速堆积下来，很快形成"河水高于平地"的地上河之势。从今河南浚县西南古淇水口到浚县东北古黎阳县70多里的河段内，河堤高出地面1—5丈，"地稍下，堤稍高"。一次洪水，"河水大盛，增丈七尺，坏黎阳南郭门，入至堤下。水未逾堤二尺所，从堤上北望,河高出民屋"。①

黄河下游筑堤后,不仅迅速形成地上河,且大堤之内淤积了大片肥沃滩地,人们不失时机地将农田开辟在这里,并渐成聚落。为了保护农田,堤内又有堤,数重民埝,相互挑水,形成河湾,河水"一折即冲,冲即成险",成为险段。地上河与险段的结合,使这一时期黄河下游屡屡决口,西汉一代决溢11次,最大的一次发生在汉武帝元光三年(前132),河决瓠子口(今濮阳西南),河水注入巨野泽,经泗水夺淮入海。

战国中期筑堤形成的下游河道维持至西汉末年,东汉初年新河道形成后,原河道仍然保持着一定河形,被称为"大河故渎"或"王莽故渎"等。

3. 东汉至北宋前期(11—1047)

这一时段黄河下游河道从平静走向动荡,公元11年(新莽始建国三年)黄河决口于今河北大名东,泛滥50余年,至69年在王景主持下进行了河道治理。半个多世纪任凭河水泛滥,与当时执政者王莽直接相关,王氏祖坟位于魏郡元城(今河北大名东),河决东流,正好避免祖坟被淹之难,所以王莽不主张堵口。东汉初,王景主持下形成的新河道从长寿津(今濮阳西旺宾一带)自西汉大河故道分出,循古漯水河道,经今范县南,至今阳谷县与古漯水分流,经今黄河与马颊河之间,从利津入海。这条河道的出现,也被视作黄河历史上的第二次重大改道。河道形成之初没有留下多少决溢泛滥的记载,自7世纪至10世纪这300年内,决溢次数逐渐增多,平均9年出现一次决溢,决溢地点集中在浚县、滑县一段。自10世纪初至1040年的140年内,河道不稳定性再次强化,决溢次数达95次,决口地点主要集中在今浚县、滑县至濮阳、清丰一带。其中著名的决口分别发生在:944年,河决滑州,淹没曹、单、濮、郓等州,水流汇入巨野泽,将其扩展为梁山泊;1019年,河决滑州,河水流经澶、濮、曹、郓等州,注入梁山泊,东南流向泗水、淮河;1028年,河决澶州(今濮阳西);1034年再次在此决口,并冲出一条新河道,名为横陇河,其走向从濮阳东北流,经今聊城、临清,至惠民、滨州以北入

---

① 西汉贾让《治河三策》:"盖堤防之作,近起战国,雍防百川,各以自利。齐与赵魏,以河为竟。赵魏濒山,齐地卑下,作堤去河二十五里。河水东抵齐堤,则西泛赵魏,赵魏亦为堤去河二十五里。虽非其正,水尚有所游荡。时至而去,则填淤肥美,民耕田之。或久无害,稍筑室宅,遂成聚落。大水时至漂没,则更起堤防以自救,稍去其城郭,排水泽而居之,湛溺自其宜也。"

海,这条河道维持了14年。横陇河出现后,原来的河道被称为"京东故道"。

4. 北宋后期的下游河道(1048—1127)

北宋庆历八年(1048)黄河决口于商胡埽(今濮阳东昌湖集)北流,自此开启了下游河道第三次大改道的历程。黄河下游第三次大改道形成的河道不止一条,基本由北流、东流两条流向构成。其中北流自商胡埽经今清丰、内黄、大名、馆陶、清河、南宫、枣强、冀州、衡水、武邑等县市,至天津以东入海。嘉祐五年(1060)河决大名府魏县第六埽(今南乐西),河水东北流,经一段西汉黄河故道后,循汉代笃马河(今马颊河)入海,这条河道被称为二股河,与北流对应,被视作东流。

1048年以后的几十年内,黄河下游河道频繁决口,每两三年即有一次决口,每三四十年发生一次大改道,时而北流,时而东流,始终没有稳定在固定的河道中,大致以澶州、濮州为顶点,在北起太行山、南到淮河方圆千里内摆动,水过之处,田庐荡然无存。

北宋都城开封距黄河决口地点并不远,且黄河下游南北两侧均是国家赋税的重要纳贡地,治理黄河必然成为北宋王朝的大事。然而,朝堂之上,究竟保北流堵东流,还是保东流堵北流,却难以形成统一意见。北流、东流之争伴随河决地点的变化,大概存在三个阶段,经过几番争论已经不仅仅是治河理念的差别,俨然成为政治派别的分野。其中第三次北、东流之争,东流一派代表人物为文彦博、安焘、吕大防、王岩叟、王觌等;北流一派代表人物为范纯仁、苏辙、曾肇、赵瞻、范百禄、王存、胡宗愈等。两派各执一词,东流一派指陈北流存在的弊端:(1)北流河道会淤填北上至海河流域的运河——御河,进而影响驻扎在北边军队的漕粮运输。(2)河北为重要农耕区,北流行经会吞食大量民田。(3)开挖于宋辽边界的塘泊,目的本为限制辽人骑兵南下,由于北流的淤填,将失去应有的防御作用。最终坚称若"河不东,则失中国之险,为契丹之利"①。东流一派强调国防与漕运,北流一派则注重地形与水势,提出"东流高仰,北流顺下"②,即东流一带黄河行经多年早已淤高,而北流一线却有低洼之处保障河水通行,依水往低处流之常

---

① 《宋史》卷九二《河渠志二》。
② 同上。又见《续资治通鉴长编》卷四二〇,哲宗元祐三年闰十二月戊辰:"视东西二河,度地形,究利害,见东流高仰,北流顺下,知河决不可回。"

理,北流更近水情。况且"塘泺有限辽之名,无御辽之实"①。北流、东流两派几乎势均力敌,帝王也难下决心支持哪一主张。元祐三年(1088)黄河东流,五年后河决内黄,再次北流。此后北流、东流并存,且与北宋王朝相始终。

5. 金代黄河下游河道变迁(1128—13世纪初)

1128年中国南北方已经分属于两个政权,女真人在北方建立了金国,南方则延续赵宋政权,后人称为南宋。由于存在南北对峙的两个政权,这一年黄河决口的原因不是天灾,而是人工决堤。这一年南宋政权为了阻挡金人南下,在今滑县西南李固渡人为扒开大堤,"以水当兵"。这一次河水不再经行以往的河道,流向东南,经濮阳、东明、鄄城、运城、巨野、嘉祥、金乡流入泗水,再由泗水夺淮入海。"以水当兵"没有挡住金人南下,却导致了黄河下游第四次大改道。

黄河下游第四次大改道后泛滥依然频繁:(1)决口地点逐渐向上,从最初巨野、寿张、郓城、曹县一带,逐渐移向汲县、阳武(今原阳县)、延津。(2)河道几股并存,且迭为主次。

1168年河水再次在李固渡决口,并冲出一条新道,由李固渡经今长垣东北、东明南、定陶西、曹县南、虞城东北、砀山北、萧县北,至徐州与旧道合,并于邳州市东南汇入淮河。

第四次大改道形成的两条河道,均具有入泗夺淮的流向特点,各自承担了黄河部分水量,其中旧河道占总水量2/5,新河道占3/5。这一次改道的决口与泛滥之地,在宋金两个政权的交界地带,双方均无意堵塞决口,故河道长期保持多股并存。

6.元代至清朝中期的下游河道(13世纪中叶—1854)

元代至清中期黄河下游处于河道最为紊乱的时期,就总体流路而言以夺淮为主,但侵夺范围远远超过此前,从泗水流域向西扩展至颍水一带。此次改道被视作黄河下游第五次大改道。

黄河下游第五次与第四次大改道,不仅流向同为夺淮,而且均从人为决口开始。金哀宗开兴元年(1232)已是金王朝晚期,在蒙古军队的压力下,金哀宗从北京一路南下逃至开封,又从开封逃至归德(今商丘)。蒙古人兵

---

① 《宋史》卷九二《河渠志二》。

临城下之时,金人曾计划在凤池口扒开黄河大堤挡住蒙古军队,但派出去的人无一冲出重围,计划没有实现。城内的金人没有做成的事,却被城外的蒙古人实现了,可是结果如何呢?金人计划决口时就听说凤池口地势高于归德府①,决堤之后挡住蒙古军队,也会淹没这座城市,权衡之后,还是觉得挡住蒙古人进攻最重要,于是有派遣士兵出城决堤之举。城外的蒙古人同样知道了这一信息,于是挖开凤池口,却没想到城高,河水南下,绕城而去。水淹归德没有达到目的,反而保护了这座城市,延缓了金朝的灭亡时间。这一次黄河决口,水流夺入濉河河道。

1234年,南宋军队北上开封与蒙古军队争夺中原,蒙古人再次人为决河,决口地点在开封北20多里的寸金淀,河水南流,经封丘、开封、杞县分为三股:主流经太康县东进入涡水;另外一支经陈留、杞县、睢县循金末河道,由徐州入泗水,这条流路即古汴水所经之路;第三支从开封向南,经尉氏、洧川、扶沟、鄢陵等地,由颍水入淮。黄河水道夺泗、夺涡、夺颍,最后入淮,将河水的足迹推向黄淮平原的西缘。

从黄河下游第三次到第五次大改道,河水已经从太行山东麓摆动到黄淮平原西缘,在华北平原上整整绕行了一个巨大的扇形地带。

元代黄河下游长期汴、涡、颍三支分流,并以汴道为正流。元至正十一年(1351)针对堤防残破、决溢不断的现象,在贾鲁主持下开展了治河工程。贾鲁主张"疏塞并举",挽河东南由泗入淮。根据这一主张,堵塞其他河口的同时,一条经今封丘南、开封北,穿行东明、兰考之间,绕商丘北、虞城南,过夏邑、砀山之间,经萧县北,自徐州入泗水,循泗水入淮的河道形成,这条河道也被称为贾鲁河。贾鲁的治理尚称成功,不但短暂地结束了数条河道并流的局面,且根据水情设计了功能不同的堤坝。"贾鲁河"建成不久,元末农民起义爆发,朝廷无力顾及河道,新的决口泛滥再次发生。

如果说元代黄河下游专意夺淮,那么进入明代,黄河在夺淮的同时,还威胁着运河。明清两代黄河下游河道复杂多变,就时间而言可分成几个时期:

(1)明洪武年间决口,以颍河为干流,时人称其为"大黄河"。此时"贾

---

① 《金史·石盏女鲁欢传》:"方大兵围城,议决凤池大桥水以护城,都水官言,去岁河决敖游堋时,曾以水平量之,其地与城中龙兴塔平,果决此口则无城矣。"

鲁河"还保持一定水量,故有"小黄河"之称。

(2) 1391—1488 年近百年时间内,黄河下游呈南北两个方向分流,一支决口后东北流,冲向张秋(今山东阳谷县东南)运河,另一支东南流,分别夺涡、夺颍,且"贾鲁河"仍有一定水量,四股河道并存。

(3) 1489—1546 年经白昂、刘大夏两度治理。其中白昂治河工程要点在于维持运河水道,为此 1490 年在黄河北岸从阳武经封丘、祥符、兰阳、仪封至曹县筑长堤,以防河水北决入张秋运河,于是堵塞 30 多处决口,疏浚入濉、入颍、入运诸道以分洪。但两年后河决,还是冲下张秋运河,阻绝漕运。1494 年刘大夏主持治河,核心仍然在于确保漕运,于是首先疏浚汴道、入涡、入濉、入颍各条水道,以便分减黄河水势,然后堵住张秋溃口,暂时保住运道。工程完成次年,开始陆续在黄河北岸修筑了两条大堤,以保运道。这半个多世纪的治河方略重点在于分流,而分流的目的与保运相关。

治河在于因地势而导水,但明人治河诸多顾虑,这样的情况在明人谢肇淛所著《五杂俎》中讲得十分清楚:"善治水者,就下之外无他策也。但古之治水者,一意导水,视其势之所趋而引之耳。今之治水者,既惧伤田庐,又恐坏城郭;既恐妨运道,又恐惊灵寝;既恐延日月,又欲省金钱;甚至异地之官竞护其界,异职之使各争其利。"伤田庐、坏城郭、妨运道、惊灵寝四项之中,运道与陵寝至关重要。运河是南北物资交流的命脉,其重要性自不待说。而陵寝在古人的理念中也同样不可忽视。明祖陵即明太祖朱元璋的高祖、曾祖、祖父的衣冠冢及其祖父的实际葬地,位于今江苏省盱眙县洪泽湖的西岸;明皇陵为明太祖朱元璋父母陵墓,位于凤阳县城南 7 公里处。此两处皇陵都位于黄河河道所经之处。既要治理黄河,又不能阻断漕运、惊扰陵寝,这使治河变得十分棘手。总结来看,这一时期,黄河下游时而北决,多股入运,时而南决,多股入淮,呈纷乱局面。

(4) 1547—1854 年是黄河下游从多股并行渐趋一条河道的时期,而促成这一转变与潘季驯治河相关。明嘉靖二十五年(1546)黄河下游河道除经徐州夺泗入淮一条流路之外,其他分支几乎全部塞阻,岔流受阻,干流一线更不可能承受黄河全部来水,决溢更为严重。潘季驯针对泥沙淤积严重的情况,在夺泗入淮水道采取"束水攻沙"之策,即逼近河道修筑堤防,进而通过增加水流挟沙能力减缓沉积。这一举措虽然不能彻底解决泥沙淤积的问题,但是却结束了自金代以来黄河下游多股并存的局面。这条由潘季驯固定下来的河道就是当代地图上所标识的"废黄河"或淤黄河。

7. 清咸丰五年(1855)至今

黄河泥沙含量之高,居世界河流之冠。"束水攻沙"并没有根本解决泥沙淤积之弊,从潘季驯治河至清咸丰五年(1855),黄河下游在这条水道上已经流淌了200多年,河堤随着泥沙的淤积而增高,河床渐渐高出地面,成为地上悬河。洪水时节,防御不慎即成决口。

清咸丰五年,黄河在兰阳铜瓦厢(今兰考县西北东坝头)决口,河水先向西淹没封丘、祥符各县,又向东漫流于兰仪、考城、长垣等县,后分为两股:一股出曹州东赵王河至张秋穿过运河;另一股经长垣县至东明县雷家庄又分为两支。这两股三支在张秋镇与曹州流出者合为一股,穿越运河,经小盐河流入大清河,由利津入海。东出曹州的一股数年后即淤塞,剩下的那股就是黄河正流。这次改道结束了700多年黄河夺淮的历史,河道转向东北,注入渤海。这也被视为第六次大改道。

咸丰五年黄河改道之初,下游河道并不稳定,水流在以铜瓦厢为顶点,北至今黄河北金堤,南至曹县、砀山,东至运河的扇形地带自由漫流,水势南北摆动,正流无定。每当洪水陡涨,兰阳、郓城、东明等地决口无数。黄河下游河道迟迟不能固定,人为因素起了决定作用:一则由于太平天国起义,遍地烽火,朝廷无暇相顾。再则源自南北政治集团利益之争,黄河北流,首当其冲的是河北、山东等北方之地,山东巡抚丁宝桢等代表北方利益坚决要求堵住决口,恢复南行;安徽、江苏等黄河南行之地的政治人物李鸿章等代表南方利益,怎么可能送走祸水,又再次引回呢,于是提出因势利导,维持北流。这番争论直至光绪年间才有了结果,终于着手在黄河新河道南岸筑堤,固定河道,南方政治集团获得最后胜利。光绪十年(1884)两岸大堤全部完工,河道最终固定下来。(图7-5)

此后黄河下游仍然不断自然决口,也于1938年日本军队南侵、1947年国共对峙经历当局两次以水代兵的人为决口,但最终堵住了决口,河道依然维持原有流向。

黄河下游河道变迁的历程,让我们不由想起"成也萧何,败也萧何"这一历史典故,成败均系一身,这条大河孕育了中华文明,却也将两岸生灵屡屡推向灾难之中。

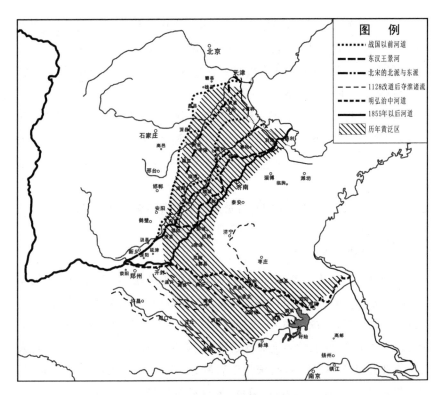

图 7-5　历代黄河改道泛滥范围

(四) 黄河下游湖泊的演变

历史时期黄淮海平原存在许多湖泊和沼泽洼地,由于黄河下游河道不断决溢改道,以及由此带来大量泥沙,对于湖泊问题的讨论,绝对不能仅局限于湖泊自身,黄河与湖泊之间不仅存在直接关联,而且对这些湖泊的演变产生了重大影响。相关研究仍可参见中国科学院《中国自然地理》编辑委员会编《中国自然地理·历史自然地理》及邹逸麟、张修桂主编《中国历史自然地理》两部著作,其中有权威性的解读。

根据文献记载,先秦时期黄淮海平原依地貌变化,存在三条湖沼带,分别是:

(1) 今河南修武、郑州、许昌一线黄河古冲积扇顶部的湖沼带,主要有荥泽(今荥阳东)、圃田泽(今郑州、中牟间)、萑苻泽(今中牟东)、大陆泽(今修武、获嘉间)。

（2）今豫东、鲁西地区濮阳、商丘、菏泽、定陶、巨野一线湖沼带，主要有逢泽（今河南开封市南）、孟诸泽（今商丘东北）、蒙泽（今商丘东北）、空泽（今虞城东北）、菏泽（今山东定陶东）、雷夏泽（今菏泽、鄄城交界处）、大野泽（今巨野北）、阿泽（今阳谷东）等。

（3）黄河北流，经太行山东麓，在河道西侧自然堤与太行山冲积扇之间形成扇前洼地，主要湖泊为黄泽（今河南内黄西）、鸡泽（今河北永年东）、大陆泽（今任县北）、泜泽（今宁晋东）、海泽（今曲周北）、皋泽（今宁晋东南）等。

此后的历史时期这些湖泊一直是黄河中下游地貌的重要组成部分，唐、宋以后逐渐从大地上消失，总结原因可归为三类：

1. 淤填消亡型

因黄河泥沙的淤填，湖泊由大变小，逐渐堙为平地。属于这一类型的湖泊，主要分布在黄河下游决口多发地段，也是泥沙沉积量最大的地段。（1）荥泽，大约东汉以后湖泊消失，成为浅平洼地。（2）圃田泽，面积几经变化，最后消亡时间在清初，除黄河泥沙淤填外，推动湖泊消亡的最后动力来自人类的农业开垦。（3）孟诸泽，宋代以后淤为平陆。（4）蒙泽，宋以后淤平。（5）菏泽，唐以后消亡。（6）雷夏泽，宋以后黄河经常决口于曹州、濮阳一带，导致湖泊淤填。与这些湖泊消失的原因相似，开封附近的逢泽、好草陂、雾贾陂、西贾陂，睢水上游的白羊陂、下游的潭湖以及获水下游的丰西泽等，大多只维持到唐宋时期。自宋代以来黄河下游频繁决溢，"陂泺悉为陆地"[①]，最后消失于大地之上。

2. 移动消亡型

这类湖泊因黄河泥沙淤积而填高，但因来水条件未变，水体向下游低洼地带移动。后因来水短缺以及人为开垦，湖泊最后消失。

（1）巨野泽，这是先秦时期即存在的一个古湖泊，汉武帝元光三年（前132）黄河决瓠子口，冲入巨野泽，湖泊面积大为扩展，淹过今东平湖。后晋开运元年（944）黄河在滑州决口，因巨野泽南部湖底淤高，河水向较低洼的梁山附近移动，形成梁山泊。北宋天禧三年（1019）、熙宁十年（1077）两次

---

① 《元史》卷六五《河渠志二》。

黄河决口均在滑州、澶州一带,导致梁山泊湖面扩大。宋金时期,黄河水流入泗水,梁山泊来水中断,湖泊露出湖底。元代黄河北决,梁山泊再次获得水源;元末由于湖底淤高,湖水向北安山一带推移,形成安山湖。梁山泊自身在明前期还属于浅水湖,大约清前期沿湖地带不断辟为农田,湖泊最后消失。安山湖(今山东梁山县小安山镇)本为天然洼地,元代蓄水成湖。明代黄河多次决口,泥沙淤积,湖边渐成滩地,官方许民佃种,百里湖地尽成麦田。清乾隆年间,安山湖最后消失。

(2)大陆泽,先秦时期为《禹贡》大河汇聚形成的湖泊,范围可北至今深州市,南至巨鹿县。此后在滹沱河冲积扇前缘的推动下,分隔成东北、西南两部分。《禹贡》大河断流后,汉代分布在漳河北、泜水南的各条河流汇集到这里,继续构成补给源,此时湖泊主要分布在任县、平乡、隆尧、巨鹿所在范围,出现缩小且南移的变化。魏晋时期漳水改道,不再流入大陆泽,这一现象一直维持到唐代,湖泊面积缩为东西20里、南北30里的浅沼,仅东北部尚存湖体。① 北宋大观二年(1108)黄河北流于邢州决口,洪水淹没巨鹿县城,并波及隆平县(今隆尧),大陆泽湖底抬高,洪水顺葫芦河(今滏阳河)汇集,形成宁晋泊(今宁晋南)。明清时期洪水季节宁晋泊、大陆泽连为一体,枯水季节仍分为两部分,后因引大陆泽水源河流灌溉稻田,来水减少,逐渐消亡。

3. 潴水新生型

这一类型的湖沼原为洼地,因河水灌入,宣泄不畅,壅塞成湖。山东境内的东平湖、南四湖、洪泽湖等均属于此类。

(1)东平湖,咸丰五年(1855)黄河决口铜瓦厢,至鱼山夺大清河入海。后河床淤高成为悬河。大清河本与汶河下游相接,汶河失去尾闾,遂壅塞积水成湖。

(2)南四湖,本为古代泗水河道,自西汉开始黄河屡次夺泗入淮,长期泥沙淤积使下游河道不断淤塞,为南阳、独山、昭阳、微山四湖的形成提供了条件。金、元以后,泗水河床日益抬高,出现系列背河洼地,西面承接黄河漫溢,东面汇集鲁中丘陵的山水,南面受山地丘陵阻挡,南四湖逐渐形成。

(3)洪泽湖,原为一凹陷盆地,三国以来存有一些小陂塘。金元以后,

---

① 唐李吉甫《元和郡县志》卷一九《河东道》:"大陆既作泽,东西二十里,南北三十里,葭芦、茭莲、鱼蟹之类充牣其中。"

黄河南侵,淮河下游入海段为黄河所夺,泥沙淤积,河床抬高,河淮交汇处下流不畅,积水成湖沼。元代湖面还不大,自明初黄河往往溃决入淮,遂成巨浸,清康熙年间湖周围已成300余里。①

历史时期由于黄河下游的决口改道,分布在黄淮海平原上的湖泊很少与黄河无关,正是由于这一因果关系,一些湖泊因黄河而消失,另一些湖泊却因黄河而诞生。

二 关于历史时期黄河水患原因的探讨

(一)黄河下游泥沙淤积与地上河

从古人到今人,没有人否认这样一个事实,即黄河带来的灾难源于河水携带的巨量泥沙。古人论及黄河之浊,有"一石水而六斗泥"之说②,这意味着水中一半以上是泥沙,这无疑是一个惊人的数据。那么对于这一问题,当代科学观测又是什么结果呢?

黄河流域输沙量以陕县(2016年改称三门峡市陕州区)为最大,多年平均15.9亿吨,每一立方米水中平均含沙40公斤,最大时可以达到590公斤。黄河从孟津进入下游河道以后,虽然由于河槽淤积以及伊洛河、沁河的稀释作用,输沙量与含沙量均有所降低,但至秦厂站年输沙量仍达14.8亿吨,多年平均含沙量为31.3公斤/立方米,最大可至286公斤/立方米。③ 无疑,黄河是世界上含沙量最大的河流。这一巨大的含沙量导致每年进入下游河道的泥沙达16亿吨左右,若将这些泥沙全部冲入大海,需要充沛的水量提供水动力,但黄河的水量并不充裕,年径流量仅468亿立方米,是长江年径流量的1/20。水少沙多是黄河的重要特点,大量泥沙进入下游后不能全部输送入海,来自陕县的泥沙近1/4淤积在下游河槽之内。这些泥沙究竟以怎样的速度淤积下来?表7-1、7-2分别根据不同的资料计算了黄河下游泥

---

① "黄河下游河道变迁"部分参见辛德勇:《黄河史话》,社会科学文献出版社2011年版;中国科学院《中国自然地理》编辑委员会编:《中国自然地理·历史自然地理》,科学出版社1982年版;邹逸麟、张修桂主编:《中国历史自然地理》,科学出版社2013年版;邹逸麟:《千古黄河》,香港中华书局1990年版。

② 《汉书》卷二九《沟洫志九》。

③ 钱宁、周文浩:《黄河下游河床演变》,科学出版社1965年版,第20页。

沙淤积速度,依据资料不同,计算结果也有区别。表 7-1 北宋二股河年平均淤积速度最大,达 35.1 厘米,其他时代均低于这一数值。表 7-2 中估算的结果与表 7-1 北宋以外其他时期接近。

表 7-1 历史时期黄河下游年平均淤积速度①

流路	年平均淤积速度(厘米)	文献依据
北宋二股河	35.1	《续资治通鉴长编》《宋史·河渠志》
明清故道	16.0	《河防一览》《续行水金鉴》
明清故道	21.8—36.3	《南河成案续编》等
明清故道	12.2	颜元亮利用外南厅顺黄坝志桩历年存水变化计算
明清故道	6.7	颜元亮利用砀山县毛城铺滚坝及徐州西北面十八里屯两个闸门的变迁计算
现代黄河(清代铜瓦厢改道以后,三门峡水库建成以前)	6.51	《黄河流域环境演变与水沙运行规律研究》数据

表 7-2 黄河下游较长时期内河床淤积速度估计②

资料来源	情况说明	估计年平均淤积厚度(厘米)	
		全河床	滩地
根据堤内外高差及两堤间河床面积估计	自沁河口至东坝头北岸高滩是在 1493—1855 年内淤积而成,与堤外地面平均相差 6 米。	1.31	—
	自谢寨至刘庄长 37 公里,大堤系在光绪元年修筑,谢寨以上 25 公里原系豫、冀交界之一段,乃光绪四年所筑。堤内外高差平均达 2 米。	2.60	
根据工程修建中挖出的文物估计	洛口北岸滩地在地面以下 7—8 米挖出咸丰六年石碑。	—	6.72
	王旺庄枢纽北岸滩地在地面以下 7 米挖出光绪年间石碑	—	8.23

---

① 李丞:《北宋二股河地上河问题研究》,《历史地理》第二十八辑,上海人民出版社 2013 年版。

② 钱宁、周文浩《黄河下游河床演变》,第 130—131 页,科学出版社,1965 年。

从20世纪30年代黄河下游开始出现比较可靠的地形测量,对比这些地形图,可以看出黄河泥沙淤积作用下的滩地上升速度。钱宁在山东选择十几处河段,发现年平均淤积量变化以洛口为界,洛口以上每年平均淤高6—18厘米,大部分地区在10厘米左右;洛口以下每年平均淤高5—6厘米。河滩地即河漫滩,位于河床一侧或两侧,洪水期淹没,平水期出露,是由于泥沙沉积而形成的天然滩涂土地。尽管河床与河滩地淤积速度并不完全同步,却具有相似的淤积特征,并随着河床淤高,水位抬升,形成地上河。

黄河在巨大含沙量快速淤积的推动下,自下游河道修堤筑坝之时,即开始了地上河的历程。关于北宋时期黄河东流的一支——二股河,宋人苏辙留下了这样的记载:"堤内直高一丈上下,而堤外直高二丈有余。""堤内直高"自然是自水面至堤顶,而"堤外直高"则是地面至堤顶的高度。看得出来,此时黄河水面高出堤外约一丈,故苏辙称"架水行空,最为危事"。① 地上河不仅限于历史时期,如今下游河床滩面一般高出背河地面4—6米,形成举世闻名的"地上悬河"。"悬河"如同一柄高悬在两岸生灵头上的达摩克利斯之剑,随时可能落下来,卷起滔天浊浪,侵夺田庐家园。

(二) 黄河下游的泥沙来源与黄土高原土壤侵蚀

黄河的问题来自泥沙,人们不约而同开始了对泥沙之源的探讨。当代地理学研究指出,黄河的泥沙90%来自中游地带②,即位于黄河中游的黄土高原是主要产沙区。

1986年中国科学院黄土高原综合考察队重新对黄土高原范围进行了科学界定,黄土高原主要位于太行山以西、日月山—贺兰山以东、秦岭以北、长城以南约48万平方公里的范围之内,山西、陕西、甘肃、宁夏、内蒙古、河南、青海都有一部分境土属于黄土高原。

黄土高原在中国国土中虽然仅占5%的面积,但对中国历史与北方环境发展的影响远远超出这一地区。无论是仰韶时期的文明萌芽还是周秦汉唐的灿烂文化,都孕育、发展在黄河两岸的黄土地上,黄土高原上的人类开发史就是一部中华文明发展史。文明的发展与人相联,与地相关,黄土高原

---

① [宋]苏辙:《栾城集》卷四六《论黄河东流札子》。
② 许炯心:《不同来源水沙对黄河入海泥沙通量的影响》,《海洋与湖沼》2002年第5期。

的环境与人类活动不仅影响了黄河中下游的过去,也影响到今天,面对黄土高原的千沟万壑与黄河下游的决口、水患,学术界投入了大量精力,力图探求黄土高原环境与人类活动的关系,进而制定今后的治理、开发策略。

在黄河与黄土高原之间,人们最先关注的是黄河。黄河的泥沙与"三年两决口"的水患直接影响黄河下游的土地与百姓的生活,这一切又关系到中国的政治与经济,因此"一定要把黄河的事办好",黄河不仅仅是当代政治家关注的热点,也是学术界研究的重要课题。面对黄河的问题,谭其骧在1962年首次将黄河水患与黄土高原联系在一起,从此学术界对于黄河与黄土高原的研究进入了一个新阶段。谭其骧《何以黄河在东汉以后会出现一个长期安流的局面》一文指出:黄土高原地区水土流失程度与这里的植被覆盖率直接相关,而植被情况如何又主要决定于生活在这里的人们的生产活动方式。如果人们以狩猎为生,天然植被可以不受影响,畜牧与农耕两种生产活动同样会改变植被的原始状况,而改变的程度方面后者又远远超过前者。人们利用天然草原从事畜牧,只要放牧不过度,草原就可以保持稳定;从事农耕业则需彻底根除地面上的植被才能进行开垦,在黄土高原上从事农耕,山陕峡谷地带与泾、渭、洛上游的黄土丘陵区水土流失最严重,因此历史时期这些地区的土地利用方式不同,进入黄河的泥沙量也不同。东汉以后,黄土高原地区特别是山陕峡谷与泾、渭、洛上游地带基本以畜牧业为主,大大减少了输向下游的泥沙量,致使下游出现长期安流的局面。① 这一观点逐渐得到学术界广泛承认,自此无论对于黄河的研究还是对于黄土高原的研究,都不再将其作为割裂的地理单元去看待,黄土高原上的人类活动与黄河下游水患之间的因果关系成为学术界认识问题的共识。

20世纪70年代初期史念海针对黄河及其支流侵蚀、堆积、下切的问题进行了一系列的研究,以《历史时期黄河流域的侵蚀与堆积》《历史时期黄河在中游的侧蚀》等为代表的文章,通过大量的史实以及实地考察进一步指出黄土高原的侵蚀、水土流失与黄河下游泥沙堆积的关系,并肯定了由于植被的变化直接影响到黄土高原侵蚀速率这一事实。②

---

① 谭其骧:《何以黄河在东汉以后会出现一个长期安流的局面——从历史上论证黄河中游的土地合理利用是消弭下游水害的决定性因素》,《学术月刊》1962年第2期。
② 史念海:《河山集 二集》,生活·读书·新知三联书店1981年版。

在学术界取得对黄土高原水土流失与黄河下游水患因果关系共识的基础上,70年代后期至80年代前期学术界将研究重点指向历史时期黄土高原环境的复原,特别是植被类型与植被覆盖状况的复原。随着这项研究的深入,虽然学术界对于历史时期黄土高原植被类型与植被覆盖状况的认识存在分歧,但在最关键的问题上达成了共识,即黄土高原植被状况变化在很大程度上取决于人类活动的强度。历史上人类活动强度较大的时期,往往植被遭到破坏,水土流失严重;反过来,人类活动较弱的时期,植被就得到恢复与保护,流向黄河下游的泥沙也得到相应的控制。

将黄土高原研究集中在人类活动这一焦点上,学术界列举了历朝历代发生在这里的政治、经济、军事活动,列举了人口迁移、堡寨兴修、土地开垦对这里的环境的影响。在学术界从一个角度强调人类活动对黄土高原环境破坏的同时,从事地质以及第四纪地貌研究的学者着手用自然科学手段,对于人类活动造成的泥沙量进行量化分析,以便形成对人类活动强度与黄土高原自身物理特性的科学认识。

黄土的物理特性以及黄土高原侵蚀过程与下伏地貌的关系,是学术界早已探明的问题。事实上黄土高原的侵蚀活动由来已久,地质学家分析了河套平原、汾渭平原、华北平原等与黄土高原侵蚀相关的沉积区,指出至更新世黄土高原至少经历了三次堆积、侵蚀交替的轮回期,全新世黄土高原虽然仍有高空降尘堆积,但地貌过程以侵蚀为主。在地貌发展上,黄土高原的侵蚀与华北平原、汾渭平原的堆积是相辅相成的过程,离开了来自黄土高原的泥沙,华北平原、汾渭平原等平原的形成就失去了物质基础。人类活动并不是促成黄土高原侵蚀过程的唯一因素,黄土本身的物理特性以及黄土高原的综合自然地理条件在黄土高原的侵蚀过程中起着至关重要的作用。对此,中国科学家以不同的角度研究了黄土高原环境演变的动力过程与土壤侵蚀因素。

与黄土高原环境演变动力过程相关,存在自然侵蚀与人为加速侵蚀两个概念:自然侵蚀属于由自然因素引起的地表侵蚀过程,因此是没有人类活动影响,受自然演变规律支配的地面侵蚀作用;人为加速侵蚀是由人类生产活动而导致的土壤侵蚀,当自然侵蚀过程受到人类活动影响而加速发展,并对土地利用产生不良影响,引起下游河道急剧淤积,就变成了加速侵蚀。加速侵蚀是在自然侵蚀的基础上,有人类活动参与的结果。不同科学领域分

析论证黄土高原环境演变动力过程的途径是不同的,主要有如下几种方法:

1. 黄河下游冲积扇沉积模式

景可等根据黄河下游不同时期发育的冲积扇沉积模式,初步推算出历史时期黄土高原的自然侵蚀量,并在此基础上以 11.6 亿吨作为现代侵蚀过程中自然侵蚀的基数,计算出各个历史阶段人为加速侵蚀率,且指出在现代黄土高原侵蚀过程中自然侵蚀占总侵蚀量 22.33 亿吨的 51.9%,仍占主导地位。(表 7-3)① 吴祥定等认为秦至西汉时期为黄河中游侵蚀背景值构成的年代,并根据黄河冲积扇的堆积量和古黄河口泥沙淤积量两种途径估计这一时期人类活动扰动较小,黄河中游土壤侵蚀背景值为每年 6.5—10 亿吨,较景可等的研究值小。②

表 7-3 历史时期自然侵蚀与人为加速侵蚀

时　期	自然侵蚀量	人为加速侵蚀率
全新世中期(距今 6000—3000 年)	9.75 亿吨	
全新世晚期(前 1020—1194 年)	11.6 亿吨	
1194—1855 年	13.3 亿吨	6.7%
1919—1949 年	16.8 亿吨	18.4%
1949 年	16.3 亿吨	25%

2. 地貌循环理论

地貌循环理论(The Theory of Geomorphological Cycle)是 W. M. 戴维斯(W. M. Davis)1899 年提出的地貌变化模式,这一理论认为,在地貌营力作用下,平坦地面抬升过程依次经历幼年、壮年和老年发育期,不同阶段地貌起伏变化以及经历时间均不同。美国理论地貌学家 A. N. 斯特拉勒(A. N. Strahler)提出的高程分析法将戴维斯地貌循环理论定量化。中国科学家应

---

① 景可、陈永宗:《黄土高原现代侵蚀环境与侵蚀速率的初步研究》,《地理研究》1983 年第 2 期;陈永宗:《黄土高原现代侵蚀与治理》,科学出版社 1988 年版,第 1—10 页;叶青超、景可、杨毅芬等:《黄河下游河道演变和黄土高原侵蚀的关系》,第二次河流泥沙国际学术讨论会组织委员会编:《第二次河流泥沙国际学术讨论会论文集》,水利电力出版社 1983 年版,第 597—606 页;甘枝茂:《关于黄土高原侵蚀环境研究中的几个问题》,中科院、水利部水土保持研究所黄土高原土壤侵蚀与旱地农业国家重点实验室主编:《土壤侵蚀环境调控与农业持续发展》,陕西人民出版社 1995 年版。

② 吴祥定:《历史上黄河中游土壤侵蚀自然背景值的推估》,《人民黄河》1994 年第 2 期。

用这一理论从事黄土高原土壤侵蚀分析,其中陆中臣、袁宝印等学者的研究具有重要的意义。他们根据黄土高原地貌发展阶段、河网密度以及黄河下游相关沉积物等条件建立了数学模型,经计算发现黄土高原的自然侵蚀量随时间推移逐渐增加,距今31万年的侵蚀早期350吨/平方公里·年,到距今7.5万年的侵蚀中期增至6665吨/平方公里·年,从侵蚀中期至今又增至10146吨/平方公里·年。这些数据仅是各地质阶段自然侵蚀量的数值。为了获取由于人类活动造成的加速侵蚀的数据,学者们注意到太行山东麓冲积扇沉积物的层面厚度。由于人类活动的影响,太行山东麓冲积扇层面作为黄土高原相关堆积物之一,在地质时期与历史时期表现了不同的厚度变化,进而成为量化分析的依据。通过各类相关因子建立的数学模式进行计算,求得目前黄土高原人类加速侵蚀占30%,其他各个时代加速侵蚀量的比例可见表7-4。从表7-4可以看出,在黄土高原的总侵蚀量中自然侵蚀最低占70%,加速侵蚀最高占30%。这一比例表明即使在今天黄土高原人类活动最活跃的时期,也仍然以自然侵蚀为主,人类活动导致的加速侵蚀仅占较小的一部分。这类研究成果认为黄土高原地貌演化仍处于初期或中期阶段,自然侵蚀占绝对优势。①

表7-4 黄土高原各个时期加速侵蚀百分比(%)

年代(年) \ 类型	丘陵沟壑区(%)	高原沟壑区(%)
现在	30	30
2000年前	18	9
4000年前	8	2
6000年前	2	0
8000年前	0	0

---

① 陆中臣、贾绍凤、黄克新、袁宝印:《流域地貌系统》,大连出版社1991年版,第325—331页;中国科学院黄土高原综合考察队:《黄土高原地区自然环境及其演变》,科学出版社1991年版,第201—219页;中国科学院黄土高原综合考察队:《黄土高原地区综合治理与开发:宏观战略与总体方案》,中国科学技术出版社1991年版;励强:《自然侵蚀和加速侵蚀的理论和方法的探讨》,《水土保持学报》1989年第3期;陆中臣、励强、袁宝印:《安塞县的侵蚀与地貌演化趋势预测》,《黄土高原遥感调查试验研究》,科学出版社1988年版,第202—211页;陆中臣、李忠艳、陈浩:《黄土高原治理前景评估方法探讨》,《水土保持研究》2005年第3期。

3. 侵蚀的自然脉动

洪业汤等认为,在黄土高原植被破坏前沟谷系统已经形成和发展,黄河携带大量泥沙是一种自然环境地质现象,且与太阳黑子活动周期密切相关,不是人类活动破坏的结果;黄河巨量泥沙的成因是天然的,各类人类活动都未从根本上改变黄土高原土壤侵蚀产沙量受太阳活动制约的物理属性。[①]

4. 沟谷侵蚀速率

白占国以洛川黄土塬为例,通过 C^{14} 测定分析了不同时间段的沟谷侵蚀速率,具体数字见表7-5。距今一万年前土壤侵蚀量存在下降的趋势,没有自然加速侵蚀;距今1万年以来侵蚀速率明显增加,近40年以来沟谷溯源侵蚀速率达到 0.225 米/年。[②]

表7-5　不同时代沟谷侵蚀速率

时间段	沟谷溯源侵蚀
33—25 万年前	0.018 米/年
25—14 万年前	0.012 米/年
14—1 万年前	0.006 米/年
1 万年前以来	0.05 米/年

总结多数学者的研究可以认为,由于黄土自身的物理特性与黄土高原的综合自然地理条件,黄土高原环境演变过程中自然侵蚀始终占主导地位,人类活动在整个侵蚀总量中仅占较小部分;在人类活动最强的阶段加速侵蚀也仅占30%,随着人类活动强度的减弱,加速侵蚀的比例逐渐减少,自然侵蚀所占的比例则相应提高。基于这样的研究结果,一些学者明确指出,不应把黄河看成是生态破坏的象征。这一看法的含义是很明显的,即认为黄河大量泥沙不是人类活动导致的,在黄土高原植被由于人类开垦破坏之前,沟谷系统已经在发展,水土流失现象在黄土高原原始植被的生态环境中早已存在。

[①] 洪业汤:《不应把黄河看作生态破坏的象征》,《中国科学报》1989 年 11 月 19 日;洪业汤、朴世春:《黄河泥沙的环境地质特征》,《中国科学》B 辑,1990 年第 11 期。
[②] 白占国:《黄土高原沟谷侵蚀速率研究——以洛川黄土塬区为例》,《水土保持研究》1994 年第 5 期。

由于黄土高原在中国的历史地位、在中国中西部开发中的重要意义,中国各级政府部门多次提出治理黄土高原的方针,与之相伴的还有"还我青山绿水"的口号。面对政府决策部门的方针和口号,科学研究的结果表明,假使黄土高原全无人类活动,完全恢复黄土地上原有的植被,能够减少的泥沙量最多是30%。人类活动破坏的限量是30%,人类能够控制恢复的也仅是30%。其余70%的自然侵蚀量,在自然规律的支配下,不会因桀而生,也不会因尧而亡。

关于黄河主要产沙区——黄土高原的研究,传递给我们一个事实,即黄河的治理是一项极为复杂的工程。退耕还林、还草,仅能解决黄河中游地区的环境恢复,但由于黄土高原自然侵蚀所形成的泥沙,则需要各类工程措施予以控制。

三 历史时期长江中下游水道变迁

长江,这条亚洲最长的河流,无论对于中国地理还是历史而言都有着与黄河同样神圣的地位,但却经历了与黄河不同的自然历程。

长江发源于青藏高原唐古拉山主峰格拉丹东雪山,自西向东注入东海,全长6380公里,是中国最长的江河。根据长江各段的水文特征,长江源头至湖北宜昌市之间为上游,湖北宜昌市至江西湖口为中游,江西湖口县以下至入海口为下游。由于地质、水文条件以及人类利用方式的差异,历史时期长江上、中、下游水道与湖泊变化并不一致,尤其中游与下游地区长江河道自身的变化与湖泊的盈缩对地理环境与景观塑造的影响最为明显。

(一) 长江中游河床演变

长江一出三峡地势急剧下降,河谷虽然比较宽阔,但受两岸低山、丘陵制约,河道比较稳定。江水行至枝城至城陵矶段已是平原,但全长仅400公里的荆江段就不同了,后人留下一句话"万里长江,险在荆江"。荆江以下中游河道险情虽减,但仍然具有明显的河曲。由于江水水文与地貌的双重作用,中游各段发展变化各不相同:

(1) 长江进入平原,河谷展宽,水流挟沙力迅速下降,并在河道内形成江心滩与江心洲,河床因此而支分为分汊形态。百里洲就是枝江附近河道中著名的江心洲,由此而形成的分汊河道,自先秦时期即已存在。以百里洲为界分成的南北两条河道,素有"南江北沱"之分,即历史时期长江主干道始终选择南江一线;至清道光十年(1830)之后,由于洪水流入内江(即北江),北江水量大增,变为主干道,"南江北沱"演变为"北江南沱"。近百年南沱的水量逐渐减少,有消失的趋势。由于沙洲众多,这段长江水道分汊非常复杂。

(2)江陵以东荆江河道以分流的形式流经云梦泽地区,因此河道发育与云梦泽密切关联,并经历了三个发展阶段:①全新世初期,江汉平原在新构造运动中处于沉降状态,平原被云梦泽湖水充填,长江以漫流形式汇入云梦泽中①,没有清晰的河道。②从周、秦至两汉时期,长江水道至今沙市,主泓道向南形成近似直角,这一以沙市为顶点的直角弯道导致江水中的泥沙不易顺流而下,进而就势沉积下来,形成荆江陆上三角洲。近似直角的河道同样使部分江水冲出河道,最初在陆上三角洲上呈扇状漫流,后形成夏水、涌水两条分流。③长江泥沙之外,影响荆江水道发育还有另一个力量——新构造运动南向的掀斜。用通俗语句解释掀斜,就是地壳出现以一个方向抬升为主的运动。向南掀斜意味着这里的地壳呈现北高南低的变化,水往低处流,南北朝时期这样的变化导致夏水向南摆动劫夺涌水河段,然后长江干流并夏水、涌水而成,并完成下荆江(藕池口以下称下荆江)统一河道的塑造。④魏晋南北朝时期陆上三角洲在江水推力与南向掀斜双重力量的作用下向东发展的同时,迅速向南扩展,三角洲的发展推动云梦泽向下游方向推移。

荆江河段不仅经历河道分合之变,且荆江段的险情与河曲发育相关。曲流发育深受河床所在区域沉积物影响,荆江区域主要由砂层、亚砂层这些疏松物质构成,在水流作用下,极易冲刷,河床迅速展宽,随着河流进入平原水动力降低,挟沙力也在降低,泥沙多以江心洲形式沉积下来。若江心洲靠岸即形成边滩,迫使水道弯曲,在地球自转偏向力与弯道环流作用下,曲流不断发展,河道迅速向河曲方向发展。河曲在妨碍航运的同时,洪水期间自然裁弯取直②,往往会导致江水四溢,洪水泛滥。

(3)长江中游自城陵矶至湖口属于分汊河型,由于地质、地貌的差异,

---

① 河流没有清晰的河道,水成片流动,或河道时分时合为漫流。
② 河流弯道被水切穿取直的现象称为裁弯取直。

又可分为顺直分汊河型与弯曲分汊河型两类。其中城陵矶至石码头、纱帽山至武汉市、西塞山至武穴三个河段大体属于顺直分汊河型。这类河型的两侧往往有较多的矶头濒临江边①，甚至对称地锁住江道，束缚河床自由摆动，因此河道比较稳定。石码头至纱帽山、武汉至西塞山、武穴至湖口三个河段属于弯曲分汊河段，这类河段右岸丘陵山地濒临江边，矶头较多，左岸大多为开阔的平原，矶头较少，利于弯曲分汊河道的发展。

(二) 长江下游河床演变

长江下游河道发育深受长江下游扬子准地台的挤压断裂破碎带影响，尤其安庆以东河道几乎与断裂带完全一致。破碎带由一系列断裂组成，宽度可达 10—40 公里，第四纪疏松沉积物堆积在上面，有利于河床横向摆动与分汊河道的形成。②

说明长江中下游河道变化涉及一系列地貌乃至于地质学概念，读下来必感晦涩，若用最简单的语句去概括，可归为弯道多、江心洲多，这些流经平原地区河道的特点，是长江洪水与险滩的重要成因。

四 长江中下游湖泊变迁

长江中下游地区是中国最大的淡水湖群分布区，历史时期由于长江水道以及地质运动、人类活动的共同影响，经历着盈缩之变。

(一) 云梦泽盈缩过程

今天江汉平原为国家重要商品粮基地，良田千顷，稻浪翻滚，但历史时期则是烟波浩渺、雾霭苍茫的云梦泽，这番沧海桑田之变仍然与自然力、人力的双重推动相关。

云梦泽的存在与消失始终没有离开过人们的关注，司马相如《子虚赋》中写道："云梦者，方九百里，其中有山焉。其山则盘纡岪郁，隆崇律崒；岑

---

① 三面环江，一面连接江岸为矶(头)。
② 参见中国科学院《中国自然地理》编辑委员会编：《中国自然地理·历史自然地理》，科学出版社 1982 年版；邹逸麟、张修桂主编：《中国历史自然地理》，科学出版社 2013 年版。

鉴参差,日月蔽亏;交错纠纷,上干青云;罢池陂陀,下属江河。"司马相如的文辞展现了云梦地区的基本地貌形态。基于地理学视角审度这一地区,它是包括山地、丘陵、平原、湖泊、沼泽在内的多种地貌综合体,范围非常广泛,东起大别山、幕阜山,西至宜昌、宜都,包括松滋、公安一带,北抵大洪山区,南缘长江。在这一范围之内,云梦泽仅占其中的一部分,基本分布在缘长江一带,即今天的江汉平原。①

江汉平原开发的空间进程基本与云梦泽水体变化同步,《中国历史地图集》结合考古发现以及历史文献记载标定了各个时期行政建置的变化,行政建置反映了云梦泽的变化过程,将这些信息与《中国文物地图集·湖北分册》遗址位置结合可以看到一个重要现象:城背溪文化与大溪文化遗址基本围绕江汉平原呈环形分布,平原的腹心只有戴家场附近的柳关遗址,其余均为空白。环形区域的北缘在天门以北,西缘止于荆州附近,东面为空白。城背溪文化与大溪文化遗址所形成的环形地带基本在 50 米等高线处。根据这一遗址分布形势,可以判定 50 米等高线以下地带多数属于云梦泽水体覆盖的湖沼。城背溪文化距今 8000—7000 年,大溪文化距今 6000—5000 年,那时人们选择的居住位置多数处于山麓地带,云梦泽近水之处虽有人类活动的遗存,但数目并不多。屈家岭文化、石家河文化距今均 4000 年以上,这两类文化遗存沿江汉平原北缘 50 米等高线分布,30—50 米等高线之间的区域也存在一定数量的遗址。与城背溪文化、大溪文化相比,变化明显之处在于北部边缘的遗存数量大为增加的同时,遗址沿孝感、随州、枣阳一线形成密集的线状分布,此外仙桃、潜江附近亦有零星石家河文化遗存。将前述两种地图资料落实在 DEM 技术形成的江汉平原地貌图上,遗址与地貌的关系十分清楚。(图 7-6)

进入历史时期,盘龙城是江汉平原附近为人瞩目的文化遗存,其时代属于商代中期,位于武汉市市区以北约 5 公里的黄陂区境内,坐落在一座小山丘上。遗址处于长江以北低矮丘陵与冲积平原的过渡地带,东面与东北面为盘龙湖所环绕,西面和西北面是连绵起伏的丘陵岗地。盘龙城城内东北部发现密集的宫殿建筑遗迹,城外四周分布着民居、手工作坊遗址和小型墓

---

① 参见谭其骧:《云梦与云梦泽》,《复旦学报(社会科学版)》历史地理专辑,1980 年;张修桂:《云梦泽的演变与下荆江河曲的形成》,《复旦学报(社会科学版)》1980 年第 2 期。

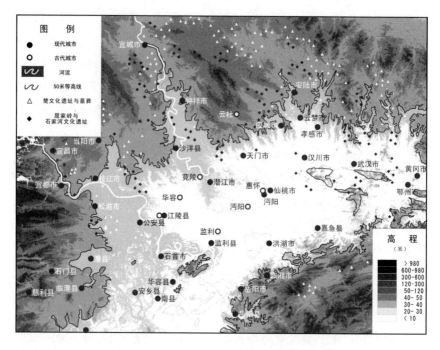

图 7-6　江汉平原地貌与史前时期遗址位置

葬。根据出土器物类型判断,盘龙城应为商人南下所建直系方国的都邑,城址选择在这样的地理位置,一方面与黄陂所在地正当孝感、随州、枣阳至中原 线交通冲要相关,另一方面则取决于江汉平原云梦泽水体范围,这一时期云梦泽水体边缘基本保持在 30 米等高线附近,盘龙城应距湖滨不远。[①]春秋战国时期,楚人的活动为长江中游地区留下重要的一页。依据考古成果分析,楚人的活动范围同样沿 50 米等高线留下遗存,此外这一等高线东部地带的楚文化遗存明显增加,并沿平原边缘的孝感至随州、枣阳一线形成遗存的密集地带。这一楚文化遗存密集带,与商代盘龙城相距不远,均属于云梦泽东北缘一带。与云梦泽东北缘对应,在史前文化的基础上,江陵附近同样也是楚文化遗存密集地带,不仅如此,楚国早期都城郢即位于此。长江河道在今沙市以西转向南流,江水北岸面向江汉平原一侧不仅有夏水、涌水这样的支流存在,而且存在许多缺口,洪水期就成为江水的泄洪通道。长江

[①]　徐少华:《从盘龙城遗址看商文化在长江中游地区的发展》,《江汉考古》2003 年第 1 期。

流路这一特征,导致泥沙就势沉积下来,形成以沙市为顶点的陆上三角洲。在泥沙的推动下,陆上三角洲逐渐向东扩展,楚人都郢不仅说明了这一时期荆州一带不属云梦泽水体范围,同时也说明这一处陆上三角洲平原已经开始了较有规模的农业开发。

秦汉至唐宋时期是云梦泽水体退却的时代,县级行政建置的出现成为确定云梦泽水体变化的依据。西汉时期,沙市陆上三角洲上出现了华容、竟陵两县,县级行政建置的出现既是这里人口增加、农业生产发展的标志,也是三角洲范围扩展的结果。值得注意的是,云梦泽水体西南缘沿江一带,一直鲜见人类活动遗迹,西汉时期出现了州陵、沙羡两个县级建置,东汉时期在云梦泽北缘设置了云杜、安陆县级建置,西晋时期设置了监利、沔阳两县。《晋书·地理志》"荆州"条下载有监利县,从《宋书·州郡志》"郢州"条引《晋起居注》来看,监利县应置于西晋太康初年。《宋书·州郡志》"荆州"条下载:"荆州刺史,汉治武陵汉寿,魏、晋治江陵,王敦治武昌,陶侃前治沔阳,后治武昌。"陶侃任荆州刺史为西晋末年之事,沔阳县的设置应在此之前。《南齐书·州郡志》"郢州"条载有惠怀县,从《中国历史地图集》确定的位置,即沔阳附近,属于撤沔阳、置惠怀。华容、竟陵、监利、沔阳、惠怀各县依设置时间从西北向东南方向推移,这一方向也是沙市陆上三角洲的扩展方向。华容、竟陵设置于西汉,监利、沔阳、惠怀设置于南朝时期,其间相距五六百年时间,陆上三角洲向东南移动50—60公里左右,平均每百年10公里。随着陆上三角洲的扩展,云梦泽在淤浅的同时,水体也逐渐向东南推移,以至西汉时期设置在大江北缘的州陵县为水所没,其辖地于刘宋明帝泰始四年(468)并入绥安县。①(图7-7)云梦泽的这一变化成为水体退却的重要转折期。此后随着陆上三角洲不断扩展,泽水日趋平浅,唐宋时代云梦

图7-7 云梦泽演变示意图

---

① 《宋书》卷三七《州郡志三》。

泽多已淤填成平陆,司马相如所称道的"九百里云梦泽"为零星小湖所取代,从南宋后期人们开始修建垸田,最后推动云梦泽消失与江汉平原形成。在云梦泽水体退却、江汉平原形成的过程中,农业生产几乎同步推进,从50米等高线的边缘地带逐渐向腹心发展,最终赢得了整个平原。

根据图7-6所示江汉平原地貌特征以及屈家岭文化、石家河文化、楚文化遗址位置可以大致推断,50米等高线所圈定的空间为江汉平原的基本范围,在这一范围之内云梦泽水体早期覆盖面积较大,此后多数时段集中在30米等高线以下,但无论历史时期还是当代县级行政建置的治所都没有低于25米等高线的位置,这说明25米等高线之下是云梦泽水体最后停留的高程,江汉平原上农业开发的步伐随着陆上三角洲的延伸而不断前进。

(二) 洞庭湖湖面盈缩变化

洞庭湖湖面同样经历盈缩之变,张修桂《洞庭湖演变的历史过程》一文指出,全新世以来洞庭湖经历着由小变大,由大变小,即由河网切割平原到周及800里的湖泊,又淤塞为几片湖区的演变过程。①

洞庭湖区属于燕山运动形成的地堑型盆地,经历反复升降,全新世初期成为河网切割平原。湘、资、沅、澧四条长江支流分别汇入长江,与今日共同汇入洞庭湖,再通过洞庭湖各个湖口与长江相通的局面完全不同。《中国文物地图集·湖南分册》显示洞庭湖湖区范围之内发现大量新石器时期遗址以及器物,有些遗址甚至在水下,这些遗址位置证实了洞庭湖区曾为平原的事实。此后湖区范围开始出现下沉,新石器时期遗址密集分布在湖区内部,商周时期已经明显离开湖区,呈环状分布,环状中心为遗址空白区。根据这样的分布形势,推测环状中心地带出现明显地质下沉,已经充有水体,环境不适宜人类生存,而商、周遗址形成的环状分布带就应是水体的边缘地带。这时湖区水体并不多,虽然不适于人类生存,但在地貌上仍表现出切割平原的特点。至东汉三国时代整个洞庭湖区依然呈现平原面貌,《水经》中说湘水"又北至巴丘山入于江",澧水"又东至长沙下隽县西北,东入于江",资水"又东与沅水合于湖中,东北入于江也",这些记载都说明了这一时期

---

① 张修桂:《洞庭湖演变的历史过程》,《历史地理》第一辑,上海人民出版社1981年版。

平原上湘、资、沅、澧几条大江仍然保持直接入江的局面，洞庭湖区内虽然也存在资水、沅江汇合处这样的小湖，但整体仍然属于平原景观。

随着新石器时代结束，洞庭平原与分割长江江水的华容隆起均处于缓慢沉降之中，至东晋、南朝之际长江中游南侧支流切穿沉降中的华容隆起，江水进入洞庭平原，逐渐导致原来河网化沼泽平原变成湖泊，洞庭湖最终形成。①《水经注》载："湘水左会清水口，资水也，世谓之益阳江。湘水之左，径鹿角山东，右径谨亭戍西，又北合查浦，又北得万石浦、咸湘浦也。侧湘浦北有万石戍。湘水左则沅水注之，谓之横房口，东对微湖，世或谓之糜湖也。右属微水，即经所谓微水经下隽者也。西流注于江，谓之糜湖口。湘水又北径金浦戍，北带金浦水，湖溠也。湘水左则澧水注之，世谓之武陵江。凡此四水，同注洞庭，北会大江，名之五渚。"②郦道元撰写《水经注》的时代，应为洞庭平原存在的最终时间。洞庭平原与洞庭湖平原分别代表平原发展的前后两个时期，华容隆起为江水切穿之前，洞庭湖尚未形成，这一区域可称为洞庭平原；华容隆起被切穿之后，洞庭湖形成，湖区周围平原应称为洞庭湖平原。

西汉时期洞庭湖附近设置了罗县（今汨罗）、益阳（今益阳）、临沅（今常德），东汉设置了作唐（今安乡），三国年间设置了龙阳（今汉寿），西晋时又在龙阳北设置了汉寿以及巴陵（今岳阳），南朝时设置了安南（今华容）、湘阴（今湘阴）、沅江（今益阳北），自此，洞庭湖周围设置的县级行政建置至清代基本没有大的变化。对比商、周时期遗址与南朝时期县级行政建置的位置，两者几乎在相距不远的环状区域内。首先，商、周时期遗址分布与南朝时期县级行政建置的位置关系说明华容隆起切穿之前，地质沉降已经营造了洞庭湖湖盆的基本轮廓，即使在江水切穿华容隆起涌入湖区之前，由于地势低洼，这里也不适宜人类生存。自西汉以来各个时期设置的县级治所均位于这一环状区域之外，洞庭湖平原的农业开发以这一环状区域的边缘为起点，实现了全部开发历程。（图7-8）

南朝时期洞庭湖的主体范围在今磊石山—赤山一线以北、赤山—明山—华容一线以东的东洞庭湖地区。唐、宋时期，洞庭湖水面进一步扩大，

---

① 中国科学院《中国自然地理》编辑委员会编：《中国自然地理·历史自然地理》，科学出版社1982年版，第101—104页。

② 《水经注》卷三八"湘水"条。

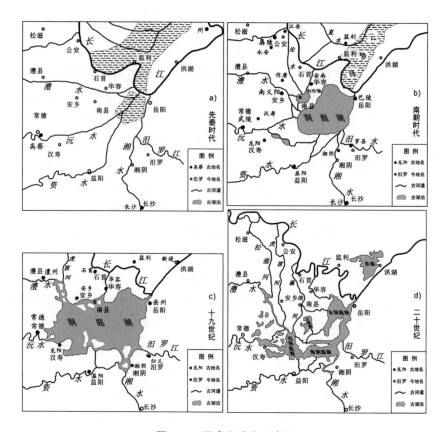

图 7-8 洞庭湖演变示意图

湖水从东洞庭开始向西洞庭扩展,并将华容县西南的赤沙湖纳入其中。宋代,随着湖区继续沉降,水面扩展,洞庭、青草、赤沙三湖连为一体,宋人范致明所撰《岳阳风土记》载"夏秋水涨","大抵湖上舟行……岳阳西到华容,过大穴漠、汴湖,一日程;又西到澧江口、鼎州江口,皆通大穴漠、赤沙,三日程;南至沅江,过赤鼻山湖,四日程;又东至湘江,过磊石、青草湖,两日程"。由于赤沙湖并入洞庭之中,原两湖之间的华容县南境皆为湖面,依托湖水,捕鱼及贩鱼成为当地人的生计。① 此时注入洞庭湖的江河来沙少,湖水不仅清漪且深,夏秋涨水时,湖水深度可达数十尺,这应该是洞庭湖历史上最深

---

① 宋范致明《岳阳风土记》:"华容地皆面湖,夏秋霖潦,秋水时至,建宁南堤决,即被水患。中民之产不过五十缗,多以舟为居处,随水上下。渔舟为业者十之四五,所至为市,谓之潭户,其常产即湖地也。"

的阶段。元、明两代至清道光时期,随着荆江统一河床的形成,从上游带来大量泥沙,淤高河床,湮塞穴口,江患急剧增多。明嘉靖、隆庆年间,江北穴口基本堵塞,长江大量水沙涌向南岸,排入洞庭地区,洞庭湖底不断淤高,在来水有增无减、湖底淤高的情况下,洪水湖面水域继续扩展,道光年间达到洞庭湖全盛时期的顶点。洞庭湖从南朝时期的五百余平方公里,发展到唐、宋时期的七八百平方公里,清道光时期的八九百平方公里,全盛期洞庭湖的洪水湖面可达六千多平方公里。

盛则衰,由于湖底高程不断淤高,全盛期的湖水深度远不如唐、宋时期,这时统一湖面在平水期则瓦解为若干区域性的湖泊,除了洞庭、青草、赤沙三湖外,还有十几个小湖,冬春枯水时期洞庭地区洲渚全露。19世纪中叶至20世纪中叶,是历史时期洞庭湖演变最为剧烈、最迅速的阶段,清咸丰年间长江大水在南岸形成藕池口,不久冲成藕池河;同治年间冲成松滋口,并形成松滋河。藕池、松滋两口形成之后,从此荆江四口(另二为虎渡、调弦)分流局面形成,荆江泥沙约45%通过四口排入洞庭湖地区。而藕池、松滋两口的形成,使荆江涌入洞庭湖的泥沙急剧增加。由于来自湖区西北地区的泥沙成倍增长,水下三角洲迅速出露,成为陆上三角洲,人们开始在这里筑堤围垸。19世纪后期,西洞庭湖地区湖面大半被壅塞,东洞庭地区的湖面也淤出大片洲土,南洞庭湖区却由于江水南侵,因合并其他小湖而扩展。20世纪初至50年代,江水通过四口将大量泥沙注入洞庭湖区,湖区西北部的陆上三角洲不断向东南发展。随着三角洲的扩展,人工堤垸迅速增筑,洞庭湖被分为东、西、南三个湖区,且湖水面积也从六千多平方公里萎缩至三千平方公里。

(三) 鄱阳湖湖区变化

从成因分类,鄱阳湖属于地堑式湖盆,以婴子口为界分为鄱阳北湖、南湖两部分。全新世湖区处于河网切割平原状态,西汉时期在今湖盆中心南湖设置了鄡阳县。《中国自然地理·历史自然地理》的研究指出,考古工作者在鄱阳湖中的四山发现汉代古城址与墓葬,其位置与历史文献对于鄡阳县的记载完全吻合。值得注意的是今四山为鄱阳湖中的孤岛,每年洪水来临,鄡阳古城即被淹没在水中。《晋书·地理志》"扬州"条下仍有鄡阳县,《宋书·符瑞志》载:"太康十年十一月,木连理生鄱阳鄡阳。"此后,鄡阳不

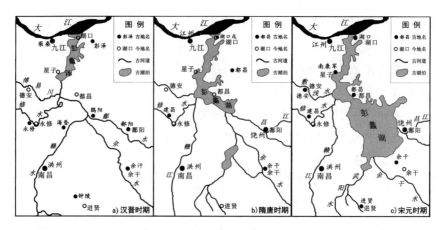

图 7-9 鄱阳湖演变示意图

再出现于历史文献中,这时正是 5 世纪。根据鄡阳县的设置可以断定,5 世纪前以四山为中心的地带为陆地,并与邻县海昏、鄱阳等县位于同一块平原上。两汉时期是以鄡阳为核心的平原地带经济最发达的时期,此后鄱阳湖地区的新构造运动与江河水道的变化导致湖泊面积不断扩大。(图7-9①)

鄱阳湖盆地地堑式的成因特点,导致差异性的断陷活动不断发生,5 世纪以后湖盆发生自北向南的断裂下沉,下沉中赣江下游从原来的婴子口以南进入平原,转向偏西注入鄱阳北湖,这一转向导致原本输向南湖的泥沙经北湖进入长江,南湖在断裂下沉的同时,失去泥沙补给,迅速从沼泽向湖泊发展。自南朝至隋唐时期,湖水越过婴子口,向东南方向的鄡阳平原扩展,至宋代南湖所在平原全部陷入湖中,鄡阳县城被湖水包围在孤岛上,大湖取代了原来河网交错的平原景观。② 在鄱阳湖由小变大的系列过程中,周围的农业开发区也随之出现,并由中心向四周扩展。

(四)太湖平原水乡环境利用与水利工程

晚更新世末期太湖由沟谷切割的滨海平原,演变为碟形洼地的潟湖地貌形态,其后由于入海口的变化,潟湖演变为太湖。

---

① 图 7-7、7-8、7-9 取自中国科学院《中国自然地理》编辑委员会编:《中国自然地理·历史自然地理》,科学出版社 1982 年版。

② 同上书,第 123—131 页;谭其骧、张修桂:《鄱阳湖演变的历史过程》,《复旦学报(社会科学版)》1982 年第 3 期。

距今 6000 年前,长江由镇江、扬州一带入海,由于长江所携带的泥沙大量在河口堆积,促使太湖平原发育,沿今丹徒、江阴、外冈、曹径、五盘山一线形成古老的海岸线。太湖接纳茅山、天目山诸溪,东由吴淞江、娄江、东江分流入海。这就是《禹贡》所载"三江既入,震泽底定"之语的地理内涵。震泽即太湖,战国前三江还相当深宽,宣泄能力很大。西部山区来水汇入太湖,通过三江排入大海,减少了太湖泛滥。所以在三江系统存在初期,太湖面积比今天小,若依据《越绝书》所载"太湖周三万六千顷"[①]计算,当时太湖面积约 1680 平方公里(当代太湖为 2250 平方公里,相差 570 平方公里)。后因地形变迁,湖盆扩展,今太湖以东、以北诸湖荡开始纳入太湖水域。

太湖面积不断扩展及其周围诸湖荡的形成与平原不断向碟形洼地发展同步,导致这一地貌变化的主要原因,来自长江三角洲不等量下降与沿海地区泥沙加积双重动力。太湖平原新石器时期遗址在沿海"岗身"一带均散布于地表,地下遗址最深不过 1.5 米,但太湖平原中部散布在地表的遗址仅限于较高的土墩或山丘附近,大多遗址聚集在今日的湖荡之间,有些被掩埋在泥炭层下,最深达 5 米以上,浅者也在 2—3 米。古代遗址被掩埋在地面以下或沉入湖底是陆地下沉的结果。故考古学界提出东太湖—澄湖—淀山湖,包括吴江全境以及吴县、昆山两县的周庄、陈墓、甪直水网地区,应是沉降中心。由于潮流泥沙不断淤积,海岸线位置迅速向外扩展,沿海地区为阻挡潮流冲击,与海争地,修筑海塘给予保护,从而使沿海地带与湖区地面高差不断增大。宋人郏亶论及太湖水情,谈到"高阜之地高于积水之处四五尺至七八尺"[②]。沿海岗身与湖区的高差,使河流比降发生变化,原来宣泄太湖水入海的三江,变成了海水内侵的通道。海水倒灌可逆吴淞江至苏州城东,太湖水只有在低潮时才能勉强排入大海。海水倒灌携带的泥沙在河口地带堆积起来,导致三江系统淤塞,进而堵塞了太湖入海通道。太湖平原成为积水盆地,先后形成大小不等的许多湖沼。东晋南朝时期太湖平原已经屡屡存在大水,宋代三江系统淤塞的形势非常明显,东江、娄江已经不能承担宣泄湖水的功能,太湖入海主要由吴淞江担负,而吴淞江自身也在泥沙影响下不断束狭,太湖自然宣泄不畅,整个平原地区多大水,且太湖面积不断扩大。

---

① [汉]袁康:《越绝书》卷二《越绝外传记吴地传三》。
② [宋]郏亶:《上治田书》,《全宋文》卷一六五二。

与太湖水体变化同步，人类活动影响也施加于太湖平原环境之中。在太湖平原开发过程中，得以实现"降丘宅土"，水利工程的修建起到关键性的作用。虽然两汉时期甚至更早，太湖平原就开始修建水利工程，但真正形成体系始自六朝时期。这时太湖湖面逐渐扩大，太湖平原碟形洼地的地形特征也更加明显，这样的地形使湖区西部、东部面临的水利整治目标并不一致。太湖水源来自西部山地，主要有苕溪、荆溪两条河流，这些河流常在洪水期造成泛滥，进而导致湖西大片农田为水淹没，因此针对这样的环境特点，从六朝起开始修建各类拦蓄分流工程，其中以练湖与新丰湖、荻塘最具代表性。新丰湖位于常州，练湖位于丹阳，荻塘位于湖州，三地自东向西、自北向南连为一体。面对太湖水源的来路，宋人记载中提到的百渎、长兴之二十四渎、乌程之三十六渎等就是沿这一线修筑的拦蓄水塘。这些塘渎为宋人反复提及，修建时间最晚应在唐代。太湖东部是碟形洼地的核心，六朝至隋唐时期在修建以塘浦为主的圩田同时，投入最大的是湖堤、海堤的修建，防止湖水漫溢、海水倒灌是太湖以东平原地带水利工程的要点。

然而时至宋代，原有的西部拦蓄工程与东部的太湖泄水河道均发生了变化，其中 1042 年增修吴江长桥，以致吴淞江水道受阻，下游日益淤塞，引发平原腹地水患频仍是关键。壅水致使"太湖宽广，逾于昔时"，逢旱时"水退数里……而其地皆有昔日丘墓、街井、枯木之根在数里之间，信知昔为民田，今为太湖也"。① 湖边"水深不过五尺，浅者可二三尺。其间尚有古岸隐见水中，民家阶甃之遗址在焉"。伴随太湖水面扩展，不仅"环湖常有水患"，"而沿海常有旱灾"。② 宋代太湖平原是国之粮仓，频繁的水患引起各方重视，宋人单锷总结前人所梳理的水患原因有三：一是"吴江筑长堤，横截江流"，吴江与太湖泄水通道吴淞江相连接，长堤所在位置正当吴江通入吴淞江咽喉之处，直接影响泄水通畅。二是"由宜兴而西，溧阳县之上有五堰"，功能在于壅水入江，以便减轻荆溪洪水期的压力；后五堰废，则"上三州之水，东灌苏、常、湖也"，进入太湖的洪水量大增。三是宜兴百渎本为分散由荆溪入太湖之水，后百渎塞，则水患增。③（图7-10）单锷认为此三条虽

---

① ［宋］单锷：《吴中水利书》，《全宋文》卷一七二三。
② ［宋］郑亶：《上苏州水利书》《上治田书》，《全宋文》卷一六五二。
③ ［宋］单锷：《吴中水利书》。

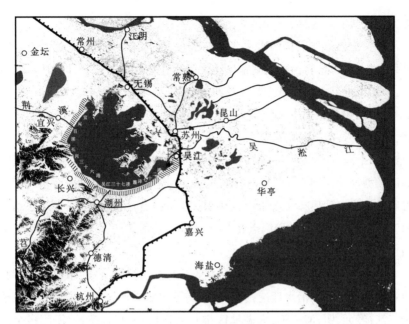

图 7-10 太湖平原地形图

属实情,但归为原因均失之偏颇,即这些观点都将问题的关键指向太湖西部的拦蓄分流工程,而太湖水患的核心问题是"纳而不吐",究其原因弊在东部。故单锷力主"凡欲疏通,必自下而上。先治下,则上之水无不流,若先治上,则水皆趋下,漫灭下道,而不可施功力。其势理然也"。实现这一主张在于拆除吴江长堤以及入海诸浦由弯变直两项工程,需首先针对吴江东岸沙泥涨塞之地,迁其民户,撤拆长堤,且疏导常州一带入江水道,然后修复百渎等拦蓄分水工程,依循先下后上、先东后西的治理次序。① 无疑,单锷提出的治理

---

① 宋单锷《吴中水利书》:"吴江岸界于吴松江、震泽之间,岸东则江,岸西则震泽。江之东则大海也,百川莫不趋海。自西五堰之上,众川由荆溪入震泽,注于江,由江归于海,地倾东南,其势然也。自庆历二年,欲便粮运,遂筑北堤,横截江流五六十里。遂致震泽之水,常溢而不泄,浸灌三州之田。每至五六月之间,湍流峻急之时,视之,则吴江岸之东,水常低电西之水不下一二尺,此堤岸阻水之迹,自可览也。又睹岸东江尾与海相接之处,污淀茭芦丛生,沙泥涨塞,而又江岸之东自筑岸以来,沙涨成一村。昔为湍流奔涌之处,今为民居宅田,桑枣场圃。吴江县由是岁增旧赋不少。虽然,增一邑之赋,反损三州之赋,不知几百倍耶? 夫江尾昔无茭芦壅障流水,今何致此? 盖未筑岸之前,源流东下峻急,筑岸之后,水势迟缓,无以涤荡泥沙,以至增积,茭芦生,茭芦生则水道狭,水道狭则流泄不快。虽欲震泽之水不积,其可得耶? 今欲泄震泽之水,莫若先开江尾茭芦之地,迁沙村之民,运其所涨之泥……"《全宋文》卷一七二三。

方案不仅具有全局性,而且科学,应是整治太湖水患的最佳方案。

单锷之前郏亶所提治水主张影响最大,他认为"天下之利莫大于水",并以此为出发点,将治理太湖水患的关键放在塘浦的营造上,即"所谓高田者,一切设堰潴水以灌溉之。又浚其沟洫,使水周流以浸润之。立冈门以防其壅,则高田常无旱患,而水田亦减数百里流注之势。然后取今所谓水田者,除四湖外一切罢去,某家泾某家浜之类,循古人遗迹,或五里七里而为一纵浦,又七里或十里而为一横塘。因横塘之土以为堤岸,使塘浦阔深而堤防高厚。塘浦阔深则水流通而不能为田害也,堤岸高厚则田自固而水可壅而必趋于江也。然后择江之曲者,若所谓槎浦、金灶子浦而决之,使水必趋于海"。① 很明显,郏亶的着眼点在水田与泄水通道,而不是全局,从科学价值与全局性看均在单锷之下。

太湖平原水乡,治理水患、增加赋收是历代关注的大事,宋以后元、明、清各代均提出各种治水理论,但其核心均不出宋人所论。自宋代大规模整治三江,经元、明、清三朝,太湖地区排水通道历经改造、整治、淤废多个过程:1042年增修吴江长桥,吴淞江水道受阻,以致下游日益淤塞,1458年另辟新道,形成今日苏州河;黄浦江原是吴淞江南岸的支流,随着吴淞江故道的淤废而日益扩大,18世纪以后更是不断扩流,而苏州河被夺流,至今黄浦江成为唯一下泄河道。由于排水系统逐渐理顺,因洪水泛滥扩展湖体、形成新湖的现象基本消失,但随之而来的人类围湖造田,同样导致湖泊面积不断缩小。②

江河湖泊水体的变化,不仅塑造了大地上的基本地貌,且与人类活动结合在一起,既导致了一方灾难,也造就了民生福祉,并将灾难与福祉融入历史之中。

◎作者讲课实录:

---

① [宋]郏亶:《上苏州水利书》,《全宋文》卷一六五二。
② 参见张修桂:《太湖演变的历史过程》,《中国历史地理论丛》2009年第1期;邹逸麟、张修桂主编:《中国历史自然地理》,科学出版社2013年版,第379—380页。

第八讲

移动的牧场
——畜牧业的地理空间与草原游牧方式

农业,是为人们提供衣食的生产领域,而人们的衣食或来自农田,或取自牧场,正因为如此,广义农业之中既包括种植业,也包括草原畜牧业。

中国大地上有一条隐形的界限,即年降雨量400毫米等值线。这条界线落在地图上我们看得见,但踏上那片土地谁也无法找到它的落痕,就是这样一条隐形的界线将中国界分为东西两部分。年降雨量400毫米等值线与青藏高原东缘相互衔接,东部湿润多雨,西部干旱多风,东西景色迥然,民生迥然。"骏马秋风冀北,杏花春雨江南",寥寥几字勾勒出东西迥然相异的景观与民生。

环境打造了景观,也限定了人们的生业。《辽史·营卫志》有这样一段记载:"长城以南,多雨多暑,其人耕稼以食,桑麻以衣,宫室以居,城郭以治。大漠之间,多寒多风,畜牧畋渔以食,皮毛以衣,转徙随时,车马为家。此天时地利所以限南北也。"长城以南,是我们熟悉的农耕区;大漠之间,属于草原畜牧业区。从中国国家版图着眼,草原畜牧业区拥有的空间几近半壁河山。自然环境导致中国历史上大多数时期存在经济双轨制,一为中原农耕社会的王朝史,另一则是马背民族的征服史,两条轨道交汇于长城地带。

由于降雨量的制约,中国西部只在能够灌溉的小块土地发展农业,黄河河套以及天山、昆仑山、祁连山冰雪融水滋润的绿洲都属于这样的区域。走出小片农田,在广大的西部,畜牧业是主旋律。内蒙古高原牧场、新疆山地牧场、青藏高原牧场是中国西部三大牧场。历史上生活在这里的人们,最早被称为"戎""狄"。从战国时期开始一路走来,我们看到匈奴、乌桓、鲜卑、氏、羌、柔然、吐蕃、突厥、回纥、铁勒、沙陀、吐谷浑、室韦、党项、契丹、奚、蒙古等民族先后称雄于草原。说起游牧民族，日本学者杉山正明在《游牧民的世界史》中提出"欧亚世界史"的构想，他认为一体化的欧亚世界早在15世纪之前已出现，比"地理大发现"以来"全球世界史"的开端更早，而作出这份贡献的是游牧民族，游牧生活以及飓风般的军事行动，将欧亚各地连结成一个地理空间体系。无论研究欧亚大陆的历史，还是讨论一个族群的兴衰，草原民族在历史舞台上的军事雄姿始终是人们关注的亮点，支撑军事力量的物质基础——草原畜牧业却往往成为配角。任何一个社会，经济基础都是决定上层建筑的根本，那么，能够托起这些伟大民族的草原畜牧业又有着怎样的经营方式？

历史上三大牧场的畜牧业都保持游牧方式，这是一种与农耕区依托定居而存在的家庭饲养业完全不同的经营方式。唐朝诗人王维《渭川田家》诗云："斜阳照墟落，穷巷牛羊归。野老念牧童，倚杖候荆扉。雉雊麦苗秀，蚕眠桑叶稀。田夫荷锄至，相见语依依。"诗中的田园牧歌，属于家庭饲养业，牧童早出晚归，归来之处是村落。草原游牧业却是在流动中走过四季，处处是家，处处无家，人们用"逐水草而居"概括了这一切。逐水草是数千年内草原生活的核心，也是游牧民族的根基。今天，生活在城市的人往往向往草原。草原之所以有着无限的魅力，不仅因为那里广阔无垠，"蓝蓝的天上白云飘，白云下面马儿跑"，草原上的人们如何生活，又如何在逐水草的路途中度过一年四季，这一切都是谜，也是召唤我们奔向草原的诗与远方。

一 非农业民族的地理分布与经济生活方式

中国历史上出现过许多非农民族，这些民族有的以渔猎、采集为主，有的则过着游牧生活。仅从地理方位上着眼，分布在北方的非农耕民族可以分为东北、西北两大部分。对于这些民族，早期的历史文献曾笼统地称为"戎""狄"，后来逐渐有了明确的称呼，活动在东北地区的先后有濊貊、肃慎、挹娄、夫余、乌桓、鲜卑、室韦、库莫奚、豆莫娄、乌洛侯、地豆干、勿吉、奚、契丹、靺鞨、女真、满等民族或部族，活动在西北地区的则有匈奴、氐、羌、柔然、突厥、回纥、薛延陀、沙陀、吐谷浑、党项、蒙古等民族或部族。历史上中国北方多数非农耕民族活动地域具有很大的移动性，各民族之间的武力争逐和文化交融又促使这种变化不断加剧,甚至引起新旧民族交互更替。经过数千年的征战与融合,出现在各地的民族已全然改变。若抛弃民族间族源、族属等问题,仅将视点放在各民族地域分布的空间承继关系上,不难发现不仅各民族的经济生活方式随自然景观变化呈规律性分布,而且生活环境相同的民族表现出基本相同的经济生活方式。

欧亚大陆中部常年在大陆性气团的控制下,表现出明显的干旱、半干旱特征。受这种气候影响,中国北方从西拉木伦河、老哈河流域越过大兴安岭向西经呼伦贝尔、锡林郭勒、内蒙古中部、宁夏、甘肃西部进入新疆,干旱程度逐渐增加,大部分地区极为干旱。受降水量制约,这一地带从东到西表现为由半湿润、半干旱草原向荒漠草原过渡的景观特征。依托于草原环境,生活在这里的人们驰骋在广袤的草原上,依靠游牧业,随阳而迁,逐水草而居,草原上的风霜锻炼了他们强悍的体魄,造就了一代又一代强大的骑马民族,孕育了一个又一个威震中外的骑马民族国家。尽管草原上的民族族源不同,但适应草原环境特征,以游牧生活为主的经济生活方式却是共同的,这些民族在地域空间上一代承继一代,一个民族承继另一个民族,将游牧生活与草原融为一体,形成一条由中国北方东西横贯欧亚大陆的草原自然、人文地带。

非农业民族不仅依托畜牧业,生活在森林与森林草原中的人们,依靠的是以渔猎、采集为主的经济生活方式。长白山、牡丹江流域以及松花江下游地带是中国东北气候最湿润的地区,降水量一般在600毫米左右,个别地区可达800毫米。在这样的气候背景下,长白山等山地形成以针、阔混交林为特征的森林景观;山地以外山间平原、河岸低地与冲积平原则因低湿以草甸植物为主,构成以森林草甸或沼泽草甸为主的景观特征。依托环境生活在这里的肃慎、挹娄、勿吉、靺鞨、女真以至于满人,均以渔猎为主,并伴有少量的农业与畜养业。自商周以来至满人兴起,几千年内生活在这里的民族虽然不断更迭,但适应森林以及森林草甸环境的经济生活方式却被传承下来,构成具有地带性特征的人文景观风貌。

嫩江、松花江流域地处东北地区的北部,气温虽低,降水量却较大,年降雨量一般可达500—700毫米,因此冷湿成为这里最显著的气候特征。由于气温低,地区内南北受温度控制形成明显的环境差异,其中北室韦所生活的松嫩平原北部以及黑龙江、额尔古纳河流域,有着漫长而严寒的冬季与冻土、沼泽,在这样的环境下人们依靠江河之中的鱼类作为衣食之源,保持着以渔猎为主的经济生活方式;与北部不同,松嫩平原的南部具有温带森林草原的景观特征,这里不但有包括豆科、禾本科在内的丰富牧草资源,而且还有许多平坦台地可供耕垦,由于环境比北部已经有了很大改变,前后生活在这里的南室韦、乌洛侯、豆莫娄等民族不但仍然保持着渔猎生活,而且也将农业与畜牧业融入经济生活中。

北方非农耕民族分布区域,无论是草原地带的游牧民族还是森林之中的渔猎民族,在数千年之内保持着完全相同的经济生活方式,具有鲜明的稳定性特征。而导致稳定性经济生活方式的因素是人对环境的依赖,无论游牧还是渔猎,经济生活与所处环境都具有极大的关联性。由于社会发展程度较低,生产技术和工具落后,人们只能顺应自然环境,开展生产活动。因此民族之间、地域之间反映出的生产结构与经济生活差异,基本就是环境差异。在自然环境未发生重大改变,也没有外来文化渗入的情况下,这些民族保持自己的经济生活方式,而且将其传承下去,形成非农耕生产方式的地理分布与人文景观。

影响非农业民族改变传统经济生活方式的动力主要来自外部,这样的外部力量主要表现在两方面,即自然环境的重大改变或具有异质文化特征的外来文化的渗入。人类社会的数千年历史中,虽然中国北方有过冷暖干湿的气候波动,但这些气候波动以及由气候波动导致的环境变化幅度都很小,没有改变地带性的地理景观,同样也没有影响生活在这里的各民族的经济生活方式。与环境变化不同,外来文化的渗入与农业民族大规模迁移对非农业民族冲击力巨大。中国历史上虽然也有过多次中原农业民族北迁塞外的事例,但大规模的人口流动主要发生在北方农牧交错带一线。农业民族突破农牧交错带,走进森林,迈向草原,是近200年以来的事。大约从19世纪开始,北方非农耕民族在经历巨大经济文化变革的同时,也感受到环境变迁的力量,这一切都推动人们放弃传统,接受挑战,塑造新的人文景观。

二 畜牧业从原始农业中分离与游牧业诞生

游牧地带是游牧生活与草原环境相互结合的产物。中国境内属于游牧地带的范围很广,除西辽河流域位于大兴安岭以东外,几乎北纬40°以北、大兴安岭以西的草原地带都可以成为游牧民族的家园。草原游牧地带从呼伦贝尔、锡林郭勒经蒙古高原、天山南北、青藏高原一直伸向欧亚大陆的腹地，成为世界上最广远的绿色长廊。

在各类非农业生产类型中，游牧型畜牧业(简称游牧业)虽然起步较晚，但在人类社会的历史进程与由人类塑造的人文景观中，均有着重要的作用。骑马民族以排山倒海的宏大气魄、雄傲强悍的快速反应赢得世界瞩目，令人惊叹，他们骤然兴起的原因也成为大家探讨的热点。由采集、渔猎发展为原始农业，原始农业中再分离出畜牧业，是西方早已提出的人类社会发展进程，但什么原因导致畜牧业从农业中分离出来，却有许多答案。

地学研究成果指出，推动畜牧业从原始农业分离出来的动力是气候变迁。第四纪研究早已指出，距今3500—3000年欧亚大陆气候转入冷期，正是冷期的出现，导致畜牧业在气候变化最敏感的地方从原始农业中分离出来，并在草原环境下发展为游牧方式。

成熟的游牧业依托的环境为广袤的草原，而它的萌生地却在农牧交错带。农耕区与畜牧区是依人类经济生活方式而划分的基本农业区域，介于两者之间的则为农牧交错地带。中国北方农牧交错带在环境上具有敏感特征，每当全球或地区出现环境波动时，气温、降水等要素的改变首先发生在自然带的边缘，这些要素又会引起植被、土壤等相应变化，进而推动整个地区从一种自然带属性向另一种自然带属性转变。农牧交错带的敏感特征也会影响人类经济生活方式，特别是在人类历史的早期，这样的影响几乎对人类经济生活方式起决定性的控制作用，促使人们从一种生产类型转向另一种生产类型。由于农、牧业生产依托的环境不同，随着这一地区自然属性的更移，人类首先打破原始农业"一统天下"的局面，在原始农业基础上萌生了畜牧业①，然后渐次形成独立于农耕业之外的畜牧业区域。因此在畜牧业从原始农业分离之前，首先形成的是农牧交错带，然后才是独立的畜牧业。

萌生于原始农业的畜牧业，并不具备迁移特征，属于放养型畜牧业。放养型畜牧业出现在公元前2000—前1000年左右，游牧型畜牧业则晚于放养

---

① 韩茂莉：《论中国北方畜牧业产生与环境的互动关系》，《地理研究》2003年第1期。

型畜牧业。只有游牧业出现，畜牧业才真正从原始农业中分离出来，形成独立的生产部门。迁移是游牧生活的基本特征，因此驯化马匹，发明控制牲畜行动、适应频繁迁徙的用具，是摆脱定居农业，迈向游牧生涯的关键。考古界在内蒙古宁城南山根 3 号石椁墓及其他墓葬中发现了年代相当于西周晚期、春秋早期的成套马具①。马具是推动牧人与畜群走向草原的物质依托，从人们跃上马背的那一刻起，草原就成为他们的舞台。而匈奴人是登上历史舞台最早的草原民族。当历史进入战国时期，随着以匈奴为主的北方草原民族逐渐强大，农耕民族与草原民族之间的对立日趋明显，农耕民族采取"胡服骑射"的应对性措施，这也成为草原民族强大的标识。秦至两汉是匈奴人壮大的时期，这时匈奴人不但建立了王庭，而且依凭马上优势将自己的势力从漠南伸向漠北，直抵西伯利亚的旷野之中。

畜牧业的产生地不仅限于中国北方草原，整个欧亚草原现已发现多种典型畜牧文化类型。目前已有研究证明，全新世温暖期结束之后，气候转冷、转干的地区不仅限于中国北方，在气候变迁的共同背景下，欧亚草原不同地区的人们作出了共同的选择：放弃原始农业，融入逐水草而居的游牧生活。

在完成畜牧业乃至游牧业诞生的讨论之后，所有近乎合理的解释都面临一个挑战：法国学者格鲁塞《草原帝国》谈到，《史记》《汉书》中关于匈奴人的记载提供了一个信息，即这个民族的语言属于阿尔泰语系。当我注意到这一问题时，再思考畜牧业的诞生，几年前我提出的距今 3500—3000 年欧亚大陆气候转冷，具有自西向东推进的空间特征②，就具有重要意义。这意味着驰骋在草原上的民族并非完全来自农牧交错带讲汉语的农民，其主体是率先进入冷期并成为牧民的西来民族，从阿尔泰语系推测，这些民族应来自中亚草原及其毗邻地区。

---

① 刘观民、徐光冀：《宁城南山根遗址发掘报告》，《考古学报》1975 年第 1 期；翟德芳：《试论夏家店上层文化的青铜器》，内蒙古文物考古研究所编，李逸友、魏坚主编：《内蒙古文物考古文集》，中国大百科全书出版社 1994 年版，第 296—316 页。

② 韩茂莉：《中国北方农牧交错带的形成与气候变迁》，《考古》2005 年第 10 期。

三 逐水草而居的游牧方式

逐水草的游牧生活是个谜,这不仅因为我们是草原上的客人,即使翻开中国历史文献,在那浩瀚的卷本中,也很难看到完整的游牧生活的记述。如下表8-1列出了"二十四史"中的相关记载,一句"随水草畜牧"概括了一切。古人但凡提及草原,文字几乎相同,没有细节,没有说明,更没有关于游牧生活一年四季的描绘。然而,无论想走进草原还是体味中国历史上东西之间的武力争雄,解读"逐水草"都是跨不过的起点,因为这是游牧生活的根本。

表 8-1 主要草原民族与游牧方式

民族	资料内容	资料出处
匈奴	居于北蛮,随畜牧而转移。	《史记》卷一一〇《匈奴传》
乌桓	随水草放牧,居无常处。以穹庐为舍,东开向日。食肉饮酪,以毛毳为衣。	《后汉书》卷九〇《乌桓传》
鲜卑	广漠之野,畜牧迁徙,射猎为业。	《魏书》卷一《序纪一》
吐谷浑	恒处穹庐,随水草畜牧。	《魏书》卷一〇一《吐谷浑传》
突厥	被发左衽,穹庐毡帐,随逐水草迁徙,以畜牧射猎为事,食肉饮酪,身衣裘褐。	《北史》卷九九《突厥传》
回纥	居无恒所,随水草流移。	《旧唐书》卷一九五《回纥传》
吐蕃	其畜牧,逐水草无常所。	《新唐书》卷二一六《吐蕃传上》
契丹	逐寒暑,随水草畜牧。	《北史》卷九四《契丹传》
奚	随逐水草,颇同突厥。	《北史》卷九四《奚传》
蒙古	自夏及冬,随地之宜,行逐水草。	《元史》卷一〇〇《兵志三》

任何一种生产方式,都存在属于自己的关键性的技术内涵,游牧生活的技术内涵在于"移动"。美国学者欧文·拉铁摩尔《中国的亚洲内陆边疆》曾经提到,草原上"移动权"胜于"所有权"。"移动",是草原生活的真谛,也是逐水草的核心。谈到"移动",自然会想到农耕社会的"定居",农耕社会与草原有着完全不同的生活。农民的产品是粮食,牧民的产品是畜群;农作物植根泥土得以生长,畜群立足草原在移动中获取生机。迁移本身并没有深刻的理论,其行为受人的本能与牲畜的需要驱使:一地的牧草被吃光,却不能在次日更新;然而草原是广阔的,眼前的草没了,别处却有,转移放牧地点成为满足畜群需要的必然选择。如同我们出门购物,需要的物品附近的店没了,再去远处的另一家找找,这是每个人都有过的行为。虽然游牧与

购物目的不同,道理却是一样的,都属于在流动中发现并获取需要的物品。"逐水草"从小处着眼是需要,从大处看,草原生态的自然特征决定了草原载畜量的有限性,任何一处草场,都经不起连续放牧。固然牧草属于可再生资源,但一处草被牲畜吃光,再次长到可以利用,需要一段时间,一个月、半个月,为了保证畜群获得牧草,必须移动到未被啃食过的草场,因此迁移是游牧业的基本节律。为了追寻水草丰美的草场,游牧社会人与牲畜均作定期迁移,牧人的迁移有冬夏之间季节牧场的变更,也有同一季节内水草营地的选择。

(一) 季节牧场的划分

让我们的讨论回到一个与人类早期经济类型相关的话题——利用型经济与生产型经济。若论归属,农业属于生产型经济,游牧业则归入利用型经济。生产是创造,利用则是汲取,若在年复一年的循环中,不断从大自然获得资源,必须了解资源,掌握资源的属性是实现这一目标的保障。正因为如此,从牧人跃上马背,驱赶畜群走向草原那一刻至今,草原上的游牧生活已经有三千多年了,三千多年中牧民不断在探索草原,逐水草而居正是他们经过探索为畜群持续获得水草而建立的游牧方式。

古人用"逐"表示移动,就文字力度来看,"逐"或"追逐"远在"移动"之上,用强烈的语感表达流动的游牧生活,给人们留下深刻印象。那么,游牧生活追逐的是什么呢?畜群以草为生,自然是在追逐牧草,这样理解没错,但若深入探讨,说牧民追逐的是季节可能更为贴切。牧草与自然界中的植物一样,仰仗水、热、土而生,一年四时不同,冷暖各异,牧草因之而兴衰轮回,这一切为牧民在季节变化中区别利用草资源提供了条件。

游牧生活依赖水草而存在,划定季节牧场的原则自然也建立在水草基础上。保证每个季节牧草有良好的再生能力,且植物成分不因放牧而被破坏,是选择一处放牧地的前提。在此前提下,饮水条件以及牧草生长状况能否满足畜群的需要也很重要。在这样的原则下,牧民根据牧场自然环境,划分季节营地。农耕生产讲究因地制宜,游牧生活奉行待时而动。"待时"是逐水草的时序,农民四季都留在同一块土地上,牧民的四季却分配给了不同的牧场。草原上不同季节、不同地形、不同方位以及不同区域内,温度与水草资源都不相同。牧民利用水草资源的时空差异,选择最有利的放牧地点,顺应四季变化把握移动时机,安排畜群转场,从一处到另一处,随季节变换改变放牧地,逐步形成了季节牧场。如果说,农耕生产一路走来,技术创新与进步相伴而行,那么季节牧场的形成,则是游牧生活最大的创新。(图8-1)

传统农耕技术在常年的摸索中渐成体系,草原季节牧场的形成也是如此,最初的游牧生活可能无序,从无序到有序,经过一辈又一辈人的反复探寻,时空有序的放牧地最终跃然于草原上。草原上何时形成季节牧场尚无法断

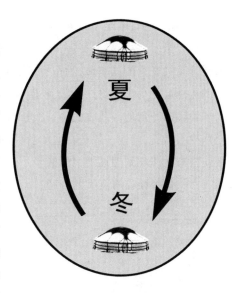

图8-1　冬夏季节牧场示意图

定,但汉代文献中,已经有了季节牧场的记载,《汉书·西域传》载:"康居国,王冬治乐越匿地。……越匿地马行七日,至王夏所居。"康居属于行国,为西汉时期居于楚河流域的草原民族。对于此段引文,颜师古注曰:"王每冬寒夏暑,则徙别居不一处。"冬夏所居,相距约马行七日之地。《魏书·西域传》载:"嚈哒国……无城邑,依随水草,以毡为屋,夏迁凉土,冬逐暖处。"《辽史·营卫志》载契丹五院部"大王及都监春夏居五院部之侧,秋冬居羊门甸",六院部"大王及都监春夏居泰德泉之北,秋冬居独庐金"。《元史·兵志》载蒙古人"自夏及冬,随地之宜,行逐水草,十月各至本地"。尽管这样的记载留下来的不多,我们仍能看到无论对康居、嚈哒还是契丹、蒙古来说,划分季节牧场,四季间依次迁徙,已然成为传统。

季节牧场的划分依托四季变化,每个季节牧场的环境选择自然不同。季节牧场的驻留处也称为营地,中国北方春营地的利用时间较长,经过严寒而漫长的冬天,牲畜体衰羸弱,且值接春羔时期,放牧地往往选在向阳开阔、牧草萌发早的地带。春天的牧场风大气寒,避风也是选择营地的重要指标。经冬历春,牧人终于迎来了夏天,这是一年中最欢快的日子,夏日的阳光温暖着草原的每一个角落。地势高爽、通风防蚊的岗阜,以及林边草地或河湖岸滩,其他季节不宜放牧的地带往往成为夏营地的选址。富有营养的牧草

更是牲畜的选择,谁吃了好东西不发胖呢,牧人们称夏天是牲畜抓膘的季节。秋天来了,牧人赶着畜群,将营地安放在开阔的川地或滩地。每年这个时候都是牲畜交配的季节,牲畜也需要优良牧草储存体力,迎接严冬,秋营地的选择同样马虎不得。冬天到了,每年11月中下旬,内蒙古草原上的牧民开始转向冬营地。北方的冬季很长,冬营地利用的时间也同样长,为了躲避寒冷与风雪,营地一般选在向阳背风的洼地,这样的地方积雪不能太厚,否则牲畜无法吃到埋在雪下的牧草。冬季是一年中最严酷的季节,遇到大风雪,人、畜都面临着巨大的威胁。

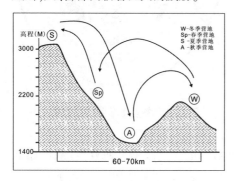

图8-2 天山山地季节牧场

中国三大牧场中,位于新疆的天山、昆仑山、阿尔泰山都属于山地牧场。山地地形复杂,山上山下环境迥异,这里的四季牧场与高原牧场的地形选择自然不同:冬营地通常选在山脚或背风向阳的山坳,春秋营地一般在山麓、戈壁边缘地带,夏营地往往在高山或亚高山。每年由冬春到夏秋,畜群由山下到山上,又由山上到山下,随营地定期转移。(图8-2)

一年四季的游牧生活在流动中走过:"春天,牧人们追逐着融化的雪线北上,秋天又被大雪驱逐着渐次南下。不停地出发,不停地告别。春天接羔,夏天催膘,秋天配种,冬天孕育。羊的一生是牧人的一年,牧人的一生呢?"这是来自阿勒泰的青年作家李娟写在《冬牧场》中的淡淡感伤,只有走过阿尔泰山中的风雪牧道,才会对游牧生活有这样切身的体会。

游牧社会是一个整体,每个放牧者却各自从属于一个家庭,他们分散在草原的四面八方,不仅有着各自的营地,且从往古到如今,都遵守、依循着共同的准则营建季节牧场。元人王恽记述蒙古牧人的季节牧场,"遇夏则就高寒之地,至冬则趋阳暖、薪木易得之处以避之。……逐水草,便畜牧而已"①。马可·波罗也看到了这样的现象:"鞑靼冬居平原,气候温和而水草

---

① [元]王恽:《秋涧先生大全文集》卷一〇〇《纪行》。

丰肥足以畜牧之地。夏居冷地,地在山中或山谷之内,有水林牧场之处。"①13 世纪进入蒙古草原的西方传教士鲁木鲁乞记载了同样的游牧方式:鞑靼人没有固定的住处,"冬季他们到南方较温暖的地区,夏季到北方较寒冷的地方"②。吃一片,留一片,循序利用,季节牧场建立在畜群最有效利用水草资源的基础上。正因为如此,其基本原则为历代所依循。有条件形成四季营地的草场往往面积宽广,植被覆盖率高,水源丰富。三季营地一般为冬春营地、夏营地、秋营地。两季营地一般为冬春营地与夏秋营地。受自然条件限制,中国许多牧场都采用两季营地。

(二)季节牧场内的迁移与游牧活动

　　游牧是流动的生活,固然放牧地可分为四季、三季以及两季牧场,但一年中牧民的迁移绝非三四次。在内蒙古草原当过牧民的作家张承志曾说过,牧民一年有多少次迁移是数不清的;走过阿尔泰山风雪牧道的李娟也说过,哈萨克牧民是迁移最多的人家,一年中平均 4 天就要搬一次家。

　　"野火烧不尽,春风吹又生"是我们熟悉的诗句,草是不会被烧绝的,一场春风、一场雨露,大地上野草再次萌生。但畜群吃掉的草不会在几天之内更新,牧民也绝不会在稀疏的草场上等待新的牧草长高,为了保证牲畜正常生长,他们在每个季节牧场内并非只停留在一地,而是根据草场与畜群状况,往往多次迁移。(图 8-3)

　　游牧生活存在各种移动循环:一些取决于地理环境,一些则与放牧的

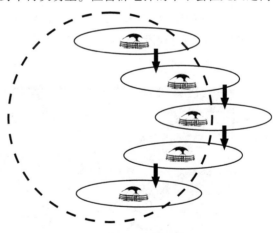

图 8-3　季节牧场内转场示意图

---

① 〔意〕马可·波罗:《马可波罗行纪》,冯承钧译,上海书店出版社 2001 年版,第 147 页。
② 《鲁不鲁乞东游记》,〔英〕克里斯托福·道森编:《出使蒙古记》,吕浦译,中国社会科学出版社 1983 年版,第 107—257 页。

畜群有关;一些部落迁移得很远,一些一年只移动几十里。以科学的视角观察,一处季节牧场内迁移的次数以及每次迁移的距离与气候、土壤、草质有着复杂的关系。畜牧学一般将某一牧场在放牧季节内可以放牧利用的次数称为放牧频率,放牧频率依牧草的再生能力而定,再生能力强的草场放牧频率高,再生能力差的放牧频率低。放牧频率的计算方法为牧草再生次数加1,中国北方草原在生长季节内一般可再生 2—3 次,放牧频率可达 3—4 次;荒漠地区只能再生一次,放牧频率为 2 次。① 放牧频率越低的草场,循环利用率越低,牧民迁移次数多;放牧频率越高的草场,可以往复利用,牧民远距离迁移次数反而少。尽管如此,无论远距离的转场还是小范围的迁移,流动仍是游牧生活的常态。

尽管学术界早已将游牧定义为利用型经济,如何利用资源仍然充满技术含量。为了保证畜群每天都能吃到牧草,牧民通常将营盘周围牧地分为几个地段,有顺序地按地段放牧。放牧地段的面积取决于畜群数量、种类,如果畜群以牛、马为主,每日放牧地段的面积一定会高于羊群,而牧草茂密、草质优良的牧场也经得住更长时间的利用。当营盘四周的牧草从远到近,全部利用过了,为了追逐未被触动的牧草,搬家成为必然。那么,这样的驻与行,大约多久呢? 五六天、七八天、十来天,无一定之规,视牧草而行。经过季节牧场内所有地段的轮转,最后还会回到最初的放牧点,那里的草已经长高了。(图 8-4)

图 8-4　牧马图(甘肃省嘉峪关市新城 5 号墓出土,西晋)

---

① 张秉铎:《畜牧业经济词典》,内蒙古人民出版社 1987 年版,第 102 页。

一年中四季变化于冷暖之交,农耕依四季完成了播种、收获,游牧则随四季建立牧场、营地,农民在同一块土地上依四季时序安排不同的农事活动,牧民则在四季的循环中追寻未被触动的牧草。游牧与农耕虽然属于经营方式完全不同的两类生产活动,但均在四季的轮回中获得再生的机缘。

(三) 牧场与游牧生活

"逐水草而居"是游牧生活的主旋律,牧民一生都在路上,驱赶着畜群从一处到另一处。迁移的道路与放牧的牧场,既是"逐水草"的重要环节,也是与牧民生活关联最多的地方。

1. 规定游牧路线

有了季节牧场,就有了每个季节的转场。游牧生活中,从一处牧场到另一处牧场的迁移称为转场。

转场是件大事,也是草原上最壮观的场面。每次转场,牧民们携家带口,带着全部家当,从搭置毡房的木栅栏、护毡,到锅碗瓢盆、被褥衣服、一针一线。带着这许多东西,凭借什么完成这艰辛的迁移呢?中国三大牧场的地理环境有很大差别,蒙古高原地势起伏不大,牧民转场往往使用勒勒车,勒勒车有不同的功能,乘坐的、载物的……每逢转场,勒勒车队蜿蜒在草原上,缓缓抵达新的营地。青藏高原主要运输工具是牦牛,还有马。新疆山地牧场依托的则是骆驼,牧民骑在马上,骆驼驮着家当,在山上、山下行走于狭窄的牧道上,跟随牧民的是马群、牛群、羊群。无论牧场在何处,每当季节交替,转场成为牧民共同的行动。放牧是一家的独立行为,转场却往往相约成行,几家的畜群合在一起,浩浩荡荡、烟尘滚滚,沿着古老的牧道,奔赴新的营地。

转场是游牧生活最重要的部分,转场行经的道路称为牧道。令人迷惑的是,草原上的牧道不仅是固定的,而且独立,一家或最多几家共用一条牧道。这在新疆山地牧场尤其明显。在辽阔的草原上转场,哪儿不能走呀,却要走固定的路径。其实,牧道的独立性来自传统,更是年复一年转场获得的经验。与定居的农耕相比,逐水草的游牧生活似乎具有随意性,但游牧路线绝对不随意。牧道基本每年都一样,不变的原因与水源有无、草场优劣以及去年迁移中畜群留下来的粪便都有关,所有这一切都事关生活。牧民的转场不是生活的停止,而是生活的继续,人与畜群在转场的路途中需要饮水、牧草以及燃料,因此牧道最初的选择与最后固定,都与转场中的生活需求相关。水源与牧草是大自然拥有的,燃料却与畜群相关。草原上树木很少,生活在这里的人们一般都将牛粪、马粪甚至羊粪作为燃料,食草动物的粪便干了,留下的就是可以燃烧的物质,牧道上前一次转场留下的牲畜粪便,对于下一次经过这里的牧民而言就是最好的燃料。年复一年,水源、牧草与燃料成为持续使用同一条牧道的重要原因。

固定游牧路线在游牧社会中有不短的历史,而用牲畜粪便作为燃料更是寻常之举。13世纪中期西方传教士加宾尼《蒙古史》中注意到,蒙古人用牛粪和马粪烧火来煮食物,皇帝、贵族与其他人一样,都以牛、马粪烧火取暖。① "满铁"调查报告之一《呼伦贝尔畜产事情》也记录了同样的调查结果:蒙古人分春夏秋冬放牧家畜,每年只要不发生特殊事件,就按照一定的时期,在特定的圈内移动。如果在游牧圈内改变了过去的游牧路线,会给他们解决燃料造成很大困难,这是因为蒙古人的燃料完全依赖历年游牧路线上遗留的干燥家畜粪便,占第一位的是牛粪,其次是羊、马、骆驼粪等。②

2.营盘的选择

逐水草的流动生活中,也有停下脚步安营扎寨的时候,营盘就是人与畜群过夜休息的地方。一处营盘使用的时间并不长,受牧草状态影响,大致在五六天、七八天。牧民白天在营盘周围放牧,夜晚归宿营盘,并因需要而将其分为临时、固定与辅助营盘。

营盘关乎牧民的生活与畜群的放牧效果,往往设在位于牧场中心且拥有水草保障的地方,其中饮水条件几乎是必需的。人需要水,畜群同样离不开水。以羊而论,夏天一日需饮水2—3次,冬天也需要1—2次。因此营盘必须接近饮水处。草原上的水源基本为两种,一为河流、湖泊以及冬天的积雪,二为水井。在牧民未掌握掘井技术之前,河流等天然水源是唯一的饮水处,有了水井则不但缩短了每天放牧的距离,也为逐水草的游牧生活增加了

---

① 〔意〕约翰·普兰诺·加宾尼:《蒙古史》,〔英〕克里斯托福·道森编:《出使蒙古记》,吕浦译,中国社会科学出版社1983年版,第6页。

② 《呼伦贝尔畜产事情》,南满铁道株式会社,昭和十三年(1938),第22—41页。

一些灵活性,水井周围的草场往往成为选择营盘与放牧点的理想场所。俄国学者波兹德涅耶夫在《蒙古及蒙古人》中多次谈到蒙古牧民在水井周围放牧的情景:"我们越过若干被山岗隔开的谷地,在一道山岗的南面,紧靠路边的地方有一口小井,每年春秋两季都有陶公旗的牧民在此游牧。""我们将要穿过一片荒漠,在道路东侧不远有口井,驿站上的蒙古人有时也到这里放牧。"[1]时至今日,水井对于牧民的意义仍然十分重要。

由于饮水既是放牧中的重要环节,也是选择营盘的基本条件,牧民确定一天之内的放牧距离,基本以营盘至饮水地点为半径。牲畜种类不同,每日的行走能力与放牧半径也不一样,一般羊日行5—6公里,牛7—8公里,马10—15公里,骆驼大部分在营盘周围活动。冬天牲畜吃积雪代替饮水,放牧半径也相应缩小。(图8-5)

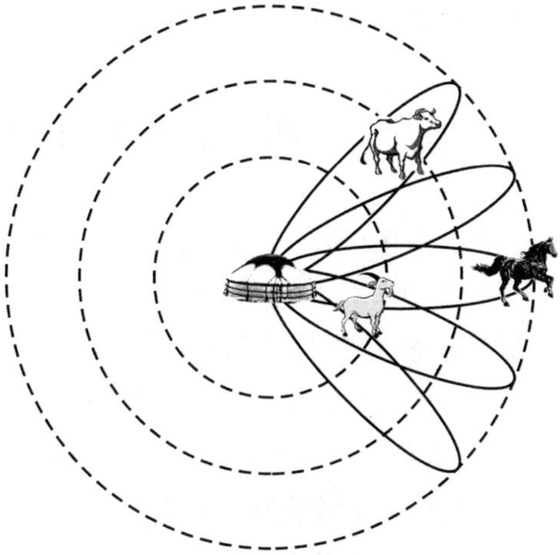

图8-5 营盘与放牧半径

每个营盘,牧民都会住上几天,安置在这里的设备都与牧民生活、畜群需求相关。营盘所在地有毡房、栅栏、饮水处,还有盐。盐是牲畜生长中必需的,牧人为了保证牲畜补充盐的需求,或每隔一段时间驱赶牲畜到盐湖舔食那里的盐,或在营盘所在处岩石上泼洒盐水供牲畜舔食。

营盘的设置与每日的放牧半径对应,为了避免营盘周围的牧草被很快吃光而频繁地需要迁移,一般牧民都是各家独居,每家相距数十里。两家同居一处或相距十里内者较少,三家同住一地者更为鲜见。草原无限广阔,牧民的日常生活却是孤寂的。今天,我们到了草原,看到一个个毡房挤在一处,那绝不是真正的营盘,而是旅游点。游牧社会中,不仅蒙古人的营盘具有这样分散性的特征,生活在青藏高原的藏民、天山牧场的哈萨克以及所有

---

[1] 〔俄〕阿·马·波兹德涅耶夫:《蒙古及蒙古人》,刘汉明、张梦玲、卢龙译,内蒙古人民出版社1989年版,第173、182页。

游牧民族都一样,一个部落二三百人家,帐幕、毡房相隔十几里或几十里,聚族而居不是草原上的传统。

逐水草而居的四季,夏季是最美好的,辛苦一年的牧民总是将最重大的活动安排在这个时候,婚礼、庆典,我们熟悉的内蒙古草原上的那达慕大会,新疆哈萨克的叼羊、赛马,青藏高原上的雪顿节,都在这个季节。

夏天的美好只是一年中短短的一段,牧民生活更多的日子有风、有雪。踏着四季的轮回,游牧者离去又回归。

四 各有分地与游牧区域

农民依托农田世代厮守在乡土,牧民逐水草随四季而迁移,若以空间而论,本乡本土是农民对家乡的表述,广阔无垠则是草原的基本特征。可是我们都知道,本乡本土既包含着家乡情怀,也明确地归属于某省、某县,每块乡土都有界分彼此的确切界线。从农民的乡土看牧民的草原,是否因为草原广阔,逐水草的游牧生活就具有绝对随意的空间?这是我们要关注的问题,也是了解游牧生活的另一个要点。

我们的讨论就从《史记》开始。《史记·匈奴列传》有这样的记载:匈奴"逐水草迁徙,毋城郭常处耕田之业,然亦各有分地"。没有农田、没有城郭的匈奴人,逐水草的迁移中却讲究"分地"。什么是"分地"?顺着历史的脉络,一步步走向后世,"分地"的性质越来越清楚,这是游牧社会标定空间所属的方式,起始于匈奴,传承至后代。

匈奴划分"分地"的原则,同样载于《史记》。依匈奴之制,最高首领单于之下"置左右贤王,左右谷蠡王,左右大将,左右大都尉,左右大当户,左右骨都侯"。这些首领的驻牧地点并不随意,"诸左方王将居东方,直上谷以往者,东接秽貉、朝鲜;右方王将居西方,直上郡以西,接上郡、羌、氐;而单于之庭直代、云中:各有分地,逐水草移徙"。显然匈奴单于以及左右贤王等首领所辖范围有一定界限,而左右贤王以下的诸王将也在相对固定的地方放牧。那么各级首领统辖区域的宽狭,又取决于什么?自然是兵与民的数量。匈奴各级首领的权限一般取决于所控骑兵数额,"自如左右贤王以下至当户,大者万骑,小者数千,凡二十四长"。① 控制在手中的骑兵数额多,地位就高,"分地"范围也大。自左右贤王之下至当户二十四长,根据掌控骑兵数额的变化而获得相应大小的驻牧地,逐水草放牧。而兵额的背后,决定因素是人口与畜群规模,这是游牧社会的经济基础。"分地"规则的存在,自然成为游牧社会保障草场与畜群权益的依据。正因为如此,实行"各有分地",分区放牧是各个时代草原民族的通行做法。匈奴以降,《辽史·营卫志》载:"契丹之初,草居野次,靡有定所。至涅里始制部族,各有分地","契丹故俗,分地而居,合族而处"。《明史纪事本末》载:卫拉特蒙古"虽逐水草,迁徙不定,然营皆有分地,不相乱"②。

"分地"的存在明确了放牧空间的范围,同时自身也存在等级,有属于本部落的"分地",也有属于牧民家庭的"分地"。"分地"大小层层归属,高等级的"分地"象征着权力,分属于每户牧民的"分地"才是真正的放牧空间。草原畜牧业固然宏大,却是由每户牧民的经营最终聚合而成。正因为如此,草原上的牧场与畜群随季节迁移,所行之处基本在划定的区域内,以一个区域为基本核心构成游牧空间,是草原上通行的规则。在这样的规则下,每户牧民逐水草的游牧活动大约在百里或数百里的圈内完成,这个圈内既有满足放牧需要的水草条件,牧民们也在习惯上拥有其稳定的使用权。(图8-6)

图8-6　放牧图(甘肃省嘉峪关市新城1号墓出土,西晋)

---

① 《史记》卷一一〇《匈奴列传》。
② 《明史纪事本末》卷五八《议复河套》。

逐水草的游牧生活有着久远的历史,清朝以前草原上的分地范围多具有习惯性,界线也并不严格。因此,非常时期跨出分地游牧的现象时有发生。《辽史》中记述了这样一件事:辽圣宗时期部分归附辽的党项部落,叛辽离开辽境,辽将未叛离的党项曷党、乌迷两部迁至叛离者原来的营地,不久,这两部竟也脱离辽境西迁。辽国统治者为此事责难他们的时候,他们以"逐水草"为由回答了辽人。① 草原民族因逐水草而离开规定的放牧地进入其他区域不是稀罕事,这不仅是党项人策略上的托词,也确实出于游牧的实际需要。至于牧民赶着畜群离开自己的地盘,游牧到他人的领地,虽属非常态,原因可能是多样的,但无论由于灾异还是战难,最终都不会离开畜群对牧草的需要这一根本原因。

清代传统的"各有分地"出现了变化,自清太祖努尔哈赤时期满洲人对蒙古人作战节节胜利,蒙古各部纷纷归附清廷②,随后蒙古各部依满洲八旗之制,编成蒙古各旗,并划定地界、指定牧场、编组户口,确定了各部的放牧范围,采取了与以往不同的管理方法。清以前各草原民族部落间的"分地"虽也以山地、河流、沼泽等地物区分彼此,但"分地"与"分地"之间的界线始终不是绝对的,进入清代,传统不明确的"分地"边界变得严谨而清晰。清人张穆所著《蒙古游牧纪》对此有详细记载:各部中"科尔沁部在喜峰口东北八百七十里,至京师千二百八十里。东西距八百七十里,南北距二千一百里。东至扎赉特旗界,西至扎鲁特旗界,南至盛京边墙界,北至索伦界"。科尔沁部下辖六旗,其中科尔沁右翼中旗"牧地当哈古勒河、阿鲁坤都伦河合流之北岸,东至那哈太山,南至察罕莽哈,西至塔勒布拉克,北至巴音和硕,东南至巴朗济喇坡,西南至格伦哈古沁城,东北至木勒推山,西北至博罗霍吉尔山"。③ 不仅旗与旗之间规定了明确的界线,各苏木牧场间也有界线性的标志。蒙古各部旗之下是牛录,蒙古语牛录为"苏木",苏木多为血缘集团,不但有公共牧场,而且牧场间立有标志。波兹德涅耶夫《蒙古及蒙古人》就记载了这样的现象:萨伊特王旗内有两个察哈尔苏木,两苏木牧场之

---

① 《辽史》卷一五《圣宗纪六》。
② 〔日〕田山茂:《清代蒙古社会制度》,潘世宪译,商务印书馆1987年版,第65页。
③ 〔清〕张穆:《蒙古游牧记》卷一《内蒙古哲里木盟游牧所在》,山西人民出版社1991年版。

间以塔斯山为界,东边是宗察哈尔苏木牧地,西边是巴隆察哈尔苏木牧地。① 为了限制蒙古部落的发展,清政府不但划定了明确的旗界,而且严禁越界游牧,违者严惩。当然,在实际生活中这样严格的规定对于长年逐水草的牧人是不实际的,于是主管民族事务的理藩院也针对处罚越界作了相应的变通。

草原民族的游牧生活不是无序的行为,牧民不但保持如中原农民般春种秋收,日出而作日落而息的周期性生活节律,而且也有着与农民耕地相似的一片往复游牧的草场,只是牧场的空间是一望无际的。"各有分地"虽没有耕地那样明确的所属关系,但无论是习惯上形成的还是以制度性的形式确定下来的,每一个部落都有一片相对固定的草场,牧民四季营地的安置与逐水草的游牧生活基本均在这片草场范围之内;只在自己分地内牧草生长不好或遇到旱灾、雪灾等灾害,才临时逐水草到其他部落分地内放牧。"各有分地"是草原牧民的空间占用形式,数千年来,正是由于草原上存在"各有分地"的规则,草原才保持着以和平为主的历史进程。

以"各有分地"为规则的游牧生活维系着草原上分区游牧的秩序,维系着草原上的和平,但和平不是永久的,在人类历史进程中,和平常常为战争所中断,草原上的人们也同样经历着战争的蹂躏。在战争阴云下,草原正常生活最大的改变之一,就是打乱了原来"各有分地"的秩序。民族之间、部落之间无论起因于优良草场之争,还是起因于权力范围之争,或起因于宗教信仰之争,胜利的一方都会在新的领地建立新的分区放牧秩序;失败的一方则需千里游牧万里迁徙寻求自己的立足之地。回顾历史,建立在政治、军事背景之下的游牧历程远远超出了各有分地的范围。《史记·大宛列传》记载了月氏的迁移过程,月氏与匈奴同俗,"行国也,随畜移徙",原本"居敦煌、祁连间",后迁至伊犁河、楚河流域。月氏人千里西迁起因于匈奴人的压迫,而他们迁入的伊犁河、楚河流域,原游牧者为塞种人,月氏人的西迁导致塞种人被迫放弃这一地区,退缩至锡尔河北岸。无论月氏人还是塞种人,他们之间的逐次迁移都是由游牧环节之外的原因促成的,不属于正常"逐水草"。草原上的历史证明,非正常的迁移不是永久的,随着新的分地确

---

① 〔俄〕阿·马·波兹德涅耶夫:《蒙古及蒙古人》,刘汉明、张梦玲、卢龙译,内蒙古人民出版社1989年版,第435—436页。

定,游牧生活再次步入新的稳定。

  游牧是草原民族基本的经济生活方式,包括以逐水草而居为基本特征的游牧方式,以及依各有分地为原则确定的游牧空间。数千年内草原民族依照这两项基准在草原上建立了生活秩序与空间秩序,并以此为基础推动着草原社会的政治、经济乃至军事,实现了由草原民族、游牧帝国迈向世界征服者的史诗进程。

◎作者讲课实录:

第九讲

政治的空间
——中国古代地方行政制度与行政区

中国古代地方行政制度与行政区划涉及政治与地理两个问题。自从人类社会摆脱蒙昧，进入文明时代，政治与地理就成为一对孪生兄弟。无论凭借政治建立的社会还是通过政治赢得的权益，均牢固地植根于大地上。站在全球的视角下与历史的长河中，古今中外，大多数国家只要领土足够大，都会将领土划分为若干空间单元，逐层派官员进行管理，这些空间单元就是行政区，划分行政区的过程则为行政区划。行政区是国家对地方进行行政管理的空间区域，行政区划则是根据政治需求与地理原则确定施政范围的过程。地方行政制度与行政区划，前者体现的是政治的空间，后者涉及的是空间的政治，两者共同构成政区地理的核心。

地方行政制度是国家为了方便行政管理而划分行政区域、设立地方分治机构的制度与措施。由于地方行政制度服从于国家管理地方的需要，因此国家政治制度不同，地方行政制度必然不同。自夏、商、周三代中国历史进入国家阶段，以公元前3世纪秦始皇统一列国为界，此前属于分封制时期，自秦代进入郡县制时期。作为国家政治制度，分封制与郡县制两个时期国家实现政治统治的原则和方式完全不同，前者具有共主政治的特点，后者则表现出鲜明的集权政治，由于国家政治制度的差异，建构了完全不同的地方行政制度。两套性质不同的地方行政制度不仅带来了国家政治的差异，也在政治与地理的交融中营造出值得深思与回味的历史。

真正意义上全面研究历史政区地理，起步于周振鹤《西汉政区地理》《体国经野之道》等著作的问世，它们也为这一研究领域建构了范式。

一 分封制与政治空间管理

分封制也称封建制,封建就是封邦建国,裂土封侯。邦与国的受封者不仅是受封土地的管理者,也是这片土地的实际拥有者,因此分封制下的国家具有共主政治特点,即天子与土地的受封者均为有土之君,共同拥有天下。

中国历史上作为国家的政治制度,分封制截止于秦始皇统一天下,即公元前3世纪,而这一制度起始于何时却难以明确,因此是一个说得清下限却说不清上限的问题。以夏、商、周三代国家的政治制度、政治地理为主题的研究,几乎均出自20世纪前期的学术大师及其后继者,本讲根据他们的研究择其精要,将主要结论纳入地理学的视角下,进行再认识。①

(一)夏商两代政治制度与领土组合形式

夏、商、周是中国历史上的早期国家,迄今为止对于三代中夏的研究还没有发现直接的文献记载,大家对于这段历史的认识主要依赖夏以后历史文献中的追溯或传说。20世纪中期考古学界在豫西、晋南取得的成果,揭示了夏王朝存在的事实。对于夏王朝实行的政治制度,司马迁称:"禹为姒姓,其后分封,用国为姓,故有夏后氏、有扈氏、有男氏、斟寻氏、彤城氏、褒氏、费氏、杞氏、缯氏、辛氏、冥氏、斟戈氏。"②若依司马迁的记载,几乎可以认为这一时期已经实行分封制了;但更多的历史文献对于夏王朝的追溯,却将这一时期推向由野蛮迈向文明的肇始阶段,氏族为这一阶段的主要社会组织,基于氏族形成的部落、部落联盟乃至方国构成了国家。《吕氏春秋·上德》称"当禹之时,天下万国",用以表明包容在国家之内的构成者之多。目前的研究认为《史记》提及的夏后氏为夏朝王室,有扈氏、有男氏等均为夏后氏的同姓亲属部落,夏王朝之内除同姓亲属部落之外还存在异姓部落。

---

① 参见丁山:《商周史料考证》,中华书局1988年版;陈梦家:《殷虚卜辞综述》,科学出版社1956年版;李学勤:《殷代地理简论》,科学出版社1959年版;邹衡:《夏商周考古学论文集》,文物出版社1980年版;张光直:《商文明》,辽宁教育出版社2002年版;孙亚冰、林欢:《商代地理与方国》,中国社会科学出版社2010年版;宋新潮:《殷商文化区域研究》,陕西人民出版社1991年版。

② 《史记》卷二《夏本纪二》。

氏族是建立在血缘基础上的社会组织,而其形成与发展的必要条件就是空间,即氏族以及以氏族为基础形成的部落原本就拥有土地,因此与夏王室同姓的亲属部落拥有的土地是否如《史记》所载通过分封获得,并没有得到证实,但异姓部落的土地全然与分封无关,即这些部落、方国是携带自己的土地加入夏王朝政权之内的。若从这一角度看待这一时期的国家政治,构成国家的部落、部落联盟、方国拥有的土地不但不是通过分封获得,反而国家是由部落、部落联盟、方国的土地组合而成的。

进入商代,大量甲骨卜辞、彝器铭文的存在使这一时期国家的政治制度与地方管理方式在研究者的探讨中越来越清晰。商代国家的政治空间与地方管理分为内服与外服两个圈层,内服、外服也被称为王畿、四土,王畿与四土均为商王朝版图之内的疆土,而疆土之外则被称为四至。王畿、四土、四至构成的圈层不仅对应着具体的空间地域,而且也存在不同的政治属性与管理方式。属于内服的王畿是商王直接掌控的政治区域,具体管理由商王派遣百官臣卿进行,因此这一区域不实行分封制。王畿的东界为濮阳,东南至商丘、杞县、禹县一线,西北为修武至沁阳一线。王畿之外属于外服,这是商王的间接控制区,主要有诸侯、方国等。商代诸侯身份的获取途径并不相同:第一类由派往当地的职官或军队驻守的据点转变为诸侯;第二类为子弟受封为诸侯;第三类属于归顺商王朝的方国受封为诸侯。三类诸侯中,前两者无论是在商王指派下由职官管理的地方,还是军队驻守的据点,乃至分封给子弟的土地,均来自商王即国家所有,具有真正意义上"裂土封侯"的特征;而第三类归属商王朝的方国则不同,他们拥有的土地不是"裂土"而得,而是通过政治性的归属,将自己的土地纳入商王朝领属之内,与商王朝原有土地组合在一起,构成商王朝版图的一部分。内服、外服以外为四至,这是政治上不受控于商王朝,却在商文化影响范围之内的区域。由王畿、四土、四至构成的空间圈层,是商王朝政治控制与文化影响的基本范围,在这一范围内随着距离政治核心越来越远,商王朝的控制力也逐渐变弱。《尚书·禹贡》中载有五服与九州两套空间系统,其中五服表述的应是商代政权与空间的关系。[1] 从王畿

---

[1] 《尚书·禹贡》:"五百里甸服:百里赋纳总,二百里纳铚,三百里纳秸服,四百里粟,五百里米。五百里侯服:百里采,二百里男邦,三百里诸侯。五百里绥服:三百里揆文教,二百里奋武卫。五百里要服:三百里夷,二百里蔡。五百里荒服:三百里蛮,二百里流。"

向外每五百里为一个圈层,甸、侯、绥、要、荒五个圈层距离渐远,王朝的控制力渐弱,与此对应的是对于国家履行的义务不断减少。当然,五服表现的只是商王朝政权与空间关系的理想模式,事实上商王朝的领土从王畿到蛮荒既不存在如此规整的空间圈层,也未必具备圈层延伸的范围,且在地广人稀、政治力量不足的背景下,商王朝的领土具有不连续分布的特点,无论内服还是外服均存在无人控制的地域,处于原生态,或为外族活动的空间。

历史地理的着眼点在于地理,站在地理学视角审度夏、商两代的政治制度,夏代是否存在分封制尚不能断言,商代确实存在具有分封制特征的土地领属形式。但商代在外服建立的诸侯,与西周时期实行的制度并不完全一致,存在裂土与组合两种形式:裂土是将国家的土地封授予人,组合则将外族的土地纳入国家所属之中。因此这两种形式的分封,在建构国家领土的同时,也决定了商王朝政权对于空间的掌控,具有由具体到形式、由实到虚、由紧至松的基本关系。

(二) 西周时期的分封制与政治地理

西周时期全面实行了分封制。在解读西周分封制及其政治地理格局之前,首先需要简述的是分封制的社会基础与执行方式。分封制的核心是宗法制,而维系宗法制的基础为嫡长子继承制。在分封制的系列中,天子、诸侯、卿大夫自上而下构成不同的层级,无论哪一层级,嫡长子(正室妻子所生长子)均是继承者的唯一选择,嫡长子之外的其他儿子则属于分封对象。周天子处于分封系列的顶点,嫡长子承袭天子之位,其他儿子则被分封为诸侯;诸侯国君嫡长子承袭国君之位,其他儿子则被分封为卿大夫;卿大夫嫡长子承袭大夫之位,其他儿子则为士。父子具有血缘关系,受封之地具有地缘特征,用血缘关系维持地缘政治是分封制的实质,即通过分封令自己人分布在各地,代天子守疆固土。

周人起于西方,自公刘之后迁入关中,并以此为起点,建立了自己的基业。周人灭商之前,属于商王朝统领下的西方小邦,随着武王伐纣,以周代商政治进程的推进,周人的版图不断向东方发展。面对新的政治形势以及东部那片并不熟悉的土地,周人对自己的疆土分别进行管理,这就是位于关中、洛阳及其毗邻地区的王畿与东部的分封之地。《汉书·地理志》载:"初洛邑与宗周通封畿,东西长而南北短,短长相覆为千里。"西周时期以宗周为中心的关中与以成周为中心的洛邑联为一体,构成王畿。王畿与封国不仅拥有各自的空间,而且实行完全不同的管理方式:王畿是西周国家的政治中心,受周王室的直接行政支配;封国则在周天子天下共主的名义下实行独立管理。西周版图之内虽然存在两种管理方式,但两种管理方式拥有的空间却不是对等的:周人起步于关中,故西周初期王畿拥有的空间优于封国之地;随着分封制的逐次推行,封国越来越多,不仅超越王畿之地,且形成明显优势。分封制背景之下,王畿与封国之间空间尺度的变化,不仅仅涉及地理,而且影响政治。

分封制并不是西周首创,但这一政治制度在实行之中却与商代有所不同。西周时期经历了两次分封。站在地理学的视角审度西周的两次分封,伴随变更封地与增加封国,西周经历着版图不断扩展与领属空间不断增大的过程。周武王封同姓宗室周公旦于鲁(河南鲁山)、召公奭于燕(河南郾城)、异姓功臣太公望于吕(河南南阳)①,并将同姓贵族叔鲜封于管(河南郑州)、叔度封于蔡(河南上蔡)、叔处封于霍(山西霍州),号称"三监"以监视殷商遗民,这一分封范围集中在豫中、晋南。分封地的位置应是西周国家能够控制的区域,看得出来这时西周版图还限于王畿周邻之地。成王时期,周公平定"三监之乱",东征成功后,于洛邑营建成周的同时实行第二次分封。这次分封首先更移旧封之地,更封周公之子伯禽至曲阜、太公之子至营丘(山东临淄)、召公至燕(天津蓟州区),并新封康叔于卫(河南淇县)、微子启于宋(河南商丘)、唐叔于晋(山西)等71国,其后又陆续分封至数百国,其控制范围北至辽宁喀左旗、朝阳一带,西抵渭河上游陇东一带,东至于海,南到长江中下游。西周时期宗周、成周是周人的核心区,分封之初也在这一带形成姬姓集团的主要控制地。成王时期周公东征获得成功,将周人控制区大幅度地向东扩展。伴随这次空间扩展,周宗室的封地以更封的形式同步东移,并在周天子王畿之外形成次一级的政治圈层。

西周初期分封制中,受封者包括姬姓与非姬姓贵族,非姬姓贵族多为伐纣灭商或平定"三监之乱"的功臣。无论姬姓还是非姬姓,分封制的实行说明周天子不具备对于天下的全部掌控能力,他直接拥有的实力只能控制王

---

① 傅斯年:《大东小东说——兼论鲁燕齐初封在成周东南后乃东迁》,《国立中央研究院历史语言研究所集刊》二本一分册,1930年。

畿,王畿以外则通过分封委托给他人管理。分封制这一委托政治特点,通过受封仪式中授土又授民两个内容表现得十分清楚。西周早期《盂鼎》铭文称"受民受疆土",说的是受封者不仅得到土地,还同时得到土地上的民众。土地与立足在土地上的民众是两个不同的概念,土地是构成国家的实体,而民众则是支撑国家的基础。正因此,不仅《周礼》载有司空主土、司徒主民,且《左传》也有受封仪式中"聃季授土,陶叔授民"的记载,聃季与陶叔拥有的官职分别是司空与司徒。通过授土、授民,名义上周天子为天下共主,拥有"普天之下,莫非王土;率土之滨,莫非王臣"的权威,但事实上,从天子到诸侯,分封制近似于完全性的财产转移。诸侯不仅仅是封国内民众的管理者,而且是土地实实在在的拥有者,固然天子对于那些不臣服的诸侯拥有夺封与征讨的权力,但这样的权力仅在西周前期表现出实效,此后周天子为"名义共主"的特点越来越明显。西周分封制中,诸侯以下继续分封,但各诸侯国国君对于卿大夫采邑的控制能力却强于周天子对诸侯,这样的关系如西欧中世纪关于附庸的理论所言:附庸的附庸,不是"我"的附庸。经过分封,天子名义上拥有天下,诸侯有国,卿大夫有家,分封制下国家分属于各自拥有实权的受封者,天子、诸侯、卿大夫皆为有土之君,因此天下、国、家具有相对独立的地位,此时的政治具有鲜明的分权特点。故《大学》中有齐家、治国、平天下之语,即构成国家的封地、封国治理好了,天下自然太平。

"普天之下,莫非王土;率土之滨,莫非王臣",当周天子将王土、王臣封给诸侯,国家获得了什么?分封制通过授土、授民将王土、王臣的一部分转移给诸侯,这既是针对国家管理采取的政治制度,也是用利益换忠诚的政治举措。那些获得了王土与王臣的诸侯有义务拱卫王室,代天子守疆固土,并向天子纳贡、协助天子讨伐逆臣,所有这一切都是天子用利益换忠诚的结果。当然,用利益能否换取永久的忠诚,西周王室及其臣子自然考虑过这样的问题,"血浓于水"不仅是今天通行的道理,因此理论上姬姓诸侯比非姬姓诸侯更靠得住,利用姬姓诸侯牵制非姬姓诸侯,是其中一项方略。从诸侯国封地位置的政治地理特点不难看出其中的考虑。

周初封国数量大约在数十到数百之间,《荀子·儒效》称"周公兼制天下,立七十一国",《吕氏春秋·观世》称"周之所封四百余,服国八百余",司马迁《史记》则称"武王、成、康所封数百"①。虽然目前学术界尚不能确定封国数目,但有一点可以肯定,众多封国中姬姓诸侯占有明显的优势。《荀子·儒效》所言"七十一国"中,"姬姓独居五十三人"。李峰根据20世纪以来的考古成果、历史文献确定了部分姬姓封国的位置,《左传》所载西周早期建立的26个姬姓封国(见表9-1)中,周武王少弟康叔所封卫国位于今安阳南40公里处,周公之子所封邢国位于今河北邢台,应国位于今河南平顶山,周公另外两个儿子所封之凡国、胙国分别位于今河南辉县、延津,武王的儿子所封邘国位于今河南沁阳,邘国两侧为武王两个弟弟的封国原(今河南修武)与雍(今河南济源西北),蔡国位于河南上蔡,蒋国位于今河南淮滨,曹国位于今山东菏泽定陶区,距曹国不远的巨野泽南部还有郜国与茅国,这几个姬姓诸侯国分别为武王的两个弟弟与周公儿子的封国,今山东境内还有周公长子伯禽所封位于曲阜的鲁国,以及位于滕县的滕国与位于宁阳的郕国,此外位于今山西境内的当以晋国为要。② 姬姓与周天子同姓,血缘关系使这些诸侯的可信任度高于非姬姓诸侯,其封国地理位置也自然处于关要之地。从上述已确定姬姓诸侯国所在位置可以看出,占有交通优势是这些封国主要的地理选择。其中卫国、邢国、凡国、胙国集中分布在自中原向北延伸于太行山东麓交通大道的关要之处;邘国、原国与雍国位于太行山南段通向山西上党一带的咽喉地带;晋国控制沿汾河谷地通向今山西腹地的道路;韩国位于今山西芮城,这是秦晋两地渡河的关津地带;应国、蔡国、蒋国则位于中原通向淮河流域的关要之处;曹国、郜国、茅国地处中原通向黄河下游必经之路;滕国与郕国位于通向江淮地区的道路上。所有交通冲要地带均具有重要的军事地理与政治地理意义,地处这些地方的姬姓诸侯国不仅承担控制四方、拱卫王室的任务,而且空间上对非姬姓封国形成分割之势,进一步发挥监视、牵制非姬姓封国的作用,其中包括分布在豫东平原中心的宋(今河南商丘)、杞(今河南杞县)、葛(宋、杞两国之间)、戴(今河南民权)、陈(今河南淮阳)、邬(今河南密县)、许(今河南许昌)。③ 这些

---

① 《史记》卷一七《汉兴以来诸侯王年表》。
② 李峰:《西周的灭亡——中国早期国家的地理和政治危机》,徐峰译,上海古籍出版社2007年版,第78—103页。
③ 同上书,第88页。

非姬姓封国与姬姓封国之间的位置关系,清楚地体现了以血缘关系维持地缘政治的政治地理思想。

表9-1　西周早期建立的姬姓封国(据《左传》僖公二十四年)

何人之子	地　方　封　国
文王	管、蔡、郕、霍、鲁、卫、聃、郜、雍、曹、滕、毕、原、酆、郇、
武王	邘、晋、应、韩
周公	凡、蒋、邢、茅、胙、祭

西周时期的王畿与封国是两个政治属性完全不同的区域,王畿是王室直接控制区域,各个封国则通过分封委托给他人管理,这样的委托依靠制度本身以及用利益换忠诚得到的回报,而姬姓与非姬姓封国之间的布局则是利用地理实现进一步保障的措施。姬姓封国既要有拱卫王畿,控制交通冲要的位置,又要起到空间上分割非姬姓封国的作用。因此,西周分封制是政治与空间的结合体,地理不仅仅构成政治的发生地,而且时刻左右着政治的发展进程。

(三) 西周封建制的衰落与政治地理格局的变化

西周前期凭借分封制用血缘关系维持地缘政治,在近200年的时间内维持了国家的稳定,这样的稳定至公元前9世纪开始出现瓦解,而周厉王出奔正是从稳定到瓦解的转折。

西周国家的建立得于分封,国家的衰落也失于分封。分封制导致西周国家衰落的缘由,在历史学界的研究中已经表述得十分清楚,即在这一政治制度持续实行的过程中,滋生在制度内部的离心力不仅动摇了天子天下共主的地位,而且产生了具有号令诸侯力量的霸主。在天子声威下降、霸主或方伯地位上升的变化中,原因虽是多元的,但以土地与人口为核心的权益转移应是其中的关键。西周大规模分封虽然仅限于王朝的初期,但在此后的历史中周天子以各种缘由赏赐给官员或诸侯的财产、土地都造成削弱自己的结果;而在周天子削弱自己的同时,诸侯的力量却在壮大,这样的变化自周平王东迁,历史进入东周社会后越来越明显。经济实力是政治的支撑体。在西周初期,王畿的空间范围远在各诸侯国之上,因此周天子天下共主的地位不仅凭借伐纣灭商的大业奠定了基础,而且由范围广大的王畿提供了经济与物质的有力支撑,故此时"礼乐征伐自天子出"。礼乐规定了社会秩序,征伐涉及生死存亡,无疑这是集中体现政治权威的大事。周平王东迁,关中之地封给秦人,天子王畿只剩成周所在洛阳一带。进入春秋战国时期,王畿缩小的同时,诸侯通过以强凌弱、以大并小的军事行动,完全打乱了原有的土地空间:"春秋之时,国之大者十,其兼并见于经传者:鲁兼九国,齐并十国,晋并二十二国,楚兼四十二国,宋兼六国,郑并三国,卫兼二国,吴灭五国,越又从而有之,秦有周地。"①兼并直接导致部分诸侯国土地与经济实力大增,这样的情况正如《孟子·告天下》"周公之封于鲁为方百里也……今鲁方百里者五"陈述的事实,即自周公初封至战国时期鲁国土地已经扩展了五倍。王畿缩小,诸侯土地扩展,实力此消彼长的变化,不仅使被称为"春秋五霸"的诸侯国君拥有"挟天子而令诸侯"的声威,而且号令天下的话语权也从"礼乐征伐自天子出"转向"礼乐征伐自诸侯出",这正是孔子所哀叹的"礼崩乐坏"时代。事实上分封制下权力的变化并没有到此为止,《论语·八佾》篇载有"八佾舞于庭"之事。一佾即八人为列的舞蹈行列,八佾六十四人,依周礼规定只有天子才能用八佾,诸侯用六佾,卿大夫用四佾,士用二佾。季氏是正卿,只能用四佾,却享用了天子八佾。这样的僭越与无视礼法的现象屡屡发生,不但标志着一些卿大夫的政治地位已经不同于过去,而且"陪臣执国命"也并非仅限于孔子的议论之中②。如《战国策》记载,春秋后期晋国智氏以及赵、韩、魏三家大夫瓜分了范、中行二氏的故地,随之赵、韩、魏又联合在一起打败了智氏,揭开了"三家分晋"的序幕。在诸侯国、卿大夫政治地位逐步上升的同时,王畿缩小的周天子不仅不具备号令天下的声威,而且逐步沦为中等诸侯乃至战国时期大国角逐之中的小国。

另一方面,仅就分封制而言,这一制度的支撑体系为宗法制,西周封邦建国之初,姬姓诸侯非天子子侄即兄弟,均为近缘血亲,几代之后固然同为姬姓这一事实不能改变,但随着时代的推移,诸侯国国君与周天子的血缘关系越来越远,甚至已出五服,周天子作为姬姓家族大宗的地位越来越不稳

---

① 王恢:《中国历史地理》,台湾学生书局1984年版,第654—655页。
② 《论语·季氏》孔子曰:"天下有道,则礼乐征伐自天子出;天下无道,则礼乐征伐自诸侯出。自诸侯出,盖十世希不失矣;自大夫出,五世希不失矣;陪臣执国命,三世希不失矣。天下有道,则政不在大夫;天下有道,则庶人不议。"

固,而由诸侯乃至卿大夫建构的小宗号召力却逐渐提升。时至春秋时期,唯王命是从的时代已然成为过去时,即使是姬姓诸侯此时致力的政治与军事行动也不再服务于天子,其目标在于自身的封土与属民。周天子几乎在同一个时代淡出天下共主与姬姓大宗的地位,依此而存在的分封制也必然走向解体。

郡县制并非从天而降,在各种力量的较量中,它破土而生。春秋时期王畿与诸侯国各自领属的空间不仅存在此消彼长的变化,而且诸侯国的数量经历着由少至多,又由多至少的历程。从地理角度审视分封制下诸侯国数量的变化,由少至多的分割,其基础来自王畿,是王畿空间减少、封国空间增长的过程;由多至少的兼并,则是空间从众多封国向少数霸主手中集中的过程。当国家政治保持在众多封国的时期,伴随王畿减少,王权固然在削弱,但尚能维持其声威;而权力向少数具有霸主地位的封国集中,则成为分封制的离心力,这些霸主不但具备了号令诸侯的实力,而且拥有与王室分庭抗礼的力量。领土是政治、经济实力的载体,政权的力量来自它的领土,以及植根于领土上的资源与人口,因此当中国历史进入战国时期,天子经过土地的不断分割,已经沦为弱小诸侯。齐、楚、秦、燕、赵、魏、韩七雄之外,尚存宋、鲁、中山、卫、郑、越、巴、蜀、莒等国,这时凭借分封制分割天子属下土地的现象已经不存在,但建立在这一制度下的卿大夫采邑依然如旧,目睹天子天下共主地位逐步丧失的诸侯国君,深切地意识到战争中新增长的土地继续授予卿大夫的后果,于是不同于分封制的政治制度——郡县制逐渐萌生。郡县制作为全国性的政治制度出现于秦代,但制度的产生与实施却早在战国乃至春秋时期。

二　郡县制与地方行政管理

郡县制具有集权政治的特点,在这一政治体制下中央与地方属于统辖与被统辖关系,各级地方政府对于所管辖的土地不具备独立的权力,它们代表中央管理地方的政治、经济、军事以及民事,管理对象是土地上的人民,而官员自身不是土地的拥有者,因此"普天之下,莫非王土;率土之滨,莫非王臣"虽然并没有在分封制时代真正实现,却成为郡县制时代的特征。郡县制下,中央统辖地方依托各级行政区。所谓行政区,就是国家为了实现地方管理,依据一定原则将国土划分为不同层级的地域单元,每个地域单元由中央派官从事管理,通过行政区土地与管理者结合为一体,真正具有《周礼》中"体国经野,设官分职"①所表述的内涵。

分封制下,天子、诸侯、卿大夫均为有土之君,每一个受封者不仅政治上保持相对独立,而且对自己的封土实行独立管理。郡县制则不同,中央派往各地的官员是代表中央且执行中央旨意的管理者,而不是土地与民众的拥有者。两种不同的政治制度下中央面临的问题完全不同,以集权政治为特征的郡县制,中央集权与地方分权的关键在于中央赋予地方官员的权力以及权力的附着体——行政区,行政区空间大小与边界选择决定着官员施政区的资源禀赋,中央给予地方官员权力的大小以及中央对于地方官员的制衡措施则直接影响政权的稳定与疆土的完整。因此,行政区以及执掌行政区的官员在整个郡县制政治体制中具有至关重要的地位,他们不仅仅是施政的空间单元与中央旨意的执行者,更是国家肌体的构成者。正因为如此,以行政区为核心产生的政治地理格局不仅成为历代政治家思考的要点,对于当代同样具有借鉴价值。

1978年中国进入改革开放,针对选择何种经济模式出现"摸着石头过河"的提法,事实上"摸着石头过河"不仅限于经济模式的探讨,历史每前进一步都存在"摸着石头过河"的经历。行政区以及中央对于地方管理的方略也是如此,最初并没有可参照之物,在中央与地方的较量中,在权力与空间的结合中,逐渐形成一套成熟的行政区管理体系。

(一) 秦代郡县制的实行与一级行政区的变化

郡县制萌生的时代虽早,但真正作为全国的政治制度却开始于秦代。郡县制取代分封制是中国历史上重大的制度性变革。行政区的层级与行政区的数量是官员权力的载体,秦代采取郡、县两级行政区进行管理,县一级行政区1000多个,保持相对稳定,郡一级行政区数量却有过多次变动。

秦完成统一后马上确定郡县制作为整个国家的政治制度,《史记·秦始皇本纪》载始皇二十六年(前221)初并天下,"海内为郡县,法令由一

---

① 《周礼·天官·叙官》。

统",并"分天下以为三十六郡"。各个行政区层级中,显然一级行政区的设置事关社稷,且是权力与空间纠结的核心,因此厘清秦郡的数量与变化是把握秦代政治地理格局的关键之处。秦以后,几乎各代都留有研究秦郡的著述,其中"三十六郡"之说虽载于《史记》,但传世史籍中明确记述三十六郡的名称却始于刘宋时期裴骃的《史记集解》。① 裴骃"三十六郡"之说在很长时间内为史家所认同。② 清康熙年间考据学兴起,清代考据学家始对裴骃"三十六郡"说提出异议,但各家之间存在分歧与矛盾,这些争论不仅始终不能厘清所有疑问,且互存抵牾。③ 近年考古学界发现里耶秦牍中提到洞庭郡④,张家山汉墓竹简的秦朝文书中记有苍梧郡⑤,这些传世文献中从未涉及的郡名又为已存疑惑的秦郡增添几分迷离。探求秦郡的著述屡有问世,其中辛德勇《秦始皇三十六郡新考》的观点颇具见地。

辛德勇在重新回归裴骃"三十六郡"说的同时,提出秦郡经历了四十二郡、三十六郡到四十八郡的数目变化,穿插其中的既有郡境的分合,也有疆土的拓展。

如上所述,秦始皇确定"分天下以为三十六郡"之前,秦朝已经实行"海内为郡县,法令由一统"的治国方略,四十二郡的出现就在这一时期。因此,继此之后出现的三十六郡,并不是兼并六国土地的自然结果,而是与"车同轨,书同文"等一系列开国规划同时实施的举措。划定三十六郡,必然需要对始皇二十六年之前已经设置的郡裁撤并改,一个问题自然呈现出来:为什么不能继续实行四十二郡,而求三十六郡之数?辛德勇的研究在政

---

① 《史记》卷六《秦始皇本纪》集解:"三十六郡者,三川、河东、南阳、南郡、九江、鄣郡、会稽、颍川、砀郡、泗水、薛郡、东郡、琅邪、齐郡、上谷、渔阳、右北平、辽西、辽东、代郡、巨鹿、邯郸、上党、太原、云中、九原、雁门、上郡、陇西、北地、汉中、巴郡、蜀郡、黔中、长沙凡三十五,与内史为三十六郡。"

② 《晋书·地理志》、南宋王应麟《通鉴地理通释》、元人方回续撰《古今考》以及胡三省注《资治通鉴》,直至明末清初顾炎武的《读史方舆纪要》等重要著述一直沿用裴骃的说法。

③ 自陈芳绩始启端绪(陈芳绩:《历代地理沿革表》,台北新文丰出版公司1984年版),继其后的学者有全祖望、王国维等,至谭其骧总其大成(谭其骧:《秦郡新考》,《长水集》,人民出版社1987年版)。

④ 张春龙、龙京沙:《湖南龙山里耶战国——秦代古城一号井发掘简报》,《文物》2003年第1期。

⑤ 张家山二四七号汉墓竹简整理小组:《张家山汉墓竹简》之《奏谳书》释文注释,文物出版社2001年版,第223—224页。

治之外，看到了一个隐形却对秦郡数目起支配作用的因素，这就是中国历史时期盛行的神秘数字。中国古人把从一到十这十个自然数中的五个奇数称为天数或阳数，把另外五个偶数称为地数或阴数，分别作为象征天、地的神秘符号；其中天三地四两数，为真正的天地数；天九地八两数分别为最大的天数和地数，即阳极和阴极之数，也是真正天地数的极数。十以上的神秘数字，原则上须是以天三地四或天九地八两数之积，即十二或七十二作为基数的数字。天三地四为真正天地数的来源，与古代天圆地方的观念以及几何学中圆方面积的比数有关。三、四两数，应是圆、方之形的象征数字，这是因为当圆的直径与方的边长相等时，圆与方的面积之比为三比四，故分别以三、四两字来象征圆天方地。三、四两字相乘所得出的积数"十二"，被古人视为"天之大数"①。正由于十二为天地互乘之积数，可以视作天地六合的表征，秦始皇一统天下之后，以为自己服膺天命，基于十二这一象征天地之积的数字，划分天下为三十六郡。为了满足三十六郡，裁撤并改，并非仅限于一种途径。其中之一，属于沿承，后直接由秦郡沿续为汉郡。在《汉书·地理志》中，这一类秦郡，在对应的汉郡下，标注"秦置"或"故秦某郡"等字样。第二类表现为分割，即一郡分割为两个或两个以上秦郡，其中一郡沿用原来的郡名，另一郡则重新命名。沿用旧名的秦郡，一如第一类，在相对应的汉郡下注明"秦置"或"故秦某郡"等字样；而分出的另一秦郡，则不再标注为秦郡。这是因为《汉书·地理志》追溯建置沿革，只反映秦始皇所划定的这三十六郡，以及始皇二十六年以后新拓岭南地区所置南海等三郡，其余始皇二十六年以后的秦代建置一律不予表述，故凡汉初沿承的这类秦郡，一律标注为高帝所置。第三类比较复杂也很特殊，且仅限于黔中郡。秦始皇二十七年分别将三十六郡中黔中、长沙两郡改名为洞庭和苍梧郡，秦末或楚汉之际黔中郡被合并到长沙郡，汉初又在黔中旧境设立武陵郡，此时乃是割长沙郡地以分置，而长沙郡本是秦始皇三十六郡之一，自身有清楚的沿革起点，所以《汉书·地理志》中的武陵郡沿革便被记为"高帝置"②，从而丧失了其前身本为秦三十六郡中黔中郡的身份。（图9-1）

秦三十六郡研究之所以为各代学者留下疑义，不仅来自《汉书·地理

---

① 《左传》哀公七年。
② 《汉书》卷二八上《地理志上》。

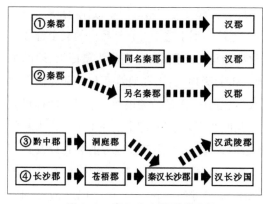

图9-1 秦三十六郡形成途径

《志》对三十六郡记述方式导致的迷惑,而且对于哪些郡隶属于三十六郡也存有分歧,其中内史就是一例。内史是秦朝在京城咸阳周围地区设置的郡级政区,相当于后世的首都特别行政区。内史虽然较一般郡级政区特殊,但三十六郡基于天地之数十二而来,既然是象征天地之积,就理应涵盖普天之下每一块土地,京畿重地更不应该轶出天覆地载之外而不预于这一成数。所以,始皇二十六年"分天下以为三十六郡",必定要包括内史在内。此外裴骃三十六郡列有鄣郡,其他文献却出现"故鄣郡",后人一贯认为"故"字指过去,鄣郡是本名,其实此郡的真正名称就是故鄣郡,因此三十六郡有故鄣郡,而无鄣郡。另外,三十六郡包括九原郡,而且根据传世秦封泥,泗水郡秦代应称四川郡,三川郡应为叁川郡,辽东郡为潦东郡,辽西郡为潦西郡。(图9-2)

经过研究与改订,裴骃所说秦始皇二十六年始并天下时划定的三十六郡应为如下诸郡:

内史	叁川	河东	陇西	北地	上郡	汉中	巴郡
蜀郡	九原	云中	雁门	代郡	太原	上党	上谷
渔阳	右北平	潦西	潦东	邯郸	巨鹿	东郡	齐郡
琅邪	南阳	颍川	砀郡	四川	薛郡	南郡	九江
故鄣	会稽	黔中	长沙				

秦始皇三十三年攻取岭南后,也征服了东越,并在越人故地设置南海、桂林、象郡和闽中四郡;同时,为保持以十二为基数的郡制,根据不同的实际需要,对旧郡进行了调整,重新析分始皇二十六年并入其他郡内的恒山、河内、济北、胶东(原即墨)、淮阳五郡,又从面积较大的郡内分出东晦、衡山、庐江三郡,合之共新增十二个郡,与原有的三十六郡加在一起,最后调整为

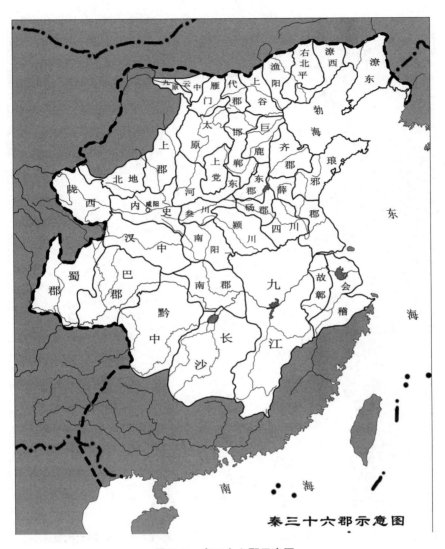

图9-2 秦三十六郡示意图

如下四十八郡(图9-3①):

内史	叁川	河东	河内	陇西	北地	上郡	汉中
巴郡	蜀郡	九原	云中	雁门	代郡	太原	上党
上谷	渔阳	右北平	辽西	辽东	恒山	邯郸	巨鹿

---

① 图9-1、9-2、9-3来自辛德勇:《秦始皇三十六郡新考》,《文史》2006年第1—2期。

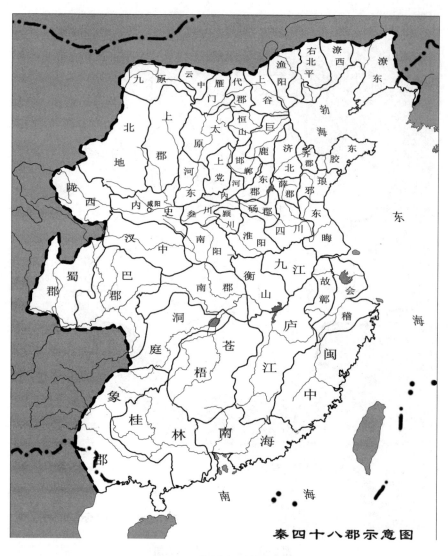

图9-3 秦四十八郡示意图

东郡	济北	齐郡	胶东	琅邪	南阳	颍川	淮阳
砀郡	四川	薛郡	东晦	南郡	衡山	九江	洞庭
苍梧	庐江	故鄣	会稽	闽中	象郡	桂林	南海①

---

① 辛德勇:《秦始皇三十六郡新考》,《文史》2006年第1—2期。

秦三十六郡研究属于学术问题,秦代设置三十六郡却是涉及中央集权与地方分权的重大政治举措。秦代制定的郡县制不仅为后世所继承,构成郡县制核心的行政区划与地方行政管理也为后世所本,各朝代在历史的时空中不断寻求政治与空间最良性的结合方式。

(二) 汉代郡国并治与行政区管理

西汉王朝秉承秦代的政治制度,实行郡县制,行政区为郡、县两级,一级为郡,二级为县。但是汉代与秦代的政治制度并不相同,其关键之处在于对待封建的态度:秦人尽管封侯,但不立邑;汉代则既封侯也立邑。因此西汉前期实行的是不完全的郡县制,中央掌控的郡与具有较大政治独立性的国并立,成为西汉前期政治的突出特点。至汉武帝时期实行推恩令,王国的权力大幅度缩减,国家政治进入真正意义的郡县制阶段。西汉前后两个阶段国家政治面临不同的问题,针对行政区管理的对策也各有所重,前期重于削藩,后期重于监察。

1. 郡国并治与针对王国的削藩举措

西汉前期实行郡国并治始于楚汉之争时,《史记·淮阴侯列传》载:汉四年,韩信降服且平定了整个齐国,"使人言汉王曰:'齐伪诈多变,反覆之国也,南边楚,不为假王以镇之,其势不定。愿为假王便。'当是时,楚方急围汉王于荥阳,韩信使者至,发书,汉王大怒,骂曰:'吾困于此,旦暮望若来佐我,乃欲自立为王!'张良、陈平蹑汉王足,因附耳语曰:'汉方不利,宁能禁信之王乎?不如因而立,善遇之,使自为守。不然,变生。'汉王亦悟,因复骂曰:'大丈夫定诸侯,即为真王耳,何以假为!'乃遣张良往立信为齐王,征其兵击楚"。司马迁生动地展现了韩信请封假王的过程,显然韩信封王并不是刘邦情愿之事,故唐人颜师古就此事说:"因信自请为假王,乃立之耳,故曰非君王意。"①韩信仅是楚汉战争中被封的异姓王之一,汉高帝五年(前202)汉王朝开国之初,刘邦正式分封七位异姓功臣为王,并陆续封其他有功之臣为彻侯,建立与县相当的侯国。

刘邦这次分封实属迫不得已,南征北战中这些功臣拥兵据地,已经具备

---

① 《汉书》卷一下《高帝纪下》颜师古注。

割据之实,分封不过是对事实的承认。汉初的分封不仅不是刘邦的意愿,且对国事初定的汉王朝而言也存在着再度分裂的危险,仅就一级行政区——郡而言,七国共领支郡二十二,中央直接统辖二十四郡,异姓王封地俨然占了半壁河山。为了加强中央集权,西汉立国次年刘邦即着手剪除异姓王。然而,西汉分封诸王的历史并没有随着异姓王的剪除而结束,刘邦时代取代异姓王的是九个同姓王,受封者均为刘姓子弟。刘邦在世时同姓王对于国家的威胁并没有表现出来,刘邦之后的继承者则面临着诸王犯上作乱的威胁,故汉文帝时针对诸侯实力的壮大,贾谊提出"欲天下之治安,莫若众建诸侯而少其力"①的主张。汉景帝时晁错提出削藩策,事见《史记》:晁错"迁为御史大夫,请诸侯之罪过,削其地,收其枝郡"②。削藩策直接触动了诸侯的利益,由此引发了以"清君侧"为借口的吴楚"七王之乱"。面对这场突如其来的叛乱,景帝还是杀了晁错,但叛乱平定之后为了保证中央集权,仍继续执行削藩之策,收夺王国支郡,取消诸侯"自置吏""得赋敛"两大特权。汉武帝即位后,采纳主父偃的主意实行推恩令。"武帝施主父之册,下推恩之令,使诸侯王得分户邑以封子弟",其结果"不行黜陟,而藩国自析"③,即推恩令改变了原来只有嫡长子继承王位的制度,所有王子均可获得封地,但封地来自王国的土地,且所建侯国归周围汉郡所有。政策实行后,"故齐分为七,赵分为六,梁分为五,淮南分三,及天子支庶子为王,王子支庶为侯,百有余焉"④。王室子嗣颇多,推恩令实行不久,在诸王子蚕食下,王国的实力急速削弱,几同一郡之地,再无与中央分庭抗礼的能力。

西汉时期,从剪除异姓王到同姓王分封后众建诸侯、削藩以及推恩令等一系列针对诸侯政令的推行,旨在加强中央集权、削弱诸王权力、弭除割据之患,各代政令削藩的方式不同,或强行夺权,或消融诸王实力于子嗣蚕食中,至汉武帝时期结束了西汉前期百年内不完全郡县制的历史。

西汉前期实行分封的土地约占东部半壁河山,针对西汉分封的特征,周振鹤的研究指出,汉代的封建与西周的封建有实质的区别,西周为层层封

---

① 《汉书》卷四八《贾谊传》。
② 《史记》卷一〇一《袁盎晁错列传》。
③ 《汉书》卷一四《诸侯王表》。
④ 《史记》卷一七《汉兴以来诸侯王年表》。

建,汉代封建只及一层,诸侯王国之下依然实行郡县制,即每个王国另有三四个、五六个郡不等。因此汉代的分封只是郡县制的变形,其行政体系如下图(图9-4):

图9-4 汉代行政区体系

汉代的封建虽然仅及一层,但受封的诸侯王与列侯均为"有土之爵",并具有"自置吏"(自行任命官员)、"得赋敛"(收取租赋)这两项涉及行政与财政的权力。① 诸侯王凭借这些权力不仅拥有独立政治的资本,且具备与中央分庭抗礼的实力,因此西汉前期国家政治用力最多的是解决来自诸侯王的割据之患,经文帝、景帝至武帝,诸侯王权力逐步削弱,在失去政治独立实力的同时被国家置于中央的掌控之下,形同一郡之地位。至此,国家政治制度结束了不完全郡县制,进入实实在在的郡县制时期。西汉后期的行政体系调整如下图所示(图9-5):

图9-5 西汉后期行政体系调整

2. 两汉时期视察区、监察区、治安区、行政区的划分与地方行政管理

汉高祖时郡级政区在60个上下②,自汉武帝时期实行推恩令起,王国与郡不断增多,加之武帝广开三边增置的二十多个新郡,至太初元年(前104)全国共有109个郡国,后调整为103个。行政区既是执行中央旨意从事地方管理的空间实体,也因官员手中拥有的权力而对中央构成离心力。出于这样的原因,行政区既是中央管理地方的依靠对象,也是国家维持中央

---

① 周振鹤:《中国地方行政制度史》,上海人民出版社2005年版,第40—41页。
② 周振鹤:《汉郡再考》,《学腊一十九》,山东教育出版社1999年版,第55—71页。

集权的防范对象,因此汉以前即设置了针对官员的监察机构,汉代继续完善监察制度的同时,又与空间结合设定了监察区。与历史上任何制度的实行一样,监察区的设置并非一步而成的,而且在政治与权力之间反复周旋,不仅经历了视察区、监察区的变化过程,而且与治安区、行政区交融在一起,令后世探究事实与真相的努力陷入重重迷雾之中。

拨云驱雾的学术探讨经历了几代人的努力。20世纪30年代顾颉刚撰写《两汉州制考》①,谭其骧也陆续发表相关研究②,这些研究后来经谭其骧整理补充,写入《中国大百科全书》③,曾一度被学术界视作定论。但汉代监察区经历了复杂的变化过程,梳理历史文献,有关记载并不像已有研究结论那样简单划一。十三刺史部的设立,本是西汉政治中的重大举措,恰好发生在司马迁撰写《史记》的年代,《史记》当中理应有所记述。可是令人遗憾的是,太史公所撰《今上本纪》早已佚失不传,今本《史记》之《孝武本纪》,乃是两晋间人用《封禅书》补缀而成的赝鼎。④ 因此,在今本《史记》中找不到有关十三刺史部的记载。传世文献中最早记述汉武帝十三刺史部设置情况的史料,是东汉班固编纂的《汉书》。《汉书·地理志》对十三刺史部有如下记载:

> 汉兴,因秦制度……至武帝攘却胡、越,开地斥境,南置交阯,北置朔方之州,兼徐、梁、幽、并夏、周之制,改雍曰凉,改梁曰益,凡十三部,置刺史。⑤

顾颉刚认为《尚书·禹贡》九州,即冀州、兖州、青州、徐州、扬州、荆州、豫

---

① 顾颉刚:《两汉州制考》,《国立中央研究院历史语言研究所集刊》外编《庆祝蔡元培先生六十五岁论文集》,1934年,第855—902页。
② 谭其骧:《两汉州制考跋》,《长水集》,人民出版社1987年版,第43—47页。
③ 谭其骧:《两汉州部》,初刊于《复旦学报》1982年第5期,收入《中国大百科全书·中国历史》,大百科书出版社1992年版,第581—583页。其基本内容为:武帝元封五年(前106)时,设十三刺史部,每部置一刺史,掌刺察一部的郡国长吏和强宗豪右,"十三部中有十一部采用了《禹贡》和《职方》州名,都叫做某州刺史部,因此习惯上又以一部为一州,合称十三州"。这十三刺史部的正式名称是:冀州、兖州、青州、徐州、扬州、荆州、豫州、益州、凉州、幽州、并州、交阯、朔方。这十三部不包括京畿地区。至征和四年(前89),又设置司隶校尉一职,掌察举京师百官和近畿七郡。十三刺史部加司隶校尉属区,全国总计十四个监察区。
④ 余嘉锡:《太史公书亡篇考》,《余嘉锡论学杂著》,中华书局1963年版,第26—31页。
⑤ 《汉书》卷二八上《地理志上》。

州、梁州、雍州(汉武帝改雍州为凉州,改梁州为益州),加《周礼·职方》九州中的幽州和并州,再加上北逐胡人和南征越人后分别设置的朔方和交阯两个刺史部,合之即为十三刺史部。令学术界困惑的是十三部并不能解释《汉书》相关记载的矛盾,这一切都告诉我们,历史的真相也许更为复杂;面对这些,顾颉刚、谭其骧等学者也曾存在疑惑,但最终还是将其整合在上述系统之中。打破传统观点,将研究引向新阶段的是辛德勇《两汉州制新考》①。

针对上述疑问,辛德勇《两汉州制新考》获得了接近事实的认识,即西汉时期作为监察区的刺史部设置并非一步到位,其间经历了从视察区到监察区,并与治安区、行政区交融的过程,因此武断地肯定汉武帝元封五年设十三刺史部,必然出现上述疑问与矛盾。

君王监察地方的制度,始自战国时期。与监察制度相平行,战国时期还施行君王视察地方的制度;与这一制度相关,西汉各州就是从汉文帝前元十二年(前168)作为视察区出现的,当时州域依《禹贡》冀、兖、青、徐、扬、荆、豫、梁、雍九州设置并划分,但各州作为视察区的时间很短,一年之后文帝又将其用作监察区域,派遣官员分州出刺诸郡,九州视察区由此与监察区合而为一。

汉武帝元封三年改州名为冀、兖、青、徐、扬、荆、豫、益、凉、幽、并以及中州十二个州。十二州中凉州为雍州所改,幽州、并州、中州为新增三州,其中需要解读的是中州。"中州"之名不在《禹贡》九州与《周礼·职方》九州之列,范围包括河东、河内、河南三河之地以及三辅、弘农,其地由司隶校尉管辖。为什么汉武帝改九州为十二州?仅仅是简单的增益问题吗?历史事件背后的支配力量往往是政治,汉武帝改行十二州,与元鼎年间的"广关"以及拓边举措相关。"关中本位"是秦汉两代重要的地缘政治思想,关中原本指秦人赖以崛起的关中平原,后随秦国疆域扩展,扩大至包括今陕北、陇东和巴蜀地区在内整个西部区域的"大关中"。"扼天下之亢而拊其背"②,"独以一面东制诸侯"③,依托关中控御关东是"关中本位"的要旨,基于这

---

① 辛德勇:《两汉州制新考》,《文史》2007年第1期。
② 《汉书》卷四三《刘敬传》。
③ 《史记》卷五五《留侯世家》。

一思想,汉武帝迄至元鼎年间,将大关中区域北部的东界,由以临晋关(今陕西省大荔县)为标志的黄河一线向东推进至太行山一线;中部区域的东界,由旧函谷关(今河南省灵宝市)向东推进至新函谷关(今河南省新安县);南部区域的东界,由四川盆地东南缘向东南推进至柱蒲关、进桑关一线的滇桂、黔桂间山地。① "广关"的目的是什么? 说到"广关",楼船将军杨仆有大功,耻为关外民,故请求武帝移关之事②已成众所周知的函谷关由旧址移向新址的缘由。但冷兵器时代据险设关绝非儿戏,仅凭一个将军的请求就移动关址,稍加思考就会觉得不可思议。其实"广关"的目的从属于汉武帝重新布局天下的宏观战略,十二州虽然不是行政区却具有整合行政区的作用,通过增大关中区域的范围,特别是函谷关东移和太行山以西地区划入关中,与中央直接掌控的关中地区扩展同步,强化了朝廷依托关中控制关东地区这一基本治国方略的力度。从汉武帝"广关"的真实目的回顾杨仆请求移关之事,此事若确实存在,焉知杨仆不是托儿呢?

汉武帝时期疆土也有了重大变化,卫青率军大举反击匈奴,收复了为匈奴人占据的河南地③,重新在阳山上设立边防线并完成了西面对于河西四郡的控制,拓展了西部地区的境土,且取得了位于岭南的南越之地以及今福建所在的东越,恢复了秦朝旧有的领土,又在辽东及朝鲜半岛设置了乐浪、临屯、玄菟、真番四郡,使西汉王朝的政治地理格局较开国之初广有增益,这一切正是汉武帝改行十二州的地理背景。当然,"广关"仅具备了地理基础,而以王都为核心,营建理想的政治结构,并强化中央集权则是其主要用意。《禹贡》九州中冀州为中心,西汉都城长安所在的雍州僻处全国西北一隅,汉武帝将河东、河内、河南这三河地区划入京师所在的"中州",就可以在形式上使帝都及京畿地区与"天下之中"联系到一起,接近全国疆域的几何中心。从国家政治的角度审度与"广关"相伴行的十二州,国家安全与加强中央集权两项目标均包含其中。

元封三年汉武帝所设十二州,地域范围大致如下所列:

---

① 这两座关口的具体位置,应当分别是牂牁(又作牂柯)郡东境控制牂牁江和麋水这两条重要水上通道的关隘,还需详细考察。
② 《汉书》卷六《武帝纪》唐颜师古注引应劭语。
③ 位于今内蒙古河套地区,因位于当时黄河干流以南,古有此称。

【中州】京兆尹　左冯翊　右扶风　弘农郡　河内郡　河南郡
　　　　河东郡
【凉州】陇西郡　金城郡　天水郡　安定郡　武威郡　张掖郡
　　　　酒泉郡　敦煌郡
【并州】太原郡　上党郡　雁门郡　代　郡　定襄郡　云中郡
　　　　西河郡　朔方郡　五原郡　北地郡　上　郡
【冀州】常山郡　赵　国　魏　郡　中山国　真定国　巨鹿郡
　　　　广平郡　清河郡　信都郡　河间国
【兖州】东　郡　陈留郡　淮阳国　定陶国(济阴郡)　山阳郡
　　　　泰山郡　东平国　城阳国
【豫州】颍川郡　汝南郡　沛　郡　梁　国
【荆州】南阳郡　南　郡　江夏郡　武陵郡　长沙国　零陵郡
　　　　桂阳郡
【益州】武都郡　汉中郡　广汉郡　巴　郡　蜀　郡　越巂郡
　　　　犍为郡　牂柯郡　益州郡
【幽州】上谷郡　渔阳郡　右北平郡　辽西郡　辽东郡　玄菟郡
　　　　乐浪郡　涿　郡　广阳国　勃海郡
【青州】平原郡　济南郡　千乘郡　齐　郡　甾川国　北海郡
　　　　高密国　胶东国　东莱郡
【徐州】琅邪郡　东海郡　楚　国　临淮郡　泗水国　广陵国　鲁国
【扬州】六安国　九江郡　庐江郡　丹阳郡　会稽郡　豫章郡
　　　　郁林郡　苍梧郡　南海郡　交阯郡　合浦郡　九真郡
　　　　日南郡

这新设的十二州最初应当与过去的九州一样，首先是视察区，同时也是监察区。

元封五年，汉武帝在十二州的基础上，设置冀州、兖州、青州、徐州、扬州、荆州、豫州、益州、凉州、幽州、并州和朔方、交阯十三刺史部，作为专门的监察区，其中朔方、交阯两个刺史部分别由并州、扬州界内分置，其余诸刺史部则与原来作为监察区的各州完全重叠。自此每刺史部设置一员固定的刺史，十三刺史部也作为常设的监察区。就空间与政治而论，十二州与十三刺史部是既有区别又相互交错重叠的两套区划。征和四年(前89),武帝又设置司隶校尉,负责中州区域的治安纠察,使这一区域成为维护京畿地区社会秩序的特别治安区。这样,在西汉大部分时期内,共存在十四个大的政治区域。

与十三刺史部处于不同系统的州,汉平帝初年又有了新的变化。平帝元始年间(1—5)交阯刺史部辖区已经演变为独立的一州,与原有的冀、兖、青、徐、扬、荆、豫、益、凉、幽、并、中州十二州合在一起共十三州。十三州仅是实行时间不长的制度,元始五年依王莽的主张,"以经义正十二州名分界"①,改十三州为冀、兖、青、徐、扬、荆、豫、益、雍、幽、并、交州十二州。

王莽新朝的州制变化较多,新莽始建国四年,复又"州从《禹贡》为九"②,合并疆域中部的冀州、兖州、荆州、豫州四州为一州,周边环绕以青州、徐州、扬州、交州、益州、雍州、并州诸州和由幽州改名的平州。中央这一大州,复又划分为东、南、西、北、中五部。但这一制度并没有施行多久,似乎很快就又恢复了西汉末平帝元始五年的十二州制,同时还出现了将州名改为以州域内的古国名来命名的现象。

建武十八年(42),东汉光武帝在全国设立豫州、冀州、兖州、徐州、青州、荆州、扬州、益州、凉州、并州、幽州诸州,加上司隶校尉所领辖的中州,共十二个州,但未在岭南地区设州,而是代之以地位略低于诸州的交阯刺史部,总计十三个大的政治区域。兴平元年(194),汉献帝分凉州河西四郡置雍州;至建安八年(203),献帝复允准将交阯刺史部改设为交州,东汉州数增至十四。至建安十八年,曹操又操纵移并此十四州,"复《禹贡》九州"③,但《禹贡》梁州区域仍沿用汉代名称作益州,即划为冀州、兖州、青州、徐州、扬州、荆州、豫州、雍州、益州九个州。曹操九州具体的州域划分,不尽符合《禹贡》的记述。从曹操复九州到加九锡仅隔四个月,到曹丕受禅也不过七年。两汉州制的演变,至此宣告终结。

一种制度设置的初衷往往随时间进程而在实施中发生变化,两汉时期的州制也是如此。西汉初年州的设置原本是以加强中央集权为目的对地方

---

① 《汉书》卷九九《王莽传》。
② 同上。
③ 《后汉书》卷九《孝献帝纪》。

官员加以监督,故后来的变化也必然从偏离最初监察区的本意开始,到彻底改变州的性质,变监察区为行政州终。西汉时期从九州到十二州,州兼有视察区与监察区的特点,虽然视察区以针对官员的巡视为职能,但巡视官并不是常设官。自汉武帝元封五年设十三部,每部设置一员固定的刺史,十三刺史部成为常设的监察区,并与负责中州区域治安的司隶校尉共同构成十四个大的政治区域。设置监察区的目的在于对官员的控制,因此最初刺史的职权仅局限于"以六条问事,非条所问,即不省"①。监察区固然针对官员的监督而设置,但一旦变为固定区域,其职权必然不同以往。为防止诸部刺史转化为专擅一方权力的封疆大吏,尽管刺史秩级大大低于其所监察之郡国守相,即刺史秩级为六百石,而郡太守等职为二千石②,仍令其以卑临尊,即期望利用刺史"秩卑而命之尊,官小而权之重"的特点,使其与郡国守相之间形成"大小相制,内外相维"的行政运作机制③。但至迟在宣帝时期,刺史已开始渐次参与所监察区域内的地方行政事务,涉及宣风化、荐人才、试诸生、问得失、徕流民、怀蛮夷、督盗贼、察藩国等诸多领域,即刺史逐渐地方官化。④ 刺史职能转变的突出标志,是西汉成帝绥和元年(前8),鉴于诸部刺史事实上已经"居牧伯之位,秉一州之统",于是干脆"罢部刺史,更置州牧",并将其秩级由六百石提升至二千石。⑤ 这一切正如顾颉刚所说,意味着州也成了最高的行政区域了,即部刺史凭借皇帝使者与固定的监察区而拥有了行政长官的职能,朝廷只能对事实给予认同。虽然汉哀帝建平二年

---

① 《汉书》卷六《武帝纪》颜师古注引《汉旧仪》云初分十三州,假刺史印绶,有常治所。常以秋分行部,御史为驾四封乘传。到所部,郡国各遣一吏迎之界上,所察六条"。《汉书》卷一九《百官公卿表》颜师古注引《汉官典职仪》云刺史班宣,周行郡国,省察治状,黜陟能否,断治冤狱,以六条问事,非条所问,即不省。一条,强宗豪右田宅逾制,以强凌弱,以众暴寡。二条,二千石不奉诏书遵承典制,倍公向私,旁诏守利,侵渔百姓,聚敛为奸。三条,二千石不恤疑狱,风厉杀人,怒则任刑,喜则淫赏,烦扰刻暴,剥截黎元,为百姓所疾,山崩石裂,祆祥讹言。四条,二千石选署不平,苟阿所爱,蔽贤宠顽。五条,二千石子弟恃怙荣势,请托所监。六条,二千石违公下比,阿附豪强,通行货赂,割损正令也"。

② "汉兴省之,但遣丞相史分刺诸州,无常官。孝武帝初置刺史十三人,秩六百石。成帝更为牧,秩二千石。"(《后汉书》卷二八《百官志五》)

③ [清]顾炎武:《日知录》卷九"部刺史"条。

④ 周长山:《汉代地方政治史论——对郡县制度若干问题的考察》,中国社会科学出版社2006年版,第76—93页。

⑤ 《汉书》卷一○《成帝纪》、卷八三《朱博传》。

(前5)夏,朝廷复又"罢州牧,复刺史"①,但刺史的权限已经不可能完全缩回到汉武帝初设这一制度时的情况,结果恢复刺史官职仅仅四年,哀帝元寿二年(前1)便又重新改设州牧。② 稍后汉末王莽"以经义正十二州",自然更要行《尧典》的十二州牧制度。故至东汉年间光武帝建武十一年"省朔方牧,并并州"③,建武十八年复"罢州牧,置刺史"④,都是监察区作为行政州存在的证据。这时光武帝刘秀虽然恢复了武帝时期的刺史制度,但刺史已经不再如西汉时期自行"诣京都奏事",改而"但因计吏"⑤,地方官化的趋向相当明显。除交阯之外其余设立为州的刺史部,刺史实际行使的职权更已大大超越汉武帝时期的定规。

由监察区转向行政区,且在郡之上添加更高一级的行政层级,是帝王最不希望出现的局面,但最终这样的结果还是不能避免。《晋书·地理志》载:"顺帝永和九年,交阯太守周敞求立为州,朝议不许,即拜敞为交阯刺史。……建安八年,张津为刺史,士燮为交阯太守,共表立为州,乃拜津为交州牧。"⑥这一记载说明至少在东汉顺帝时期,州与刺史部两套系统均存在,且与州相关的官职更有权威,故交阯太守求立为州。而中平五年(188)在黄巾军起义的压迫下,彻底"改刺史,新置牧"⑦,郡之上设州,将行政区层级转为完全的三级制,并选派刘焉等第一批州牧,分别由太常、太仆和宗正这些九卿充任,"皆以本秩居职",而这些人的"本秩",都居于中二千石的高位,秩级高于诸郡太守之二千石⑧。虽然这时州牧与刺史的转换中,刺史一职并未完全被取代,但具有一级行政区职能的州俨然正式登上历史舞台。

监察官与监察区的设置原本针对执掌地方权力的郡太守,却在历史的发展中转变为自己的监察对象本身,这一政治区职能的转变带来的不仅是增加了一个行政层级,而且形成凭借统领一州之资源而获得力量的豪强集团,而豪强集团之间的厮杀,成为三国、南北朝战争与纷乱的背景。

---

① 《汉书》卷一一《哀帝纪》、卷八三《朱博传》。
② 《汉书》卷一九《百官公卿表上》。
③ 《后汉书》卷一《光武帝纪下》、卷三一《郭伋传》。
④ 《后汉书》卷一《光武帝纪下》。
⑤ 《后汉书》卷二八《百官志五》。
⑥ 《晋书》卷一五《地理志下》。
⑦ 《后汉书》卷八《孝灵帝纪》。
⑧ 《后汉书》卷二五《百官志二》、卷二六《百官志三》、卷二八《百官志五》。

(三) 三国两晋南北朝时期行政区层级与类型

东汉末年至 581 年隋王朝建立,长达三百多年的时段中国不但经历了频繁的战乱,而且形成南北分裂的局面,在这段不平静的历史中,地方行政管理沿袭东汉年间州—郡—县三级政区层级的同时,又表现出政治、军事双重因素制约下的非正常的管理方式与政区设置。

1. 三国时期的行政建制与遥领、虚封

后世论及魏、蜀、吴三个政权,使用最多的词汇是"三国鼎立",然而就事实而言,无论国力还是版图三个政权都不具备鼎立之势。自 220 年曹丕、刘备、孙权相继称帝,中国历史进入三国时期,曹魏拥有东汉时期的豫州、冀州、兖州、徐州、青州、并州、幽州、雍州、凉州以及司隶校尉,同时还获得了荆州、扬州两州的北境;孙吴拥有荆州、扬州两州的南境以及交州之地;蜀汉只有益州一地。这样的土地分割若置放于鼎足,被其支撑的鼎身必然因受重不均而倾覆。

三国时期继承东汉制度,依然实行州—郡—县三级行政区,无疑,这些行政建置均建立在实土之上。但是,三国时期这一特殊的历史时代,不但三个政权都试图一统天下,且均自认为正统,在这样的背景下遥领、虚封出现了。"遥领就是以不属于本国的州郡设置刺史、太守,而虚封则是受封的诸侯王只有虚号,其封土则在他国境内。"① 两者均属于虚授之职,并无实土可言。历史地理研究无论涉及哪个领域均立足于实地之上,从这一点而言遥领、虚封似不应在讨论之列,但由此导致的误解,往往会将完全不存在的授、封之地视作事实,因此必须作出说明。属于遥领、虚封的事例《三国志》中多处可见记述。《马超传》载:"先主为汉中王,拜超为左将军,假节。章武元年,迁骠骑将军,领凉州牧,进封斄乡侯。"② 凉州属于曹魏政权所有,固然东汉末年马超父子曾称雄于西凉,但三国时期蜀汉从未拥有这块土地,故《三国志·马超传》所言马超为凉州牧即是遥领。此外孙权的两个儿子孙奋"为齐王,居武昌",孙休"为琅邪王,居虎林"③,均属于虚封,琅邪与齐均

---

① 周振鹤:《中国地方行政制度史》,上海人民出版社 2005 年版,第 260 页。
② 《三国志》卷三六《蜀书·马超传》。
③ 《三国志》卷四七《吴主传》。

位于曹魏境内,与孙吴无涉。

遥领、虚封以三国时期最为突出,但这样的现象并非仅限于此一时,"魏晋以后,王侯多是虚封,有三分食一、四分食一、五分食一者,又有非其境内之地而遥封者,如元魏之以会稽、苍梧、建业、丹阳等郡封其臣为公侯之类是也"①。尽管北魏距三国时期近200年,但同处于南北分裂时期,为表明南北一统的意志,竟将属于南朝政权的土地由臣下遥领。

2.两晋南北朝时期行政建制与侨州郡县、双头州郡

两晋南北朝时期依然实行州—郡—县三级行政层级,晋武帝太康二年(281)全国共设十九州,即司州、兖州、豫州、冀州、并州、幽州、平州、秦州、雍州、凉州、梁州、益州、宁州、青州、徐州、荆州、扬州、广州、交州,领属一百八十一郡国。西晋短暂的统一、太平之后,"八王之乱""永嘉之乱"两次战乱,再陷中原于水火之中,伴随司马氏举朝南迁,南北方再次分属不同的政权。

北方经十六国时期至439年北魏统一了黄河流域。南方则历经东晋以及宋、齐、梁、陈几个政权,其中宋、魏对峙时,《宋书·州郡志》载宋元嘉年间(424—453)共二十二州,分别为扬州、南徐州、徐州、南兖州、南豫州、豫州、江州、青州、冀州、荆州、湘州、雍州、梁州、秦州、益州、宁州、广州、交州以及兖州、司州、郢州、越州,统二百七十余郡国;北魏拥有司州、肆州、并州、东雍州、东秦州、冀州、相州、定州、幽州、平州、营州、洛州、豫州、荆州、兖州、济州、雍州、华州、秦州、泾州、渭州、河州、凉州。州之下为郡,与郡并行边境地带设有镇,如高平、薄骨律、统万、沃野、怀朔、怀荒、御夷等。南北朝时期战事不断,行政建置并不稳定,南北政权疆域交界地带伸缩不定,行政建制也兴废无常,各政权内部州、郡则虚号相假,屡次析置,南方至南朝陈时有州四十二,而北方北周灭北齐时有州二百二十一。

在特殊的历史背景下,南北政权实行三级行政建制的同时,还出现了侨州郡县、双头州郡这些非正常的行政单元。

侨州郡县具有流亡政府的特征,属于自己管理的土地已经丢失,政府组织在别的地域建立临时机构,并有流亡的同乡聚拢至此。因此侨州郡县尽

---

① [元]马端临:《文献通考》卷二七五《封建考十六》。

管名义上保持迁出地三级行政建制,但寄居在别人土地之上,有民而无土。东晋南朝北方移民大量南下,是侨州郡县设置最多的时期,"自夷狄乱华,司、冀、雍、凉、青、并、兖、豫、幽、平诸州一时沦没,遗民南渡,并侨置牧司,非旧土也"①。无土侨州郡县与实土政府相混,清人洪亮吉述及此事称:"侨州至十数,侨郡至百,侨县至数百,而皆不出荆、扬二州之域。"②胡阿祥将侨州郡县的地理分布划分为江南区、江淮区、河淮区、江汉区、梁益区五片③,借交通之便,由南下北方人构成的侨州郡县主要集中在江淮之间与沿江地带。无土的侨州郡县与实土州郡县并立,不仅存在多种地方行政管理的弊病,且因南下移民侨居在异乡而享受的优惠造成政府税收损失,故自东晋至南朝各政权不断实行将侨居人口变为编户的土断政策,但限于各种局限,侨州郡县迟至隋代才最后消失。

  双头州郡也是见于东晋南北朝时期的非正常地方行政建制,一人带二州刺史,或一人领两郡太守,且两州、两郡同治一地,均属于双头州郡。正如清人钱大昕所说:"双头郡者,两郡同治,一人带两郡守也。"④因此,就其实质而言,双头州郡实为一个行政单元,如《魏书·地形志》所载:"汝阴、弋阳二郡,萧衍置双头郡县,魏因之。领县七,户一千六百六十五,口六千七十八。"⑤这七县以及六千余口编户均为两郡共辖。行政层级由高至低的领属关系,必然表现为以少统多的数量特征,而双头州郡的非正常之处在于不仅一地设两职,而且破坏了行政层级之间正常的数量关系,两郡领七县、五县、四县乃至一县。最甚者为新蔡、南陈留两郡共领一鮦阳县,其事见《魏书·地形志》所载:"新蔡、南陈留二郡,萧衍置,魏因之。领县一,户三百五十七,口一千二百四十二。鮦阳,萧衍置,魏因之。"⑥吴应寿、胡阿祥对于双头州郡的存在给出了多种原因,而侨州郡寄治实土州郡、两个侨州郡同治一地以及临边地区因荒残而合二州二郡置一官应是主要原因,此外冲要地带因战守需要也会出现双头州郡。至于双头州郡体系中,统县政区——郡以及

---

① 《宋书》卷三五《州郡志》。
② [清]洪亮吉:《东晋疆域志》卷一。
③ 胡阿祥:《六朝疆域与政区研究》,学苑出版社2005年版,第308—309页。
④ [清]钱大昕:《廿二史考异》卷二九《魏书二》。
⑤ 《魏书》卷一〇六《地形志二》。
⑥ 同上。

最高政区——州的数目过多,以至各级政区数目失衡,则应与州、郡两级政区的频繁析置相关。

行政区设置的目的在于代中央管理地方,然而在具体运作中,不仅涉及中央集权与地方分权的矛盾,而且行政区官员的增减也成为平衡权益的砝码。三国两晋南北朝时期处于乱世,基于政治、军事需要,既存在遥领、虚封现象,也因州、郡两个行政层级频繁析置,导致高下之间以少统多的基本格局失常,以及由于大量移民侨居,出现实土行政区与无土侨州郡县同时并存的局面。所有这些,均具有处乱世而不得已为之的特点。

(四) 唐代从两级行政区转向三级行政区的历史镜鉴

中国历史从分封制进入郡县制使帝王拥有了真正意义上的普天之下,但辽远的国土必须通过设置在各地的行政区官员实行管理,于是中央集权与地方分权这对矛盾始终存在于中国历史中。

581年隋朝建立,再次统一南北。政治上结束分裂的同时,针对南北朝时期留下的"郡县倍多于古,或地无百里,数县并置,或户不满千,二郡分领。……人少官多,十羊九牧"的现象,隋文帝决定"存要去闲,并小为大",去掉郡一级建置,将行政层级恢复为两级制,以求"国家则不亏粟帛,选用则易得贤才"。[①] 隋祚不长,618年唐王朝建立,承隋制,设立州、县两级行政区。唐初,全国拥有三百多个州,而唐王朝直接控制的版图大于西汉盛期,因此摆在唐朝皇帝面前的监控地方官员的必要性更甚于汉朝皇帝,建立监察区成为必需之举。唐太宗贞观元年(627)将全国划分为十道,玄宗开元二十二年(734)增为十五道,每道均具有监察区职能。开元十五道为:

京畿道　都畿道　关内道　河南道　河东道　河北道　陇右道
山南东道　山南西道　剑南道　淮南道　江南东道　江南西道
黔中道　岭南道

朝廷赋予地方官员权力,目的在于实施对于地方的管理,但权力一旦失衡就会成为政权的威胁,因此任何王朝对于地方官员权力的收放均十分重视。而各级官员之中,一级行政区以及执掌这级政区的官员尤其重要,将其

[①] 《北史》卷七五《杨尚希传》。

置于中央的掌控之中,首先是一级行政区的面积以及掌控的资源必须设置在不足以拥权自主的范围内,因此历朝历代均不希望一级行政区过大。但历史的发展往往有悖于人们的愿望,而始作俑者多数与监察区性质变化相关,两汉时期有过这样的事例,唐代的后果则更为严重。

回首唐代监察区职能与监察官权力的变化,关键之处在于伴随监察区由最初不固定设区变为固定区域,监察官也从临时差遣转为常设官员,这样的变化见载于《新唐书·百官志》。据《新唐书》记载,依循贞观到开元的时间序列,贞观初"水旱则遣使",并"有巡察、安抚、存抚之名",这时使职既不固定,出使时间也因水旱而定;神龙二年(706)十道设置巡察使,并"按举州县",监察职能已经十分明确;景云二年(711)一度计划都督二十四人负责各地监察,但顾虑权重而罢;开元二年(714)十道置按察采访处置使;二十年(732)改称采访处置使①,"开元二十一年,分天下为十五道,每道置采访使,检察非法,如汉刺史之职"②,有了固定的治所③。天宝末,采访使又兼黜陟使。这一系列官职的变化既是监察官由虚变实的过程,也是其权力增加的实证,特别是开元、天宝年间采访处置使与采访使兼黜陟使的出现,职权已不仅限于"按举",且具有了黜陟权。这一切都使监察官将权力伸向政务有了条件,"天宝九年三月敕……自今以后采访使但访察善恶,举其大纲,自余郡务所有奏请,并委郡守,不须干及"④。玄宗皇帝这道敕令说明使职介入行政已不是新鲜事。

---

① 《新唐书》卷四九《百官志》:"贞观初,遣大使十三人巡省天下诸州,水旱则遣使,有巡察、安抚、存抚之名。神龙二年,以五品以上二十人为十道巡察使,按举州县,再周而代。景云二年,置都督二十四人,察刺史以下善恶,置司举从事二人,秩比侍御史。扬、益、并、荆四州为大都督,汴、兖、魏、冀、蒲、绛、秦、洪、润、越十州为中都督,皆正三品;齐、鄌、泾、襄、安、潭、遂、通、梁、夔十州为下都督,从三品。当时以为权重难制,罢之,唯四大都督府如故。置十道按察使,道各一人。开元二年,曰十道按察采访处置使,至四年罢,八年复置十道按察使,秋、冬巡视州县,十年又罢。十七年复置十道、京都、两畿按察使,二十年曰采访处置使,分十五道,天宝末,又兼黜陟使,乾元元年,改曰观察处置使。"

② 《旧唐书》卷三八《地理志一》。

③ 《旧唐书》卷三八《地理志一》:"京畿采访使理京师城内、都畿理东都城内、关内以京官遥领、河南理汴州、河东理蒲州、河北理魏州、陇右理鄯州、山南东道理襄州、山南西道理梁州、剑南理益州、淮南理扬州、江南东道理苏州、江南西道理洪州、黔中理黔州、岭南理广州。"

④ 《通典》卷三二《职官十四》。

唐初继承南北朝旧制"缘边镇守及襟要地带"①设置总管府,后改称都督府,唐太宗时期全国四十三个都督府分布各地执掌数州军务,后因职权渗透到行政,睿宗时期减至二十四个,"安史之乱"后仅存名而已。唐王朝着力防范的都督府没有成为与中央分庭抗礼的因素,但新的力量却在朝廷的推动下形成了。唐玄宗开元年间不仅析置十五道,且"于边境置节度、经略使,式遏四夷。凡节度使十,经略守捉使三。大凡镇兵四十九万人,戎马八万余匹"②。开元年间所置为安西、北庭、河西、陇右、朔方、河东、范阳、平卢、剑南节度使以及岭南五府经略使,节度使设置之初目的在于"式遏四夷",与后世大军区相似,只管军事,不涉民事。"景云、开元间,节度、支度、营田等使诸道并置,又一人兼领者甚少。"③但不久军、民分治的格局就被打破了。张守珪任"幽州长史兼御史中丞、营州都督、河北节度副大使,俄又加河北采访处置使"④。王忠嗣兼陇右、河西、朔方、河东四镇节度使,"佩四将印,控制万里,劲兵重镇皆归掌握"⑤。至于安禄山则兼平卢、范阳、河东三镇节度使并河北道采访使。⑥ 这些职使兼及军职与监察两类,既然原本两类不相干的职使由一人承担,权力之间的互相渗透自不言而喻。

如前所言,仅就监察官而言,已经随着监察区的固定而逐渐将权力伸向地方民事,此时又因节度使兼道采访使,监察不仅与民事交织,且与军事交织,天宝年间依托道而设置的官员已在"按举"之外,获得了更多的权力。他们"既有其土地,又有其人民,又有其甲兵,又有其财赋"⑦。755年"安史之乱"爆发,朝廷急于应付,任命一批上马管军、下马管民的节度使,唐肃宗"至德之后,中原用兵,刺史皆治军戎,遂有防御、团练、制置之名,要冲大郡皆有节度之额"⑧。这里需要说明的是,唐代的刺史不同于汉代,唐代州级行政长官称为刺史(曾一度改称太守),已非监察官。《旧唐书》这段记载是说主管民事的官员兼领军戎,这种军政合为一体的权力空间自然也不同于

---

① 《旧唐书》卷三八《地理志一》。
② 同上。
③ 《唐会要》卷七八《诸使中》。
④ 《旧唐书》卷一〇三《张守珪传》。
⑤ 《旧唐书》卷一〇三《王忠嗣传》。
⑥ 《旧唐书》卷二〇〇上《安禄山传》。
⑦ [清]赵翼:《廿二史札记》卷二〇《唐节度使之祸》。
⑧ 《旧唐书》卷三八《地理志一》。

以往的州,这就是方镇的雏形。唐肃宗时期天下已"为四十余道,大者十余州,小者二三州"①。此处所言之"道",已不同于天宝年间以前,已然成为方镇的名称。至于其中缘由,固然后来诸道增减不一,但"举其职例,则皆古之刺史"②,即从监察官而来,故这四十多个方镇仍被冠以"道"之名。由于方镇兼融节度使、观察使的空间而成③,故有节度观察使或观察节度使的官称④。

　　唐朝中后期被称为"道"的方镇逐渐获得一级行政区的职能,方镇的出现导致州从一级行政区下降为二级行政区,这样的变化突出表现在几个方面。其一是朝集使的废止。各州每年遣使进京报告政务及财经情况的使者为朝集使⑤,朝集使的存在意味着州是直接受控于中央的最高行政区,故州刺史拥有直达中央的权力。大约唐德宗时期这一制度逐渐衰止⑥,方镇取代了州的地位,且拥有实际上的一级行政区的职权,这就是白居易所陈述的事实:"今县宰之权受制于州牧,州牧之政取则于使司。迭相拘持,不敢专达。虽有政术,何由施行?"⑦"州牧之政取则于使司",而不是中央,使司已然具备了最高行政区的职能。其二是方镇介于朝廷与州府之间,以致"制敕不下支郡,牧守不专奏陈"成为常制。⑧ 其三是税收分配,唐前期依靠租庸调为主要内容的税制,以近似统收统支的策略,全面掌控财政大权。"安史之乱"后,中央的财权大部分下移,随着中央集权的削弱与地方分权的加

---

①　《通典》卷三二《职官十四》。
②　同上。
③　《通典》卷三二《职官十四》:"至德之后,改采访使为观察。"
④　《旧唐书》卷一一〇《代宗本纪》:"右羽林将军张献恭为梁州刺史兼御史中丞,充山南西道节度观察使。""以工部侍郎徐浩为广州刺史、岭南节度观察使。"《全唐文》卷四六《遣刘晏宣慰诸道诏》:"仍与本道观察节度使会计举按。"
⑤　《唐六典》卷三《尚书户部》:"凡天下朝集使皆令都督、刺史及上佐更为之;若边要州都督、刺史及诸州水旱成分,则它官代焉。皆以十月二十五日至于京都,十一月一日户部引见讫,于尚书省与群官礼见,然后集于考堂,应考绩之事。"
⑥　《唐会要》卷二四《诸侯入朝》:"建中二年七月二十二日,敕诸州府,今年朝集使,宜且权停。"
⑦　[唐]白居易:《白氏长庆集》卷二六《策林》之《牧宰考课》。
⑧　《资治通鉴》卷二七三《后唐纪二》庄宗同光二年:"冬,十月,辛未,天平节度使李存霸、平卢节度使符习言:'属州多称直奉租庸使帖指挥公事,使司殊不知,有紊规程。'租庸使奏,近例皆直下。敕:'朝廷故事,制敕不下支郡,牧守不专奏陈。今两道所奏,乃本朝旧规;租庸所陈是伪廷近事。自今支郡自非进奉,皆须本道腾奏,租庸征催亦须牒观察使。'虽有此敕,竟不行。"事情虽在后唐,但"制敕不下支郡,牧守不专奏陈"却是故事,即应是前朝之制。

强,部分税收与财权归于地方。唐德宗建中元年(780)实行两税法后,"自国家置两税已来,天下之财,限为三品:一曰上供,二曰留使,三曰留州。皆量出以为入,定额以给资"①。"上供"为供送朝廷,"留使"为留给方镇,"留州"则是留给本州,三分两税中地方留成占主要部分。② 这时的方镇介于中央与府州之间,毫无悬疑地成为税收的受益者,俨然具有行政区的权益。

随着方镇转变为事实上的一级行政区,唐中后期实际存在三级行政区,形成方镇—州—县三个行政层级。

由于实际执行一级行政区职能的方镇是在节度使辖区的基础上演化而成,因此方镇最大的特点是军政不分,以军统政。唐朝前期实行府兵制,不仅兵力布防重内轻外,而且各军事单元折冲府只具备带兵权,调兵权等归于中央。"安史之乱"后兵源来自募兵,方镇不仅拥有重兵,形成外重内轻的布局,而且中央对于方镇军队失去控制权,当军权与政权结合在一起,方镇凌驾在州之上形成事实上的一级行政区,并具备了与中央分庭抗礼的条件。故"安史之乱"平定后位于河北的范阳、成德、魏博三镇首先自立节帅,脱离中央的控制,尽管几经反复,但在其影响下,唐王朝始终没有真正摆脱"虽号称一朝,实成为二国"③的政治局面。与河北三镇成呼应之势的淄青、淮西镇同样成为对抗中央的力量。唐代晚期藩镇割据的局面成为中央与地方关系的主流,"喜则连衡而叛上,怒则以力而相并"④,且一直伴唐终而未止。与其说唐王朝的最后终结与黄巢起义相关,还不如说更大程度上应归结于藩镇割据,其实这样的说法《新唐书》的作者早已意识到了:"唐自中世以后,收功弭乱,虽常倚镇兵,而其亡也亦终以此。"⑤

---

① [唐]元稹:《元稹集》卷三四《钱货议状》。
② 岑仲勉《隋唐史》(中华书局1982年版,第383页)所载建中元年中央与地方两税分配表如下:

项 目	收入总额	支出总额	
		中央提成额	地方留成额
钱税	3139.8万贯	1089.8万贯	2050万贯
粮税	1615.7万石	215.7万石	1400万石
合计	4755.5万贯石	1305.5万贯石	3450万贯石

③ 陈寅恪:《唐代政治史述论稿》,商务印书馆1943年版,第14页。
④ 《新唐书》卷六四《方镇表一》。
⑤ 同上。

(五) 宋代高度中央集权制与行政区建置

960年赵匡胤凭借执掌后周禁军的殿前都点检一职发动"陈桥兵变",进而"黄袍加身",成为宋朝的开国之帝。赵匡胤身处五代十国,又凭借军权代周称帝,深知军人专权之弊端,于是宋代开国之后实行高度中央集权,并对行政区及其管理进行了全面改革。

1. 兵权归上、以文制武

宋王朝立国于五代之基,故宋人论及国事往往不忘五代之鉴:"五代之所以取天下者,皆以兵。兵权所在,则随以兴;兵权所去,则随以亡。"①兵权与国家之间的关系成为宋代君臣的警示,故北宋立国之初,宋太祖赵匡胤即着手实施夺取诸将手中兵权的计划,而其中颇具戏剧性的情节"杯酒释兵权"给后世留下了深刻记忆。有关"杯酒释兵权"的情节详细记载于司马光《涑水记闻》,后被李焘写入《续资治通鉴长编》,并由此成为后世的信史。至20世纪中期一些学者根据《太祖实录》《三朝国史》等宋代官方文书没有记载,提出宋太祖夺诸将兵权并不存在这一看法。尽管存在这样的学术讨论,但"杯酒释兵权"情节真实与否并不影响我们关注宋代中央集权的举措,因为无论是否存在这一情节,《涑水记闻》卷一提及的唐五代以来"国家不安者"惟归结于"节镇太重,君弱臣强",而终结这一弊政的要旨在于"稍夺其权,制其钱谷,收其精兵",这既是事实,也是有宋一代奉行不替的政策。

国家履行对于地方的管理,赋予地方的权力包括事权、财权、兵权、司法权等各个领域,而诸项权柄之中,兵权尤为重要。宋代针对唐五代的弊政采取兵权归上、以文制武的方略,这在宋人刘挚的奏文中有完整的说明:"祖宗之法,不以武人为大帅,专制一道,必以文臣为经略,以总制之。武人为总管,领兵马,号将官受制,出入战守,惟所指挥。"②具体措施大致如下:

(1) 剥夺节度使兵权,留其虚衔"寓禄秩,序位著"③,仅是量官阶、领薪俸的标识而已。

---

① [宋]范浚:《香溪集》卷四《五代论》。
② 《续资治通鉴长编》卷三六一,神宗元丰八年十一月。
③ 《宋史》卷一六一《职官志一》。

(2)"尽削方镇兵权,只用文吏守土"①,地方用文臣以经略、安抚使等名目统辖出戍禁兵,并将兵籍、虎符、主兵分属于枢密院、三衙(宋代掌管禁军的机构,即殿前司、侍卫亲军马军司、侍卫亲军步军司)与安抚使(简称帅臣),甚至军队发兵验合虎符之事也在州县官员参与下进行。②

文臣执掌地方军事,在宋代为常例,范仲淹即是其中一员,他曾任陕西经略安抚招讨副使,驻于今陕北延安一带,并留下"塞下秋来风景异,衡阳雁去无留意"(《渔家傲·秋思》)这一为后世传诵的名句。

(3)实行"更戍法",阻断武将拥兵自重、专兵专权的弊端。③

兵权归上、以文制武的方略成功地将兵权从节镇手中收归中央。

2. 上下相维、轻重相制

行政区与行政区管理关乎政权安危,北宋初期通过收其支郡、夺其兵权、制其钱粮的系列举措,将置于节镇的权力收归中央,只存州、县两级行政区。当宋太祖先南后北完成统一天下的历程时,全国已有三百多个州,中央直接掌控这些州确实不容易,是否在州之上设置一级行政区,成为宋代君臣费尽心思的问题,但赵匡胤及其继承者毕竟是从五代的纷乱中走出的帝王,设置代表中央掌控州县的"路"是他们解决这一问题的重要举措。共同的施政空间、一套政府机构是一级行政区存在的重要依据,但宋代的路不完全具备这些条件,就实质而言路是代表中央置于州县之上的分属性办事机构,而州、县则是直接牧民的行政区,因此路与州县属于两个系统。

宋初将全国分为十三道,设转运使总理财赋,宋太宗太平兴国二年(977)"边防、盗贼、刑讼、金谷、按廉之任,皆委于转运使",同时"又节次以天下土地形势,俾之分路而治矣"。④ 于是"路"的名目出现了。"至道三年,分天下为十五路,天圣析为十八,元丰又析为二十三"⑤,崇宁年间

---

① 《续资治通鉴长编》卷一四三,仁宗庆历三年九月。
② 《宋史》卷一六二《职官志二》:"靖康元年,知枢密院事李纲言:'在祖宗之时,枢密掌兵籍、虎符,三衙管诸军,率臣主兵柄,各有分守。'"《续资治通鉴长编》卷三六五,哲宗元祐元年二月载:"虎符遇发兵,亦合与知州、知县合符。"
③ 《续资治通鉴长编》卷一四三,仁宗庆历三年九月:"天下营兵纵横交互,移换屯驻,不使常在一处。"
④ 《文献通考》卷六一《职官考十五》。
⑤ 《宋史》卷八五《地理志一》。

(1102—1106)分二十四路。以下为元丰二十三路：

京东东路　京东西路　京西南路　京西北路　河北东路　河北西路
河东路　永兴军路　秦凤路　淮南东路　淮南西路　两浙路
江南东路　江南西路　荆湖北路　荆湖南路　福建路　成都府路
梓州路　利州路　夔州路　广南东路　广南西路

"路"的出现使宋代行政区的层级变得难以确定，其中的复杂性在于：

（1）宋代设在路一级的政府机构分别为转运司、提刑司、提举司与安抚使司，宋太宗时期给予转运使诸项权柄，导致使职拥有大权；为了防止再现前朝藩镇割据之祸，真宗景德四年（1007）设提点刑狱，负责司法，并与转运使分权，其对应的机构为提刑司；景德三年设常平仓提举官，熙宁年间诸路均设提举常平，哲宗绍圣五年（1098）正式独立为司，经济上与转运使分权。转运司、提刑司、提举司虽各有分管的事权，但同时均身负监察官吏之职，故称诸监司。诸监司是行政、财政、军事、司法诸权在中央与地方分配的枢纽。路与州县虽无明确的统属关系，但存在明确的节制与被节制关系。①

诸监司的存在与其身负监察职能相关，宋代除路设置监察官员，大多数州设有通判一职，"通判，州各一人，与长史理州府之政"②。通判兼行政与监察双重职能，且具有代朝廷监视知州的职责，故传一名钱昆者欲求知州一职，其择选地方但求"有蟹无通判"③，此公喜食螃蟹，却不愿意受通判牵制，故有此求。

（2）由于诸监司不属于真正意义上的行政区政府，因此不存在统一的行政机构，互不统摄，各自独立，没有统一的权力核心。就领属关系而言，诸监司为平行机构，各自直接对朝廷负责，这一特征鲜明地表现在路本身以及对于路的管理中。首先，各监司的路并不具备一致的施政空间，如一些转运使施政空间内，提点刑狱分属两路，安抚使可能分为四路或六路，这样的事

---

① 《宋会要辑稿·职官四七》："诸州府置知州事一人，州军监亦如之，掌总领郡务……凡兵民之政皆总焉。属县事令丞所不能决者，总而治之，又不能决，则禀于所隶监司及申省部。"
② 《宋会要辑稿·职官四七》。
③ ［宋］佚名《锦绣万花谷》卷一三《倅车》："国朝下湖南始置通判，常与知州争权。有钱少卿者，余杭人，嗜蟹，常求补，郡人欲问何州，曰：'但得有蟹无通判处可矣。'"

例以陕西最为典型①。第二,一路两司施政空间一致,治所却又不在一地。如"提、转不许同在一州",故利州路"宪居兴元,而漕居利州"②;荆湖南路转运使治所在长沙,提点刑狱则在衡阳③;永兴军路转运使治所在永兴军(今西安),提点刑狱于河中府(今山西永济)置司;秦凤路转运使治所在秦州(今甘肃天水),提点刑狱于凤翔府(今陕西宝鸡凤翔区)置司。第三,为了防止诸监司官员专权专利,各司权力交叉现象十分明显。如宋真宗天禧四年(1020)"改诸路提点刑狱为劝农使,副使兼提点刑狱公事"④,提点刑狱本职在于司法、刑狱,却兼职劝农。绍圣二年,枢密院言:"荆湖南路安抚、转运、提刑、常平司奏请,邵州管下缘边堡寨置弩手一千四百人,乞依元丰六年诏,于五等户轮差,并半年一替。其上番人如有故,许家人少壮有武艺者代充。"⑤就分工而言,堡寨置弩手应属安抚使职责,却诸司并奏。第四,宋代路及多数州县官员均为朝廷直接派遣,由京朝官带本官掌路及州县之事。由于路具备监察职能,仿效汉代刺史位卑而权重之制,路一级使职本官或许低于知州,即以差遣职务而言转运使高于知州,以寄禄官阶而言转运使又低于知州,且还是其形式上的下属。⑥ 转运使或副使带郎中、员外郎的寄禄官阶,而所属州的知州也许恰是本部尚书、侍郎,就是这样的事例。

　　南宋时期继承了北宋强化中央集权的举措,但南宋初年由于南北对峙,战事频仍,诸路遍设安抚司,掌一路兵民之政,并分境内为十六路:

---

① 《宋史》卷八七《地理志三》:"庆历元年,分陕西沿边为秦凤、泾原、环庆、鄜延四路。熙宁五年,以熙河洮岷州、通远军为一路,置马步军都总管、经略安抚使。又以熙、河等五州军为一路,通旧鄜延等五路,共三十四州军,后分永兴保安军、河中、陕府、商解同华耀虢鄜延丹坊环庆邠宁州为永兴军等路,转运使于永兴军、提点刑狱于河中府置司;凤翔府、秦阶陇凤成泾原渭熙河洮岷州、镇戎德顺通远军为秦凤等路,转运使于秦州、提点刑狱于凤翔府置司;仍以永兴、鄜延、环庆、秦凤、泾原、熙河分六路,各置经略、安抚司。"
② 《舆地纪胜》卷一八三《利州路》兴元府按刑司下引《通略》。
③ 《舆地纪胜》卷五五《衡州》荆湖南路提点刑狱司:"皇祐三年,仁宗尝谓辅臣曰:'诸路转运、提点刑狱官廨宇同在一州,非所以分部按举也,宜析处别州。'"
④ 《续资治通鉴长编》卷九五,真宗天禧四年春正月。
⑤ 《宋史》卷一九一《兵志五》。
⑥ 《宋史》卷一六一《职官志一》:朝官"官人受授之别,则有官、有职、有差遣。官以寓禄秩、叙位著,职以待文学之选,而别为差遣以治内外之事。其次又有阶、有勋、有爵。故仕人以登台阁、升禁从为显宦,而不以官之迟速为荣滞;以差遣要剧为贵途,而不以阶、勋、爵邑有无为轻重"。

两浙东	两浙西	京西南	淮南东	淮南西	江南东	江南西
荆湖南	荆湖北	成都府	潼川路	利州路	夔州路	福建路
广南东	广南西

（3）州、县属于真正意义的行政区与牧民政府，它们履行的各项职能中，赋税之征收是国家赖以生存的命脉。宋代虽依然存在上供、送使、留州的分配方式，但诸州"度支经费外，凡金帛以助军实，悉送都下，无得占留"①，即除日常支出，"粟帛钱币咸聚王畿"②，一律运送京师。赋税征收在转运使监督下，由州县完成，虽存在部分送使、留州的份额，但使用却受制于上。③

宋代通过兵权归上、以文制武与上下相维、轻重相制两套军政体系的改革，"收乡长、镇将之权，悉归于县；收县之权，悉归于州；收州之权，悉归于监司；收监司之权，悉归于朝廷"④，最终实现"一兵之籍，一财之源，一地之守，皆人主自为之"⑤，成功地保障了中央集权。行政区是朝廷对于地方实施管理的空间，因此在高度中央集权之下，无处不体现放权的忧心顾虑与用权的小心谨慎，宋代路、州、县三个层级虽具有上下领属关系，但路一级诸监司互相牵制，事权分散，区划交叉，中心分离，没有单一的权力机构，因此不属于真正意义上的行政区。周振鹤认为，路、州、县的权力分配使宋代的行政层级只能属于二级半或虚三级。⑥

无疑，宋代中央集权确实保证了政权的完整，弭除了藩镇割据的分裂隐患，但由此也导致政治上的冗官、冗政，庞大的官僚机构在耗费大量资财之外，严重影响办事效果，上下推诿，互相拖沓，误事误时。叠床架屋的官僚结构也同样成为地方的负担，在宋人吕好问的奏文中有这样的描述："比年以来，诸路杂科监司猥多，司分既异，所行不复相照，各执己见，意在必行。事相牵连，首尾相戾，文移如雨，督责如火。官吏书纸尾之不暇，矧能及民事

---

① 《续资治通鉴长编》卷六，太祖乾德三年三月。
② 《宋史》卷一七三《食货志上一》。
③ 《续资治通鉴长编》卷三四，太宗淳化四年二月："朝廷自克平诸国，财力雄富，然聚兵京师，外州无留财，天下支用悉出于三司。"
④ 《续资治通鉴长编》卷四六八，哲宗元祐六年十二月。
⑤ 《历代名臣奏议》卷九六《经国》。
⑥ 周振鹤：《中国地方行政制度史》，上海人民出版社2005年版，第72页。

乎？所巡历处州县，为之鼎沸。"①军事尤甚，宋代以文制武的策略导致兵不识将、将不识兵，临战无法领兵布阵，而且贻误战机。北宋时期北有契丹人建立的辽王朝，西有党项人建立的夏王朝，宋人无论对辽还是对夏战事屡战屡败，鲜有胜绩，与统兵政策有直接关系。

宋代以保障中央集权为目的建立的各项制度，为后代所依偱。宋以后各代，固然行政建置与行政组织并不相同，但中央对于地方权力的缩放原则却是一致的。

（六）辽、金、元行政区与地方行政管理

辽、金、元三朝均为非农业民族建立的政权，因此针对地方管理均设置了两套系统：一套以农耕民族所在区域为管理对象，仿效农业民族政权的管理方式，设置对应的行政体系与行政空间；另一套以非农业民族为管理对象，有着与这些民族传统经济生活方式以及政治军事活动完全吻合的组织特点与空间范围。这些王朝就地方行政管理而言，均具有鲜明的"一国两制"特点。

1. 辽代的南北面官制

辽王朝的建立者为契丹人，政权境内还分布有室韦、女真、奚人、汉人等非农业民族、半农半牧民族以及农业民族，经济生活方式的差异决定了管理方式的不同：针对经济生活方式不同的民族，辽王朝实行南北两面官制度。辽王朝中央设置北枢密院、南枢密院，分别是北面官、南面官系统的最高中枢部门。"北面治宫帐、部族、属国之政，南面治汉人州县、租赋、军马之事。"②地方行政管理中，北面官管理非农业民族，依照这些民族的传统实行部落制；南面官管理以汉人为主的农业民族，仿效中原王朝建立州县制管理系统。

由于辽代留下的历史文献很少，《辽史》又存在多处讹误，准确地复原辽代行政区层级与管理体系颇为困难，长期以来学术界普遍认为辽王朝实行以五京为中心的五道制，且道统辖府、州、县。那么这是否就是辽代行政区层级的真实情况？近年才有学者对此提出异议，其中关树东的研究尤有

---

① 《全宋文》卷二九一二《论杂科监司不可不尽罢奏》。
② 《辽史》卷四五《百官志一》。

见地,他在《辽朝州县制度中的"道""路"问题探研》一文中指出,辽王朝不存在道一级行政区,实际的行政区层级为府、节镇州—防御州、刺史州—县三级行政制度,并踵唐五代惯例,以道指称节度使辖区,有时或指直隶朝廷、宫卫的防御州、刺史州。正由于道不是最高级行政区,故整部《辽史》以及各类出土文献均没有见到与道相关的官员。《辽史》记载府、节度州五十个,分别是:临潢府、祖州、怀州、庆州、泰州、长春州、仪坤州、龙化州、饶州、辽阳府、开州、保州、辰州、兴州、海州、渌州、显州、乾州、贵州、德州、沈州、辽州、通州、双州、同州、咸州、信州、滨州、懿州、苏州、复州、祥州、黄龙府、大定府、兴中府、成州、宜州、锦州、川州、建州、来州、析津府、平州、大同府、丰州、云内州、奉圣州、蔚应州、朔州、东胜州。此外辽朝效法宋朝的转运使路制,在州县管辖地区即农耕民族所在地相继建置了八个专司理财的路,即"五京五计司,如燕王司、西转运、中度支、上盐铁、东户部,三路钱帛司长春、辽西、平州"①。八路治所分别为东京、南京、上京、中京、西京、平州、长春以及辽西路治所兴中府(今辽宁省朝阳市)。显然,辽王朝针对农耕民族分布区采取的行政区设置与管理体系兼唐、宋两朝制度,这应是辽人在历史渐进中,因模仿对象改变而更行地方管理的举措。

既然辽代地方不存在五京五道制行政区,究竟是什么原因导致学术界提出了这一观点?关树东指出其原因在于《辽史》的编纂者,很显然编纂《辽史》的元代官员受前代以五京为中心排列州县的编纂体例误导,认定辽王朝州县分隶京道,于是《辽史·地理志》的书写体例将府州县置于道之下,导致了后世的误读误解。②

2. 金代行政区

金王朝的建立者为女真人,1125 年灭辽,1126 年攻下北宋都城汴梁,以秦岭—淮河为界与南宋政权南北对峙。金王朝实行三级行政建制:路—府、州—县。路的设置沿承宋代的建置,其行政机构为总管府、转运司、提刑司三司,总管主管军事,与宋代安抚使一职相近,其他两司职能与北宋相同。金代仿效宋代,三司分路与治所并不相同,各司之中总管府最重,路的划分也以总管府路为主,《金史·地理志》载金章宗泰和五年(1205)设置十九个

---

① 《三朝北盟会编》卷二一。
② 关树东:《辽朝州县制度中的"道""路"问题探研》,《中国史研究》2003 年第 2 期。

总管府路：

中都路	上京路	东京路	北京路	西京路	南京路	咸平路
河北东路	河北西路	山东东路	山东西路	大名府路	河东北路
河东南路	京兆府路	凤翔路	鄜延路	庆原路	临洮路

与十九路总管府对应的是十三转运使路以及九个提刑司路。金王朝仿效辽、宋制度设置都转运司，并分路进行管理，十三转运司路分别是：中都路、西京路、辽东路、北京路、南京路、河北西路、河北东路、山东西路、山东东路、河东北路、河东南路、陕西东路、陕西西路。转运使路多数相当于总管府路一路，另有一些相当于总管府两路或三路。金世宗大定二十九年(1189)设置提刑司，分九路，泰和年间(1201—1208)改为八路，分别是：中都西京路、上京东京路、北京临潢路、南京路、河北东北大名路、山东东西路、河东南北路、陕西东西路。①

此外，位于女真人传统生活地域的上京路、东京路所领属的蒲与、曷懒、速频、胡里、曷苏馆、婆速路虽称为路，但相当于州一级政区，不领民户，只领猛安、谋克。猛安、谋克是金代女真社会的最基本组织，三百户为一谋克，相当于县；十谋克为一猛安，相当于一防御州。

这类差异性行政建置的出现是存在差异性管理对象的结果，两类不同性质的路属于两种不同经济生活方式的地方管理系统。

3. 元代多级政区

元朝是蒙古人建立的王朝，疆域"北逾阴山，西极流沙，东尽辽左，南越海表"，境土之广"汉、唐极盛之际，有不及焉"②。这片辽阔的土地上生活着保持不同经济生活方式的民族、部族。针对政治军事与各民族经济生活的差异，元朝的地方行政管理形式不仅具有多元性特点，且行政区具有典型的多层级、复式结构特征。

元朝行政区的层级达五级之多，一级行政区为行省，行省之下为路、府、州、县，有的地方在行省与路之间还设有由行省派出的宣慰司管辖的道，行政区层级之多开历史之先河。此外，元代行政区属于典型的复式结构，所谓复式

---

① 谭其骧：《金代路制考》，《中国历史地理论丛》第一辑，陕西人民出版社1981年版。
② 《元史》卷五八《地理志一》。

结构指行政区层级的设置在地区间并不统一,且同一名目的行政单元领属关系与级别也不同。元朝行政区复式结构的特征大致可归为以下几点:

其一,五级行政层级的事例不多,多数地区实行三、四层级。其中(图9-6):

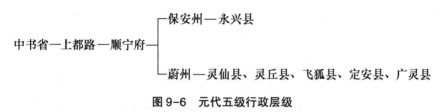

图 9-6　元代五级行政层级

这是五级行政层级最典型的一例。另一极端则是岭北行省只辖和宁路一路,且路之下没有任何行政建置,只存在两个行政层级。这两类特殊层级之外,多数地区实行三、四层级,如中书省镇定路中山府下辖三县属于四个行政层级,而云南行省鹤庆府下辖剑川县则属于三个层级。

其二,路之下同一名目行政单元领属关系与级别并不一致。以府而论,既可以隶属于路,也可以直接在行省管辖之下,如中书省河中府隶属于晋宁路,绍兴府直辖于江浙行省;以州而论,既可以隶属于府,也可以隶属于路,如四川行省遂宁、绵州二州隶属于潼川府,而中书省赵州则在镇定路管辖之下;以县而论,则可以隶属于路、府、州任何一级,如江浙行省建德路直辖建德、淳安等六县,云南行省剑川县隶属于鹤庆府,四川行省罗江县隶属于绵州。元代复式结构的存在使行政层级变得十分复杂,其关系如下图(图9-7)所示:

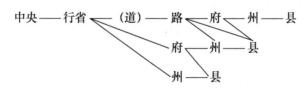

图 9-7　元代多级政区

元代多级、复式行政区的形成与蒙古军队灭金、灭宋的军事路径相关,并且在行政区的设置上分别效仿辽、宋、金各朝的制度。正是这样的政治背景使元朝多级行政区属于两套系统,一是代表朝廷监临各地的行中书省与宣慰司,二是直接牧民的路、府、州、县。

行中书省简称行省,初为朝廷的派出机构,设置于各地,后逐渐成为中央机构的分治区。元代共"立中书省一,行中书省十有一:曰岭北,曰辽阳,曰河南,曰陕西,曰四川,曰甘肃,曰云南,曰江浙,曰江西,曰湖广,曰征东,分镇藩服"①。征东省不同于其他行省,属于设置在高丽国的具有羁縻特点的特殊行政区,因此具有行政区意义的是中书省与国内十个行省共十一个行政建置。尽管如此,若就行省与中书省职能而言并不完全一致,各行省"掌国庶务,统郡县,镇边鄙,与都省为表里"②。元代都省即中书省,"都省握天下之机,十省分天下之治"③。腹里以外地区中央对地方的统属由行省执行,各行省代表中央重在镇抚并监临地方机构,而不是牧民,主要着眼于政治上的统治和军事上的控制。由于元代行省范围过大,行省与路之间设有宣慰司,"宣慰司,掌军民之务,分道以总郡县,行省有政令则布于下,郡县有请则为达于省。有边陲军旅之事,则兼都元帅府"④。宣慰司属于与行省相同的监临地方的机构。

元代行省、宣慰司之下各级别行政区官员为真正的牧民官,"司养百姓,曰:盖取牧者,能守养之义,路、府、诸州是也"⑤。元初共有"路一百八十五,府三十三,州三百五十九,军四,安抚司十五,县一千一百二十七"⑥。

国家赋税分配对于政权的维持至关重要,而地方行政管理的重要职能之一就是征纳赋税,元代行政区之间的属性决定了"府科于州,州科于县,县科于民"⑦,即赋税收敛通过路、府、州、县,全部财赋储存于地方仓廪,然后解运至行省或朝廷,送交朝廷与地方留存的比例大约为7∶3⑧。仿效宋代的税收留存,地方不但留存量小,而且几乎没有独立支用权,朝廷通过控制财权达到中央集权的目的。

元代正式将西藏纳入中原王朝版图之内,中央设有宣政院,掌管全国佛

---

① 《元史》卷五八《地理志一》。
② 《元史》卷九一《百官志七》。
③ [元]许有壬:《至正集》卷三二《送蔡子华序》。
④ 《元史》卷九一《百官志七》。
⑤ [元]徐元瑞:《吏学指南》卷一《官称》。
⑥ 《元史》卷五八《地理志一》。
⑦ 《元典章·圣政》卷二《典章三》。
⑧ 《元史》卷二二《武宗纪一》:"中书省臣言:'帑藏空竭,常赋岁钞四百万锭,各省备用之外,入京师者二百八十万锭。'"

教事务,且统辖吐蕃地区的行政事务。

辽、金、元三代均为非农业民族建立的政权,针对经济生活方式不同的民族采取多元地方管理方式的同时,在农耕区建置行政区实行中央集权管理却是共同的取向。

(七)明代行政区与地方行政管理

宋代确定的以加强中央集权为宗旨的地方行政管理体系为元、明、清几代所沿承,明太祖朱元璋对宋太祖及其制定的各项国策尤其推崇:"惟宋太祖皇帝顺天应人,统一海宇,祚延三百,天下文明。皆有君天下之德而安万世之功者也。"①这篇出自明太祖的祭文固然依循惯常体则行文,但仍不难看出其对宋太祖的推崇,正因此,明代国家行政处处仿效宋代制度。

明代最高行政区分属于两京十三布政使司。明初定都南京,"靖难之役"后于永乐年间改北京为行在,后正式定为京师,两京分别为京师、南京两地,均为中书省直辖区域,即南、北两直隶。布政使司全称为"承宣布政使司",即包含"承宣皇帝之命,布行中央之政"之意,是明代管理地方的一级行政区,民间亦比照元代行省而将其简称为"省"。明代十三布政使司辖区分别为山东、山西、河南、陕西、四川、江西、湖广、浙江、福建、广东、广西、云南、贵州,并与南、北直隶合称两京十三省,布政使司下辖府、州、县。明代地方,散州隶属于府之下,而直隶州等同于府,直接受制于布政使司。由于统县政区不一致,县或隶属于州,或隶属于府、直隶州,因此明代行政层级并不统一,或为三级,或为四级,亦属于复式结构。(图9-8)

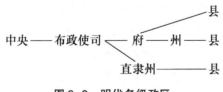

图9-8 明代多级政区

明代效仿宋代,将元代行省职权分割为三,分属于布政使司、都指挥使司、按察使司,实行分工式地方分权管理:布政使职权仅限于民政、财税、赋

---

① 《大明太祖高皇帝实录》卷九二,洪武七年八月甲午朔。

役,为一省最高行政长官;提刑按察使司是一省最高司法机构,掌刑狱、监察;都指挥使司为一省最高军事机构。都、布、按三司三权分立,互不统属,分别隶属于中央不同部门统领,都司听命于兵部与五军都督府,布政司受制于中央六部与都察院,按司受命于刑部与都察院。三司分立之势,导致事实上"明代不存在省一级政区,有的只是都、布、按三使的施政范围"①。明代地方行政依循两京十三省的辖区进行管理,军事则依托都指挥使司与卫所构成另一套空间系统。全国卫所数以千计,分隶两京都督府与十六都指挥使司、五行都指挥使司、两留守司:十六都司于十三省各设一个,另有万全都司(治宣府卫)、大宁都司(治保定府)、辽东都司(治定辽卫);五行都司分别是山西行都司(治大同府)、陕西行都司(治甘州卫)、湖广行都司(治郧阳府)、福建行都司(治建宁卫)、四川行都司(治建昌卫);两留守司分别是中都留守司(治中都凤阳府)、兴都留守司(治承天府钟祥)。明代两套管理空间各自独立,不仅对应中央管辖机构,且拥有不同的管理对象:布政使管理民户;都指挥使统领卫、所,卫、所掌控士兵,在边疆地区不设置州县,屯驻在各地的卫所军队不但承担军事任务,兼具行政功能,具有实土卫所的特征。

明代虽然没有完全效仿宋代区划交叉、中心分离的地方行政管理方式,但个别地区却也颇具此特点,其中辽东地区设辽东都司,不置布政使司,由山东按察司兼管山东布政司和辽东都司两地治安,三司管理空间在辽东、山东互相交叉是典型的一例。明代辽东、山东管理空间相互交叉现象早已为学术界所关注,但真正解决这一问题的却是近年陈晓珊的一项研究——《明代登辽海道的兴废与辽东边疆经略》。辽东是明代北方防御体系中的重要地区,其治乱形势直接关系到明王朝的兴衰。由于位置偏于东北一隅,明代辽东与内地之间的交往只能通过两条道路进行:一条是经山海关与辽西走廊的陆路;另一条则是经渤海海峡,从山东半岛北部的登州、莱州到达辽东半岛的海路。洪武初年,明军从登莱地区渡海北上,击败残元势力,将辽东地区纳入明朝治下,而当时辽东驻军所需的粮食、布匹等后勤物资,都要通过登辽之间的海路转运获得。在这种密切联系的基础上,明代辽东的民政与司法事务分别被划归山东布政司下属的辽海东宁分守道,以及山东

---

① 周振鹤:《中国地方行政制度史》,上海人民出版社2005年版,第187—188页。

按察司下属的辽海东宁分巡道管辖,从而形成了"辽东隶于山东"这一特殊的政区地理现象。①

明中后期为了协调地方事务、应对重大事件,三司之上设置了总督、巡抚,最初为临时派遣,后变为常制。巡抚负责一省的军事、行政、财政、司法、监察等事务;总督的职责是调度兵马。总督、巡抚领属空间或为一省的部分,或为一省,或为多省。明代督抚成为固定之制,地方管理形式即从三司制变为三司督抚制,此时的督抚不仅综合了三司的权力,且拥有了原属于中央的部分权力。国家为保证中央集权,督抚之间权限互相牵制,层层监督。

明代国家依托府、州、县征收财税,通过起运与留存两种方式,中央与地方的财税分割仍维持在七三开或八二开,无疑这一分配比例将财税的比重偏向了中央一侧。

(八) 清代行政区与地方行政管理

清代初期将明代两京十三省析置为十八省,亦称十八本部,包括直隶、江苏、安徽、山西、山东、河南、陕西、甘肃、浙江、江西、湖北、湖南、四川、福建、广东、广西、云南、贵州省,并于光绪十年(1884)设新疆巡抚,建行省,光绪十一年设台湾省,光绪三十三年设奉天、吉林、黑龙江省。终清之世全国共二十三省,省之下设有府、县,并将明代复式结构的行政区层级调整为三个层级:中央—省—府(直隶州、直隶厅)—县(散州、厅)。

清代部分承袭了明代的督抚—三司制,即于一级行政区设置布政使司与按察使司,并在一级行政区之上将总督、巡抚作为常制。全国设八大总督:直隶、两江、闽浙、陕甘、四川、云贵、两广、湖广。八总督不涵盖十八省,山东、山西、河南只设巡抚,不设总督。全国设十五巡抚,十八省中甘肃不设巡抚,由陕甘总督兼管;直隶、四川只设总督,不设巡抚。总督"掌厘治军民,综制文武,察举官吏,修饬封疆"。巡抚"掌宣布德意,抚安齐民,修明政刑,兴革利弊,考核群吏,会总督以诏废置"②。总督、巡抚总领一省或数省的行政权、兵权和监察权,位高权重,拥有凌驾在布政使之上的权势,朝廷在赋予他们权力代中央管理地方的同时,与历代帝王一样,并不放心他们的存

---

① 陈晓珊:《明代登辽海道的兴废与辽东边疆经略》,《文史》2010 年第 1 期。
② 《清史稿》卷一一六《职官志三》。

在,因此不仅以中央官员差遣形式委派督抚任职,同时利用督、抚二元结构互相牵制、互相制约之。

赋税的提留与分配状态是衡量中央集权程度的重要标志。清初赋税收入依循明制,分为起运、留存两部分,至康熙朝对留存数额逐步缩减,即"从前各省钱粮,除地丁正项外,杂项不解京者尚多,自三逆变乱以后,军需浩繁,遂见一切存留款项尽数解部,其留地方者,惟俸工等项必不可省之经费,又经节次裁减,为数甚少。此外则一丝一粒,无不陆续解送京师"①。"各州、县岁征田赋、杂赋除存留支用外,余悉起解布政使司贮库。"②即使是对少量的存留,地方支用亦需户部审核。清代财赋集权达到极致,不仅弭除了汉唐以来国家财赋管理存在的离心性因素,且明代的羡余也被取消③。赋税分配虽然不属于行政区划,却依托行政区执行,立足于行政区;中央与地方合理的赋税分配关系不仅构成支撑国家的经济基础,而且具有制衡地方分裂的作用。

清代版图辽阔,清初所设十八省主要针对农耕区实施行政管理,农耕区以外则根据地方特点设官分职,其中漠南蒙古即内蒙古归属于理藩院管辖。清代帝王在履行政治管理的同时,与内蒙古王公实行政治联姻,皇族为满洲人,后妃却多来自蒙古贵族,这种你中有我我中有你的血缘关系与政治管理结合,有清一代内蒙古各盟旗东西横亘在华北平原北部,不仅不曾为乱,且成为朝廷缓急可用的力量。内蒙古以外的非农耕区则由中央委派重臣,授以将军、都统、大臣等官职,实行军政合一管理。其中于西藏、青海两地分别派遣办事大臣,管理两地地方事务;在新疆、漠北蒙古与东北分别设立伊犁将军、乌里雅苏台将军以及黑龙江将军、吉林将军、奉天将军,光绪年间新疆与东三省设省,纳入与内地同样的政治管理系列之中。

建立在郡县制基础之上的行政区,从最初出现到全面实施,不仅仅是地方官员的施政空间,而且与中央存在错综复杂的利益关系。中央既依托地方官员主持行政区管理,又需要对官员权力加以制衡。事实上,从公元前3世纪秦王朝将郡县制确立为全国性的政治制度,在地方利益与国家利益的

---

① [清]蒋良骐:《东华录》卷二一。
② 《大清会典则例》卷三八《户部·库藏》。
③ 羡余为地方官吏施加给百姓的各种附加税,明代属于地方支配。

较量中,在地方分权与中央集权的反复摸索中,逐渐将权力的准星定在国家利益与中央集权一线;而这一历史性的关键转折出现在唐宋两代,唐及唐以前各代地方分权不断表现出优势,自北宋时期中央集权成为权力分配的主流,以此为核心形成的组织体系与权力制衡举措既在历史时期发挥作用,也随着时代更替而被继承下来并融入现实政治之中。

◎作者讲课实录:

第十讲

空间的政治
——行政区划界原则与历史渊源

　　行政区是地方官员权力依托的空间,行政区界限则是界定官员权力空间的标识,以地理学的视角审度此两者,前者将政治赋予地理,后者用地理影响政治。

　　划定势力空间的大小,且明确界限走向,并不是人类社会从来就有的行为。界限是一个政权或部族、部落空间扩展中受阻而停顿下来的地方,而受阻的原因一方面来自山脉、河流、湖泊、森林等难以逾越的自然障碍,另一方面则来自势均力敌且相向发展的族群。在这两种力量的影响下,界限逐渐产生,而推动人们扩展空间的动力则是对于更多资源的追求。史前时期人口稀少,人们的生产、生活均集中在以聚落为圆心的数公里范围之内,这样的活动范围相对稳定且与一定的人群具有对应性。那时有限的人口相对生存资源而言,绝对是地胜于人,而不是人胜于地,因此那个时代的人们利用资源,却没有必要占有资源。当历史进入国家阶段,夏、商、周三代,封国乃至部族固然互有界限,但由于地旷人稀,人口主要集中在城市,农田围绕都邑形成岛状农业区,农田之外为原生态环境。这样的人地关系,不仅在空间上以都邑为中心形成人口密集程度与土地开垦程度不同的国、郊、野之分,且因人口稀少,境界往往被忽略。这时各个封国、采邑与欧洲中世纪时期的城邦国家很相似,城邑既是政治中心,也是人口与经济中心。春秋时期列国之间战争频繁,为了赢得战争,鼓励人口增殖与扩大耕地面积成为各国共同实行的策略。在这样的政策影响下,原来存在于国与国之间的荒地逐渐被开垦为农田,诸侯国的境土连成一片,从城邦国家转向领土国家。这时不仅需要分清彼此疆土,且在边界地带渐具陈兵守境之势。

总结历史时期的划界原则，大致出于两类，即"随山川形便"与"犬牙交错"①。境界形成之初并没有一定之规，由于山川是人类空间扩展的自然障碍，往往就成为政权、部族彼此之间的界限，这就是"随山川形便"。"随山川形便"依托自然障碍而构成的境界是人类对于环境自然选择的结果，大约从春秋中期开始这一界限原则已经成为诸侯国间确定边界的依据；此后出现的"犬牙交错"划界原则则含有更多的人为因素，用地理控制政治、军事乃至经济是实施这一原则的主要意图。从那时起，这两条划界原则同时应用在历代行政区划中，不仅被沿承到今天，且因政治需要不断改变组合形式与地理选择。

一 "随山川形便"行政区边界

"随山川形便"是依凭山脉、河流、湖泊等自然地物作为行政区边界，使行政区与自然地理区保持一致的划界方式。自然界中的山川河湖是最明显的地标，以此作为行政区的界限既是人类扩展空间的自然选择，也具有明显且相对稳定的特点，这正是宋人郑樵"州县之设有时而更，山川之形千古不易"所讲述的道理②。

郑樵肯定"随山川形便"作为境界具有"千古不易"的特点之后，随即指出："所以《禹贡》分州必以山川定疆界，使兖州可移，而济、河之兖不能移；使梁州可迁，而华阳、黑水之梁不能迁。"《尚书·禹贡》成文于战国初期③，文中不仅兖州、梁州，"海、岱惟青州"、"海、岱及淮惟徐州"、"淮、海惟扬州"、"荆及衡阳惟荆州"、"荆、河惟豫州"、"黑水、西河惟雍州"，但凡言及州界均属"随山川形便"。固然《禹贡》九州仅是古人划分的理想空间，并未成为现实，但这样的边界书写方式传递给我们的信息是，"随山川形便"必然是那个时代应用最多的划界方式。

"随山川形便"的划界原则在春秋中期已经出现于历史记载中，周振鹤

---

① 当代学者首次梳理、总结、明确这一划界原则并展开研究的是周振鹤，参见其《体国经野之道》，香港中华书局1990年版。
② [宋]郑樵：《通志》卷四〇《地理略》第一《地理序》。
③ 史念海：《论〈禹贡〉的著作年代》，《河山集 二集》，生活·读书·新知三联书店1981年版，第391—434页。

曾运用赵穿弑君的事件来说明这一问题。《左传》宣公二年载:"赵穿攻灵公于桃园。宣子未出山而复,大史书曰:'赵盾弑其君。'以示于朝。宣子曰:'不然。'对曰:'子为正卿,亡不越竟,反不讨贼,非子而谁?'"这一历史事件发生在春秋中期晋灵公时期,晋灵公无道,为晋国大夫赵穿所杀,事件发生时身为正卿的赵盾即宣子逃出。事后史官的记载中却如此书写:"赵盾弑其君。"赵盾十分不解,史官说你身为国家最高行政长官,逃亡不越境,返回又不讨贼,不是你弑君还能是谁呢?对于这段历史的书写,站在今天的立场作何评价无须赘述,我们需要注意的是其中的地理信息:将"宣子未出山而复"与"亡不越境"合并考虑,一个结论自然形成,即山为当时晋国的国界。另一例则在战国晚期,《战国策·燕策三》载:"太子及宾客知其事者,皆白衣冠以送之。至易水上,既祖,取道。高渐离击筑,荆轲和而歌,为变徵之声,士皆垂泪涕泣。又前而为歌曰:'风萧萧兮易水寒,壮士一去兮不复还!'"这是一个为人所熟知的故事,燕太子丹易水边送别荆轲的悲壮场面,即使两千年之后的今天仍令人心弦震动。从地理学的视角重审易水送别,一个问题就出来了:为什么送别之地在易水边?原因十分清楚:战国晚期燕国依凭易水为南界①。虽然最初燕国南界在易水以南,但在战国后期列国之间的军事抗衡中,临易水为界已然成为事实,这也属"随山川形便"。

"随山川形便"的划界原则在历代行政区划中广为应用。秦统一天下,实行郡县制管理,郡作为一级行政区,其界限的确定多处体现"随山川形便"的原则。其中庐江郡东面以武夷山与闽中郡为界,西面以罗霄山与苍梧郡为邻,南面为南岭,北面为大江,呈现典型的"随山川形便"原则。此后,西汉王朝代秦而立,设置在这里的豫章郡也同样依凭"随山川形便"的原则与周邻为界。"随山川形便"的划界原则在唐代得到更大的发扬,《新唐书》载:"太宗元年,始命并省,又因山川形便,分天下为十道。"②"道"为监察区,唐初划天下为十道,后析分为十五道,"随山川形便"是确定"道"与"道"界限的主要原则,如淮南道以淮河、长江为界,河南道以黄河、淮河为

---

① 《史记·刺客列传》,燕太子丹以秦为患,问其傅鞠武,武对曰:"秦地遍天下,威胁韩、魏、赵氏,北有甘泉、谷口之固,南有泾、渭之沃,擅巴、汉之饶,右陇、蜀之山,左关、殽之险,民殷而士厉,兵革有余。意有所出,则长城之南,易水以北,未有所定也。""易水以北"《史记正义》释之为:"以北谓燕国也。"

② 《新唐书》卷三七《地理志一》。

界,均属此例。此后"宋始分为十五路,继为十八路,后又析为二十三路,皆因山川形便设为藩服,以分统天下郡县吏民"①。

境界不仅圈定了官员的施政空间,自身所具有的地理意义也作用于其圈定空间的政治、经济、军事。

"一方水土养一方人"是中国人的一句俗话,讲的就是自然环境与人文习俗之间的关系。"随山川形便"原则之下形成的行政区保持了完整的自然地理单元,行政区与自然区吻合,区域内部不仅自然环境相近,人文习俗也基本统一。而不同自然地理单元存在环境差异,生活于其间的人们有着各自的生产方式、物产、方言、民风民俗,这正是《礼记·王制》中"广谷大川异制,民生其间异俗"所揭示的道理。"随山川形便"原则下行政区内自然环境与人文习俗统一,便于管理、便于沟通,就管理而言无疑具有明显的优势。

然而,"随山川形便"的划界原则也存在不可忽视的劣势,古人称完全以山川为界的区域为"形胜之区,四塞之国",就军事地理而言具有易守而难攻的特点,冷兵器时期这一特点尤其突出,若割据者拥险而自守,极易形成与中央王朝分庭抗礼的局面,这就是《周易》中"王公设险,以守其国。险之时用,大矣哉"所包含的道理。凭借"随山川形便"而拥有"形胜之区,四塞之国"的地理形势,四川、山西均属典型。其中四川盆地,北有秦岭、巴山,南有云贵高原,东有三峡及川东平行岭谷之地,西靠青藏高原,依凭地理之势历史上先后有蜀汉、成汉、前蜀、后蜀以及元末明玉珍、明末张献忠建立的政权,地方政权反复出现,战争动乱屡屡发生,正因此,明末清初欧阳直公《蜀警录》中有"天下未乱蜀先乱,天下已治蜀未治"之语,一直流传至今。同样具有"随山川形便"之势的是山西,这里虽地处黄土高原,但黄河西来绕过西、南两侧,东有太行山,北有雁北山地,也具备"形胜之区,四塞之国"的地理形势,历史上在这里建立政权的有前赵、后赵、北汉等,一直到民国时期,任山西省省主席的阎锡山名为国民政府官员,实为山西土皇帝,都与这里的地理形势密切相关。如果说四川、山西的地理形势曾经成为割据政权拥险自守的屏障,那么被古人盛赞为"关中形胜之地"的今陕西省中部八百

---

① [明]丘浚:《大学衍义补》卷一《治国平天下之要》。

里秦川，在中国历史上更是不止一次凭借易守难攻的地理形势完成了统一大业，周、秦、汉、唐正是从这里起步的。

二 "犬牙交错"行政区边界

"犬牙交错"划界原则所强调的是界限选择不一定与山川形势完全一致，这一原则下山川之险融入区域之内，不仅形成政区之间互相牵制的地理形势，且在一定程度上消融了割据者拥险自守的屏障。

"随山川形便"的划界原则是人类空间扩展中对环境自然选择的结果，而"犬牙交错"则是出于政治、军事、经济需要的人为设置，因此这一划界原则出现的时间必然晚于前者，周振鹤的研究举出的最早的"犬牙交错"事例是西汉王朝与南越国的界限。南越国是秦朝灭亡后，由南海郡尉赵佗起兵兼并桂林郡和象郡后于前204年建立的政权。西汉初期曾派使者出使南越，虽然承认南越为汉朝的藩属国，但事实上却以敌国相待，只不过因汉初国力有限，无法完成对岭南地区的统一。这样的局面维持到汉武帝时期，随着西汉王朝国力强大，前111年灭南越，岭南地区归属中央。西汉初期中央王朝尚未统一南越，汉文帝曾赐赵佗书信一封，其中写道："朕欲定地犬牙相入者，以问吏，吏曰'高皇帝所以介长沙土也'，朕不得擅变焉。"①这段记载中提到了"犬牙相入"，作为后人，我们要理解文中所言"犬牙相入"颇费思量，所幸20世纪70年代长沙马王堆出土的长沙驻军图帮助我们弄清了汉文帝所言"犬牙相入"究竟指的是什么。从山川形势来看，南岭不仅是长江与珠江流域的分水岭，也是人文区域的分界线，西汉与南越境界依循秦朝旧例，并非依南岭而置，不仅桂阳郡所属桂阳县设置在今广东连州市，即位于南岭以南，另有岭南象郡镡城县伸向岭北，如此境界走向应是汉文帝赐赵佗书中所言"犬牙相入"之事。② 汉文帝以"'高皇帝所以介长沙土也'，朕不得擅变焉"为由拒绝了"犬牙相入"之事，除了桂阳县为西汉王朝的统辖区之外，还有别的原因吗？实际上桂阳县以"犬牙相入"之势伸入岭南之地的价值在于，这里正处于由湖南营浦（今道县）至岭南交通通道的咽喉之

---

① 《汉书》卷九五《西南夷两粤朝鲜传》。
② 参见周振鹤：《中国地方行政制度史》，上海人民出版社2005年版，第236—238页。

处,占据了这里就意味着控制了进出岭南的要道,正因此南越赵佗希望去掉这块心腹之患,而汉文帝自然也不会轻易放弃。桂阳县"犬牙相入"的形势在汉武帝统一岭南时发挥了作用,由伏波将军路博德率领的军队就是通过由朝廷控制的桂阳县顺利进入岭南,进而一举收复了南越国。①

"犬牙交错"确定行政区界限的目的在于将天险消融在同一行政区内,且利用地理单元之间的空间关系制约天下,抑制割据。若将"随山川形便"与"犬牙交错"两项界限原则合理应用在行政区划界中,可以达到相辅相成的效果,正因此历代在使用"随山川形便"原则确定政区界限的同时,也没有忘记"犬牙交错"。如隋代江都郡就是如此,江都郡位于今扬州,自隋代修通大运河之后,扬州作为运河、长江码头,在军事地理与区位特征上都具有不可忽视的意义,为了防止地方官员利用长江天险与运河通道割据自守,隋代设置的江都郡辖境包括长江南北的两片土地,将长江天险包容在同一政区之内,具有典型的"犬牙交错"特征。唐代中期"安史之乱"后设置的昭义节度使辖区含泽、潞、邢、洺、磁五州之地,五州跨太行山东西两侧,泽、潞二州位于太行山以西的山西高原,邢、洺、磁三州位于太行山以东的华北平原,连接地处两个不同地理单元的五州是太行山八陉之一滏口陉等山中道路。太行山既是中国东、西部两大区域的分界线,也是地形二级阶梯与三级阶梯的转换之处,形成如此"犬牙交错"之势与"安史之乱"河北三镇脱离中央辖制,"虽号称一朝,实成为二国"的政治局面相关。面对这一局面,且幸"朝廷独得邢、磁二州及临洺县"②,于是本着用听命于中央的地域控制河北的意图,形成昭义节度使辖区地跨太行山东西的"犬牙交错"之势。魏博镇田承嗣的继任者田悦面对昭义节度使辖区无奈地说:本"欲阻山为境",如今"邢、磁如两眼,在吾腹中"。③ 同样与今山西相关,北宋时期的河东路与永兴军路之间的界限也属于"犬牙交错"原则下划定的区域,两路之间若依"随山川形便"自然以黄河为界,但两路却在黄河东西互有交叉,其中河东西南角划给永兴军路,使蒲津关不为河东路所有,"时银、夏未宁,蒲

---

① 《汉书·西南夷两粤朝鲜传》:"元鼎五年秋,卫尉路博德为伏波将军,出桂阳,下湟水;主爵都尉杨仆为楼船将军,出豫章,下横浦;故归义粤侯二人为戈船、下濑将军,出零陵,或下离水,或抵苍梧;使驰义侯因巴蜀罪人,发夜郎兵,下牂柯江,咸会番禺。"

② 《资治通鉴》卷二二六,唐德宗建中二年五月丙寅。

③ 同上。

津当馈挽之冲"①,军事上的牵制与晋西南产粮渡河运至宋夏前线的需要,均是如此划界的缘由;反过来处于山陕峡谷中段黄河以西的秦凤路府州一带却划归河东路,进而在山河之间构成明显的"犬牙交错"形势,府州位于黄河以西,隔河相对的是保德军,两地之间的黄河河岸比较和缓,是山陕峡谷地带重要的渡口,北宋当局从地区之间的空间制约关系考虑,蒲津关既然已经划归永兴军路,府州、保德军的渡口就不能再为其所有,况且当时北宋与西夏长期鏖战于黄土高原,来自河东的粮饷有相当一部分需要通过府州、保德军的渡口过河至河西。北宋河东及其毗邻地区这一"犬牙交错"划界方式,将黄河中游几处重要渡口分属于不同的行政区,在避免拥险自守危害的同时,也保障了后方与宋夏前线后勤物资的输送。

"犬牙交错"划界原则的意义不仅在于政治、军事,经济发展程度不同地区之间腴瘠搭配也是必须考虑的重要问题。今天的陕西省基本继承了元代陕西行省的版图,将三个自然属性、人文习俗、经济发展进程不同的地理单元——汉中盆地、关中平原、陕北黄土高原组合在一起,最初的意图主要在于军事,但这样的划界却起到了经济互补的作用。贾平凹《废都》中用一段顺口溜描述过陕西:"八百里秦川尘土飞扬,三千万人民乱吼秦腔。捞一碗长面喜气洋洋,没调辣子嘟嘟嚷嚷。"但这一描述仅适合关中,绝对不适合汉中,也不属于陕北。秦岭以南的汉中盆地属于亚热带地区,农作物以水稻为多;秦岭以北的关中平原为暖温带自然景观,农作物以小麦为主;陕北黄土高原则具有鲜明的北方干旱、半干旱环境特征,农作物以谷子为主。当社会发展进程处于传统农业阶段时,凭借农业生产带来的效益,三个地区不仅存在主要粮食作物的差异,经济发展水平也不在一个层面,富裕的汉中、关中加贫瘠的陕北同在一省之内,以富济贫,若无大事,无须中央宏观调控。而就文化而言,"一方水土养一方人",以"犬牙交错"方式将不同的地理单元组合在一起并不能改变人文习俗,秦岭以南的汉中方言与四川等地一样同属西南官话区,位于秦岭北坡的关中属于中原官话,陕北则持晋方言。这样的差异不仅引起学术界的关注,网民的讨论更为生动,"汉中是另类的陕西,连人的体态、性格都不同,汉中人清秀、精明;关中人质朴、木讷;陕北人

---

① 《宋史》卷三〇六《柴成务传》。

轮廓分明、性情豪爽。关中人多以面食为主,一碗有醋有油泼辣子的面条,或者馒头夹油泼辣子,就着玉米稀饭已经吃得酣畅淋漓,而汉中人却以米饭为主。食惯了各种面食的老陕,如果多吃了几顿米饭,再看到米饭就会龇牙咧嘴,没有食欲;吃惯了米饭的汉中人,两天没有米粒,面对满桌的各类面食同样提不起兴致。"自然环境、历史传承造就的人文习俗以及经济生活方式的差异,使管理者面对的不仅是一个管理空间,还有不同的文化人群。

"犬牙交错"划界原则对于弭除地方割据、协调地区经济差异具有重要意义,但应用到极端则会走到目标的反面。元代十一个行省,除四川行省外,其他行省的边界几乎均属于"犬牙交错"。中书省跨太行山东西,将太行山这道界定东西的山脉包容在一省之内;河南江北行省包括淮河南北,将淮河这道南北方的界限包容在一省之中;江西与湖广两省均从长江流域跨越南岭,将长江、珠江两大江河分水岭包容其内。周振鹤曾引清人储大文的话评述这一极端的"犬牙交错":"元代分省建置惟务侈阔,尽废《禹贡》分州唐宋分道之旧,合河南河北为一,而黄河之险失;合江南江北为一,而长江之险失;合湖南湖北为一,而洞庭之险失;合浙东浙西为一,而钱唐之险失;淮东、淮西、汉南、汉北州县错隶,而淮汉之险失;汉中隶秦,归州隶楚,又合内江、外江为一,而蜀之险失。故元明二季流贼之起也,来无所堵,去无所侦,破一县一府震,破一府一省震,破一省各直省皆震。"①这种划界结果几乎导致任何一个行省都没有天险可以作为屏障,曾经跃马欧亚大陆的成吉思汗子孙建立的强大蒙元帝国崩溃于顷刻。

三 "随山川形便"与"犬牙交错"划界原则对当代的影响

行政区的划界原则产生于历史时期,又被历史继承下来。"随山川形便"与"犬牙交错"不仅包含在当代行政区界限中,而且同样将政治、军事、经济目的用地理形式表现出来。如今中国一级行政区中山西、江西、湖南、广东、广西、海南、青海等省区均基本位于完整的地理单元之内,边界具有

---

① [清]魏源:《圣武记》卷一二《附录·武事余记》引。

"随山川形便"的特点;陕西、河北、河南、江苏、安徽等省则体现出明显的"犬牙交错"原则。在地理学的视角下,从历史到现实,面对含有不同划界要素的行政区,我们如何诠释?

首先,"随山川形便"原则下确定的行政区边界非山即河,这类地貌条件下的边区,因环境恶劣、交通闭塞而经济发展落后。在以农为本的历史中,农业立足大河流域的同时,也因地域性的环境差异形成次一级的农耕区,基于古代的交通条件,一个区域与另一个区域的边界往往是不易逾越的山地、河流。依凭这些山地、河流,区内农业生产自成一统,区域间则各具特色。作为边界的山地与中部平原,自然环境完全不同,农业开发进程也大不一样。平原既是率先从事农业开发的地带,也是人口与技术的扩散中心,平原与山区不仅存在开发进程的时间差,而且处于完全不同的技术层级。平原始终具有核心地位,无论人口流动还是技术传播都具有自平原到山区的特点,边区经济发展的滞后性与落后性不仅表现在历史时期,也存在于现实之中。

2001年中国省会城市所在地与省边缘地区人均 GDP 的平均差距为 4.45 倍。河南省 34 个贫困县,一半分布在边界地区;山东省省际边界地区面积和人口均占全省总量的 50% 左右,但 GDP 总量却仅占 30%;湘鄂边界 20 个县市区 2004 年 GDP 总量为 675.9 亿元,财政收入为 36.1 亿元,分别约占两省县市区 GDP 的 1/14,财政收入的 1/20。省际边界地区不仅存在经济发展总体状况的不足,基础设施如交通更是经济发展的"瓶颈"。北京、上海、天津、河北、山西、内蒙古、辽宁、甘肃、宁夏、青海十地边界地区有 453 条公路干线,其中 184 条在边界处出现了断头。调查显示,江西首先修通了省内南昌至九江、九江至景德镇的高速公路,而与武汉、长沙、杭州、广州相通的高速公路却滞后于省内。广西首先修通的也是省内南宁至桂林、北海的高速公路,而通往广州的高速公路同样安排在最后。湘鄂边界公路管理则问题重重,湖北来凤与湖南龙山相距 7 公里,两头分设收费站;湖北五峰与湖南石门之间的公路修了 20 年却被 300 米断头路隔断。① 省际边界经济发展在受到山川地形等自然条件的限制之外,受地方保护意识影响尤为明

---

① 李俊杰:《关于省际边界地区经济协作的思考》,《商业时代》2006 年第 9 期。

显,产业趋同、龙头企业少、市场无序竞争,这些现象使原本经济落后的边区又套上了一重桎梏。仅就经济发展而言,许多年前就有人提出省际边界地区经济协作的主张,这在实践中正成为改变边区落后面貌的举措之一。从21世纪初至2021年,国家推动省际边区建设与消除贫困行动,大幅度改变了原有状况,但地区差异仍然不可忽视。

其次,边区的地理条件导致行政疏于管理,被人们称为"三不管"地带。然而正是这样的"三不管"地带造就了中国革命的成功,从井冈山时代,红色革命根据地就设在边区,井冈山地处罗霄山中段,而罗霄山正是湘、赣两省交界处,此后在中国革命的历程中不断出现湘鄂赣、鄂豫皖、陕甘宁、晋察冀等边区,正是这些建立在边区的革命根据地为星星之火营造了燎原之势。边区不但成为革命根据地的摇篮,而且在军事上也发挥着不可忽视的作用。20世纪初各地军阀名义上归属国民政府统一领导,但拥兵自保是其首要目标,几个政区的结合部自然成为政治、军事乃至经济最薄弱也最被忽视的地方。当年毛泽东就是利用川、黔、滇三省以赤水河为界的地理特征,率领红军赢得了"四渡赤水"的用兵奇迹。

"犬牙交错"的划界方式将不同的地理单元归属在一省之内,经济互补与政治军事牵制的寓意同样包融在当代行政区中。

河北省由被燕山、太行山两条山脉分隔的华北平原、东北地区以及蒙古高原三个不同的地理单元组成,其中燕山山脉东西延伸,位于华北平原的北端,就政治、军事而言,将地处燕山以北的承德市划归河北,与穿过燕山山脉的古北口、喜峰口等重要关隘直接相关;太行山脉南北纵驰,将地处太行山脉以西蒙古高原边缘的张家口市隶属河北,与居庸关等太行险关有关。今天的河北省前身是清代与民国的直隶,清代直隶包括位于燕山以南、太行山以东的华北平原以及承德府、宣化府、口北三厅,其中承德府包括西辽河流域,今天这一区域属于内蒙古自治区赤峰市管辖;民国年间承德府划为热河省,张北一带划为察哈尔省,仅留有宣化府一处与华北平原并属直隶管辖。中华人民共和国成立后,于20世纪50年代初撤销热河、察哈尔两省,确立了今天河北省的境域走向。若从政治、军事与经济几个角度审度如今河北省的"犬牙交错",凭借燕山、太行山各个关隘达到政治、军事目的之外,利用共同的行政区协调三个不同地理单元资源禀赋带来的经济差异,应是这一区划的意图之一。

河南省辖境并非只有河南之地,黄河以北安阳、新乡、鹤壁、濮阳、焦作五个地级市均属于河南省。这样的区划形势承袭于明、清两代,明、清均将位于黄河以北的怀庆府、卫辉府、彰德府划归河南,民国继承了这一基本形势,中华人民共和国成立之初曾一度将黄河以北辟为平原省,后又与河南并为一体,即今天河南省辖境。今河南省的黄河以北地区是河南境内自然条件最好的地方,这一地区地处太行山东麓的冲积扇地带,不仅有着良好的土壤与水分条件,而且控制太行山东麓通向中原交通道路的冲要地带。历史上之所以形成这一"犬牙交错"的政区空间形势,一方面是为了弥补大河以南黄患频繁、灾荒不断带给朝廷的税收问题,另一方面朝廷也有将大河天险消融在同一政区之内的意图。

江苏与安徽两省"犬牙交错"的辖境是在同一历史背景下形成的。明初建都于南京,并将其附近地区纳为直隶,明成祖即位后将北京设为京师,原来的直隶改为南直隶。南直隶管辖范围从江南伸向江北,又从江北伸向淮南、淮北,区域范围不仅突破了长江,而且跨越了淮河,形成自古未有的"犬牙交错"局面。有人认为这一"犬牙交错"的局面,与明太祖将家乡凤阳府纳入南直隶相关。清代随着王者血统的变更,南直隶"犬牙交错"的局面不可能继续维持下去,重新划定的江苏、安徽两省没有依从历史上以淮为界或以江为界的方式,而是将明代的南直隶分割成东西两部分,偏东的土地归为江苏,偏西的土地归为安徽,二省同样都存在跨江、跨淮的地域。明、清两代当局者做出这样的划分决策,有着深刻的考虑:江南与淮北经济发展水平是不同步的,将经济发达的江南与欠发达甚至多灾的淮北包容在同一行政区内,不仅实现了经济水平的"犬牙交错",且面对黄河、淮河带给淮北地区的灾害,没有非常之难不必国家实行宏观调控,省内即可自行解决。

现行中国一级行政区多数都与历史政区存在沿承关系,但也有的政区为近年所设,如海南省为1988年设置。就行政区划界原则而论,海南省为纯粹的"随山川形便"。海南省以琼州海峡与广东为界,辖区以海南岛为主,并包括西沙群岛、中沙群岛、南沙群岛的岛礁及其海域。这样纯粹的"随山川形便"在中国行政区中为继台湾设省后的第二例。纵览整个中国历史,历代帝王费尽心机在"随山川形便"与"犬牙交错"两类划界原则之间寻找最佳方案,其目的就是为了保障国家基础的稳定;行政区界限的确定稍有不慎,就会殃及国家利益,中国近现代历史进程更说明了这一点。因此站在历史和未来的角度审度海南省的划界问题,值得深思与探讨的东西还很多。

　　行政区界限躺在大地上是标识,画在地图上则是线条,决定界限走向的是"随山川形便"与"犬牙交错"两类划界原则的组合。两类划界原则各自选取的要素完全不同,前者得之于自然,后者取决于政治,因此行政区界限在界分彼此的同时,也将政治渗入地理之中。人类立足在大地之上,利用的不仅仅是资源与环境,空间与政治从来没有离开过历史,也必定影响将来。

◎作者讲课实录:

第十一讲

千古足音
——华北、内蒙古、东北三大区域的道路系统

道路是人类交通的途径,关乎国事民生。然而道路却不是从来就有的,鲁迅说过:"地上本没有路,走的人多了,也便成了路。"(《故乡》)路是人踩出来的,远古时期,当先民在洪荒大地上踏出第一行脚印,留下第一个标记时,最早的道路就萌生了。从此,伴随先民的狩猎、采集、播种、收获……足迹成行,一条条道路延伸出来,交织成大地上重要的人文景观。

道路固然是人踩出来的,但在没有技术可以从容不迫地逢山劈路遇水架桥的时代,先民的脚步落在什么地方,踏出一条伸向何方的道路,则与地理直接相关。中国大地上的重要道路均可追溯到史前时期,那时人们以自己的聚落为中心采集、渔猎,每向远处前进一步都需要探索与冒险,难以成行的地方自然无路可通,得以立足的地方则相联成行,为后辈所传承。道路的形成既受制于山川自然,也取决于人们足下的选择。最初的道路仅是人类在探索中形成的由家居之地到食物采集、渔猎地的途径,然而随着人类社会的进步,道路增添了更多的功能,不仅服务于政治,也服务于国家。公元前3世纪秦帝国建立,在完成政治统一的同时,凭借驰道的修建,使车同轨、书同文成为秦统一大业的重要组成部分,并构建了中国最早的道路交通网。《史记·秦始皇本纪》载:"二十七年,始皇巡陇西、北地,出鸡头山,过回中。焉作信宫渭南,已更命信宫为极庙,象天极。自极庙道通郦山(按,即骊山),作甘泉前殿。筑甬道,自咸阳属之。是岁,赐爵一级。治驰道。"驰道由数条道路构成交通网,囊括东西南北,"秦为驰道于天下,东穷燕齐,南极

吴楚,江湖之上,濒海之观毕至"①。经过研究,可以确定的驰道分别为:(1)由咸阳沿渭河、泾河河谷西北越六盘山通向河西一带。(2)自淳化沿子午岭向北经鄂尔多斯高原至秦九原郡(今包头市西南),这条北上之路也被称为直道。(3)由咸阳东北行于临晋关(后改称蒲津关)渡黄河,沿汾河河谷北上,经平阳、太原至云中、代郡。(4)由关中经故道、褒斜道、子午道越秦岭至汉中,经金牛道越巴山入蜀。(5)由咸阳东南行出武关,沿丹江至汉水。(6)由咸阳东出函谷关,经洛阳、成皋至临淄。(7)由洛阳北渡黄河,沿太行山东麓经邯郸至蓟。陆上道路之外,春秋末年至战国时期菏水、鸿沟运河的开凿又将黄河、淮河、长江各大河流水系南北相联,构成水路通道。②这些相联成网的道路不仅维系着地域间的联系,而且在代代相承中融入中国历史。

道路具有鲜明的继承性,但明以前历史文献很少留下集中记载,追寻这些道路延伸的方向,相关信息散见于各类历史事件与考古学成果,其中与军事相关的事件几乎成为研究历史交通道路的关键性信息,故古代交通道路的研究多与军事地理研究相伴而行。明清两代商贸活动盛于前朝,为便于商旅出行,系统记载天下道路的著述越来越多,明人黄汴撰写《天下水陆路程》、憺漪子撰写《天下路程图引》等,意在为天下商旅指点行商路径,却也成为今日了解古代交通道路的重要文献。这些文献中涉及天下主要道路,这些道路虽然见于明人记载,其历史却可溯至数千年前。

中国无论古今都堪称大国,道路纵横于大地,每条道路各领一方,不仅刻印下过往的足迹,也讲着那些人、那些时代的故事。本书第十一、十二、十三讲均讲述历史交通地理,从道路的走向,到道路的历史,且融地理于其中。

一　太行山东麓道路与重要战例

太行山东麓道路是以北京为起点,沿太行山东麓南北纵贯的交通道路,对于华北平原的道路体系具有支撑性作用。

太行山东麓道路具有久远的历史,大约形成于距今9000年前。确定这

---

① 《汉书》卷五一《贾山传》。
② 邹逸麟:《中国历史地理概述》,上海教育出版社2013年版,第332—333页。

一年代与磁山文化相关。磁山文化诞生于距今9000年前,是见证粟、黍这些北方旱地作物起源地的重要遗址,位于太行山东麓的河北武安境内,考古成果显示不仅磁山文化的传播经行这条道路,此后起源于河南、陕西一带的仰韶文化也沿着太行山东麓一路北上,直抵拒马河以北地带。① 远古时期先民的串串足迹开启了这条道路,自此数千年间太行山东麓道路始终是中国南北向交通道路最重要的组成部分,今天以北京为起点经保定、石家庄、邯郸、鹤壁、新乡一线的京广铁路北段仍然穿行于这一地带。

今天我们出门旅行,无论选择公共交通还是自驾,都依托一条条道路抵达目的地。然而我们行走在路上,却很少有人关注路的历史以及道路取向的缘由。道路的形成多取决于山川地貌,太行山东麓道路的重要地位究竟来自哪些自然因素?太行山为中国地形二级阶梯与三级阶梯的分界,越过太行山即进入山西高原与蒙古高原,海拔高度一般在500—700米。源于山西高原的河流穿过太行山各个谷口流向华北平原,河流在山口地带形成冲积扇。地貌学定义冲积扇为河流出山口处的扇形堆积体,当河流流出谷口时,摆脱了侧向约束,其携带物质便铺散沉积下来。冲积扇平面呈扇形,扇顶伸向谷口。冲积扇所在位置高程变化明显,从顶部到边缘,沉积物与自然环境有很大差异。冲积扇顶部河流落差明显,较强水动力携带并沉积下来的物质粗大;从山口进入平原,随着河流落差降低,携带的物质变小,冲积扇中部不仅土质较细,土壤肥沃,且地下水位适中;进入冲积扇底部扇缘地带,因地下水位高,具有明显的盐碱化现象。冲积扇不同部位自然属性的差异导致人们选择性地利用环境,顶部与扇缘地带均不利于农业生产,只有中部有肥沃的土壤、良好的水文条件,成为数千年来人们定居之处。太行山南北延伸400公里,山脉东麓的冲积扇不止一个,每一个山口均有冲积扇,大小冲积扇联为一体,被地貌学称为冲积扇裙。(图11-1)若将冲积扇裙中部联成一线,就是太行山东麓道路的走向。由于这里自然条件的优越性远远超过华北平原其他地方,从八九千年前至今,尽管世事多变,这里却一直是人

---

① 《文物考古工作十年1979—1989》:"据调查,磁山文化南起漳河,北界已到保定以北的拒马河、大清河流域。"(文物出版社1991年版)《中国文物地图集·河北分册》载仰韶文化遗址发现于清苑、顺平、曲阳、唐县、涞水、涿州、容城、徐水、安新、正定、平山、邯郸、柏乡、武安、永年、磁县等太行山东麓地带(文物出版社2013年版)。

图 11-1 冲积扇素描图

们定居之所、通行之处的最佳选择。

太行山东麓道路凭借冲积扇中部优越的自然条件成为连接中国南北的重要道路,然而,一条道路的地位取决于自身的价值,也与这条道路与其他道路的关联性相关。南北延伸的太行山地质时期曾发生过多次断裂,河流切穿这些裂谷形成山中谷地——陉,古人称"连山中断曰陉"。太行山中究竟有多少陉,古人说法不一,唐人李吉甫《元和郡县志》引晋人所撰《述征记》归纳为"八陉",即"太行山首始于河内,自河内北至幽州凡有八陉。第一曰轵关陉,今属河南府济源县,在县理西十一里。第二太行陉,第三白陉,此两陉今在河内。第四滏口陉,对邺西。第五井陉,第六飞狐陉,一名望都关,第七蒲阴陉,此三陉在中山。第八军都陉,在幽州"。① 太行八陉均呈东西走向,与太行山东麓南北向道路相接,连接山西高原与华北平原,共同组成交通网络。

冷兵器时代,人们利用道路交通的同时,也在山口险要之地设置关隘。太行山东麓道路与太行山口构成许多重要关隘,自北向南为:居庸关位于今北京市昌平区、紫荆关位于今河北易县、倒马关位于今河北唐县、井陉关位于今河北井陉县、天井关位于今山西泽县、轵关位于今河南济源市等。古往今来这些关口的名称与关址固然有所变动,但关口一直与各条道路组合在一起,为历史留下了不平静的一幕幕往事。

公元 755 年"渔阳鼙鼓动地来,惊破霓裳羽衣曲"(白居易《长恨歌》),执掌范阳、卢龙、河东三镇节度使,手握重兵的安禄山及部下史思明率兵造反,安史叛军从范阳(今北京)出发,沿太行山东麓道路南下,面对毫无准备的唐军,一路势如破竹,仅至常山郡(今河北正定)遇太守颜杲卿率部坚决

---

① [唐]李吉甫:《元和郡县志》卷二〇《河北道一》。

抵抗;虽然颜太守最终因寡不敌众,城陷被俘①,但还是牵制了叛军的行动。随后河东节度副使李光弼与朔方节度使郭子仪两部会合,从井陉西端娘子关东行,出井陉关收复常山,斩首以万计,生擒四千,河北归顺者十余郡。常山郡控扼太行山东麓道路咽喉之处,且与井陉道相互呼应,收复此地就截断了安史叛军回归范阳之路。②

离开河北,安史叛军南下渡过黄河,朝廷命安西节度使封常清兼任范阳、平卢节度使,以右金吾大将军高仙芝为副元帅负责守卫洛阳。连日血战,洛阳失守,高仙芝、封常清退守潼关。潼关位于今陕西省潼关县北,北临黄河,南依秦岭,《水经注》载:"河在关内南流,潼激关山,因谓之潼关。"③在当时力量悬殊的情况下,依托潼关地形之险,坚守此地,等待四方援军,本是可举之策,但唐玄宗听了监军宦官的诬告,以"失律丧师"之罪斩杀封常清、高仙芝,并任命哥舒翰为统帅,镇守潼关。

安禄山进入洛阳后,马上自立为帝,国号为"燕",这一年为唐天宝十五年(756)。从地理角度审度这一历史事件,安禄山称帝后的日子应是他发动叛乱以来最危险而不知所措的时候:西向潼关,通往长安之道被哥舒翰控守;东向、南向进入江淮的道路分别被张巡阻于雍丘(今河南杞县)、鲁炅阻于南阳(今河南邓州),而北向回归范阳的道路则被李光弼、郭子仪两部唐军封堵。这时安史叛军大有走投无路之势。但历史总有让后人扼腕之叹,原本安史叛军面临不战自困的局面,却由朝廷给了他们生机。唐朝前期实行"重外轻内"的布兵原则,使潼关守军数量不多且多羸弱,年迈的突厥将领哥舒翰出任潼关守将,原本可以依险守民,可朝中权臣杨国忠不顾双方实力,在玄宗面前屡屡进言,并"从中督战,翰不得已出关"④。哥舒翰开关等于给了绝死之地的安史叛军一条生路,叛军冲进潼关,俘虏了哥舒翰,兵锋

---

① 《旧唐书·颜杲卿传》:"(天宝)十五年正月,思明攻常山郡,城中兵少,众寡不敌,御备皆竭。其月八日,城陷,杲卿、履谦为贼所执,送于东都。思明既陷常山,遂攻诸郡,邺、广平、巨鹿、赵郡、上谷、博陵、文安、魏郡、信都,复为贼守。"

② 《旧唐书·李光弼传》:"以朔方兵五千会郭子仪军,东下井陉,收常山郡。贼将史思明以卒数万来援常山,追击破之,进收藁城等十余县,南攻赵郡。……六月,与贼将蔡希德、史思明、尹子奇战于常山郡之嘉山,大破贼党,斩首万计,生擒四千。思明露发跣足,奔于博陵,河北归顺者十余郡。光弼以范阳禄山之巢穴,将先断之,使绝根本。"

③ 《水经注》卷四《河水注四》。

④ 《新唐书》卷二〇六《杨国忠传》。

直指长安,杨国忠死于愤怒的唐朝军人手中,玄宗匆促南下入蜀避难,从此拉开了长达八年的"安史之乱"大幕。

"安史之乱"是中国历史上的重大事件,而这一事件的发生、发展均与交通道路密切相关,且太行山东麓道路与井陉的作用尤其关键。如果当年唐廷能够借收复常山郡之机,困安史叛军于洛阳,结果会大不相同。但历史不可倒退也没有如果,后人只能"以史为鉴"。1949年3月中共中央、中国人民解放军总部移驻河北省平山县西柏坡,并在这里召开了具有历史意义的中国共产党七届二中全会,拉开了全国解放的大幕。如此重要的会议为什么会选择西柏坡这样一个小山村?从地理形势来看,中共中央的选址既要保障中央机关的安全并进退有余,又要传递给全党、全军一个信号——中国革命已经进入解放全中国的历程。历史证明,西柏坡面向华北平原且与井陉以及太行山后方相连接的地理位置,具备这样的条件,因而成为新中国的起步之地。

二 华北平原通向内蒙古的道路与重要战例

华北平原通向内蒙古的道路仍与太行八陉相关,八陉中军都陉就是通向内蒙古的必经之路,而居庸关则是控制军都陉的重要关口。

居庸关得名于秦,据元人王恽称,"世传始皇北筑时,居庸徙于此,故名"①。"庸"为刑徒,居庸之地为修筑长城刑徒所居之地。故《吕氏春秋》与《汉书·地理志》均留下"居庸,有关"的记载。居庸虽得名于秦,但最初仅是依山就形的郡县间关口,真正成为长城上的关隘是在北魏时期,以后历代相承,既控扼军都陉,又属长城上的一道险关。穿过居庸关向西,经今宣化、张家口、大同等地进入蒙古高原。由于居庸关紧邻北京,故自金、元以后在太行山各个关隘中最为重要,在八百多年的历史中留下许多引人回顾的事件。

发生在明前期的"土木堡之变"就是一个事关居庸关通向内蒙古道路且涉及其他太行关隘的重大历史事件。明朝初年,北归草原的蒙古瓦剌部凭借马背优势,屡屡南下。正统十四年(1449)二月瓦剌部落首领也先遣

---

① [元]王恽:《秋涧集》卷八〇《中堂事记序》。

2000余人组成的使团前往北京,希望获准开放互市,然而明廷并没有允准,为此也先从几个方向进犯内地。在太监王振力主之下,明英宗仓促募兵,并率领几十万大军御驾亲征,西出居庸关沿宣府、大同一线一路向西。面对明军,也先首先诱敌深入,然后主动北撤。明军行至大同,统领军政事务的王振听到此前在大同一带与也先交战的明军惨败,急忙撤退。按照计划,这支部队应沿紫荆关一线回京,王振家乡在蔚县,本有意"驾幸其第"在家乡人面前风光一下,又怕大军损坏他家的田园庄稼,故行军路线突变,转入宣府一线。瓦剌追兵一路紧随,追袭而来,至土木堡,紧逼明军。由于路线不断变换,天色已晚明军还没有合适的住宿之处,王振鼓动英宗皇帝在土木堡过夜。土木堡为长城沿线的军事驿站,完全不具备几十万大军过夜的条件,尽管将军们反对,英宗与王振执意留在此地。一路紧随的蒙古军队见明军住在土木堡喜出望外,趁夜将明军团团围住。次日准备启程的明军发现陷入重围,几次突围均无结果。几日下来被围困的明军不仅没有粮草,更没有水。土木堡地势较高,原本作为水源的临近小河均被蒙古军队截断,干渴之下的士卒数次掘井,希望获得水源,均无果。疲惫不堪的明军最后一次突围大败,王振死于乱军之中,英宗被俘。① 随后,瓦剌挟持英宗进攻宣府、大同。消息传入京城,朝野震惊。国不可一日无君,为了应急,廷臣联合奏请皇太后立郕王即皇帝位。次年瓦剌大举入侵中原,并以送太上皇(明英宗)为名,令明各边关开启城门,乘机攻占城池,并攻陷白羊口、紫荆关、居庸关,直逼北京。兵部尚书于谦率领北京军民坚守危城。蒙古军队数攻不下,又

---

① 《明史纪事本末》卷三二《土木之变》:"太监王振劝上亲征。命下,二日即行,事出仓卒,举朝震骇。命太师英国公张辅、太师成国公朱勇率师以从,户部尚书王佐、兵部尚书邝埜、学士曹鼐、张益等扈从。吏部尚书王直及大小群臣,伏阙恳留,不允。……遂偕王振并官军五十余万人……出居庸关,过怀来,至宣府。连日风雨,人情汹汹,声息愈急。随驾诸臣连上章留,振怒,悉令掠阵。未至大同,兵士已乏粮,僵尸满路。寇亦佯避,诱师深入。……会前军西宁侯朱瑛、武进伯朱冕全军覆没,镇守大同中官郭敬密言于振,势决不可行,振始有还意。明日班师,大同总兵郭登告学士曹鼐等,车驾入,宜从紫荆关,庶保无虞。王振不听。振,蔚州人,因欲邀驾幸其第;既又恐损其禾稼,行四十里,复转而东。……是日,驾至土木,日尚未晡,去怀来仅二十里。众欲入保怀来,以王振辎重千余辆未至,留待之。邝埜再上章请车驾疾驱入关,而严兵为殿。不报。又诣行殿力请,振怒曰:'腐儒安知兵事! 再妄言必死!'埜曰:'我为社稷生灵,何得以死惧我!'振愈怒,叱左右扶出。遂驻土木。旁无水泉,又当敌冲。十四日辛酉,欲行,敌已逼,不敢动。人马不饮水已二日,饥渴之甚,掘井深二丈不得水。其南十五里有河,已为也先所据。"

听说来自山西等地的勤王部队从紫荆关一线入关,无心恋战,携英宗退回蒙古草原。数年后,英宗也被放归京。

"土木堡之变"整个过程不仅事关经由居庸关通向蒙古高原的道路,而且涉及紫荆关等太行关口。道路之间的勾连,将历史不仅置于事件本身,且与空间相互交错,展现在时空二维系统之中。

三 燕山山脉与华北通向东北的道路

燕山山脉东西向延伸,横亘在华北平原的北端,山体自西向东设有三个关隘,分别为古北口(位于今北京密云)、喜峰口(位于今河北迁西)、山海关(位于今河北秦皇岛),与三个关口相连接的则是华北通向东北的主要道路。尽管道路的趋向一致,但三个关口控制的道路形成历史却不同,古北口、喜峰口控制的道路均有数千年历史,山海关控制的傍海道则启用最晚,通行时间大约在13世纪初。

古北口控制的道路沿潮河河谷从华北平原伸向河北承德、平泉一带;喜峰口古称卢龙塞,汉代曾在此设过松亭关,关口连接的道路循滦河支流、大凌河支流而行,向北指向内蒙古宁城一带。古北口、喜峰口两条道路的历史均可上溯至新石器时代,《中国文物地图集·河北分册》《中国文物地图集·北京分册》汇集的国家第二次文物普查结果显示,距今8000年前、起源于燕山以北内蒙古西辽河流域的兴隆洼文化遗址在燕山以南迁西县境内发现,距今6000年的赵宝沟文化在迁西、迁安两县均已发现,距今4000—3000年的夏家店下层文化遗址在北京密云、平谷、昌平、房山以及河北抚宁、青龙、卢龙、昌黎、香河、丰润、玉田、迁西、迁安等县屡有所见。燕山山脉将华北、东北分成两个地理单元,无论兴隆洼文化还是赵宝沟、红山、夏家店下层文化类型均发源于燕山以北的西辽河流域,这些文化类型的人群来到燕山以南,行经之处就是古北口、喜峰口所控制的道路。由于穿越燕山,古北口、喜峰口控制的道路主要通行于山谷中,不仅道路崎岖,行走艰险,而且均不能直接抵达辽东一带。

山海关一线傍海道的开启,不仅使辽东可通,且道路平坦。这样一条傍海而行的平坦道路,为什么为人所利用的时间却晚于山中道路?地质史上最后一个时期第四纪(距今下限约260万年前)以来的海侵现象,直接影响了道路的通行。

　　地学上定义海侵为在相对短的地史时期内，由于海面上升或陆地下降，造成海水面积扩大，陆地面积缩小，海岸线向陆地内部推进的地质现象。与海侵对立的则是海退，即因海面下降或陆地上升，海水从大陆向海洋退缩的地质现象。山海关一线的傍海道地处辽西走廊，东临辽东湾，西依松岭山，走廊地带背山面海，形势险要，长约185公里，宽为8—15公里，走廊南端为山海关，北端即是锦州所在地。第四纪以来下辽河平原经历过三次海侵，在辽河口、双台河口与大凌河口沿海平原堆积了海陆交互相地层。其中全新世海侵是中国东部沿海地区范围最广的一次海侵，大约距今8500年前，海水自河口侵入下辽河平原，淹没数十公里沿海平原，同位素测年显示距今8000—2500年是这一地区最高海平面时期。① 与下辽河平原相连的辽西走廊经历了几乎相同的海侵历程。其后海水开始回退，在排水不良的低洼处形成湖沼。那时的辽西走廊沼泽、积水遍布，难以成行，直至13世纪初期积水陆续退却，人们才将这里正式辟为道路。傍海道一经启用，其平坦的地形立刻显示出古北口、喜峰口道路没有的优势，成为华北通向东北的主要道路。

　　辽西走廊狭窄的地形使傍海道的南北两侧乃至中部均有控制道路、依险设关的条件，山海关位于傍海道南端，明代广宁（今辽宁锦州）位于傍海道北端，宁远（今辽宁兴城）位于傍海道中部。由于傍海道对于华北、东北两地的重要作用，明清之际主要战事均发生在这一道路沿线及周邻地区。明清之际的战事依时间顺序可归纳为抚顺之战、萨尔浒之战、辽沈之战、广宁之战、宁远之战、入口之战、松山之战、山海关之战，从军事地理角度着眼，尽管这些战役谋取的目标并不一致，但最终目的都是实现对傍海道的控制。

　　明清之际的战事发生在明王朝与清王朝建立者——女真人之间。明代女真分为三大部，即建州女真、海西女真、东海女真，其中建州女真分布在牡丹江、绥芬河及长白山一带，海西女真分布在松花江流域，东海女真分布在黑龙江等地。清朝的建立者出自建州女真。努尔哈赤出生于建州左卫苏克

---

　　① 杨文才：《下辽河平原第四纪海陆变迁》，《中国东北平原第四纪自然环境形成与演化》，哈尔滨地图出版社1990年版，第164—172页。

素护部赫图阿拉城(今辽宁新宾),这是一个值得关注的地方。就地形而论赫图阿拉位于长白山地的西坡,而广义的长白山地为中国东北地区东部山地的总称,这片山地由多列东北—西南向平行山脉和谷地组成,自西至东包括大黑山、大青山、张广才岭、老爷岭、吉林哈达岭、威虎岭、龙岗山脉、千山山脉、完达山、老爷岭和长白山主脉,这些被地质学家李四光称为"新华夏向"构造体系的山地总面积约28万平方公里,南北长1300余公里,东西宽约400公里。罗列长白山地的构成,目的在于展示建州女真分布区域的地理环境,很明显,努尔哈赤的出生地赫图阿拉仅是女真人分布区的外缘,而部落的主体则生活在长白山地的深处,因此"新华夏向"构造体系山脉不仅是女真人通向松辽平原的障碍,也成为明清之际的首战之地。抚顺之战、萨尔浒之战的发生地均位于松辽平原的边缘,清朝的建立者赢得这两场战役,意味着生活在长白山中的女真人走出山地,进入平原,而只有据有平原才具备与明王朝进一步争雄的条件。

继抚顺之战、萨尔浒之战后,女真人再次赢得了辽沈之战,并通过这次战役在军事地理上完成了从松辽平原边缘进入平原腹地的战略目标,将政治核心从赫图阿拉迁向沈阳。辽河为松辽平原上的重要河流,源头为东、西两源,两源相汇后构成辽河干流。辽河干流呈南北流向,然而无论赫图阿拉还是沈阳均位于辽河以东,若要赢得天下必须入关,而通向关内的傍海道位于辽河以西,因此广宁之战、宁远之战、入口之战、松山之战、山海关之战,战事地点尽管不同,但最终的战略意图却是一致的,即女真人力争赢得傍海道,进而打通通向关内的道路。与此相应,明人亦全力防守这一交通咽喉,但数次交锋除袁崇焕指挥的"宁远大捷"之外,几乎屡战屡败。广宁之战失利,导致辽西走廊北出口——广宁(今辽宁北镇)不为明人所有;争夺转向宁远(今辽宁兴城),若宁远再失守则只能依凭山海关;当山海关大门洞开之时,东北与华北之间就再无遮拦。明廷继袁崇焕之后,松山之战、山海关之战的结果就是一步步失去辽西走廊,女真人打通了入关的道路。

回顾这段历史,熊廷弼、袁崇焕、洪承畴、吴三桂、清太祖努尔哈赤、清太宗皇太极……一个个历史人物跃然纸上,无论功过,无论攻守,其足迹均留在辽西走廊,并融入历史的影像中。

对于辽西走廊而言,锦州的军事地位不在山海关之下,控制了锦州就等于切断了经行辽西走廊的交通道路。1948年国共之间爆发"辽沈战役",位于西柏坡的中共中央数次电令东北战场最高指挥官林彪拿下锦州,当林彪周密部署经过艰苦奋战赢得锦州之后,西柏坡一片欢腾,这意味着国民党军队通向关内的道路被堵死了,虽然葫芦岛一带尚有军舰可以利用,但最后的战局已经没有悬念了。

历史离我们远去,通向关外那条道路也早已换了新貌,但清人纳兰性德《长相思》词中"山一程,水一程,身向榆关那畔行,夜深千帐灯。 风一更,雪一更,聒碎乡心梦不成,故园无此声"所写的那番心境、那份乡愁,却依然动人心魂。

四　黄河中下游地区陆路交通

黄河中下游地区以平原、丘陵为主,基于地形,承担主要交通的道路多数分布在平原地带。史念海《春秋以前的交通道路》强调道路形成的初期,傍河而行是重要的地理选择。这一地理选择对于黄河中下游地区陆路交通走向的影响尤其明显。黄河中下游地区陆路交通出函谷关沿黄河东行,经洛阳、开封至临淄,今天的这些城市,同样也是古代的城市,这些城市构成的连线既是古代也是今天交通道路的走向。以这条道路为轴,可以北上与太行山麓道路相交,也可以南下进入江淮一带、荆襄地区。

大量考古发掘将沿黄河东行道路的历史追溯到数千年前,夏、商、周三代不仅围绕这条道路从事早期的经济开发,且将政治中心设置在道路沿线。道路的形成不仅取决于自然条件,且与政治、军事相关;道路一旦形成又会反作用于政治。钱穆总结西周政治与交通的关系说:"西周的封建,乃是一种侵略性的武装移民与军事占领,因此在封建制度的后面,需要一种不断的武力贯彻。周人立国,是一个坐西朝东的形势。其国力的移动可分两道。第一道由陕西出潼关,向河洛,达东都,经营黄河下流。此武王伐殷、周公东征之一线。第二道由陕西出武关,向江、汉,经营南阳、南郡一带,以及淮域。此文王化行之一线。"[①]

西周时期,沿黄河中下游形成国家的官道,雷晋豪的研究确定其基本走

---

① 钱穆:《国史大纲》,商务印书馆1996年版,第45—46页。

向为：成周—坯—东虢—管—桧—楚/郜—菅/丘—曹—茅—重馆—鲁—郎—欢—阳州—禚—野井—泺—平阴—谭—徐关—齐。其中成周即今洛阳,坯为大伾山(河南浚县),东虢都城为今河南荥阳。此后道路转向南行,桧国都于今河南新郑,由桧国东入曹国,其间行经楚丘,楚丘在曹、宋之间,即今山东武成县西南,楚丘以东,经过曹、郜、茅三个封国就可抵达鲁国。菅在郜东,重馆在今山东金乡县南,《战国策·齐策一》所载"径亢父之险,车不得方轨,马不得并行"的险要地带就在附近。周道抵达鲁国后,下一个目标为齐都临淄。西周时期由成周通向齐都临淄的官道还有另一条：成周—盟津(今河南孟津)—温—邢丘—怀(今河南武陟)—共(今河南辉县)—宁(今河南获嘉)—卫—淇水—相(今河南内黄)—复关—顿丘—五鹿—莘(今山东聊城)—平阴—谭—齐。(图11-2)①

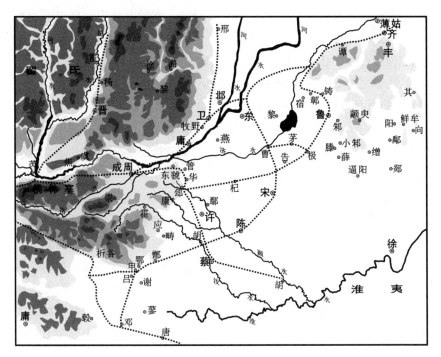

图11-2　西周官道走向示意图

---

① 雷晋豪:《周道:封建时代的官道》,社会科学文献出版社2011年版,第80—115页。图11-2根据雷晋豪此书中插图改绘。

这两条成周通向齐地的道路既是当时的官道,也是黄河中下游地区的主要道路。主要道路之外,另有连接各地的区间道路。

进入春秋战国时期政事往来、军事征伐更加频繁,与道路相关的事件屡屡见载于史籍。《战国策·东周策》载有"秦兴师临周求九鼎"之事,这件事涉及沿黄河东行道路及其南下分支。事件起始于"秦临周而求九鼎",周君请谋士颜率为其解难。颜率没有西行至秦,反而东向入齐,并告之齐王,周君愿献九鼎于齐,齐王大喜,发兵五万,逼秦退兵。周人的问题解决了,齐人随后向颜率索取九鼎。颜率给予齐人满意的答复后,随后问道:"不识大国何途之从而致之齐?"齐人以经魏国都城大梁相对,这条道路正是沿黄河东行至临淄的道路。听到这条道路,颜率马上对曰:"不可。夫梁之君臣欲得九鼎,谋之晖台之下,少海之上,其日久矣,鼎入梁必不出。"这简直就是有去无回呀,齐王只好改口"寡人将寄径于楚"。此时秦将白起已攻下楚都郢,楚人迁都至陈(今河南淮阳),"寄径于楚"即绕过魏都大梁,从洛阳起步,东南行经今叶县、禹州、许昌至淮阳,转向商丘抵达临淄。九鼎代表天子之位,为国之重器,经行楚地更是如同羊入虎口,故颜率对曰:"不可。楚之君臣欲得九鼎,谋之于叶庭之中,其日久矣,若入楚,鼎必不出。"无奈之下,齐王只好放弃了索取九鼎的愿望。与索鼎相关的故事,早已在历史的光影中渐行渐远,但故事中涉及的道路既上袭西周官道,又成为后世中原交通网络的核心。

自洛阳南下至南阳的道路是黄河中下游地区沟通淮河流域及汉水流域的重要通道。历史时期主要道路有两条:一条为洛阳南下经今临汝、鲁山,沿沙河支流瀼河和白河支流鸭河河谷抵南阳,古称这条道路为三鸦路;另一条由洛阳起步,经今许昌、襄城、叶县、方城至南阳,这条道路也称方城路。①三鸦路与方城路南下抵达南阳,自南阳继续向南,沿汉水支流白河可达襄阳,进入长江中游地带。南阳盆地三面为山,盆地北侧为秦岭山脉东端的伏牛山地,南侧是大巴山脉的东端,东面为桐柏山、大别山。其中伏牛山东南余脉也称方城山,这道山体不仅构成南阳盆地的北方屏障,山口地带也是连接中原与江淮地带交通的必经之地与军事冲要。洛阳至南阳这条南下道路

---

① 王文楚:《历史时期南阳盆地与中原地区间的交通发展》,《古代交通地理丛考》,中华书局1996年版,第1—17页。

在历史上占有重要地位,春秋战国以来的战事涉及这条道路者尤多。1957年安徽寿县出土"鄂君启节",记录了战国晚期长江中游一带车行路线与水路交通,其中溯汉水、白河及其支流溧水而上,至今南阳舍舟乘车改走陆路,从南阳盆地东北逾伏牛山口抵方城一带,折东南经汝、颍下游平原,渡淮抵寿春,就是由长江中游通向中原地区的车行之路。①

黄河中下游地区以平原为主,道路纵横交错,多数道路具有继承性,千百年间保持着持续利用状态。

华北、内蒙古、东北三大区域的道路系统历史悠久,在承担交通功能的同时,也伴随历史发展而出现区域性交通核心的转变。交通核心是政治中心的支撑体,而政治中心则是交通核心形成的推动力,中国历史上大多数时代国家政治中心位于北方,依循交通核心变化的轨迹,我们也可以看到政治中心走过的路径:中国历史早期以豫西洛阳一带为核心,自金、元以来核心转向北京。

◎作者讲课实录:

---

① 谭其骧:《鄂君启节铭文释地》,《中华文史论丛》第二辑。谭其骧:《再论鄂君启节地理答黄盛璋同志》,黄盛璋:《关于鄂君启节交通路线的复原问题》,均见《中华文史论丛》第五辑。

第十二讲

蜀道通西南,丝路达西北
——西北、西南道路交通

今天,提及中国的西北、西南,总有一种说法——"大西北""大西南",一个"大"字概括了西北、西南地区的广阔。"大西北""大西南"两大地区地处中国地形二级阶梯,以高原、山地为主的地形造成交通往来的巨大障碍,不仅留下"蜀道之难,难于上青天"(李白《蜀道难》)这样千古传诵的慨叹,也穿凿而成中外闻名的"丝绸之路"。西北、西南两大地区各据一方,开凿在两地的道路却交汇在"关中",无论西行求法的高僧,还是行军出征的将士,向西北、向西南,起步之处都在"关中"。

一 "关中"的得名与道路系统

关中地区位于陕西省中部,历史上曾有十三个王朝或政权将都城设在这里,其自然地理条件与交通道路对于政治、军事的支撑作用共同成就了历史的辉煌。

关中属于地堑式平原,地貌学认为地堑属于两侧被高角度断层围限、中间下降的槽形断块构造,因此地堑在地形上往往呈长条形的断陷盆地。正是地质史上这样的构造运动,在互成反向力的作用下,使秦岭与渭北山地出现抬升,关中平原表现为下降,进而形成四周高、中部低的断陷盆地。关中平原东西长约300公里,南北宽窄不一,东部最宽达100公里,窄处仅20公里,至宝鸡逐渐闭合成峡谷。平原三面环山,东边为黄河,面积约3.4万平方公里。古称关中平原为"八百里秦川"。(图12-1)关中平原在渭河、泾河、洛河等河流的冲积下堆积了深厚的沃土,依凭沃土良田与丰富物产,素

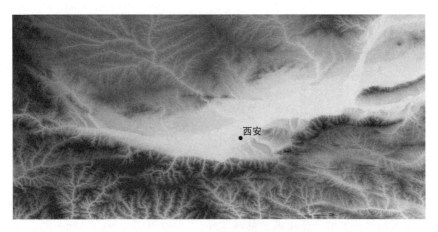

图 12-1　关中地区地形

有"天府之国"之称。

地堑式平原四周高、中部低的地形,不但营造了关中平原与四周巨大的地形反差,而且在平原与山地相交地带形成众多关隘。"关中"的得名即取意于分布在平原四周的关口。寻览关中周围的关隘,主要有:函谷关(旧关位于河南灵宝市,新关位于河南新安县)、潼关(陕西潼关县)、蒲津关(山西永济市蒲州镇)、武关(陕西丹凤县)、峣关(陕西商洛市商州区,北周移蓝田县,称青泥关,后改为蓝田关)、萧关(汉代设于宁夏固原县,北宋改置于同心县)、散关(陕西宝鸡市)、金锁关(陕西铜川市)。这些关隘不但营造了关中平原四塞之国、形胜之区的地理形势,且屡屡在重大历史事件中发挥作用,成就了关中十三朝立都之地的光辉历史。

关中四周众多关隘中,函谷关的地位最为重要。函谷关是关中向东延伸至中原地区东西向大道上的重要关隘。旧关所在之地,一侧崤山,一侧黄河,这样的地理形势被古人誉为"崤函之固"。函谷关不但具有重要的军事地理意义,而且成为重要的地区界限,春秋战国至秦汉时期,人们往往以函谷关为界划出关东、关西两个区域,或以崤山为界称之为山东、山西。中国历代均有在重要关隘设关验照的制度,而函谷关界分东西的地理位置又使关口的政治军事意义非同寻常。商鞅在秦国任丞相时制定了严格的过关必持关文制度,而他逃避秦君追杀时也因没有关文难以出关,最后落得作法自毙、五马分尸的惨烈结局。① 战国时期继商鞅不远,齐人孟尝君田文入秦面临危机,门客凭"鸡鸣狗盗"之术助其混出函谷关关门,进而平安东归齐地。同一关城之下,商鞅与田文有着不同的命运。

函谷关关城不仅见证了历史人物的命运,也在重大历史事件中承担着重要角色。秦人凭借关中平原易守难攻的地理优势,于公元前221年统一了天下,而统一进程中横贯关中地区的道路与秦人对函谷关的控制均发挥重要作用。秦人最初活动在今甘肃东部天水一带,前770年秦君护送周平王东迁有功,被封为诸侯。秦人立足关中后最初都于雍(今宝鸡市凤翔区),秦献公时迁都栎阳(今西安市阎良区),秦孝公时再迁都至咸阳,表面看秦人都城位置的变化仅涉及都城选址,真实原因却与政治目标相关。雍邑位于关中西部,都城设于此是为了震慑西北非农业民族,并凭借都邑的力量防止戎狄南下。经300年左右的发展,秦人的力量不断增强,至秦献公时期战略目标转向与魏国的较量,并将都城迁至栎阳。战国初期,列国中魏国率先变法,并跃为强国,其版图不但包括今山西西南与河南西部,且在黄河以西设有西河郡。魏西河郡即秦人所谓河西之地,位于今陕西省关中东部黄河、洛河之间,包括今大荔县、合阳县、韩城市。被山带河是关中地区拥有"形胜之区,四塞之国"地理形势的必备条件,魏人西河郡的设置不仅破坏了关中地理形势的完整,且如同在秦人院墙之内安置了一颗钉子,时时威胁着秦人的安全。以争夺河西之地为目的,秦人将都城迁至栎阳且拉开了秦魏争战的序幕。在秦魏双方的较量中,经秦献公、秦孝公、秦惠文王三位君主,从魏强秦弱到两者相持,最后秦强魏弱,"于是秦人拱手而取西河之外"②,获得了完整的关中,并凭借"崤函之固""雍州之地"开始了统一六国的历程。

秦孝公时再次将都邑从栎阳西迁至咸阳,迁都是统一进程中重要的一步棋。秦人前后设在关中的三个都城,均存在明确的战略意图,而咸阳城的选址则是事关统一天下大战略的关键一环。从交通视角着眼,咸阳与丰镐、长安的地理条件相似,咸阳位于渭河以北,隔河与丰镐、长安两城相对,三座

---

① 《史记·商君列传》:"商君亡至关下,欲舍客舍。客人不知其是商君也,曰:'商君之法,舍人无验者坐之。'商君喟然叹曰:'嗟乎,为法之敝一至此哉!'"
② 《史记》卷六《秦始皇本纪》。

城市虽分处渭河南北,但仅一水之隔,交通枢纽作用并无二致。置于这一交通网络之中的道路主要是函谷道、渭北道、武关道、蒲关道。其中函谷道、渭北道傍渭水而行,共同组成横穿关中地区的东西大道。若以咸阳为界,可将傍渭河而行的道路分为东、西两段。西段为渭北道,渭河南岸迫近秦岭山地,地势起伏,交通不便,渭河以北则为平原坦途,故咸阳以西道路循渭河以北通行;东段为函谷道,由咸阳渡过渭河,南岸之地平坦易行,道路不仅从渭河北岸转向南岸,且直接通向东方的函谷关。利用这里的地理条件,汉、唐长安城与咸阳隔河相望。渭北道、函谷道两条道路相交于咸阳、长安,使这两座城市先后拥有东西大道上交通枢纽的地位。咸阳、长安的枢纽地位还不仅如此,受地形控制,不仅通向关中东南、循丹江而行的武关道与函谷道交汇于此,且渡过黄河从今山西进入关中的蒲关道也通向这里。因此从战略角度审视咸阳的地理位置,这里不仅是渭北道、函谷道相汇之处,而且是控制东西交通的枢纽。函谷道、武关道、蒲关道沟通了东部的半壁河山,东出函谷关直达黄河下游,并转而北上辽东、南下江淮;由武关道东南穿过丹灞谷地至荆襄地区,或顺江而下,或南下循湘江水道进入岭南;东北经蒲津关渡黄河则北上汾晋、雁代。① 咸阳具有如此重要的战略地位,都于此为秦走向统一铺垫了关键性的一步。

关中东部三处关口与咸阳的关系,显示出秦人以统一天下为目标的战略意图,如西汉儒生贾谊所言:"所以建武关、函谷、临晋关者,大抵为备山东诸侯也。"② 当初秦人进入关中,东面为邻的是晋、楚两个强国,秦凭借东部三关,在保全自己的同时,利用政治谋略周旋于晋、楚之间。自秦惠文王收复河西之地后,秦人战略逐渐转向整个函谷关以东地区,以逐鹿天下为目标,凭借"崤函之固",先以"连横"击破六国之"合纵",再依"远交近攻"之谋略,远交齐、楚,近攻三晋,"及至始皇,奋六世之余烈,振长策而御宇内,吞二周而亡诸侯,履至尊而制六合"③,公元前230年灭韩,前228年灭赵,前225年灭魏,前223年灭楚,前222年灭燕,前221年灭齐,完成了统一大业。秦统一后修整完成的驰道,东出函谷关,沿黄河一线,经洛阳、大梁指向

---

① 辛德勇:《古代交通与地理文献研究》,中华书局1996年版,第177—185页。
② [汉]贾谊:《新书》卷三《壹通》。
③ 《史记》卷四八《陈涉世家》。

临淄而至于海。

关中周围每一个关口都渗透着一段历史,甚至是改天换地的历史。关中平原四周的关隘中,武关位于东南,傍汉水支流丹江设关。秦末陈胜、吴广"揭竿为旗,天下云集响应"①。刘邦、项羽加入反秦部队,奉楚怀王之命北上,刘邦的任务在于扫平中原秦军,项羽渡过黄河解赵王歇之困于巨鹿(今河北平乡),并约定"先入定关中者王之"②。刘邦进入中原后意识到函谷关地险而守军力量雄厚,在谋士的提议下转道汉水支流丹江一线,从守军薄弱的武关进入关中,入关后"沛公兵遂先诸侯至霸上。秦王子婴素车白马,系颈以组,封皇帝玺符节,降轵道旁"③,大秦帝国的大幕降落在历史的舞台上。

关中地区积淀着丰厚的历史,那些与人、与路相关的故事,自然留在后人的记忆中。相传清道光年间举人李元度颇有文学素养,另有一位名为刘乃香的文人并不服气,二人相见,刘乃香问了一句"贵姓",李元度从容对答:"骑青牛,过函谷,老子姓李。"刘乃香高声应道:"斩白蛇,入武关,高祖是刘。"李、刘二人对答被后世称为佳对,其中不仅用高祖对老子一语双关颇具智慧,且暗含了关中东部函谷关、武关两座关口留下的历史传说。

秦亡汉兴自武关,唐创基立业、扭转乾坤之举则发生在蒲津关。蒲津关濒黄河而设,是关中与山西重要的黄河渡口。隋朝末年,趁农民起义之机,身为太原留守的李渊同儿子李建成、李世民自晋阳起兵,经蒲津关渡河直入关中,并凭借关中"被山带河,四塞以为固"④的地理条件赢得了天下。⑤

京师的政治属性决定了其"万国之会,四夷之来,天下之道途毕出于邦

---

① 《史记》卷六《秦始皇本纪》。
② 《史记》卷八《高祖本纪》。
③ 同上。
④ 《史记》卷九九《刘敬传》。
⑤ [唐]温大雅《大唐创业起居注》:"戊午,帝亲率诸军围河东郡,分遣大郎、二郎、长史裴寂,勒兵各守一面。……帝曰:'兵临蒲坂,诸君欲以舜职见推,此意可知,未烦如此。必为僚属增府,任从便宜加置。'……丙辰,冯翊太守萧造率官属举郡归义。相继有华阴县令李孝常据永丰仓,遣子弟妹夫窦轨等送款,仍便应接河西关上兵马。又京兆万年、醴泉等诸县,皆遣使至。帝曰:'吾未济者,正须此耳。今既事办,可以济乎!'乃命所司以少牢祀河。庚申,率诸军以次而渡。甲子,舍于朝邑长春宫。……己巳,帝之蒲津,观河东城。庚午,南过永丰仓。是夜,宿于临晋泺、渭合流之处,将渡渭津。"

畿之内"①的特点,自秦至汉,长安城渡河而南营建于渭河南岸,继续保持关中道路网络核心的地位。与关中平原相关的道路不仅限于东面三关所通之途,西面渭北道在今宝鸡市凤翔区附近分为西北、西南两支,西北为回中道,越陇山,经河西走廊直指西域,即"丝绸之路"的基本路线;西南为陈仓道,是关中入蜀最平坦的一条。关中平原北面有直道(北起九原,即今内蒙古包头西北;南至云阳,今陕西淳化西北)通往塞外,南有连接秦岭山谷的数条通道,通向汉中。陆路交通外,渭河以及汉代漕渠等构成水路运输线,共同组成关中交通网络。

关中平原交通道路的核心从咸阳转向长安,道路与关口的组合被继承下来,在人们的步履之间从历史走向今天。

二 川陕交通道路走向与重要战例

川陕交通指北起关中,翻越秦岭、巴山进入四川的交通道路。唐代诗人李白的一首《蜀道难》不仅凭借豪放的辞章传诵千年,也让后人领略了古代川陕交通的艰辛。从地理学的视角考察川陕交通,蜀道之难,难在道路经行之处跨越秦岭、巴山两道山脉,山中取道,"连峰去天不盈尺,枯松倒挂倚绝壁。飞湍瀑流争喧豗,砯崖转石万壑雷"。道路的险阻长时期地阻碍了川陕两地的经济与文化交往,李白诗中所言"尔来四万八千岁,不与秦塞通人烟"虽然夸张,但考古学表明史前时期诞生在巴蜀之地的文化类型几乎与关中平原乃至中原地区没有文化关联,地理形势使巴蜀地区的古史发展保持了相对独立性。

川陕通道穿行于秦岭、巴山,道路主要选择山谷地带,陡峭山崖之处无路可寻必须开凿栈道。标准的栈道一般在水流湍急的陡壁上凿出石洞,穿进横木以为梁,并在河身石底上凿出竖洞,插进立木支撑横梁,然后在横梁上铺上木板,形成通行之道。古代没有炸药,凭借裂石法开凿栈道十分艰难。李白诗中的"地崩山摧壮士死,然后天梯石栈相钩连"以夸张的笔法形容了修建栈道付出的悲壮代价。即使如此,栈道铺设之后,飞栈连云,蜿蜒

---

① [唐]柳宗元:《河东先生集》卷二六《馆驿使壁记》。

于陡崖之上,狭窄而易损,无论行走还是维护都很不易。故"蜀道之难,难于上青天",不仅书写在文学辞章内,而且存在于现实中。

川陕交通因翻越秦岭与巴山形成两部分路段,一段为越秦岭道路,另一段为越巴山道路。

(一)越秦岭道路

越秦岭道路的南北两端分别是汉中盆地与关中平原,道路起于关中,止于汉中,自东向西分别是:

子午道:子午镇→子午谷→秦岭→石泉→饶风关→南子午镇→城固→汉中

傥骆道:周至→骆谷关→洋县→傥水→城固→汉中

褒斜道:郿县→留坝→褒城→汉中

陈仓道(亦称故道):宝鸡益门镇→清姜河→略阳→勉县→汉中

四条道路中子午道通行时间大约在秦汉时期,从今西安市西北十余里子午镇入子午谷。古称北方为子,南方为午,子午谷因位于汉长安城正南而得名。子午道全长在千里以上,长而险,沿途居民很少,汉代全程均无行政建置,一般不为人利用;但道路距长安城最近,从子午镇骑快马大约半个时辰即可到达长安。

傥骆道开通时间约在两汉之间,最初从今武功(新莽时称新光)起步,走围谷入岭,被称为堂光道,后改从周至进入秦岭北侧的骆水谷地,与山地南侧的傥水谷地南北联通,构成越岭通道。① 虽然傥骆道在越秦岭四条道路中最短,但道路沿途多坡坂,且骆水与傥水之间绝水距离较长,行走不易,故这条道路通行时间最晚。

褒斜道由秦岭北侧的斜水谷地与南侧的褒水谷地组成,褒水通沔,斜水通渭,整个道路多谷地少坡阪,且里程不足 800 里,正因此,不仅成为秦汉魏晋各代长安、汉中间的主要交通道路,开通时间也很早。褒斜道早在西周时期即已开通,《华阳国志·巴志》载:"周武王伐纣,实得巴蜀之师。"辅助周武王的巴蜀之师进军道路应是褒斜道。西周时期古褒国就在秦岭南今褒城

---

① 辛德勇:《古代交通与地理文献研究》,中华书局 1996 年版,第 186—192 页。

一带,《国语·晋语》载:"周幽王伐有褒,有褒人以褒姒女焉。"西周末年"烽火戏诸侯"的主角周幽王宠妃褒姒就来自褒国,可以想见那时这条道路已经存在。

故道之得名缘于道路沿嘉陵江东源故道河而行;道路北起今宝鸡市,宝鸡古称陈仓,故此道也被称为"陈仓道";此外,道路入秦岭山口之处设有散关,由此亦有"散关道"之称。故道的开通历史也很久远,西周时期青铜器散氏盘铭文有"周道"字样,古散国位于今陕西宝鸡凤翔一带,正当故道入山之处,据王国维考证周道即是故道①,由此而观,故道的开通当在商周之际。《汉书·沟洫志》载"故道多阪,回远",故道道路虽长达1200里,但沿途多山间谷地,不但易行走,而且适宜居住,村落相连,故秦汉时期沿道路设有故道、河池、沮县三个县级建置,唐代设有凤州、兴州两个州级建置,并将三县增为六县。唐代故道至两当(今凤县)多改走至留坝,即转向褒斜道通行。

四条翻越秦岭道路中,故道、褒斜道通行困难较小,是古人利用最多的两条道路。

除上述四条翻越秦岭道路,祁山道也应算入其中。祁山道道路所经之处为秦岭西端余脉,今甘肃礼县附近有山被古人称为祁山,祁山道就从礼县起步,沿嘉陵江西源西汉水,经西和、徽(甘肃徽县)成(甘肃成县)盆地与故道相汇进入汉中。祁山道虽然路途很长且与关中相隔于陇山,但沿途平坦路程较长,便于军队行军及辎重运输。

秦岭山脉不仅在自然地理上构成亚热带与暖温带的分界,而且凭借地形影响山脉两侧的政治、经济、军事。仅从历史军事地理着眼,秦岭以及秦岭通道发生过许多重要历史事件,秦汉之际与三国时期的历史尤其令人难忘。

利用秦末农民起义之机,刘邦"斩白蛇,入武关",进入关中驻军霸上;项羽却在河北面对秦军主力,凭借破釜沉舟的决心和勇气,九战九捷,大败秦军。齐、燕、魏等各路救赵军队在楚军神勇之下毫无参战勇气,皆作壁上观。② 项羽赢得巨鹿之战,在通向关中途中坑杀二十万秦军降卒于新安,留下章邯、司马欣、董翳三位秦军将领,并带入关中。鸿门宴后,项羽借楚怀王

---

① 王国维:《观堂集林》卷一八《散氏盘跋》,上海古籍书店1983年版。
② 《史记·项羽本纪》:"及楚击秦,诸将皆从壁上观。"

之名自立为"西楚霸王",并分封了十八路诸侯,"立沛公为汉王,而三分关中地,王秦降将以距汉王"①。其中"立章邯为雍王,王咸阳以西,都废丘。……立司马欣为塞王,王咸阳以东至河,都栎阳;立董翳为翟王,王上郡,都高奴"②。三位秦军降将受封地点均与关中相关,故后人也将关中称为"三秦"。对于被封为汉王这一结果,刘邦虽然并不情愿,但为了避祸,就近从子午道奔赴汉中,并听从谋士张良的劝告一路烧毁沿途栈道。刘邦进入汉中后,无论他本人还是部下没有一天不盼望打回家乡,就在这时原本为项羽属下的下级军官韩信一路追随刘邦从故道进入汉中,几经周折终于被刘邦拜为大将军,并率兵杀出汉中。韩信出汉中选择的就是他来时所经之故道,亦称陈仓道,后来这段历史经民间演绎留下"明修栈道,暗度陈仓"这一传说;但这个传说至元代才在艺人说唱中出现,此前任何历史文献均不见记载,因此"明修栈道"并不可信。③ 韩信率部从陈仓道突然出现在关中,给了驻守在关中的章邯一个措手不及,于是迅速击败章邯,司马欣、董翳相继投降,韩信进而赢得关中,历史上将这一事件称为"北定三秦"。刘邦落脚关中之后,凭借"形胜之区,四塞之国"的关中地理形势,拉开了与项羽争天下的大幕。

　　三国时期,魏、蜀、吴三个政权中蜀汉最弱,但诸葛亮以攻为守的战略却使这一弱国能够长期与曹魏、孙吴政权比肩而立,正是由于这一原因,蜀中用兵令人分外关注。后人称颂诸葛亮一生的业绩,常用未出茅庐"三分天下""六出祁山""七擒孟获"来概括,其中有民间演绎的成分,也有事实,其中"三分天下"来自《隆中对》④。依《隆中对》,诸葛亮为刘备计划获取益

---

①　《汉书》卷三九《萧何传》。
②　《史记》卷七《项羽本纪》。章邯所都之地在今陕西兴平;司马欣所都之地在桃林塞,今河南灵宝以西、陕西潼关以东,董翳所都之地在今延安。
③　辛德勇:《论刘邦进出汉中的地理意义及其行军路线》,《历史的空间与空间的历史》,北京师范大学出版社2005年版,第95—109页。
④　《三国志》卷三五《诸葛亮传》:"荆州北据汉、沔,利尽南海,东连吴会,西通巴、蜀,此用武之国,而其主不能守,此殆天所以资将军,将军岂有意乎? 益州险塞,沃野千里,天府之土,高祖因之以成帝业。刘璋暗弱,张鲁在北,民殷国富而不知存恤,智能之士思得明君。将军既帝室之胄,信义著于四海,总揽英雄,思贤如渴,若跨有荆、益,保其岩阻,西和诸戎,南抚夷越,外结好孙权,内修政理;天下有变,则命一上将将荆州之军以向宛、洛,将军身率益州之众出于秦川,百姓孰敢不箪食壶浆以迎将军者乎? 诚如是,则霸业可成,汉室可兴矣。"

州、荆州的目标均已实现，但后来关羽"大意失荆州"，荆州得而复失；而诸葛亮预测曹魏政权可能因诸皇子争权而出现内讧的"天下有变"也始终没有出现。在这样的局面下，以攻为守是诸葛亮保全蜀汉政权的最佳选择。但诸葛亮率领蜀军北伐，并非民间所传"六出祁山"，而是五次，且五次北伐也不都是兵出祁山。

诸葛亮主持的五次北伐，三出祁山，一出故道，一出褒斜道。诸葛亮用兵一向谨慎，非"十全必克而无虞"不出兵，故选择这些道路一则求稳，更重要在于坡坂较少，利于粮草辎重通行，此外祁山附近还可以就地屯田种植小麦，解决粮食需求。但是这些道路的北出口分别在陇右、陈仓，不仅距离曹魏国都洛阳很远，且与关中政治中心长安也有相当的距离，尤其祁山道北出口位于陇右，受陇山阻隔不仅难以对曹魏政权造成威胁，就是关中曹军也没有受到实质性的打击。其中在后世戏文中屡有表现的诸葛亮挥泪斩马谡一幕，就发生在建兴六年（228）出祁山道北伐之后。① 戏文突出的是诸葛亮顾全大局、不徇私情的圣贤之风，而地理学关注的则是街亭的军事地理价值。街亭亦称街泉亭，故址在今甘肃庄浪东南，陇山山口之处。陇山即六盘山，南北走向的山体将关中平原与天水盆地各分东西，街亭是从陇右进入关中要害之处，失去街亭就意味着阻断了通向关中之路，故诸葛亮斩马谡绝不是因为一战得失，而是因为马谡断送了此次北伐。

纵览诸葛亮北伐，尽管没有对曹魏政权构成真正的军事威胁，但却对曹魏进攻蜀汉起到牵制作用，进而达到了以攻为守的效果。蜀汉将军魏延曾针对诸葛亮以攻为守的策略，提出自率精兵五千，出子午道攻打长安之策。② 所谓精兵指不携辎重，只带数日干粮，身骑快马的部队；而子午道从

---

① 《三国志》卷一七《张郃传》："诸葛亮出祁山。加郃位特进，遣督诸军，拒亮将马谡于街亭。谡依阻南山，不下据城。郃绝其汲道，击，大破之。"《三国志》卷四三《王平传》："建兴六年，属参军马谡先锋。谡舍水上山，举措烦扰，平连规谏谡，谡不能用，大败于街亭。众尽星散。"

② 《三国志》卷四〇《蜀书》引《魏略》："夏侯楙为安西将军，镇长安。亮于南郑与群下计议，延曰：'闻夏侯楙少，主婿也，怯而无谋。今假延精兵五千，负粮五千，直从褒中出，循秦岭而东，当子午而北，不过十日可到长安。楙闻延奄至，必乘船逃走。长安中惟有御史、京兆太守耳，横门邸阁与散民之谷足周食也。比东方相合聚，尚二十许日，而公从斜谷来，必足以达。如此，则一举而咸阳以西可定矣。'亮以为此悬危，不如安从坦道，可以平取陇右，十全必克而无虞，故不用延计。"

秦岭北坡下来，快马只需半个时辰，若出其不意偷袭，应能对曹军造成实质性的打击。但诸葛亮一生谨慎，没有应允这一提议。诸葛亮晚年试图给关中曹军以真正的军事打击，从建兴九年开始一面练兵备战，一面修整褒斜道上的栈道，并制作木牛流马运送物资，三年后即建兴十二年统领十万大军循褒斜道北上，魏廷大震。魏将司马懿为避其锋芒，采取坚守不战之策，双方在渭河之滨相持一百多天，诸葛亮病死于距山口五十里的五丈原军中，此次出兵无功而返。后人评价这次军事行动无限感慨，叹其"出师未捷身先死，长使英雄泪满襟"。（图12-2①）

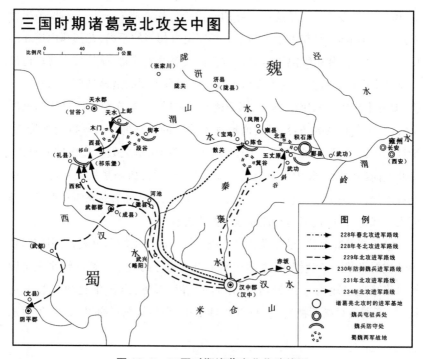

图 12-2　三国时期诸葛亮北伐路线图

(二) 翻越巴山道路

巴山呈西北—东南向延伸，不仅南北界分四川盆地与汉中盆地，也是川陕交通的一段险途。翻越巴山道路从汉中出发进入巴蜀之地，主要道路自

---

① 图12-2引自史念海《河山集 四集》，陕西师范大学出版社1991年版，第309页。

西向东分为三条:

金牛道:勉县→宁强→广元→昭化→剑门→绵阳→成都

↘阆中→南充→重庆

米仓道:汉中→巴中

洋巴道:洋县→镇巴→达县

三条道路中金牛道最为重要,无论军队还是民间翻越巴山主要选择金牛道。金牛道得名于传说,《史记·留侯世家》正义引《括地志》云:"褒谷在梁州褒城县北五十里南中山。昔秦欲伐蜀,路无由入,乃刻石为牛五头,置金于后,伪言此牛能屎金,以遗蜀。蜀侯贪,信之,乃令五丁共引牛,堑山堙谷,致之成都。秦遂寻道伐之,因号曰石牛道。"当地人依据这一传说,也将这条道路称为金牛道。战国时期秦人征服巴、蜀发生在秦惠文王时期,载入《括地志》的这一传说与秦人这段历史相关。剑门关是金牛道上险要的关隘,穿过剑门关道路分为两支,一支进入成都平原直指成都,另一支沿嘉陵江经阆中、南充至重庆。

越巴山道路中米仓道与洋巴道沿途均以山谷为主,行走困难,鲜有人经行这里;尽管如此,也并非完全绝迹,唐代诗人杜牧《过华清宫绝句》诗中"一骑红尘妃子笑,无人知是荔枝来",描写的是唐玄宗时期杨贵妃喜食荔枝,快马急送的情景,杨贵妃盘中的荔枝并非来自岭南、福建,而是出自重庆一带。四川本就炎热,重庆一带小地貌的作用更提升了这里的气温,时至今日仍然属于长江沿岸"三大火炉"之一。在这样的小气候条件下,唐宋时期重庆至三峡一带均种有荔枝,传送荔枝的士兵从这里拿到荔枝,为了保鲜,选择路途较短的洋巴道翻越巴山,然后再经行子午道直下长安,正因此,洋巴道也被称为"荔枝道"。

上述三条越巴山道路外,金牛道以西还存在一条阴平道,这条道路连接甘肃东部与四川,山高谷深,林森草茂,人烟稀少,为蜀道中至为艰险的一条。阴平道起步于今甘肃文县(西汉为阴平道,东汉为阴平郡),道路沿线主要山脉有今甘、川两省界山摩天岭,摩天岭山脉南为龙门山脉,两条山脉间有一条东西向的丘陵谷地,为阴平道必经之处,今四川青川县白水街即位于这里,由此沿白龙江至昭化与金牛道相汇。此是正道,另有一分支,即三国时期魏将邓艾所经行道路,这条道路自白水街翻越摩天岭至乔庄、青溪一线,沿涪江而下至江油。① 三国末年,钟会率领曹魏大军已破汉中要塞,并攻破通向金牛道的关口阳平关,但蜀将姜维固守剑门关,魏军无法从正面入蜀,被困于关城之下。邓艾乃率一部魏军由阴平险道摩天岭迂回江油,至剑门关后直指成都,迫使蜀汉后主刘禅降魏。②

蜀道上的往事早已过去,脚下成行的道路也已被铁路、公路取代,但"蜀道之难,难于上青天"的诗句却穿越时空,毫无阻碍地刻在后人的记忆中。

三 西南地区交通道路与民族经济文化

西南地区包括今四川、云南、贵州三省与重庆市全部,自然地理上分别属于四川盆地、云贵高原、川东平行岭谷三大地理单元。西南地区地形复杂,不仅贵州素有"地无三尺平"的说法,而且区内整体以山地为主,交通道路成为被山地阻隔的不同地理单元连为一体的纽带。

自秦汉以来,从成都南下主要有两条大道:一条经邛崃,过大渡河南下,即灵关道,唐代称清溪道;另一条循岷江而下,至僰道、犍为西南行,即唐代石门关道。灵关道达云南,石门关道通贵州,成都平原正是北上南下的道路核心所在。历史时期以这里为核心,向北联络中原,向南统辖、羁縻诸蛮,并自北向南形成明显的圈层结构。这一圈层主要表现为以自然环境为基础、以民族分异为前提的经济文化圈,成都平原及其毗邻地区既是西南地区经济最发达的区域,也是华夏文化布化所及的范围,自此向南,华夏文化的影响越来越弱,地方文化的影响力则逐渐加强。

---

① 参见鲜肖威:《阴平道初探》,《中国历史地理论丛》1988年第2期。
② 《三国志》卷二八《邓艾传》:"艾上言:'今贼摧折,宜遂乘之,从阴平由邪径经汉德阳亭趣涪,出剑阁西百里,去成都三百余里,奇兵冲其腹心。剑阁之守必还赴涪,则会方轨而进;剑阁之军不还,则应涪之兵寡矣。'军志有之曰:攻其无备,出其不意。'今掩其空虚,破之必矣。'冬十月,艾自阴平道行无人之地七百余里,凿山通道,造作桥阁。山高谷深,至为艰险,又粮将匮,频于危殆。艾以毡自裹,推转而下。将士皆攀木缘崖,鱼贯而进。先登至江由,蜀守将马邈降。"《三国志》卷四四《姜维传》:"而邓艾自阴平由景谷道傍入,遂破诸葛瞻于绵竹。后主请降于艾。"

(一) 川滇古道

沿蜀道一路西南行,进入云贵高原,蜀道也被分为两支:一条沿青藏高原南下,指向云南;另一条东南行,也转向云南。两条道路的分离处在成都,再度相汇则在云南的曲靖、滇池一带。

灵关道(清溪道、牦牛道):成都→邛崃→雅安→西昌→姚安→洱海

石门关道(五尺道):成都→宜宾→昭通→威宁→宣威→曲靖→滇池

川、滇两地间有大江峻岭相阻隔,道路开辟十分困难,历史上基本只有两条大道:一条是石门关道,自成都出宜宾,经四川高县境内石门山通往云南昭通、曲靖。这条道路的开通始于秦始皇时期的将军常頞,由于开路艰辛,道路险狭,也称五尺道。汉武帝时期唐蒙重开石门,"凿石开阁,以通南中"①,将五尺道加以整修扩建。另一条道路由成都南下,经邛崃、雅安南渡金沙江至洱海。历史文献记载这条道路的通行始于汉武帝时期司马相如通西南夷,因途经汉代所置灵关道而得名。② 近年考古发掘证明,新石器时代晚期西北地区与云贵地区就存在文化交流,其中源于西北地区的马家窑文化、齐家文化类型的器物均在滇东、黔西一带发现。这一发现说明,无论间接传播还是由人群迁徙直接输入,西北与西南早在三四千年前已存在一条可通行之道。这条道路被费孝通称为"藏彝走廊",而蒙文通等学者又展开了多项研究。若将具有北方文化特点的文物出土地点联为一线,应该就是汉代开凿的灵关道的取向。③

(二) 滇黔古道

西南古道的另一分支,由云南通向贵州乃至广西。《史记·西南夷列传》的记载为我们了解这条道路的走向提供了信息:唐蒙上书汉武帝,"窃闻夜郎所有精兵,可得十余万,浮船牂柯江,出其不意,此制越一奇也"。汉

---

① 《水经注》卷三三《江水一》。
② 《汉书》卷二下《食货志四下》:"唐蒙、司马相如始开西南夷,凿山通道千余里。"讲的就是汉代通西南道路之事。
③ 参见蒙文通:《四川古代交通路线考略》,《古地甄微》,巴蜀书社1998年版,第184—195页;翟国强:《滇文化与北方地区文化及族群关系研究》,《中国边疆史地研究》2012年第1期。

武帝采纳了这一计策,并派唐蒙为郎中将出使夜郎。唐蒙此次出使不仅成功地在夜郎之地设置了犍为郡,还"发巴蜀卒治道,自僰道指牂柯江"。牂柯江即红水河上源之一北盘江,江水源于贵州,流入广西,唐蒙自僰道将道路延伸至牂柯江沿线,打通了川、滇、黔、桂数省间的古代交通道路。这条道路也被后人称为夜郎道或南夷道。(图12-3)

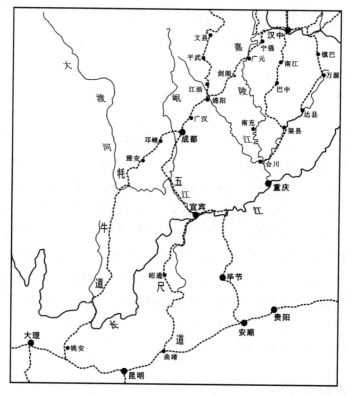

图12-3 西南交通路线图

(三)茶马古道

茶马古道,是因茶、马贸易而得名的古商道。商道源于唐代,那时云南的南诏政权一度依附吐蕃,由此为滇藏之间的商贸往来奠定了基础;而商道的兴盛却在明清时期。茶马古道主要有滇藏、川藏两路道路,其中滇藏古道以今普洱为起点,北上经大理、丽江、中甸、德钦至拉萨,然后进入尼泊尔、印度境内;川藏古道以今雅安为起点,北上理塘、巴塘进入青藏高原,经芒康、左贡、邦达至昌都西行至拉萨,再南下出境。清人倪蜕《滇小记》提到的入藏路线,基本就是这两条道路。

茶马古道上的主角是马帮,长年以来载着货物的驮队不仅穿行于滇藏、川藏两条古道,但凡自然条件允许之处,均有马帮留下的足迹。

(四) 西南地区民族经济文化

由于高山大江的阻隔,历史时期西南地区部族与文化具有鲜明的地方性。就部族而言,《史记》提到夜郎、滇、邛都、嶲、昆明、徙、笮都、冉駹等部族①,其中夜郎活动在今贵州安顺,主要地域为北盘江流域;与夜郎相邻的有西僰,僰地在夜郎以西,今宜宾至昭通一带,古僰人原居青衣江附近,岷江至犍为以南地带,后因汉民渐多,南迁至此,僰人属于古羌人的后人;滇部主要活动在滇池一带;邛都部位于滇以北,今西昌及凉山地区;邛都部以北为笮都部,即今雅安一带;嶲即嶲唐部,在今保山一带;昆明部在今大理一带;冉駹部位于大渡河以北,蜀之西境。邛都、滇、昆明三个部族主要活动在金沙江流域,金沙江以北为邛都部,金沙江以南分为滇、昆明两个部族。这三个部族乃至于更北的笮都部都属于古羌人。考古发掘证明,滇以及昆明部所在地均发现与齐家文化接近的器物,由此推断古羌人的南迁应在齐家文化期之后,且循青藏高原边缘,逐步迁移定居在洱海、滇池等地。

上述部族中夜郎、邛都、滇是有耕地、有农田的农业部族;嶲唐、昆明属于随畜牧迁移的游牧部族;笮都为半农半牧部族。这些西南部族早在先秦时期即与秦、楚等国有文化联系,进入西汉时期,朝廷相继在这里设置郡一级的行政机构,夜郎一带为牂牁郡,僰人区域属犍为郡,邛都部所在地设越嶲郡,滇、昆明两部区域设益州郡,笮都一带一度设过沈黎郡。这些行政机构的设置来自汉王朝之令,但其内部管理则以部族为基础。此外哀牢夷也是生活在这里的重要部族,《华阳国志·南中志》载:"永昌郡,古哀牢国。"永昌郡即今保山所在地,以此为中心,哀牢部族分布很广,包括今保山、德宏

---

① 《史记》卷一一六《西南夷列传》:"西南夷君长以什数,夜郎最大;其西靡莫之属以什数,滇最大;自滇以北君长以什数,邛都最大:此皆魋结,耕田,有邑聚。其外西自同师以东,北至楪榆,名为嶲、昆明,皆编发,随畜迁徙,毋常处,毋君长,地方可数千里。自嶲以东北,君长以什数,徙、笮都最大;自笮以东北,君长以什数,冉駹最大。其俗或土著,或移徙,在蜀之西。自冉駹以东北,君长以什数,白马最大,皆氐类也。此皆巴蜀西南外蛮夷也。"

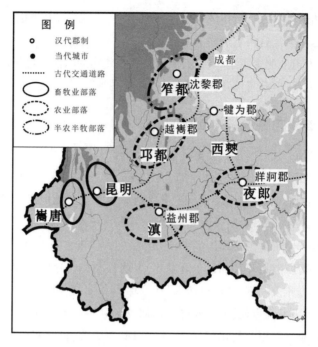

图 12-4 秦汉时期西南部族分布图

两市直抵伊洛瓦底江上游。① 就文化属性而言,尽管西南地区部落族属不统一,但经济生活方式却都因道路与内地相通而受到汉文化的影响。(图12-4)

在以后的历史中,汉代的西南夷经过部族之间的分合,形成被中原称为蛮、夷、瑶、僚等的多种民族。至宋代,许多蛮夷民族已被同化、融合,成为华族中的一部分,但多数仍居住在交通不便的山区、高原。根据宋代文献记载分析,长江沿线是这些民族分布的北界。长江以南虽然设置有行政机构,但或为蛮夷民族聚居区,或为华夷混居,设置在这里的行政机构多为羁縻州②。

历史时期西南地区大多数部族生产方式落后,许多地区甚至一直到20世纪中期仍保持着原始农业生产方式,山区尤为突出。山区闭塞落后,平原

---

① 参见方国瑜:《中国西南历史地理考释》,中华书局1987年版,第1—28页。
② 羁縻州指古代在边远少数民族地区所置特殊行政区,包含羁縻都护府、都督府、州、县四级,因其俗以为治,有别于一般州县。

坝子却显示出不同凡响的成就。西南地区平原坝子所占面积十分有限,仅占全区面积的4.9%①,多数集中在今云南境内,不仅有着悠久的农业开发史,也是整个地区经济最发达的地方。战国末年楚人庄蹻入滇首先到达的地方即为滇池一带,"楚威王时,使将军庄蹻将兵循江上,略巴、黔中以西。……至滇池"②。滇池附近本是以农业为基本经济生活方式的滇部落活动区域,庄蹻带来的内地生产技术对于推动这里的农业生产发展起了很大作用。早在庄蹻进入之前,位于滇部落以西洱海一带的寯部与昆明部都是保持畜牧业经济生活方式的部族,此后在滇池一带农业的推动下,云南平原坝子的农业基本遵循自东向西的空间开发进程,西汉时期主要发展于滇东北以及滇池一带,东汉开始向滇西北特别是洱海地区移动,经三国魏晋南北朝尤其是蜀汉时期,云南与外界的来往逐渐增多,进入这里的内地人口也开始增加,至南诏时期云南的农业生产已经形成一定规模。

　　元、明两代是云南社会经济变化最大的时期,引起变化的原因来自元代的军屯、明代的卫所建置。这些与驻军相关的屯田主管机构驻地与主要交通道路有着明显的一致性,今昆明、大理两地既是云南连接四川、贵州的灵关道、石门关道、夜郎道的终点,又是连接印度、越南的天竺道、交趾道的起点。天竺道从今大理出发南下,经今保山至瑞丽出境;交趾道从今昆明出发经今建水沿元江南下至越南,另由今建水东行经今开远、富宁至今广西南宁,再通向越南。因此大理、昆明两地无论军事还是交通都有着重要意义,元代主要军屯地点基本以控制这两地为核心,形成东西向排列,其南向凸出的部分正是沿元江一线交趾道的走向。明代在云南都司之下设置的卫所走向与元代基本相同。(图12-5)

　　尽管元、明两代军队驻地与主要屯田区分布基本一致,但农业开发力度完全不同,元代参与屯田的主要是爨人、僰人③,即白族。屯田参与者来自当地,整个地区人口没有明显的增加,因此农业开发力度也没有大幅度提升。而明代就不同了,从明初即实行大规模移民,将内地农民迁入西南从事

---

① 中国科学院地理研究所经济地理研究室编著:《中国农业地理总论》,科学出版社1981年版,第381页。
② 《史记》卷一一六《西南夷列传》。
③ 《元史》卷一〇〇《兵志三》。

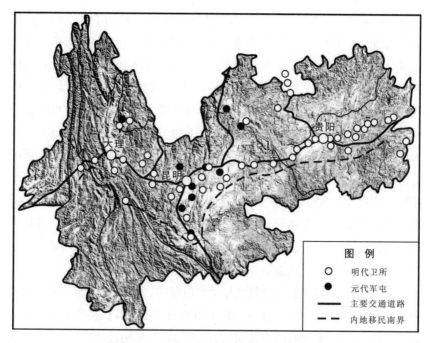

图 12-5　云贵两地元明军屯、卫所分布图

屯戍,充入卫所之中。明初移民已经具有"土著者少,寄籍者多"①的态势了,此后人口陆续迁入,使这一态势在云贵北部更为明显。明代卫所制度设置在增加整个云贵一带人口的同时,也在空间上改变了民族分布结构。由于卫所主要设置在北部,内地迁入的汉人也主要集中在北部。大量汉人进入北部一方面与当地生活在坝子中的白族等民族杂居,另一方面则推动着其他民族南迁,向山区迁移。今天西南地区一些民族分布在海拔很高的山区,明朝以来内地人口的迁入是促使这些民族走向深山的重要原因。随着内地汉人的进入,取代、排挤生活在平坝中的僰人、爨人,即白族等;僰人、爨人又取代、排挤其他民族,最终迫使其他民族南迁的同时,一步步走向山区,并从山麓走向山巅。平地坝子与山地之间自然条件差异很大,居住在坝子上的民族生产方式都比较先进,山上的民族则相对落后;随着居住位置增

---

① ［明］谢肇淛《滇略》卷四《俗略》:"高皇帝既定滇中,尽徙江左良家间右以实之,及有罪窜戍者,咸尽室以行,故其人土著者少,寄籍者多。"且由于"汉人多江南迁徙者",以至于当地人"其言音绝似金陵"。

高,生活在那里的民族生产方式趋于原始,山上山下在生产方式、社会进步方面可相差几个时代。

云贵高原的东部为贵州,地势西高东低,大部分地区为石灰岩所覆盖,地形破碎,土壤贫瘠。贵州的自然地理条件制约了这里的经济发展,长期以来人口稀少,经济落后,当地的土著主要为苗、瑶等民族。元代军屯、明代卫所同样影响到贵州的人口构成与经济进程。明代贵州都司所辖卫所也主要集中在北部,并分布在连接四川、云南、广西的道路沿线。总体来看,卫所分布界限以北是卫所的主要屯戍地,行政机构的设置也与内地一致,以府、州、县为主;这条界限以南地区以当地土著民族为主,行政管理形式采取土司制度,土官与流官不同之处在于,土官来自当地土著首领,流官则为朝廷命官,凡实行土司制度之地,均为当地土著民族的聚居区。

交通道路将西南地区与内地连为一体,民族融合、文化传布,同时也带来基于经济发展进程而呈现的人口地理分异。

四　丝绸之路与东西文化交流

丝绸之路,是我们熟悉的古道,数千年中连接中国与整个欧亚大陆,无论古人还是今人,西行途中都会在这条道路上留下足迹。道路有着久远的历史,而整条道路用"丝绸之路"来命名却仅在一百多年前。19世纪晚期德国地理学家李希霍芬(F. von Richthofen)在中国完成为期数年的考察,于1877年出版了名为《中国》的著作,书中首次把汉代中国与中亚南部、西部以及印度之间以丝绸贸易为主的交通路线称作"丝绸之路"。其后,德国历史学家赫尔曼(A. Herrmann)在1910年出版的《中国和叙利亚之间的古代丝绸之路》一书中,根据新发现的文物考古资料,进一步把丝绸之路延伸到地中海西岸和小亚细亚,并确定了丝绸之路的基本内涵,即它是中国古代经由中亚通往南亚、西亚以及欧洲、北非的陆上贸易交往的通道。

(一) 丝绸之路的开通

丝绸之路长达万里,起点就在中国。历史上官方开凿始于西汉时期,但在此之前数千年间,这条道路上早已存在民间往来,并为道路沿线留下了大量文化遗存。

追溯中国与丝绸之路的渊源,考古学提供了大量信息。冬小麦的传入就是官方丝绸之路开通之前民间往来的结果。冬小麦位在五谷之列,为中国传统粮食作物,其原产地却在西亚、北非一带,大约4000年前(也许更早)传入中国。来自新疆的考古发掘让我们看到了塔里木盆地东端孔雀河下游一处距今4000年的墓葬中保存完好的小麦粒[1],另外在天山东部巴里坤县新石器时代土墩遗址中也发现了炭化小麦粒[2],这些史前时期的小麦粒提示了小麦传入新疆的时代。从新疆一路向东,循青海→甘肃→陕西→中原,依年代形成一条路线,这条路线就是冬小麦传入中国的路径。[3] 依循这一传播路线,殷商时期小麦已经成为中原地区的粮食作物之一,这时距官方丝绸之路开通一千多年。

　　官方开通丝绸之路始于公元前138年张骞出使西域。秦汉时期,北方草原活跃着马背民族匈奴人,汉武帝时期凭借文、景两朝奠基的雄厚国力,一改以往的和亲政策,决定与匈奴进行正面军事交锋。为了获得军事成功,汉武帝希望与活动在西域的大月氏建立军事联盟,对匈奴形成东西夹攻之势。但是,那时无论朝廷还是民间对于通向西域的道路都不熟悉,不仅需要专使出使西域与月氏人建立联盟,也有必要探明陌生的西行交通,张骞正是带着这样的使命出使西域的。然而,张骞出使并不顺利,途中被匈奴人俘获,并在那里娶妻生子,十余年后终于找到机会逃离匈奴人的控制,西行越过葱岭,经大宛(今中业费尔干纳盆地)、康居(今巴尔喀什湖与咸海之间),在大夏(今阿姆河上游)一带找到月氏人;但是这时月氏人几经迁徙,不但摆脱了匈奴人以及乌孙人的攻击,而且征服了大夏,拥有了土地肥沃的阿姆

---

[1] 王炳华:《孔雀河古墓沟发掘及初步研究》,《新疆社会科学》1983年第3期。
[2] 张玉忠:《新疆出土的古代农作物简介》,《农业考古》1983年第1期。
[3] 甘肃民乐东灰山遗址发现距今4000年的半炭化小麦籽粒(甘肃省文物考古研究所、吉林大学北方考古研究室合编著:《民乐东灰山考古——四坝文化墓地的揭示与研究》,科学出版社1998年版),青海互助县发现距今3000年的小麦粒(中国社会科学院考古研究所、青海省文物考古研究所:《青海互助丰台卡约文化遗址浮选结果分析报告》,《考古与文物》2004年第2期),陕西周原王家嘴遗址龙山时期文化层中发现距今3000多年的炭化小麦(赵志军、徐良高:《周原遗址(王家嘴地点)尝试性浮选的结果及初步分析》,《文物》2004年第10期),河南洛阳皂角树遗址二里头文化层也浮选出炭化小麦(洛阳市文物工作队编:《洛阳皂角树——1992~1993洛阳皂角树二里头文化聚落遗址发掘报告》,科学出版社2002年版),这些说明至少在距今3500年前后小麦已经传入中原地区。

河流域,并逐渐由游牧生活改为定居农业,完全无意东还再与匈奴为敌。不能与大月氏建立军事联盟,张骞只好归国。回国途中,又被匈奴拘禁一年多,终于于公元前126年趁匈奴内乱脱身回到长安。此次,张骞出使西域虽然没有达到最初的目的,但在西域十余年的居留之中却对西域的地理、物产、风俗有了比较详细的了解,为汉廷开辟通往西域的官方道路提供了资料。随后汉将卫青、霍去病数次率兵北击匈奴,使中原汉地摆脱了常年处于匈奴人南下军事威胁之下的局面。

张骞出使西域,为官方开启丝绸之路做出了重要贡献。《史记·大宛列传》载:"于是西北国始通于汉矣。然张骞凿空,其后使往者皆称博望侯。"刘宋时人裴骃《史记集解》引苏林释司马迁"凿空"为:"凿,开;空,通也。骞开通西域道。"唐人司马贞《史记索隐》称:"西域险厄,本无道路,今凿空而通之也。"无论古人还是今人,均将官方开通丝绸之路归于张骞凿空之功。

汉武帝时期经过武力较量以及张骞第二次出使西域,进一步扩大了汉廷在西域各地的影响。公元前68年西汉政府派侍郎郑吉率兵在车师(今吐鲁番盆地)屯田,且统管天山以南各地;公元前60年在乌垒城(今轮台县境内)建立西域都护府,正式在西域设官、驻军、推行政令,开始行使国家主权。

回顾西汉时期官方开通丝绸之路的历史,《汉书·郑吉传》总结得十分贴切:"汉之号令班西域矣,始自张骞而成于郑吉。"

(二) 丝绸之路的道路组成

丝绸之路中国部分主要由两段组成,一段自长安经河西走廊至玉门关,另一段为西域境内的各条分支。

1. 河西四郡的建置

西汉时期开通通向西域的丝绸之路,从武威、张掖、酒泉、敦煌这河西四郡的设置开始。西汉西北各边郡中,设置在河西走廊的四郡年代最晚。由于《汉书·武帝本纪》与《汉书·地理志》对于这件事的记载不一致,其设置时间长期以来成为一个悬案。周振鹤在张维华、陈梦家、劳干研究的基础上,最后明确了四郡设置时间。周振鹤认为河西走廊最先于汉武帝元狩二年(前121)设置酒泉郡,初置时包括整个河西地区;元鼎六年(前111)分酒泉东部置张掖郡,西部置敦煌郡;最后于汉宣帝本始二年(前72)至地节三年(前67)这五六年间设置了武威郡。①

设置河西四郡是西汉政府开通丝绸之路的关键一环,四郡之所以重要是因为河西走廊的地形。河西走廊东起乌鞘岭,西至古玉门关,南北介于南山(祁连山、阿尔金山)和北山(马鬃山、合黎山、龙首山)间,东西长约900公里,南北宽从数公里至近百公里不等,整体呈西北—东南走向的狭长走廊地带,是内地通往新疆的冲要之道,具有重要的军事与政治地位。四郡设置之前,河西走廊本是匈奴昆邪王(即浑邪王)与休屠王放牧地带,后两王降汉,"汉乃于浑邪王故地置酒泉郡,稍发徙民以充实之;后又分置武威郡,以绝匈奴与羌通之道"②。西汉时期前后向四郡迁移28万农业人口,利用祁连山冰雪融水在绿洲上发展农业,成功地控制了这一通向西域的冲要地带。

2. 西域境内各条道路

西域作为地理空间,存在广义与狭义两个概念。广义西域为玉门关以西地区的总称,其范围从中亚一直向西延伸;狭义西域指玉门关以西、葱岭以东地区,其中葱岭为古人对帕米尔高原与喀喇昆仑山脉的总称,因此就狭义西域而言主要位于中国境内,且以今新疆为主。

丝绸之路新疆段的走向与分支深受地形与自然地理条件影响,当代地理学用"三山夹两盆"概括新疆地形。三山自北向南分别是阿尔泰山、天山、昆仑山;阿尔泰山与天山之间为准噶尔盆地,盆地中央为中国第二大沙漠库尔班通古特沙漠;天山与昆仑山之间为塔里木盆地,盆地中央为中国最大沙漠塔克拉玛干沙漠。天山南北两大沙漠之外,新疆与甘肃交界处又有库木塔格沙漠,虽然面积只有2.2万平方公里,却为交通带来巨大困难。

新疆深处欧亚大陆腹心地带,气候极端干旱,除伊犁河谷地带年降雨量可达300—500毫米,全区大部分在200毫米左右,吐鲁番盆地年降雨量不足50毫米,而各地蒸发量几乎都在2000毫米以上,其中吐鲁番盆地可达3000毫米。大自然赋予新疆大漠戈壁这片黄色的同时,也在天山、阿尔泰山、昆仑山山顶留下白色的冰雪,正是这些冰雪融化而成的雪水滋润了山下的绿洲,为大漠荒原添加了生命之色。依托这些绿洲,西域历史早期的国家

---

① 周振鹤:《西汉政区地理》,人民出版社1987年版,第157—171页。
② 《资治通鉴》卷二〇,汉武帝元鼎二年冬十一月。

得以建立,《汉书·西域传》载:"西域以孝武时始通,本三十六国,其后稍分至五十余。"唐人颜师古注《汉书·陈汤传》"谓西域国为城郭者,言不随畜牧迁徙"。颜师古说得非常清楚,这三十六国是拥有定居生活的农业国,每个国家都坐落在一处绿洲上,而一处绿洲与另一处绿洲被荒漠分离,相距很远。

受地理环境制约,西域各个国度坐落在绿洲上,沟通东西的道路也行经绿洲之间。绿洲的存在,支撑了道路的存在。由于自然环境复杂,丝绸之路西域段由数条道路组成,其中行经塔里木盆地南北两侧的西域南道与西域北道开通最早,几乎在西汉政府经营西域的初期就被纳入官方通道中。"自敦煌西出玉门、阳关,涉鄯善,北通伊吾千余里。"①自河西走廊西行,玉门关、阳关是两个重要关口。玉门关位于今甘肃敦煌西北小方盘城,这里正是疏勒河所经之地。疏勒河源于祁连山,西北流,最后注入罗布泊,沿河地带是穿越库木塔格沙漠必经之路。西距汉代玉门关20公里的疏勒河古道旁凹地上,设置了军需仓库河仓城,俗称大方盘城。河仓城西是一面湖泊,水平如镜,岸边长满芦苇、红柳。玉门关以及河仓城共同组成控制西行道路的关隘。阳关位于今甘肃敦煌西南,汉代在这里设关,控制的地理形势依然是水源,考古学界认为渥洼池和西土沟均是阳关一带的水源。依托这些水源,历史上关城附近存在绿洲,这片绿洲既是沙漠中的生命之源,也是设关控制的冲要地带。玉门关与阳关分别属于西出河西走廊的北关与南关,出关之后需要穿越的则是库木塔格沙漠。②

无论西出阳关还是玉门关,穿过库木塔格沙漠均会到达楼兰,再从这里沿塔里木盆地边缘分为西域北道与西域南道两条分支。西域北道沿天山南麓西行,一路经行渠犁(今新疆库尔勒)、龟兹(今新疆库车)至疏勒(今新疆喀什);西域南道沿昆仑山北麓西行,经行且末、于阗(今新疆和田)、莎车(今新疆莎车)至疏勒。西域南、北两道均应从天山南脉与昆仑山结合处的

---

① 《后汉书》卷八八《西域传》。
② 吴礽骧《汉代玉门关及其入西域路线之变迁》(《中亚学刊》第二辑,中华书局1987年版)认为汉代玉门关在小方盘城以西11.5公里的羊圈湾。从玉门关至楼兰,沿西汉长城的内侧,即库木塔格沙漠的北缘与榆树泉盆地结合部之泉水带西行,至哈拉齐。沿榆树泉盆地的西侧至呲牙井,这里位于库木塔格沙漠与克孜勒塔格山之间的断层带,可获得水源。沿断层带西南行经矮山井、保贝拉井至羊塔克库都克,并于此分为两支:一支西北行,沿断层带北缘,越白龙堆,经罗布泊北岸汉代烽燧遗址北,至楼兰;一支西南行,至若羌。

乌恰山口沿克孜勒苏河进入中亚。西域北道与西域南道是西汉时期张骞通西域后丝绸之路最早开通的官方通道,继此之后,东汉明帝时期在伊吾庐(今新疆哈密)置宜禾都尉,又开辟了一条新的通道,当时称为新道,后世将其称为新北道;其走向为出玉门关西北行,经伊吾翻越天山至巴里坤,再西行穿过达坂进入吐鲁番,最后汇入西域北道。① 这条道路也被称为大海道,所谓的大海不是蔚蓝色的海水,而是为黄沙覆盖的沙海。两汉魏晋时期中原王朝对于西域的控制主要限于天山以南今南疆地区,天山以北仍属于游牧民族的活动区域。唐代继在天山以南设置安西都护府之后,又在天山以北设置了北庭都护府,伴随中原王朝的力量从南疆伸向北疆,一条连接北疆的道路随即开通,这条道路事实上是东汉年间开辟的新北道西向延伸的结果,即经今哈密、巴里坤、吉木萨尔,沿天山北麓西行指向伊犁②,被后世称为北新道。③ (图12-6)

　　以上丝绸之路各条分支是新疆段的主要通行道路,属于丝绸之路组成部分的还有其他分支。其中由四川进入青海的吐谷浑道对于沟通长江流域与西北地区意义重大,吐谷浑道沿青藏高原边缘经行今汶川踏上松潘草地④,从这里进入青海,并沿柴达木盆地北缘行走,西北出阿尔金山山口,从

---

① 《汉书》卷九六《西域传》:"自玉门、阳关出西域有两道。从鄯善傍南山北,波河西行至莎车,为南道;南道西逾葱岭则出大月氏、安息。自车师前王廷随北山,波河西行至疏勒,为北道;北道西逾葱岭则出大宛、康居、奄蔡焉。"《三国志》卷三〇《魏书·倭人传》引《魏略》:"从敦煌玉门关入西域,前有二道,今有三道。从玉门关西出,经婼羌转西,越葱领,经县度,入大月氏,为南道。从玉门关西出,发都护井,回三陇沙北头,经居卢仓,从沙西井转西北,过龙堆,到故楼兰,转西诣龟兹,至葱领,为中道。从玉门关西北出,经横坑,辟三陇沙及龙堆,出五船北,到车师界戊己校尉所治高昌,转西与中道合龟兹,为新道。"《后汉书》卷八八《西域传》:"自敦煌西出玉门、阳关,涉鄯善,北通伊吾千余里,自伊吾北通车师前部高昌壁千二百里,自高昌壁北通后部金满城五百里。此其西域之门户也,故戊己校尉更互屯焉。伊吾地宜五谷、桑麻、蒲萄。其北又有柳中,皆膏腴之地。故汉常与匈奴争车师、伊吾,以制西域焉。"

② 《隋书》卷六七《裴矩传》:"发自敦煌,至于西海,凡为三道,各有襟带。北道从伊吾,经蒲类海铁勒部,突厥可汗庭,度北流河水,至拂菻国,达于西海。其中道从高昌、焉耆、龟兹、疏勒,度葱岭,又经铗汗,苏对沙那国,康国,曹国,何国,大、小安国,穆国,至波斯,达于西海。其南道从鄯善,于阗,朱俱波,喝槃陀,度葱岭,又经护密,吐火罗,挹怛,帆延,漕国,至北婆罗门,达于西海。其三道诸国,亦各自有路,南北交通。其东女国、南婆罗门国等,并随所往,诸处得达。"

③ 丝绸之路新疆段各条支路的名称取自《中国大百科全书》"丝绸之路"条。

④ 《元和郡县志》卷三三"汶川县"条下:"故桃关,在县南八十二里,远通西域,公私经过惟此一路。"

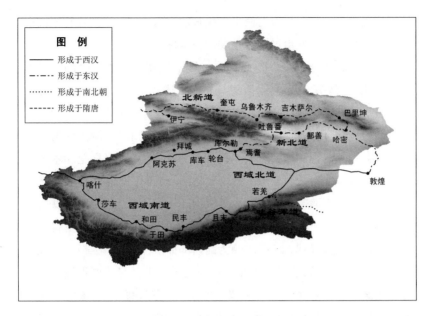

图 12-6 丝绸之路新疆段

今若羌汇入西域南道。这条道路大概蜀汉时期已经存在官方往来,东晋乃至刘宋时期都利用过这条道路;此后位于河西走廊的北凉政权曾数次遣使至南方的刘宋政权,试图联合抗击北魏,使臣由河西走廊进入长江流域的路径即由青海至四川,再顺江而下到建康(今江苏南京)。① 南齐政权立国于长江流域,开国不久曾试图联合北方草原民族柔然人共同打击位于黄河流域的中原政权北魏,也派使者从今四川出发沿青藏高原边缘进入青海。② 这些历史事实告诉我们,南北朝时期无论南北方都对吐谷浑道的形成有所贡献。

另有穿行于北方草原之中的居延道,基本路线以位于今内蒙古阿拉善盟额济纳旗境内的居延海为核心,西行进入今新疆。③ 此外,丝绸之路各条分支之中,应该提及的还有由今青海西宁西北行,经大通、门源,通过大斗拔

---

① 唐长孺:《南北朝期间西域与南朝的陆路交通》,《魏晋南北朝史论拾遗》,中华书局1983年版,第169—171页。
② 《资治通鉴》卷一三五,齐太祖建元元年十一月:"遣骁骑将军王洪范使柔然,约与共攻魏。洪范自蜀出吐谷浑历西域乃得达。"
③ 详见王北辰:《古代居延道路》,《历史研究》1980年第3期。

谷穿越祁连山,出扁都口,至河西走廊张掖的道路。这一道路穿行于高山峡谷中,蜿蜒险峻,其上发生过许多重要历史事件。

丝绸之路各条分支并非形成于同一个时代,道路交汇之处的交通枢纽也随之变化。《隋书·裴矩传》有过这样的记述:"伊吾、高昌、鄯善,并西域之门户也。总凑敦煌,是其咽喉之地。"敦煌地处河西走廊西出口,伊吾、高昌、鄯善则是丝绸之路新疆段重要的交通枢纽。《汉书·西域传》载:"鄯善国,本名楼兰,王治扞泥城。"古楼兰国即鄯善之地,从敦煌穿越库木塔格沙漠的道路与西域北道、西域南道交汇于此,形成西行道路上最早的交通枢纽。自东汉时期开辟新北道,伊吾(今哈密)地位逐渐上升,且在以后的历史中始终显示出重要的作用。高昌即吐鲁番,西汉大将李广利就曾率领部队在此屯田,修建高昌壁,此后陆续为高昌郡郡治、高昌国国都;自新北道开辟之后,吐鲁番成为联通天山南北的重要通道。伊吾与吐鲁番地位的上升是西行道路的重心东移、北移的结果,在这一转移过程之中,楼兰的地位逐渐衰落,并在4世纪前后随着水源转移而彻底湮废。

与交通枢纽的变化相似,事实上丝绸之路新疆段各条分支开通之后,并非一直畅通无阻,受绿洲国家与草原游牧民族、中原王朝之间关系的影响,道路时断时续,乃至于主次更迭始终是丝绸之路交通的特点。

数千年间,西行古道上留下无数脚印,其中有出使西域的使节,有戍边守土的将士,有西行求法的高僧,也有往来东西的商旅,时代不同,目标不同,他们选择的道路也不同。

公元前138年张骞出使西域是西汉时期的一件大事,但无论《史记》还是《汉书》对于张骞第一次出使路线都没有清晰的记载,学术界根据西域三十六国的分布、汉将李广利出兵西域路线以及张骞居留匈奴之地等相关记载,认为张骞第一次出使进入西域的经行路线为西域北道,回归路线为经西域南道穿行阿尔金山山口进入青海,再由大斗拔谷翻越祁连山来到河西走廊,回到长安。①

---

① 黄文弼:《张骞使西域路线考》《两汉通西域之路线变迁》,《黄文弼历史考古论集》,文物出版社1989年版,第37—42页;王宗维:《张骞出使西域的路线》,《西北大学学报(哲学社会科学版)》1984年第4期;吴焯:《古代青海交通西域的路线及其历史沿革》,《西域研究》1992年第2期。

一部《西游记》使唐玄奘西行取经之事家喻户晓，玄奘西行归来书写《大唐西域记》记述取经历程，唐僧人慧立另撰写《大唐大慈恩寺三藏法师传》，两部著作都涉及玄奘取经路线。贞观元年（627）玄奘出发时出玉门关，经伊吾（今哈密）、高昌（今吐鲁番）、焉耆（今焉耆）、龟兹（今库车），西行翻越天山南脉经别迭里山口进入中亚热海（今伊塞克湖）一带，过铁门（今乌兹别克斯坦南部布兹嘎拉山口），经吐火罗（今阿富汗北部）、今巴基斯坦北部至印度。十余年游学、讲经，于贞观十九年回到长安，回归之路选择西域南道，经行于阗、且末进入河西走廊。需要讨论的问题是：玄奘从今帕米尔高原归来，究竟选择了哪个山口？这个问题中外学者都有过探讨，其中王小甫《唐、吐蕃、大食政治关系史》以及后续论文对于这一问题形成了权威性结论①。王小甫的研究将视角落在帕米尔高原的西部，这一地区既涉及历史时期西域与吐蕃之间的交通道路，也关系到翻越帕木尔高原进入今巴基斯坦、阿富汗的路径。王小甫指出，唐代西域与吐蕃之间主要存在三条交通路径，即东部为经由阿尔金山山口进入西域的通道；中部属于翻越昆仑山、喀喇昆山的道路，这条道路的走向基本与今连接新疆、西藏两地的219国道吻合；西部道路绕帕米尔高原南部，其中沿播密川（今大帕米尔谷地）至渴饭檀（今塔什库尔干）进入西域的道路，就是玄奘归来所经之路。②侯杨方通过多次实地考察，也得出玄奘东归经过大帕米尔谷地这一具有共识的结论。③

---

① 王小甫：《唐、吐蕃、大食政治关系史》，北京大学出版社1992年版；《封常清伐大勃律之路》，编辑委员会编：《张广达先生八十华诞祝寿论文集》，台北新文丰出版股份有限公司2010年版；《七八世纪之交吐蕃入西域之路》，田余庆主编：《庆祝邓广铭教授九十华诞论文集》，河北教育出版社1997年版。另，本书中所言西汉张骞西行穿越乌恰山口、唐玄奘西行取别迭里山口，也得到王小甫指点。

② 王小甫《七至十世纪西藏高原通其西北之路》："唐玄奘取经归国所经过的波谜罗川以及慧超归国、高仙芝远征往返所经之播蜜川，都应该是指今天所谓的大帕米尔谷地，而不是从前有些学者所说的瓦罕帕米尔。因为在唐代汉文文献中，瓦罕帕米尔或者说瓦罕谷被明确地称为婆勒川。大帕米尔历来是最常用的一条通道。今天，站在塔什库尔干的石头城（唐代葱岭镇遗址）上，可以看到其正西有一个山口，据当地知名人士说，那叫新滚山口，其西边现为塔吉克斯坦所据有的地方叫新迪，正是通大帕米尔的道路所经之地。于是，我们就可以理解，为什么慧超说'过播蜜川即至葱岭镇'。另一方面，据当地人说，瓦罕河上游溪谷（所谓的瓦赫几尔）深险陡峭，且缺乏草场，很不利于商队或稍多的人员通过。"

③ 侯杨方：《玄奘帕米尔东归路线的复原——基于GPS和实地考察的研究》，《历史地理》2018年第1期。

大漠雪山绘成大气磅礴的西部景观,但也成为西行路上的阻碍。即使当代,乘坐汽车置身于大漠、雪山之旅途,也会陷入巨大的环境压力中,西域之路上的古人面临的艰辛更甚于当代。十六国时期高僧法显与唐代高僧玄奘西行求法,均留下古道上大漠、雪山的记载:

> 自长安西渡流沙,上无飞鸟,下无走兽,四顾茫茫,莫测所之,唯视日以准东西,望人骨以标行路耳。屡有热风恶鬼,遇之必死。……至葱岭,岭冬夏积雪,有恶龙吐毒风,雨沙砾,山路艰危,壁立千仞。①

> 从此东行,入大流沙。沙则流漫,聚散随风。人行无迹,遂多迷路,四远茫茫,莫知所指,是以往来者聚遗骸以记之。乏水草,多热风,风起则人畜惛迷,因以成病。时闻歌啸,或闻号哭,视听之间,恍然不知所至。由此屡有丧亡,盖鬼魅之所致也。②

那些西行求法的高僧与戍边守土的将士,均已随着历史车轮的前行而淡出我们的视线,但大西北的大漠雪山依旧大气磅礴、浑厚苍凉。312 国道、连霍公路、兰新铁路、乌伊铁路……取代了往日的古道,历史早已走出"唯视日以准东西,望人骨以标行路"的时代,唯有东、西之间的物质与文化交往一如当年。

(三) 丝绸之路的物质与文化传播

丝绸之路从长安起步,经今甘肃、青海、新疆等地进入中亚,沿阿姆河、锡尔河、咸海、里海、黑海至地中海沿岸,数千年来,这条道路不仅沟通了东、西方之间的物质与文化交流,自身也积淀了深厚的历史。丝绸之路横贯欧亚大陆中部,自然条件与历史文化最为复杂的当属中国新疆段,自 17 世纪之后陆续有国外考察队针对西域山川地理、生物、矿产等进行考察;19 世纪末至 20 世纪前期,英、法、德、俄、瑞典、日等国探险家、考察家陆续来到中国西北,以考古发掘为主,且广泛涉及历史、民族、语言、宗教等众多方面③,斯文·赫定、斯坦因、伯希和等将考察推向巅峰。

---

① [南朝梁]释慧皎:《高僧传》卷三《译经·法显》。
② [唐]释玄奘:《大唐西域记》卷一二《二十二国》。
③ 马曼丽:《评外国考察家对西域的考察》,马大正、王嵘、杨镰主编:《西域考察与研究》,新疆人民出版社 1994 年版,第 25—28 页。

西方人的考察揭开了蒙在新疆历史文化上的面纱，使发生在这片土地上的历史不再停留在文字记载之中，而是通过实实在在的物品引领我们走近那个时代。

丝绸之路是东、西方之间物质与文化交流的通道，也是人口流动与迁移的必经之道。确定新疆境内早期的人口流动方向与人群来源，古代人种分析是最好的证据。最初针对新疆古代人种展开研究的是西方人，斯坦因、斯文·赫定在新疆采集的几具头骨成为最早的研究样本，自20世纪80年代起中国考古学界逐渐将人种纳入重要研究范围①。20世纪80年代的研究成果涉及几个人种类型，其中欧洲人种几乎都与中国古代文献提到的塞种

---

① 参见韩康信:《丝绸之路古代居民种族人类学研究》，新疆人民出版社1993年版，第1—30页。新疆各地墓葬头骨标本人种分析结果：

墓葬地	年代	头骨数	人种	分组
孔雀河古墓沟	前1800年前后	18具	均属于原始欧洲人种	一组与安德罗诺沃变种接近；一组与阿凡纳羡沃变种接近。
楼兰古城	公元前后	6具	5具属于欧洲人种	4具与地中海东支或印度-阿富汗类型接近；1具介于地中海与帕米尔-费尔干纳类型之间。
			1具为蒙古人种	接近南西伯利亚类型。
昭苏土墩墓	公元前后	13具	11具属于欧洲人种	8具接近帕米尔-费尔干纳或中亚两河类型，1具为帕米尔-费尔干纳类型变异，1具与前亚类型接近，1具接近安德罗诺沃类型。
			2具蒙古人种特征明显	可能是蒙古人种与欧洲人种的混合型。
洛浦山普拉墓葬	前200—公元600年	数十具	个别为安德罗诺沃类型，其他基本为欧洲人种的印度-阿富汗类型。	
塔什库尔干香宝宝墓葬	前900—前500年	1具	欧洲人种	地中海东支或印度-阿富汗类型。
阿拉沟墓葬	前600—前100年	58多具	欧洲人种	分三组，一组人数最多为地中海东支或印度-阿富汗类型（占84.5%）；一组为安德罗诺沃类型与帕米尔-费尔干纳类型的过渡性；第三组为上两组的混合。
哈密焉布拉克墓葬	前1100年前后	29余具	8具欧洲人种	
			其余均为蒙古人种	具有东亚、北亚人种特征，与藏族人头骨接近。

人相关,而塞种人的先祖就是分布在东欧森林-草原交界地带的原始欧洲人,以此为基础通过迁移进一步分化为其他类型。① 人种鉴定传递给我们一个信息,新疆历史早期欧罗巴人种占明显优势,这些来自中亚、南亚、西亚甚至俄罗斯草原的人群,携带着属于各自迁出地的文化进入新疆。就总体而言新疆蒙古人种比例很低,但不同地区也有差异,其中哈密焉布拉克墓葬被鉴定头骨72.4%属于蒙古人种。蒙古人种属于东方的人种类型,哈密地处古西域通向东方的门户,自东向西迁入新疆的蒙古人种自然主要分布在这一地带。面对新疆历史早期人种的构成特点,古人类学研究者韩康信指出:"至少在汉代以前,东、西方人种在新疆境内存在反向渗入,但相比之下,蒙古人种向西的渗入比较零碎,不如西方人种的东进活跃。"这些不同文化属性人群的空间活动,为新疆早期文化打下了深深的烙印。

  流动的人群带来流动的文化,语言既是传承人类文明的工具,也在人类历史发展中形成了自己的文化体系与空间分布。20世纪初英国考古学家斯坦因在民丰尼雅遗址发现佉卢文木牍文书,在若羌的磨朗遗址发现古印度婆罗迷字体写成的梵文贝叶,在楼兰遗址发现写在木片或纸上的佉卢文文书以及窣利语文字(亦称粟特语)纸片。佉卢文是一种印度古文字,公元前3世纪至前2世纪流行于犍陀罗地区(今巴基斯坦北部和阿富汗南部)。斯坦因指出磨朗的梵文贝叶"由婆罗迷字体看,年代不超过第四世纪",且这片贝叶书写于印度;至于楼兰发现的佉卢文与尼雅相似,而窣利文则"流行于今撒马尔罕和布哈拉一带的古康居国"。② 此外,谈及新疆境内使用的古语言,必须提到吐火罗语,吐火罗语属于印欧语系西支,文化源地为里海-黑海北岸的颜那亚文化,这种语言以婆罗迷文书写。吐火罗语的持有

---

  ① 陈致勇:《再论丝绸之路古代种族的起源与迁徙》(《现代人类学通讯》2007第1期)说:"塞种人的形成基础是分布在东欧森林—草原交界地带的原始欧洲人,新石器时代就已开始发生分化,在北方与森林地带的乌拉尔人种混杂,向着现代中亚两河类型的方向发展;在南方草原地带主要与地中海人种、高加索人种混杂。进入青铜时代(约公元前3500年),塞种人发生了大规模迁徙和分化,其中一些支系进入伊朗、印度、阿富汗和高加索等地区,自称为'雅利安人'。在南亚,雅利安人与印度、伊朗、阿富汗的土著居民继续融合,表现出印度—地中海人种特征。在高加索,斯基泰—萨尔马泰人与北高加索居民混血,表现出高加索人种的特征。而东欧草原地带的斯基泰人种则沿中亚草原向东迁徙,途中继续与原始欧洲人(主要是安德罗诺沃人)和蒙古人种北亚、东亚支系相混杂,最终形成短头化的中亚两河类型。"

  ② 《斯坦因西域考古记》,向达译,中华书局1936年版,第46—115页。

者为吐火罗人,大量考古发现证明这是"最早定居天山南北的古民族之一,阿尔泰山与天山之间兴起的月氏人、塔里木盆地北部的龟兹人、焉耆人、塔里木盆地东部的楼兰人皆为吐火罗系统民族"①。上述新疆考古发现的几种文字均属于印欧语系,且起源于不同地带,其中佉卢文与吐火罗文两种文字发现物最多,并形成西域北道以吐火罗文为主,而西域南道以佉卢文为多的分布格局。明确了新疆历史早期语言类型,接下来需要关注的则是这些语言的使用范围,中外考古提供的证据显示,上述文字书写物包括佛经、文书、契约、书信等,这说明无论佉卢文还是吐火罗文等既通行于官方,也应用于民间,既是庙堂用语,也是世俗语言;这样的使用力度告诉我们一个重要事实,即新疆历史早期的人口主要为操印欧语系的文化人群②,这一结论与人种鉴定结果几乎全部吻合,进而从人种与文化两个方面落实了新疆早期历史创造者的问题。

新疆历史文化中的另一条线索就是汉文化的进入。中外考古均发现公元前后这一时段,不但墓葬中蒙古人种头骨比例提升,且在尼雅、楼兰等遗址发现汉文木牍以及汉代铜钱等,这说明从这一历史阶段东方的文化以及人群逐渐进入西域,并且影响不断增强。而这显然与西汉以来官方丝绸之路的凿空以及西域都护府等政权机构的设置相关。

人群既是文化的创造者,也是文化的携带者,在原始印欧人为主的文化基础上,以后新疆又经历了什么样的文化变迁?

新疆地处欧亚大陆的腹心地带,干旱少雨,天山、昆仑山下的绿洲不仅成为农耕民族的定居之地,而且也是游牧民族往来的通道,自官方丝绸之路开辟以来,绿洲上三十六国乃至中原政权外,匈奴、柔然、铁勒、薛延陀、突厥、回纥等骑马民族交相辉映在西域的土地上,但真正对于文化起改变作用的是突厥人。其结果如法国学者勒内·格鲁塞所说:"在8世纪后半期,突厥各部落征服该地区以前,塔里木南北的印欧绿洲,从莎车和于阗到罗布泊,从喀什、库车、焉耆到吐鲁番,他们的文化不是来自阿尔泰文明和草原文

---

① 林梅村:《丝绸之路考古十五讲》,北京大学出版社2006年版,第13页。
② 同样的观点在勒内·格鲁塞《草原帝国》中也可以看到:"在公元7世纪,焉耆和库车,无疑还有喀什仍然是说印欧语方言,这使人产生了以下推测,即塔里木盆地的居民至少有一部分必定是属印欧家族的。"(蓝琪译,商务印书馆1998年版,第69页)

明,而是来自伟大的印度和伊朗文明。"①历史时期西域绿洲上印欧文化占据主角时代的终结者是突厥人。那么,突厥人所持有的文化又来自何方,属于何种类型?对于突厥人,格鲁塞是这样讲的:"他们是古代匈奴人的后裔,这一事实已由伯希和认定,属于匈奴人的原始突厥特征所证实。"②而匈奴人以及他们的继承者突厥人、蒙古人"身材矮而粗壮,头大而圆,阔脸,颧骨高,鼻翼宽,上胡须浓密,而颏下仅有一小撮硬须,长长的耳垂上穿着孔,佩戴着一只耳环"③。格鲁塞对于匈奴乃至突厥人的描述,传递给我们的是蒙古人种的形象。体质人类学对于人种的分类,也有突厥人不属于典型的蒙古人种,而是黄种人与白种人混血的说法。然而,无论分类如何细化,突厥人的来源、文化与原来绿洲上的印欧人都是不同的,从突厥人登上历史舞台到最后融入其他民族之中的几百年内④,西域是这一草原民族的重要活动场所。几百年中突厥人不仅活动在这里,而且将自己的文化留在这里,改变、替代着原有的文化。也许在所有文化更迭之中,语言的替代最为明显,突厥人持有的语言属于阿尔泰语系突厥语族,位于今蒙古国境内的8世纪突厥语碑铭证明了古突厥语与今突厥语族一些语种语言分类的一致性,即6—8世纪时期突厥人用自己的语言取代了当地原印欧语系的语言,并延续至今,今天维吾尔、哈萨克、柯尔克孜、乌兹别克等语种均属于阿尔泰语系突厥语族。大约6—8世纪出现的突厥化过程,是新疆历史上第一次重大文化更迭。

新疆历史上第二次重大文化更迭为伊斯兰化过程。公元7世纪初伊斯兰教创始于阿拉伯半岛,大约7世纪中后期即传入中国。丝绸之路是伊斯兰教传入中国的重要路径,但最初伊斯兰教对于西域的影响并不普遍,伊斯兰化过程发生在蒙古人建立的东察哈台汗国时期。13世纪初,成吉思汗分封诸子,次子察哈台获得了从中亚阿姆河到阿尔泰山一带的土地,并渐次将天山以南并入其中。这些绿洲地带的自然条件使蒙古汗国的统治者逐渐放弃游牧生活,转向定居的农耕生产,并放弃原来的信仰,接受了伊斯兰教。

---

① 〔法〕勒内·格鲁塞:《草原帝国》,蓝琪译,商务印书馆1998年版,第84页。
② 同上书,第116页。
③ 同上书,第45页。
④ 古代突厥是中亚、北亚的游牧民族,大约6—8世纪最为强盛。

在东察哈台汗国接受伊斯兰教乃至带动整个新疆伊斯兰化进程中,秃黑鲁帖木儿汗起了重要作用。秃黑鲁帖木儿汗是成吉思汗第七代孙,皈依伊斯兰教发生在这位大汗登基后的第六年(1353),《中亚蒙兀儿史——拉失德史》用了整整一章记述这位蒙古大汗皈依伊斯兰教的过程,其中称当高大强壮的异教徒与矮小羸弱的穆斯林交手失败后,"人们大声欢呼,当天有十六万人剪掉长发皈依了伊斯兰教",为皈依过程带来神圣的光环。"于是伊斯兰教的光辉驱散了不信的暗影,在察哈台汗国这一地区传布开来。"[1] 1514年秃黑鲁帖木儿汗的后人萨义德汗创建了叶尔羌汗国,汗国的政治中心设在叶尔羌(今新疆莎车),强盛时期统辖范围从昆仑山北麓至天山南麓,囊括西域南、北两道全部空间,西面包括整个帕米尔及瓦罕地区,东至嘉峪关与明朝相邻。叶尔羌汗国所统治地区包括当时以喀什噶尔为中心的伊斯兰教文化区和以吐鲁番为中心的佛教文化区,汗国的建立将两种文化统一到伊斯兰教之下,正是这一政治与文化统一,为维吾尔族从古代民族向近代民族发展做出了重要贡献。[2]

丝绸之路的出现不仅为新疆造就了文化基础,而且沟通了欧亚大陆东西之间的物质与文化交流。通过丝绸之路进入东方的首先是凌驾于人类之上的袞袞众神,大约公元前5、6世纪佛教诞生于南亚,西汉末年就传入中国,公元2世纪东汉王朝都城洛阳出现了第一座官方佛寺——白马寺,白马寺的修建说明佛教已经通过丝绸之路传入中原内地。沿着丝绸之路,佛祖与众神一路东行,留下大量石窟佛寺,包括如今新疆拜城克孜尔千佛洞、吐鲁番柏孜克里克千佛洞、甘肃敦煌莫高窟、安西榆林窟、永靖炳灵寺、天水麦积山等。继佛教之后,魏晋到隋唐时期,诞生于西亚的祆教、摩尼教、景教、伊斯兰教也沿丝绸之路先后传入中国,这些宗教的众神不仅改变了人们的信仰,也影响着人们的生活方式与人文景观。

通过丝绸之路传入中国的不光有宗教,汉代胡桃、葡萄、胡瓜、胡葱、胡椒、胡桐、胡萝卜等水果、蔬菜十有八九来自西方,此外罗马的玻璃器、西域的乐舞和杂技等也在丝绸之路的驼铃声中被带到东方。同样是魏晋到隋唐

---

[1] 米儿咱·马黑麻·海答儿:《中亚蒙兀儿史——拉失德史》,新疆社会科学院民族研究所译,新疆人民出版社1983年版,第159—165页。

[2] 参见魏良弢:《叶尔羌汗国史纲》,黑龙江教育出版社1994年版,第1—2页。

时期,随着操印欧语系伊朗语支的粟特人大批迁入中国,西亚、中亚的音乐、舞蹈、饮食、服饰等也陆续传入东方。通过丝绸之路,中国不仅获得了来自西方的物质与文化,也将诞生在中国土地上的丝绸、瓷器、茶叶乃至造纸、指南针、印刷术、火药四大发明输入西方,其中最重要的是中国大地上完成驯化的粟、黍及水稻等农作物。

文化与物质的传播与融合,是丝绸之路的主旋律,若想在这条连接东、西方的道路上,分清哪些是西方、哪些是东方的,需进行大量的研究,你中有我、我中有你的物质与文化交流不仅融入了彼此的历史中,也使这条道路从历史延伸到今天。

大西北、大西南,无论古代还是今天,都算得上遥远的地方,正是交通道路不仅将边疆与国家政治中心连为一体,而且在经济、文化发展中扮演着重要角色。

◎作者讲课实录:

第十三讲

舟楫千里
——运河与水路交通影响下的南北经济文化交流

古代技术条件下,水运是最便捷、最廉价的交通方式,因此中国人不仅很早即利用水路从事航运,而且拥有久远的运河通航史。基于中国的自然环境,江河湖泊主要集中在东部地区,水路自然也成为这里在交通方式上的重要选择。因自然环境的差异,东部地区的水路交通存在运河与江河水道的区别,运河为人工开凿,江河乃利用天然。

一 运河的开凿与主要运河的流向

水运是省力且廉价的运输形式,"一苇之航,只要水力可以胜任,就能随水道所至而达到其沿岸的各处"①,在古代尤其如此。然而,中国西高东低的地形使大江大河多数呈东西流向,南北方向大河不多,为了营造可资利用的水路运输,人工运河出现于各地,并在各个历史阶段发挥了重要作用。

如今,苏伊士运河、巴拿马运河因地处大洲分界处与重要战略地位而闻名,若以时间论,中国是世界上开凿运河最早的国家。中国古代开凿运河的历史可以追溯到春秋时期,史念海《中国的运河》一书提到,一般均认为中国最早的运河是吴王夫差所开的邗沟,而事实最早的运河却出于楚人之手。楚庄王时,孙叔敖在云梦泽畔激沮水作云梦大泽之池,大约在公元前7—前6世纪,比邗沟的开凿时代早约100年。自此之后各地均有人工运河载入史册,联通江、淮、河、济的运河尤其为史家所重。

---

① 史念海:《中国的运河》,陕西人民出版社1988年版,第1页。

(一)连通江、淮、河、济的邗沟、菏水

连通江、淮、河、济的运河起步于春秋时期吴王夫差所开邗沟,那时夫差打败了越国,俨然成为东南霸主,但天下的中心在中原地区,为了北上与中原诸侯争夺盟主,夫差于鲁哀公九年(前486)开凿连通江、淮的运河——邗沟。① 邗沟由今江苏扬州市引江水东北行至射阳湖,再从射阳湖通过末口入淮,末口在今江苏淮安市淮安区。凭借邗沟沟通江、淮,夫差的舟师一路北上,从长江进入淮河,又由淮河驶进支流泗水,至此水路中断,于是夫差决定利用泗水与济水相距不远的条件,再开凿一条运河连接泗、济,这就是菏水。通过菏水吴王的舟师由泗入菏,由菏入济,由济入河,来到与北方晋国会盟之地——黄池(今河南封丘),完成了参加黄池之盟"观兵中国,称号五霸"②的愿望。

邗沟、菏水两段运河的修造,沟通了江、淮、河、济这被古人视为独流入海"四渎"间的联系,同时也成就了陶这座城市的繁荣。司马迁《史记》中提到"陶,天下之中",陶即今山东定陶,由于菏水的开凿,这里成为北通河、济,南接江、淮的交通枢纽之地,依托交通优势,在十年左右的时间内从原本无足轻重之地一跃而成天下的经济中心。正因为陶拥有"天下之中"的特点,传说范蠡助勾践复国之后,"乃乘扁舟浮于江湖"至陶为朱公,凭借智谋与陶的地理位置,成功地实现了商业利润,"十九年之中三致千金",被后世商人奉为行业的祖师爷。③

(二)鸿沟水系

鸿沟水系是连接黄河、淮河两条河流的运河系统,开通于战国初魏惠王时期(约前361—前353)。这时魏国已将都城从安邑(今山西夏县)迁至大梁(今河南开封),国家政治中心移向中原地区,以沟通黄淮之间政治、经济为目的,开凿了鸿沟水系。

---

① 《左传》鲁哀公九年:"吴城邗,沟通江淮。"杜预注曰:"于邗江筑城穿沟,东北通射阳湖,西北至末口入淮,通粮道也。今广陵韩江是。"
② 《史记》卷一二九《货殖列传》。
③ 同上。

鸿沟水系是通过人工运河将黄河与淮河数条支流连为一体的水道系统,水系由荥阳引黄河水东南流,形成数条分支。其中主水道由荥阳引水东行,经魏都大梁转向东南至陈国都城陈(今河南淮阳),向南注入颍水,后人也将这段运河称为浪荡渠。鸿沟水系至大梁开始分支,依各条分支的流向自东北向西南分别是汳水(汴水)、睢水、涡水、涣水、鲁沟水、颍水、汝水。鸿沟这些分支中汳水与获水通,这原本是两条天然河道,鸿沟开凿后遏汳水入获水,汳水下游渐失水源,而汳、获二水连为一体注入淮河。至于睢水,人工只开凿了陈留至睢阳一段,睢阳以下与天然河流睢水相接,并以睢水称整条河段。涡水也称过水,与睢水的情况相似,水道的上段为人工渠道——阴沟水,至今江苏沛县与天然河道涡水相合。鸿沟水系中涣水、颍水、汝水均是天然河流,由于浪荡渠等人工水道而串联为一体。① 鸿沟水系虽为魏人开凿,但其水道所经范围却涉及黄、淮间大部分平原地带,司马迁在《史记》中留下了这样的记载:"九川既疏……自是之后,荥阳下引河东南为鸿沟,以通宋、郑、陈、蔡、曹、卫,与济、汝、淮、泗会。"②鸿沟水系的开凿连接了黄、淮间的水道,不仅沟通南北,而且为社会经济发展提供了重要条件。

(三)隋唐大运河

自春秋战国时期开始,开凿运河之举从没有在中国历史上间断过,但对于历史发生重大影响的首推隋唐运河。

隋唐运河开凿于隋文帝、炀帝两代,运河由数条分支构成,并分别开凿于不同年代:

广通渠:开凿于584年,自唐兴城堰(今陕西咸阳西9公里)引水,渠道与渭水平行而东,至潼关入黄河。③

山阳渎:隋开皇七年(587)"于扬州开山阳渎,以通运漕"④,至今江苏淮安,其流径大体循邗沟故迹。

通济渠:开凿于605年,由洛阳西苑引谷、洛水入黄河,又由板渚(今河

---

① 参见史念海:《中国的运河》,陕西人民出版社1988年版,第38—61页。
② 《史记》卷二九《河渠书》。
③ 《隋书》卷二四《食货志》:"宇文恺率水工凿渠,引渭水,自大兴城东至潼关,三百余里,名曰广通渠。转运通利,关内赖之。"
④ 《隋书》卷一《高祖纪上》。

南荥阳西北)分黄河水南行入淮,主要流经今河南荥阳、中牟、开封、杞县、睢县、宁陵、商丘、夏邑、永城、安徽宿县、灵璧、泗县,于盱眙北流入淮河。①通济渠所经之地并非战国时期鸿沟水系汳水(汴水)流径,东汉年间曾经对汴水水道进行过维护,但隋代因"汴水迂曲,回复稍难"而开凿了新的运河②,尽管如此,原来的汴河也仍然发挥着作用③,故唐人白居易《长相思》有"汴水流,泗水流,流到瓜洲古渡头"的诗句。

永济渠:开凿于608年,运河南引沁水入于河,北上连接淇水,并于天津静海县与海河水系连通,最后止于涿郡(今北京市南,治所在蓟城)。④

江南河:开凿于610年,自京口(今江苏镇江市)绕太湖东岸,经今江苏常州、苏州至余杭(今浙江杭州市)。⑤

隋代两帝开凿运河的目的并不一致,文帝时期开凿广通渠的目的在于解决关中的漕运,开凿山阳渎则是为伐陈做准备。炀帝开凿通济渠、山阳渎、江南河的主要目的在于沟通长江、黄域南北两大经济区,而永济渠的开凿与用兵辽东相关。隋代开凿的系列运河从南到北将钱塘江、长江、淮河、黄河、海河水系连为一体,无疑,这是中国历史上最伟大的壮举之一。

后世对于隋代运河的功过评价很多,尽管隋代大量的国力、民力投入运河工程,并由此激化社会矛盾,导致隋王朝的覆灭,但放在历史的长河中考量,无疑贯穿南北的运河的开凿,对于中国历史发展与社会进步起到了重要作用。这无须看今天的论说,距其时一两百年的唐人即已有了中肯的评论。唐人李敬方《汴河直进船》:"汴河通淮利最多,生人为害亦相和。东南四十三州地,取尽脂膏是此河。"唐人皮日休《汴河怀古二首》其二:"尽道隋亡

---

① 参见史念海:《中国的运河》,陕西人民出版社1988年版,第155—167页。
② 《太平寰宇记》卷一《河南道一》:"隋大业元年以汴水迂曲,回复稍难,自大梁城西南凿渠引汴水入,号通济渠。"
③ 《元和郡县志》卷五《河南道一》:"隋炀帝大业元年更令开导,名通济渠,自洛阳西苑引谷、洛水达于河,自板渚引河入汴口,又从大梁之东引汴水入于泗,达于淮,自江都宫入于海。"史念海《中国的运河》提出:"隋及唐初,运道仍以溯泗入汴为常。唐中叶以后,新道才畅通无阻。"
④ 《隋书》卷三《炀帝纪上》:"四年春正月乙巳,诏发河北诸郡男女百余万开永济渠,引沁水南达于河,北通涿郡。"
⑤ 《资治通鉴》卷一八一,隋炀帝大业六年冬十二月己未:"敕穿江南河,自京口至余杭,八百余里。"

为此河,至今千里赖通波。"李唐王朝是隋代运河的直接受益者,南北两大经济区的沟通促进中国古代经济重心南移,且成为北方政治中心需求物资的重要供给地,有力地支撑了政权的存在。无论南北运河,运送中心均是洛阳,隋代洛阳及其毗邻地区运河沿线均设有仓廪,河阳仓(今河南偃师)、常平仓(又名太原仓,今河南三门峡)、黎阳仓(今河南浚县)、广通仓(今陕西华阴,大业初改名永丰仓)、洛口仓(今河南巩义)、回洛仓(今河南洛阳)、含嘉仓(今河南洛阳)、子罗仓(今河南洛阳)均是当时重要的国家粮仓。[1] 唐代承袭了隋代仓廪的同时,又添设了新仓,并实行"缘水置仓,转相受给"[2]的制度。众多的粮仓不必一一列举,仅以含嘉仓为例,即可看出粮仓规模之大。含嘉仓为设在洛阳的国家官仓,仓有城,建在东都洛阳城北,考古界在仓城东北与偏南地区勘探出大小不等圆形或椭圆形地下粮窖 287 座,如果将铁路和建筑物下面的粮窖估算在内,仓城应有粮窖 400 座以上。这些粮窖窖口直径最大 18 米,一般 10—16 米;窖深最深 12 米,一般 7—9 米;每窖储粮五六十万斤,算下来仅含嘉仓储粮就达 200 万石。这与《通典》记载的数字基本吻合:"隋氏西京太仓,东京含嘉仓、洛口仓,华州永丰仓,陕州太原仓,储米粟多者千万石,少者不减数百万石。"[3]

(四)北宋时期以开封为中心的运河

北宋立都开封,这是一座位于黄河中下游平原之上的城市,除北临黄河,其他三面完全没有可以依凭的地形屏障。为保都城安全,北宋实行重内轻外军事布局,大量的军队驻守在开封周围,军队与政府的庞大开支使漕运粮食变得十分必要。北宋以开封为中心,除汴渠外,又于太祖建隆二年(961)疏凿了广济河(即五丈河)、金水河及惠民河,此三渠与汴渠并称为"通漕四渠"。

北宋时期的运河几乎均承唐代之旧,其中:(1)汴河,因唐代汴河之旧。(2)惠民河,起自今河南新郑一带,导洧水、溱水等河流东北与开封连接,这一段原本为闵水;又从开封折向东南,经陈州(今河南淮阳)入颍,这一段即唐代循浪荡渠旧迹,开渠于陈、颍之间的蔡河。宋开宝六年(973)改闵河为

---

[1] 邹逸麟:《从含嘉仓的发掘谈隋唐时期的漕运和粮仓》,《文物》1974 年第 2 期。
[2] 《资治通鉴》卷二二六,唐德宗建中元年六月甲午。
[3] 《通典》卷七《食货七》。

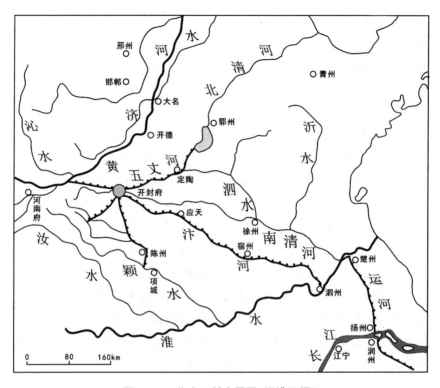

图 13-1　北宋开封府周围"通漕四渠"

惠民河,后统称闵、蔡二河为惠民河。构成惠民河的两条水道,在空间上构成倒"丫"字形。(3)广济河,又名五丈河,唐武则天载初元年(689)利用汳、菏等水故道,凿湛渠以通曹、兖诸州。宋太祖建隆二年自开封东北行,历曹(今山东菏泽南)、济(今山东巨野)、郓(今山东东平)三州,注入梁山泊,以通齐、鲁漕运。(4)金水河,从荥阳导京、索、须诸水东流,过中牟至开封城西,架渡槽于汴渠之上,设斗门东汇于广济河。① 北宋时期,"通漕四渠"外,黄河水道也发挥着水运功能(图13-1)。

北宋时期以开封为中心形成的水路通道,虽然兼具天然河道与人工运河两种形式,但沟通物资、财富往来的功能是相同的。各条水道连通的地区不同,拥有的政治、经济地位也存在很大差异。"通漕四渠"与黄河水道所

---

① 参见史念海:《中国的运河》,陕西人民出版社1988年版,第210—247页。图13-1根据史念海《中国的运河》插图改绘。

连接的多为北方黄河中下游地区,只有汴河水道指向太湖平原这一经济最富庶的地方。唐宋两代经济重心逐渐移向太湖平原,富足的物产不仅使这一地区拥有优于其他地区的经济水准,而且每年通过漕运输送到朝廷的物资多数来自这里。北宋时期政治中心与经济重心分离,江南经济重心对于朝廷起到根本的支撑作用,故宋人李觏留下这样的议论:

> 觏,江南人,请言南方事。当今天下根本在于江淮,天下无江淮,不能以足用;江淮无天下,自可以为国。何者?汴口之入,岁常数百万斛,金钱布帛,百物之备,不可胜计。而度支经费,尚闻有阙,是天下无江淮不能以足用也。吴楚之地,方数千里,耕有余食,织有余衣,工有余材,商有余货。铸山煮海,财用何穷?水行陆走,馈运而去,而不闻有一物由北来者,是江淮无天下自可以为国也。①

李觏陈述了一个重要的事实,即运河不仅仅是一条水道,更是国家的经济命脉。北宋时期以黄河为中心的"通漕四渠"之外,江淮之间以及长江、钱塘江之间的运河基本因袭隋代的水道走向,并继续发挥作用。

(五) 元、明、清大运河

元、明、清三朝均立都北京,物资输往朝廷的目的地也由中原地区转向华北北部,与国家政治中心位置变化相吻合,元代重新调整了南北大运河的流向,大运河所经淮河以北段从指向中原转向经山东、河北一路北上,抵达北京。

元代自南向北连接钱塘江、长江、淮河、黄河、海河五大水系的大运河,淮河以南基本依循前朝故道,淮河以北转向北上,水道部分利用旧道与自然河流,另一部分为新道。淮北存在两段利用天然河流的运道,一为自今江苏徐州溯泗水而达山东的河段;另一为河北境内利用御河的水道。御河属于隋代永济渠截头去尾的一段,永济渠原本抵达涿郡,后晋时期燕云十六州入辽,北宋与辽以白沟为界,永济渠至青县汇合界河白沟入海,而永济渠上源沁水入黄河段则因淤塞而不通,宋人称截头去尾后的永济渠为御河。至于泗水和御河之间以及通州与大都之间,没有河道可供利用,新的运道主要开

---

① [宋]李觏:《李觏集》卷二八《寄上富枢密书》。

凿在这些地带:(1)济州河,至元十八年(1281)在山东境内开"济州"河,北引汶水,东引泗水为源,合于今济宁市任城区,北上汇于大清河(今黄河),开通之后主要用于与海运水道连接。(2)会通河,至元二十六年南引汶水自今东平县安山镇,西北至于临清与御河相汇,这一连通济州河与御河的运道长125公里。从此,江淮漕粮可由水路直达通州。这条运道不长,却因地形与水源条件复杂,工程十分浩大:"起于须城安山之西南,止于临清之御河,其长二百五十余里,中建闸三十有一,度高低,分远迩,以节蓄泄。"①(3)通惠河,会通河向北只能到通州,通州到元大都距离虽短,但地势较高,引水困难。至元二十九至三十年郭守敬主持修堤助堰,引白浮泉入瓮山泊(今昆明湖),穿城东出入今通州区白河,凿成通惠河。②

通惠河凿成后,北起大都,南至杭州,全长1500余公里的京杭大运河全线通航。进入明清时期,尽管运河水道不断维护,并在局部地段进行了改造,但整体仍然保持着重要的航运价值。

今天的中国,高铁、高速公路早已成为南北交通的主角,但历史时期,运河却对中国政治与文化统一、南北物资交流,起到不可估量的作用。

二 天然河道的利用

人类很早就与江河建立了关系,《易·系辞》"刳木为舟,剡木为楫,舟楫之利,以济不通,致远以利天下",不仅停留在文字书写的历史文献中,河姆渡、跨湖桥等距今7000年的遗址发现由整段树木凿成的独木舟,大量考古成果证明几千年前人们已经能够制作小舟,且凭借一苇之舟穿行于江湖之中。固然傍水而居、放舟水上早已存在于人类历史早期,但这并不意味着人类已经利用江河湖泊形成固定的水路交通。成熟且稳定的水上通道的建立,需要航行性能较好的舟船以及人们对于河湖水文、岸滩地貌的熟悉,而这一切需要相当长时间去探索,因此独木小舟的制作、应用与水路交通的出现存在时间差。

---

① 《元史》卷六四《河渠志》。
② 参见史念海:《中国的运河》,陕西人民出版社1988年版,第267—286页。

(一)《禹贡》与江、淮、河、济天然水道利用

中国古代什么年代形成完整的水路交通尚不清楚,但能够肯定的是,至少到战国初期,水路交通已经在全国形成网络。《尚书·禹贡》成文于战国初期,且作者为魏国人。战国初期魏国首先变法,并以强国之势称雄于列国。基于这样的背景,《禹贡》的作者怀抱魏国为天下霸主的理想,完成了文章的写作。① 《禹贡》全篇以魏国为中心设计的贡道,大部分是通过水路实现的。② 这些江河湖泊涉及黄河、长江、淮河几大水系的干流、支流,虽然《禹贡》提出的贡道并未运用于现实中,但作者的设计思想不会完全脱离他生活的世界,即现实中尽管不存在从四面八方通过这些水道送至魏国的贡品,水道的应用却是事实。由于《禹贡》成文于战国初期,文中提及的连接江、淮、河、济这些天然河流的水路交通应该在春秋时期已经成熟,并且应用于现实。

(二)长江流域水道利用

长江流域不同于北方,湿热多雨、江河密布是当时主要的环境特征。依托水乡之便,利用舟楫通行各地已然成为当地的惯行。1957年4月在安徽省寿县城南邱家花园出土一件被称为"鄂君启节"的文物,节是古代帝王颁发的水陆交通凭证,鄂君启节为青铜所造,共出土5件,舟节2件、车节3件,节面刻有铭文,为楚怀王颁发给封地在今湖北鄂城的鄂君启,用作舟车运输货物免税与驿传招待之用的水、陆两路通行证。经谭其骧、黄盛璋等对节牌铭文的研究,舟节路线得以呈现出来:舟节可通行江河以长江中游南北各大支流为主,长江北岸支流为汉江及其支流,南岸为湘、资、沅、澧各条支

---

① 史念海:《论〈禹贡〉的著作年代》,《陕西师范大学学报(哲学社会科学版)》1979年第3期。
② 《禹贡》:"冀州:既载壶口,治梁及岐。既修太原,至于岳阳。覃怀底绩,至于衡漳。……恒卫既从,大陆既作。鸟夷皮服,夹右碣石入于河。济、河惟兖州……浮于济、漯,达于河。海岱惟青州……浮于汶,达于济。海、岱及淮惟徐州……浮于淮、泗,达于河。淮海惟扬州……沿于江海,达于淮、泗。荆及衡阳惟荆州……浮于江、沱、潜、汉,逾于洛,至于南河。荆、河惟豫州……浮于洛,达于河。华阳、黑水惟梁州……浮于潜,逾于沔,入于渭,乱于河。黑水、西河惟雍州……浮于积石,至于龙门、西河,会于渭汭。"

流,并顺江而下东达于今安徽一带。① 鄂君启节系统地展现了战国后期长江中游水道与南北各支流所在水域的交通路径;各条江河水路在与北方陆路衔接的同时,主要偏重今湖南境内湘、资、沅、澧几条大河的利用。鄂君启节在为我们提供 2000 多年前完整的长江中游水路交通路线的同时,也显示了南方地区开发进程的信息,水程范围所及包括今湖北、湖南大部分,河南、安徽一部分,以及广西小部分。在长江中游各省中唯独没有涉及今江西省各条江河,形成如此局面一则由于今江西属于楚、越两国交界之地,此外这一地区自身的落后更是重要原因。正因此,利用长江南岸各大支流进行交通,湖南境内的湘、资、沅、澧早于江西境内的赣、信、抚、修几条大河,自战国以后至唐代,南下岭南的人员选择的几乎都是湘江水道,从利用湘江水道转向侧重于江西境内的赣江水道大约在北宋时期,而这一转变除了基于江西(宋代江南西路)社会经济不断提升的前提之外,另一重要原因在于北宋立都开封,从开封至岭南多数沿汴河南下,溯江而上从今九江一带进入鄱阳湖,并循赣江进入岭南。

(三) 岭南地区的水路与陆路交通

南岭为长江与珠江两大江河的分水岭,岭南之地即今广东、广西所辖地区。由于南岭的存在,沟通长江、珠江两大流域的道路首先需要克服的障碍就是这道山脉,它不但造成了陆路交通的困难,而且切断了长江、珠江各自支流的天然连通。自然条件为交通带来的障碍,使人们劈山开路首先着力的地方就是这里,正由于此,这样的地方既是连通整条道路的关键之处,也是受关注最多的地带。

南岭是中国著名的纬向构造带之一,但并不是一道连续的山体。南岭基底由加里东运动(距今 5.7—4 亿年前)形成。燕山运动是侏罗纪至白垩纪期间(距今 1.4—0.65 亿年前)中国广泛发生的地壳运动,在这一地质期南岭构造带受强大的挤压褶皱隆起为山脉。此后多次造山运动使本来东西走向的构造线受到华夏式北东向构造线的干扰支离破碎,并形成越城岭、都

---

① 谭其骧:《鄂君启节铭文释地》,《中华文史论丛》第二辑,中华书局 1962 年版;谭其骧:《再论鄂君启节地理答黄盛璋同志》,黄盛璋:《关于鄂君启节交通路线的复原问题》,均见《中华文史论丛》第五辑,中华书局 1964 年版。

庞岭、萌渚岭、骑田岭、大庾岭五条山岭,山岭间则为南北走向或东北—西南走向的山谷,自然成为南北交通的孔道。南岭自身的地貌特征使水、陆两类交通道路均与五岭通道相关。

将长江水系与珠江水系连为一体的人工运河是灵渠,据称灵渠为秦始皇时期派军戍岭南所开。灵渠位于今广西兴安县境内,是一条连接湘江上源海洋河与漓江源头大溶江的运河,全长33公里,"深不数尺,广丈余,六十里间置斗门三十六"①,顺次启闭,增高水位,使船只能够顺利通过高地。灵渠修成后,沟通了长江、珠江两大水系的南北交通,从长江流域沿湘江南下的船只经漓江到大溶江转而向南入桂江,最后经梧州进入珠江。

穿越南岭陆路交通的历史可以追溯至战国秦汉时期,但宋代岭南的经济开发进入新的阶段,由于政治、生计,从长江流域进入岭南的人越来越多,针对越岭通道的记载也越来越明确。由长江流域越南岭进入岭南主要有三条道路,在宋人的记载中:"凡广东西之通道有三:出零陵下离水者由桂州,出豫章下真水者由韶州,出桂阳下武水者亦由韶州。"②这三条南岭通道自西向东依次为湘桂道、骑田道、大庾道。湘桂道由湘江经灵渠下漓江而至桂州,这是一条以水路为主的通道,由湖南去广西多走此道,如北宋范成大去广西赴任就选择了这条道路③。桂州即今桂林,正当这条道路的要隘,是南渡人口首先选择的地方。骑田道、大庾道分别与武水、真水相关,武水源自湖南郴州,穿越骑田岭,构成骑田道;真水(浈水)源于江西赣州,穿越大庾岭,构成大庾道。两条道路南下汇合于韶州。④ 南渡人运用这两条道路,若自"湘、衡而得骑田,故武水最要"⑤,即自湖南南下岭南多取骑田道;而北宋"天子都大梁,浮江淮而得大庾,故真水最便"⑥,这是说若从中原沿汴河南下转赴岭南,或从人烟稠密、经济发达的长江下游地区去岭南,从江西走大

---

① [清]赵一清:《水经注释》卷三八。
② [宋]余靖:《武溪集》卷五《韶州真水馆记》。
③ [宋]范成大:《骖鸾录》。
④ [宋]余靖《武溪集》卷五《韶州新修望京楼记》:"广之旁郡一十五,韶最大,在楚为边邑,在越为交衢。治城居武水东,真水西,境压骑田、大庾二岭,故地最善而名著。"
⑤ 同上。
⑥ 同上。其《韶州真水馆记》:"自京都沿汴绝淮,由堰道入漕渠,溯大江,度梅岭,下真水至南海之东、西江者,唯岭道九十里为马上之役,余皆篙工楫人之劳,全家坐而致万里。故之峤南虽三道,下真水者十七八焉。"

庾道比较捷近;南宋迁都临安后,朝廷管理往来,走大庾道显得更加便捷,故南宋人陈渊称江西赣州一路不仅"贵人达官常往来",而且"朝廷之有事于交广者,出入必过"①。周去非也记载了越岭道路,"自福建之汀,入广东之循、梅,一也;自江西之南安,逾大庾入南雄,二也;自湖南之郴入连,三也;自道入广西之贺,四也;自全入静江,五也"②。这五条道中,大庾道与湘桂道如前所述;潮州是由福建漳州一带进入广东的漳州道必经之路;循州则为由福建汀州进入广东的循梅道途经之地,连州处于"自湖南之郴入连"道路上,自秦代就是湘江流域南通广东的冲要。汉武帝时征南越,"遣伏波将军路博德出桂阳,下湟水;楼船将军杨仆出豫章,下浈水;归义越侯严为戈船将军,出零陵,下离水"③,路博德一路走的就是这条道路。此外如周去非所述,自湖南道州溯潇水达广西贺州也是一条越岭通道。(图13-2)自福建、江西、湖南穿越南岭进入岭南后,珠江干、支流构成的水路交通发挥着重要

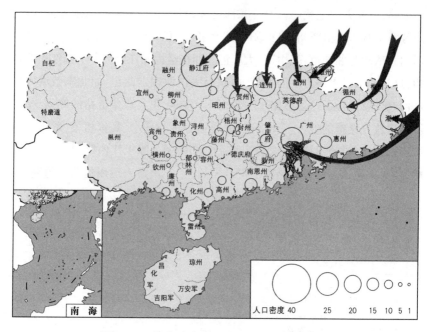

图13-2　宋代岭南人口密度与主要越岭道路

---

① [宋]陈渊:《默堂集》卷二一《陈伯瑜宣义行状》。
② [宋]周去非:《岭外代答》卷一。
③ 《汉书》卷六《武帝纪》。

的作用,水路与陆路组合为一体,将交通的终点指向广州。

水路交通凭借舟楫、借助水力,与陆路相通,交织成网络。泛舟江上、水巷乌篷,写在诗文中,不仅充满诗情,还有画意。走出诗情画意,我们看到的是江河水道承载的历史。

本书共十五讲,连续三讲涉及交通地理,无论陆路还是水路,道路始于先行者足下,纵横于大地之上,它是人类文明进程的印记,也是文化传播的轨迹。

◎作者讲课实录:

第十四讲

根本之地与四战之地
——地理形势与古代战略空间的演变

军事地理是一个极具魅力的研究领域,这项研究不仅将军情战事置于大地之上,且融山川关隘险于谋略之中。因此天下形胜不仅被书写于兵书之中,也被兵家视作攻守备战之要旨。明末清初顾祖禹所著《读史方舆纪要》就是一部综记"山川险易,古今用兵战守攻取之宜,兴亡成败得失之迹"①的历史军事地理著作。时至今日品评军事、论略古代战事几成时尚,并由此而诞生以历史军事地理为前提的"棋盘型格局""九区、四角、四边"说②。这一说法不无道理,但关键之处在于其时间节点,即站在当代的视角看历史,所有历史无论秦汉两晋隋唐两宋元明清,均处于同一空间,那么当代地理学家所论列的山川形势、关隘险阻,在历史的诠释中自然不分彼此,纳入貌似有序的格局之中;但是,真正的历史中,中国的核心政权并非一直就拥有为后人视作天下的空间,自然也并非一直就存在"棋盘型格局"乃至"四角、四边"的军事地理形势。否定"棋盘型格局"的存在之后,进一步追问:历史上中国核心政权从中原向四周的空间扩展,真的无序可寻吗?回顾历史,古代中国应该存在一个始终被追求且贯穿历史的大战略,以及制约大战略的大地理。这是本讲讨论的核心,也是从军事地理角度认识中国历史不可忽视的问题。

看问题的视角不同,得到的结论自然不同,就军事地理而言从战略着眼与从战事着眼所思考的内容会有差异。战略是服从国家或政治集团既定的政治目标,全面规划、部署、运用以军事为基点包括政治、经济、外交所有力

---

① [明末清初]魏禧:《〈读史方舆纪要〉叙》。
② 饶胜文:《布局天下——中国古代军事地理大势》,解放军出版社2002年版。

量的谋略,谋略的核心是政治,军事仅是其中的主要手段。战略视角下的军事乃至军事地理具有宏观性,局部战争仅是大战略中的一个环节。具体的战事就不同了,这一概念涉及具体的行阵征战之事,关注的则是一地一战之得失。因此战略与战事从属于不同的领域,前者是政治,体现的是政治家的谋略;后者是军事,实现的是军事家的智慧。

既然战略与战事有着如此大的不同,说到中国历史中的大战略、大地理,我想起很多年前看过倪健中主编的《东西论衡——天平上的中国》,其中有一句话:"'十'字是中国人的天下……先横后竖,先左后右,从上到下——奇怪,十字的运笔方向竟然与中国历史重心(尤其是经济重心)由西而东,从北到南的转移轨迹惊人地吻合!"[1]仔细品味,不错,倪健中与他的团队提到的十字运笔方向不仅与中国历史经济重心变化吻合,而且也是中国历史大战略的空间运行轨迹。那么,十字运笔方向是否能够概括中国历史中的大战略、大地理的全部特点?若从历史上的中国全部境域着眼[2],由西向东、从北向南的空间发展进程仅存在于以农业生产为支撑体的农耕区范围内,而自燕山经400毫米等降雨量线至青藏高原以西以北地区,持非农业经济生活方式的各个民族、部族与中原政权之间的武力争雄则表现为自东北、西北两个方向面对中原地区的军事冲击,而这一形势与地质力学提出的北北东向、北北西向两大构造体系营造的山脉走向十分相似。由西向东、从北向南的空间发展进程与东北、西北两个方向的武力争雄、文化交融相结合,共同构成了中国历史的大战略。

战略从属于政治,而战争则是政治的延续,即无论谋略还是实现谋略的举措都源于政治。那么政治依凭什么而制定目标?那就是利益,国家利益或政治集团的利益。时代不同,政治追求的利益也不一致,农业社会看重的是能够支撑农牧业存在的土地,当代社会则将利益的砝码设定在资源一侧。换句话说,古代的利益争夺仅限于陆上,而当代则从陆地到海洋,从地球表层到太空,从二维空间向三维空间延伸。诞生在西方的"陆权论""海权论"

---

[1] 倪健中主编:《东西论衡——天平上的中国》,中国社会出版社1995年版,第149页。
[2] 谭其骧主编《中国历史地图集》时就曾对这一问题进行过思考,并提出以"从十八世纪五十年代到十九世纪四十年代鸦片战争以前这个时期的中国版图,作为历史时期中国的范围"(谭其骧:《历史上的中国和中国历代疆域》,《长水粹编》,河北教育出版社2000年版)。

"空权论"乃至"太空计划"正是对利益的追逐中政治目标不断升级的结果。本讲谈论的时代是传统农业社会,因此政治决策者制定利益目标与大战略自然不能脱离这一时代的基础——对土地与人口的追求。

一 从西向东的政治空间与战略进程

中国历史上从西向东的空间发展历程,载于历史与留在世人记忆中的多为武力冲突,扩展与冲突的结果又几乎都是西胜东负,两个问题自然摆在我们面前:从西向东空间历程的推动力是什么?其结果为什么是西胜东负?地理是一个在今人知识汲取中几乎被忽略的领域,事实上正是地理在历史中发挥着巨大的作用。

自19世纪晚期德国地理学家F.拉采尔的著作《人类地理学》《政治地理学》问世,人类生存与地理的关系以前所未有的重要性呈现在人们面前。国家、部族均是拥有生命的政治有机体,生命体的增长必然导致生存空间的扩展。一个国家或部族跨越原有居住范围首先到达的是它的自然界限,此后如果没有强大的相邻势力给以有效的反对,它就要越过这些界限,走向更大的空间,因此推动人类追求生存空间的最早动力是人类自身的繁殖。这一阶段应属于史前时期,那时地旷人稀,凭借追寻生存空间的本能,人群迁移与部落空间扩展,以及由此而导致的争战带有明显的动物本能性质,还提升不到政治与军事谋略层面。

当中国历史进入国家阶段,具有真正政治与军事意义的从西向东的空间发展历程开始不断进入我们的视野。周人克商、秦始皇统一天下、楚汉之争、北周灭北齐乃至于隋王朝的建立,这一系列王朝的更迭,均属于来自西部的政治集团取代东部政治集团的历史大事件。王朝的更迭与政治集团的取代原本是历史进程中的常情,然而令后人关注的是,胜者均为自西向东,且几乎都是曾经的弱者。《史记》载周武王"率戎车三百乘,虎贲三千人,甲士四万五千人,以东伐纣",而"帝纣闻武王来,亦发兵七十万人距武王"。① 周武王凭借不足五万人进击商纣王七十万人,进而建立了以周代商的伟业。

---

① 《史记》卷四《周本纪》。

秦人先祖非子本居于犬丘,因善于养马而被周孝王封为附庸,公元前770年护送周平王东迁再被封为诸侯,并率部从陇右迁居关中,但由于国弱兵衰,商鞅变法之前始终被关东诸侯视作戎狄。然而就是这样一个偏居于西部的国家,战胜拥有十倍之地、百万之师的关东诸侯而统一了天下。此后不久,刘邦入关中时属下不足十万,而项羽则率诸侯军四十余万入关,如此悬殊的力量对比,楚汉相争的结果却是刘邦赢得了最后的胜利。固然政治律令、军事谋略、民心人望始终左右着这些历史事件的发展,但这些起步于西部的政治力量最终能够以弱胜强,地理因素具有至关重要的作用。

无论周人灭商、秦始皇统一天下还是刘邦赢得楚汉之争,这一切重大历史事件的起步之地都与位居古代中国西部的关中平原相关,当代地理学家定义关中平原为秦岭以北,西起宝鸡、东至潼关的渭河冲积平原,东西约360公里之地,这就是古人所说的"八百里秦川"。

决定关中地区赢得战争的地理形势首先在于这里具备建立根据地的条件,克劳塞维茨《战争论》中将根据地称为作战基地,其实两者具有相同的内涵,"根据地"来自中国本土,"作战基地"是翻译词汇。《战争论》认为"一支军队出战,不论是进攻敌人的军队或战区,还是到本国的边境设防,都必须依赖这个地方,必须同这个地方保持联系,因为它是军队存在的条件。军队人数越多,对它依赖的程度就越深,范围就越大"。这个地方就是作战基地,其价值在于为作战部队提供后勤给养与兵源。军队的人数越多,对于基地的依赖程度就越大,如同一棵树,总是从它扎根的土壤中汲取生命力,如果是棵小树或者是灌木,移植会比较容易,但树长大了,移植就很困难。① 尽管这样,作战基地与根据地还是存在一些差异,即作战基地侧重于战役的需求,而根据地则具有战略后方的意义,不仅服务于一次或几次战役,面对的是长久的战争,且具备政治稳定立足的条件,这就是古人理念中的"根本之地"。明末清初魏禧为《读史方舆纪要》所作叙中言"有根本之地,有起事之地,立本者必审天下之势,而起事者不择地"。显然,"根本之地"与"起事之地"拥有完全不同的军事价值,"起事之地"随处可寻,"根本之地"却是审度天下后的抉择。清人曾国藩有进一步的诠释:"自古行军之

---

① 〔德〕克劳塞维茨:《战争论》,中国人民解放军军事科学院译,商务印书馆1978年版,第454—458页。

道不一,而进兵必有根本之地,筹饷必有责成之人。故言谋江南者,必以上游为根本;谋西域者,必以关内为根本。"①显然"根本之地"与筹饷相关,即具有作战部队物资补给的功能。那么除此之外,就"根本"而论是否还有更深的含义呢?"根"与"本"均指树木之根,引申出来就是政权、国家的政治立足之地。这样的地方不仅可以持续不断地为作战部队提供物资保障与兵源,还是政权的核心之地、根本所在。关中平原就是这样的地方,见于《史记·留侯世家》所载,关中可称"金城千里,天府之国"。何谓"天府之国"?即因土地肥沃、物产丰富,而含天子府库之意。关中平原堆积着由渭河冲积而成的深厚沃土,加之渭河、泾河等河流的灌溉,在农业为本的古代社会中极尽地利之势。这一得天独厚的资源特征,使其成为古代中国北方难得的沃土。直至晚近关中一带仍然流行"姑娘不对外"的习俗,即生在这样富庶之地的姑娘绝不会外嫁到其他地方。农业支撑了立足关中地区的政权,关中地区也成为战略意义上的根据地或作战基地。

克劳塞维茨《战争论》中还提到另一个问题,即地形与战事的关系:"地区和地貌同军队的给养是有关系的,它同军事行动本身也有十分密切而永久的关系,它对战斗过程本身,以及对战斗的准备和运用,都有决定性的影响。"②克劳塞维茨所在时代已经是西洋火器盛行的时代,与此相比,冷兵器时代对于地形的依赖更强。就地形而言,中国古人将易守难攻之地称为"形胜之区,四塞之国",而这样的地方不仅能够为战事赢得不败之结果,且拥有支撑"根本之地"进可攻、退可守的战略基础,关中地区就具备这样的地形条件。关中地区拥有的地形被地貌学家称为"地堑",即这类地形属于"两侧被高角度断层围限,中间下降的槽形断块构造"③。关中南部有秦岭,北部则为黄土丘陵山地,八百里秦川四周高、中间低的地形,不仅使包围在山地之中的平原形成"四塞之国",而且平原与山地结合之处的山间谷地自然成为冷兵器时代的关隘,并凭借如此地形构成"形胜之区"。关中诸多关隘之中,需要提及的是控扼黄河与崤山之间险狭谷地的函谷关,这里是关

---

① 〔清〕曾国藩:《曾文正公奏稿》卷二七《通筹滇黔大局折》。
② 〔德〕克劳塞维茨:《战争论》,中国人民解放军军事科学院译,商务印书馆1978年版,第464—468页。
③ 《中国大百科全书·地质学》,中国大百科全书出版社1993年版,第107页。

中通向华北平原的必经之路,乃古来兵家必争之地。函谷关与崤山素来用于界分东西,函谷关以西被称为关西,以东称为关东;若以崤山为界,则有山西、山东之称,《战国策》中屡屡提及的山东均指崤山以东。

关中地区同时拥有"天府之国""形胜之区,四塞之国"之称,独占冷兵器时代少有的地理优势。正因此,战国时期纵横家游说列国,苏秦倡合纵,说秦惠王曰:"大王之国……东有肴函之固。田肥美,民殷富,战车万乘,奋击百万,沃野千里,蓄积饶多,地势形便。此所谓'天府',天下之雄国也。"①张仪为秦破合纵倡连横,说楚王曰:"秦地半天下……被山带河,四塞以为固。"②正是这样的地理形势,成为秦统一全国的政治、经济、军事基础。秦亡,项羽进入关中之后,"韩生说羽曰:'关中阻山带河,四塞之地,肥饶,可都以伯。'"而项羽因"秦宫室皆已烧残,又怀思东归,曰:'富贵不归故乡,如衣锦夜行'",舍弃立本之地而东去。故韩生留下这样的话:"人谓楚人沐猴而冠,果然。"③刘邦也是楚人,北定三秦后,赢得楚汉之争,西汉王朝的国都究竟置于洛阳还是关中举棋不定之时,谋士给予刘邦的建议几乎与韩生所言相同。娄敬对刘邦说:"且夫秦地被山带河,四塞以为固,卒然有急,百万之众可具。因秦之故,资甚美膏腴之地,此所谓天府。陛下入关而都之,山东虽乱,秦故地可全而有也。夫与人斗,不扼其亢,拊其背,未能全胜。今陛下入关而都,按秦之故,此亦扼天下之亢而拊其背也。"④张良也有类似的话:"雒阳虽有此固,其中小,不过数百里,田地薄,四面受敌,此非用武之国也。夫关中左崤函,右陇蜀,沃野千里,南有巴蜀之饶,北有胡苑之利,阻三面而守,独以一面东制诸侯。诸侯安定,河渭漕挽天下,西给京师;诸侯有变,顺流而下,足以委输。此所谓金城千里,天府之国也。"⑤两千多年以来,不知多少人讨论过汉胜楚败之因,关中独占的地理优势几乎是共识。

关中因地理优势而成为中国历史早期成就天下霸业的起步之地,西汉文帝时期儒生贾谊名作《过秦论》开篇即点明"秦孝公据崤函之固,拥雍州之地",凭借这样的地理基础,当面临山东诸国"以十倍之地,百万之师,仰

---

① 《战国策》卷三《秦策一》。
② 《战国策》卷一四《楚策一》。
③ 《汉书》卷三一《项籍传》。
④ 《汉书》卷四三《娄敬传》。
⑤ 《史记》卷五五《留侯世家》。

关而攻秦"的危险局面时,尽管"秦人开关延敌",但"九国之师"却"逡巡而不敢进"。于是"秦无亡矢遗镞之费,而天下已困矣",只弄了个"从散约败,争割地而赂秦"的结果。随后"秦有余力而制其弊,追亡逐北,伏尸百万,流血漂橹,因利乘便,宰割天下,分裂山河。强国请服,弱国入朝",最后完成了统一天下的伟业。继秦之后,刘邦同样凭借关中的地理基础赢得了汉家天下。楚汉之争的作战之地不在关中,根据地却是关中。西汉开国后,论及各路功臣,刘邦认为萧何功居首位。与那些浴血奋战、攻城略地的将军相比,萧何虽然无一城一地之功,但在兵源粮饷供给方面却做出重大贡献。"汉王与诸侯击楚",相持五年,损兵折将,多次轻身逃跑,萧何驻守关中,不等刘邦诏令,即从关中派军队补充兵源,济汉军于困境之中;汉与楚在荥阳相守多年,军中存粮不足,萧何屡屡从关中转运粮饷,救汉军于乏绝之时;固然刘邦多次丢失山东,但萧何却常保全关中,以待刘邦回归。① 萧何在楚汉之争中济困救乏之功成功地表现了治国才能,但关中之地"四塞之国"易守难攻与"天府之国"物产富足的优势,才是萧何施展才能的地理基础。无论秦、汉还是起步于关中的其他重大历史事件,均没有脱离这里作为"根本之地"的地理优势。

无疑,关中地区具有"根本之地"应有的地理优势,但是,要成为根本之地,在自身拥有优势的同时,"立本者必审天下之势",这就意味着还需要具备相对于其他地方的比较优势。因此,讨论中国历史自西向东的空间进程,必须考虑"天下"的地理。且以战国时期为例,农业是传统社会的立国基础,商鞅以"武爵武任""粟爵粟任"为核心的变法,使不为山东列国看重的秦国一跃成为强国。这时的秦国要完成统一天下之举,若仅靠自身的地理优势,仅能做到守本,而起事则需要运用天下之势。运用天下之势,采取什么样的政治、军事谋略就成为关键性的因素。战国时期伴随秦人的崛起,两个立场不同的政治联盟相继出现,以苏秦为代表首倡合纵,继此之后,张仪再倡连横,所谓合纵即为合众弱以攻一强,而连横则为事一强以攻众弱。结盟的对象与目的不同,结果也大有区别。加入合纵之中的盟国,抗秦只是目的之一,更大的目标在于通过联盟获取自己希望的利益,一致抗秦仅是暂时

---

① 事迹见于《史记》卷五三《萧相国世家》。

之举,内部争斗则处于主流。故那时的谋士曾对山东国君说过这样的话:若两只野兽知道老虎逼近自己,绝不会再继续厮杀了,如今山东诸国的国君却没有意识到秦国威胁到自己,仍然互相争斗不止,且两败俱伤,连野兽的智力都不如。① 连横就不同了,联盟的利益核心是秦国,无论盟友是否更移,核心利益不会改变,因此在山东诸国"从散约败"的时候,连横却始终存在,即秦国从来没有失去过追随者,且通过破坏对手的联合,将自己追随者的土地变成对手联盟的障碍,甚至借追随者之力达到削弱对手力量的目的,其性质与当代的代理人战争十分接近②,《战国策》中名为《秦使赵攻魏》的篇目讲的就是这样的事情③。

政治之外,面对历史上曾经存在过的合纵、连横这两个联盟,我们需要关注的是地理因素。由于利益的基点不同,合纵试图将隶属于不同政治实体的土地与资源整合为一个联盟并不成功,而连横利用秦国的追随者破坏合纵,且在远离本土的地方赢得小块插花地,无疑这一切在政治上是成功的,但军事上仅仅阻挡了合纵的实现,而没有实现对于秦国国力实质性的补助。张仪之后,又一位魏国谋士来到秦国,这就是范雎,他提出了"远交近攻"之策。无疑,正是范雎的谋略为秦人赢得了统一,赢得了从关中本土到整个山东地区土地相联、人民相属的结果。

范雎针对秦昭王攻齐这一举措,指出"越韩、魏而攻强齐,非计也。少出师则不足以伤齐,多之则害于秦",且远攻即使成功,土地却不能与自己本土联为一体,反而肥了别国。"王不如远交而近攻,得寸则王之寸,得尺亦王之尺也。"④战争的目的在于削弱对手的有生力量并强化自身,为实现"得寸则王之寸""得尺亦王之尺"的目的,秦人远交齐楚、近攻三晋的同时,也将国土从关中伸向韩、魏、赵三国。以地理视角审度这一切,秦人的远交近攻不仅仅实现了国土的扩展,且将地理屏障推至太行山一线。山川是大地上的脊梁,也是用于军事防御的屏障。立足于西部,关中作为"根本之地",并非孤立存在即能成事于天下,其面向山东,外围就是太行山与豫西

---

① 《战国策》卷一八《赵策一》。
② 代理人战争指大国为了自己的利益,又不想直接卷入战争,扶植其他国家或者组织为了自己的利益去打仗。
③ 《战国策》卷二四《魏策三》。
④ 《战国策》卷五《秦策三》。

山地。太行山与豫西山地既是当代地理学家界定东西部的界线,也是古代东西抗衡的战略重地。太行山在三晋土地上,不但成为关中地区的又一道军事屏障,且通过穿行于山中的道路沟通东部平原地带,这样的地理形势成功地保证了秦人走出西部,赢得东部乃至天下。

关中拥有根据地的特征,不仅成就了秦人统一天下的大业,在东西交锋中也始终发挥着重要作用。此前周武王灭商,此后北周灭北齐,不同历史时期的王朝政治固然有别,但关中的地理优势却是不能忽略的因素,其被山带河的地理形势不仅能够在战争中保全自身,而且具有转劣势为优势的可能。因此中国历史的早期在大地上画出自西向东的这一笔,起笔之处就在关中。

东西之间的军事较量中,支撑西部赢得胜利的关键因素在于关中的地理优势,但在历史的发展中,出于国家战略需要,西部的地理核心区也在变化。战国时期山东、山西之界在崤山,《战国策》中屡屡提及的山东均位于崤山以东。汉武帝时期推行"广关"政策,将关中的传统空间向四方扩展;通过这一举措,汉武帝元鼎年间,大关中区域的东界由以临晋关为标志的黄河一线向东推进至太行山一线。① 这次"广关"之后,太行山是否成了东西的分界?《汉书》中的一段记载对于了解这一问题十分有意义:"(汉成帝阳朔二年)秋,关东大水,流民欲入函谷、天井、壶口、五阮关者,勿苛留。"②此时的函谷关已从今河南灵宝市东迁至新安县,而天井、壶口、五阮关均位于太行山上,战国时期界分关东、关西和山东、山西依凭函谷关、崤山,汉代则移向函谷新关与太行山构成的界限。这一界分山东、山西的地理界限就此形成,并为后世所继承。宋人文谠为唐人韩愈诗句"衔命山东抚乱师"作注曰:"自太行而东皆谓之山东。"③即太行山为山东、山西之界。然而南宋王十朋为北宋苏轼诗句"半掩落日先黄昏,削成山东二百郡"作注时,山东、山西又有了新的理念:"古所谓山东,乃今之河北晋地是也。今所谓山东,乃古之齐地,青、齐是也。"④这是说唐代山东尚指太行山以东河北一带,时至

---

① 辛德勇:《两汉州制新考》,《秦汉政区与边界地理研究》,中华书局2009年版。
② 《汉书》卷一〇《成帝纪》。
③ [宋]文谠:《详注昌黎先生文集》卷一〇《镇州路上奉酬裴司空相公重见寄》:"衔命山东抚乱师,日驰三百自嫌迟。风霜满面无人识,何处如今更有诗。"【补注】自太行而东皆谓之山东云。
④ [宋]王十朋集注:《东坡诗集注》卷八《雪浪石》。

南宋、金南北对峙时期则已向东推至青、齐之地，即今山东。

凭借函谷旧关（今河南灵宝）界分关东、关西或山东、山西，是以关中为"根本之地"突出军事战略的结果，而以函谷新关（今河南新安县）与太行山划分山东、山西则更多考虑的是政治控制，至宋、金时期山东东退至青、齐之地则既失战略根本之地，又失政治控制之意，成为与"山东"地理内涵无关的行政单元，这就是从金代设立山东东路、山东西路两个以山东为名的一级行政区，至明清两代设山东布政使司以及今天山东省的由来。

若从国家战略分析，西部地区地理核心区的变化在服从立都关中王朝政治需要的同时，也随着国都在整个黄河中下游地区经历西安、洛阳、开封自西向东的变化，逐渐淡化"根本之地"的功能。随着整个黄河中下游地区渐成一统，山东、山西仅以行政区名称相属，而无当年东西鼎足相峙之势。

回顾中国历史时期从西向东的政治空间与战略进程，经周、秦、汉、唐历代对于黄河流域的经营与战略谋划，黄河流域早已走出依托"根本之地"赢得政权的时代，不但政治中心在整个黄河中下游经历着自西向东的变化，而且这一时期伴随长江流域地位的不断提升，"十"字中由北向南的那一笔开始越来越浓重。

二　从北向南的人口流动与军事交锋

追溯中国历史上南北之间的军事交锋，虽然无法查找到清楚的起始时间，但分别以黄河流域、长江流域形成北、南两大政治地域却是在南北朝时期，基于北、南两条大河的地域空间与经济基础，在政治力量的推动下，不仅北方移民不断迁入南方，南北之间的军事交锋也频繁出现在历史舞台上。

中国历史上推动战争从西向东与从北向南的初始动力虽然均为政治，但北方人口的向南流动也发挥了重大作用。自西晋末年"永嘉之乱"，晋元帝率中原衣冠士族以及百姓南渡，形成中国历史上第一次北方人口的大规模南迁。继此之后，唐天宝年间"安史之乱"、北宋末年"靖康之难"，又导致北方人口第二次、第三次大规模南迁。这一系列人口南迁最直接的结果是农业土地的拓展。虽说长江流域原始农业的起步并不晚于黄河流域，但当农业生产转向传统农业阶段，由于劳动力缺乏，长江流域的落后性越来越明显。人口南迁在为南方带来大量劳动力的同时，不仅促使农田面积拓展，而且不断推动中国古代经济重心南移。

　　人口南迁引发农业生产空间变化的同时,也导致了政治格局的改变。政治中心或政权中心依凭的不只是政治与军事力量,经济的支撑作用也许更为重要。秦汉时期中国古代经济重心位于黄河流域,政权也以此为依托将政治中心——国都设置在这里;伴随南方农田的开辟,长江流域为政权的设置提供了越来越具优势的经济基础,于是自三国时期孙吴政权之后至南北朝——也被称为六朝时期——先后有六个政权依托长江下游的经济基础将政治中心确立在这里。南北并存的政权因北方人南下迁移而形成,又在人口继续南下的推动下由对峙演变为战争。

　　战争的双方均存在必须保全的政治中心以及远离核心区的战场。战场位置的决定因素在于双方军事实力的较量,也与地理形势密切相关。历史上南北之间的战事主要发生在秦岭至长江一线或秦岭、淮河一线。其中从三国时期蜀汉、曹魏之间以秦岭为战场的征战,至孙吴与曹魏之间以长江为界限的交锋,南北之间的交战地点沿秦岭至长江一线展开。东晋、南北朝时期,北方政权或维持在秦岭,或一度跨越秦岭进入汉中或川西一带;东部战线则向南伸向淮河流域。自此之后,中国历史再次陷入南北分裂则是宋金时期,这时南北两个政权对峙于秦岭、淮河一线。经过这样的历史进程,不仅在中国大地上屡次描绘了"十"字中自北向南的这一笔,而且将南北征战之地清晰地刻画在秦岭乃至江淮地带。当代地理学告诉我们,秦岭—淮河一线是中国南北方的地理分界线,这里包含着年降雨量800毫米等值线、一月份0℃等温线、亚热带和暖温带分界等一系列重要地理界限,难道早在千余年前人们已经意识到这样的地理差异,并且以之来界分彼此吗?事实上并非如此。

　　山河均是大地上的界限或障碍,南北战线西端与东段的地貌并不相同。西端为秦岭,这条山脉横贯中国中部,西起甘肃南部,经陕西南部东至湖北、河南西部,长约1500公里,海拔多在1500—2500米,主峰太白山(今陕西宝鸡太白县境内)海拔3771.2米。这样的一条山脉在古代的交通技术与作战条件下,自然成为南北之间的障碍,因此历史上但凡南北之间交战,南北方政权均难以逾越这道山脉,于是在秦岭各条山口构成的道路与关隘就成了战场。南北交战的东段则从山地进入平原,分布在东段的平原分别属于长江、淮河两条大河流域,南北之间的战事最初发生在长江沿岸,最后归结于淮河一线,即淮河最终成为政治、军事上的南北之界。探究其中的原因,决定战线推移的是能够支撑政权存在的经济基础与地理空间。探讨这一问题,着眼点不应是长江流域,而应是淮河流域。

先秦时期出现了江、河、淮、济"四渎"的理念,这说明淮河流域获得了与江、河同等重要的地位。古人认为"渎,独也,各独出其所而入海也"①,所谓"四渎"即四条独流入海的江河。淮河跻身于"四渎"之中,在古人观念中有着与黄河、长江同样尊贵的地位,但从史前时期开始,无论文化序列还是经济发展进程,淮河流域均与其他江河流域不同。总的来看,这一地区经历了从文化独立性到经济边缘性的变化历程,正是这一变化历程导致南北之间的战线从长江一线转向淮河一线。

史前时期淮河流域的重要考古文化类型为青莲岗文化,主要分布在山东省中、南部和江苏省北部汶、泗、沂、沭诸水与淮河交汇地区,中心在淮河下游平原。青莲岗文化与仰韶文化基本形成各自独立的空间分布局面,前者活动在以淮河下游为中心的东部地区,后者则分布在以豫西、关中为中心的黄河中游及其毗邻地区。青莲岗文化不仅形成独立的分布空间,而且具有独立的文化特征,这说明淮河流域乃至黄河下游所在的东方有着不同于黄河中游的文明历程。龙山文化诞生于东方,经历着自东向西的空间扩展,最终龙山文化分布范围虽然取代了仰韶文化的大部分区域,但两者之间文化特色的差异性仍然十分明显。三代时期,商人出现向东扩展的趋势,西周初期通过武王分封、周公分封两次大规模分封诸侯,使得分封地从晋南、豫北、豫中向东方延伸,周公辅政时期淮水上游出现诸侯国的同时,今山东境内也有了齐、鲁等国。② 分封格局在展示了西周政治控制基本范围之外,也表明了异己势力的区域,淮河下游就属于这样的地区。分布在淮河中下游地区的土著与部分东夷结合,组成被中原称为淮夷的文化人群,淮夷是西周时期立足于淮河流域、独立于西周之外的重要势力。

清人胡渭《禹贡锥指》中提到前人对于淮夷的各种说法,如:"淮夷是二水名,淮即四渎之淮,夷盖小水,后来竭涸不复有";淮夷"淮水之夷民";"淮

---

① [汉]刘熙:《释名》卷一。
② 陈恩林:《鲁、齐、燕的始封及燕与邶的关系》,《历史研究》1996年第4期。

夷,淮北之夷"。胡渭认为"淮南北近海之地,皆为淮夷"。① 显然无论哪种说法都包含一个基本问题,即淮夷是与淮河流域相关的地理概念。明确了淮夷的地理位置,更需要关注的是这一地区的地理环境。《禹贡》九州中,徐、扬两州以淮为界,淮北属徐州,淮南属扬州。《禹贡》徐州贡物中有"淮夷蚌珠暨鱼",胡渭引"正义曰:蚌是蜯之别名,此蚌出珠,遂以蚌为珠名"。将蚌珠与鱼作为贡物,说明淮夷是一处水环境十分突出的地方,《禹贡》用壤、坟、涂泥将九州土壤归为三类,属于壤的为豫州、雍州、冀州,属于坟的为兖州、青州、徐州,属于涂泥的为扬州、荆州,另有梁州为青黎。三类土壤代表的环境完全不同:壤所在的三州均为农业生产比较容易利用的区域;涂泥所在扬、荆二州具备典型的水乡环境;坟则为下湿之地。豫州固然"厥土惟壤",但也存在"下土坟垆"的地方。② 坟土土壤条件虽然并不理想,但水退之后仍然可以选择性地发展农业。淮夷所在淮河流域的地理环境不仅与黄河中游的豫州、雍州"厥土惟壤""厥土惟黄壤"不同,与黄河下游的兖州"桑土既蚕……厥土黑坟,厥草惟繇,厥木惟条"③也不同,从土壤条件分析,淮夷所在淮河流域能够发展农业生产的地方有限,应属于渔猎占主导地位的区域。地理环境的差异性是一个独立的文化人群立足的基础,以黄河中游为核心的中原王朝对于淮河流域的控制,在政治、军事上征服的同时,还存在环境上的适应。也许正因此,淮河流域得以在相当长时段保持文化的独立性与空间的完整性。

　　淮河流域失去文化独立性走向经济边缘性与黄河、长江两大流域的发展相关。伴随黄河中下游地区的强大,中原政权在南向发展中逐渐将控制范围从黄河流域延伸至淮河流域。淮河流域纳入中原势力范围的初期,在空间上处于中原政权政治、经济、文化的边缘区,之后若中原政权继续沿淮河流域、长江流域自北向南完成政治扩展历程,那么淮河流域将逐渐从边缘变为腹心,但这样的空间发展至春秋时期中断了,崛起于长江流域的楚国、吴国挡住了中原政权南下的步伐。楚国核心在长江中游,吴国核心在长江下游,春秋战国时期两国先后向北发展,而楚国势力北向发展中一度将政

---

① [清]胡渭:《禹贡锥指》卷五《海岱及淮惟徐州》。
② 《尚书·夏书》。
③ 同上。

治、经济核心转向淮河流域,尤其战国后期楚都迁陈、迁寿春对于沿淮地带发展起了重要的推动作用。但这样的时段并不占主流,多数时期淮河流域同样成为长江流域政权的边缘。秦汉两朝在统一帝国之下,淮河流域边缘化的特点有所消弭,但汉武帝元光年间"河决于瓠子,东南注巨野,通于淮、泗"①,此次黄河决口泛滥二十余年;新莽时期"河决魏郡,泛清河以东数郡"②,这就是为后人所认定的黄河第二次重大改道,此次河水夺淮泛滥达六十年。黄河数次决口,长期泛滥于淮河流域,不仅中断了这一地区的农业发展进程,而且再次强化了其边缘区特征;黄泛区的存在虽然不能改变淮河流域介于江、河之间的地理位置,但自然灾害却导致这里成为农业生产不连续分布区域。

两汉时期中国古代经济重心仍位于黄河中下游地区,三国两晋南北朝时期黄河、长江流域政治上的对立,不仅为长江下游经济崛起创造了机会,而且使长江流域经济区的开发越过淮河流域,直接立足于南方亚热带的地理环境中。随着唐宋时期中国古代经济重心转向长江下游地区,淮河流域边缘性的地位基本成型。北方黄河流域历代都是整个国家的政治重心,长江下游平原地带则具有经济重心的地位,淮河流域处于南北地区之交,介于政治与经济重心之间,不仅边缘性越来越突出,而且对于江、河两大区域的依赖性也越来越明显,正因此,不仅秦汉以后淮河流域没有成为任何一类政权的都城所在,而且至清代行政区划也不再保持流域的完整,流域分属于江苏、安徽、山东、河南四省,这样的情况对于中国大河流域而言十分少见。流域范围不能支撑一个地方政权,不能基本保持自身行政单元的完整,除地理边界条件之外,重要的在于经济基础。

淮河流域的南北两侧与长江、黄河都没有完整的分水岭,流域整体呈自西北向东南倾斜的地势,上游有桐柏山脉、大别山脉以及伏牛山脉构成江淮、河淮的分水岭;中下游地区处于平原,没有自然地物界分江淮、河淮,平原上较高的地物为河流两岸的人工堤,如黄河南岸大堤为河淮之间的分水岭;大别山以东冈丘连绵,向东北延伸至洪泽湖以南,高程一般在50—100米,洪泽湖以南人工堤再次发挥江淮分水岭的作用。淮河流域不明显的地

---

① 《史记》卷二九《河渠书》。
② 《汉书》卷九九中《王莽传》。

理边界条件,使其若作为政治空间几乎没有可以依凭的天然屏障,这样的地理形势不仅不具备古代中国人所强调的形胜理念,而且失去了自身的独立性。淮河流域北部与黄河连为一体,南部则与长江连为一体,因此无论黄河还是长江都可将其看作本流域的自然延伸部分,后代地理学家用淮河界分南北,事实上淮河流域属于真正的不南不北之地。

如果说关中地区拥有"根本之地"的地位,那么淮河流域则是名副其实的"四战之地"。由于不南不北的地域特征,南北交战时期淮河流域是双方的战场。以黄河、长江流域各自为中心的地区,不仅在地理上构成两大区域,政治上也往往成为两大集团,每当南北政治集团分裂时,交战地自然在淮河流域这一不南不北的区域。淮河流域并非独立地理区域的特点,在政治与军事上自然造成"南得淮则足以拒北,北得淮则南不可复保",即长江、黄河流域互相以淮为屏障的结果。明末清初顾祖禹著《读史方舆纪要》,历数江淮地理与战守关系:

> 按南直以江、淮为险,而守江莫如守淮,昔人论之详矣。宋吴氏师道曰:"吴据荆、扬,尽长江所极而有之,而寿阳、合肥、蕲春皆为魏境。吴不敢涉淮以取魏,而魏不敢绝江以取吴,盖其轻重强弱足以相攻拒也。故魏人攻濡须,吴必倾国以争之;吴人攻合肥,魏必力战以拒之。终吴之世,曾不得淮南尺寸地,故卒无以抗魏。及魏已下蜀,经略上流,屯寿春,出广陵,则吴以亡矣。"唐氏庚曰:"自古天下裂为南北,其得失皆在淮南。晋元帝渡江迄于陈,抗对北敌者,五代得淮南也。杨行密割据迄于李氏,不宾中国者,三姓得淮南也。吴不得淮南而邓艾理之,故吴并于晋。陈不得淮南而贺若弼理之,故陈并于隋。南得淮则足以拒北,北得淮则南不可复保矣。"刘氏季裴曰:"自古守淮莫难于谢玄,又莫难于杨行密。淝水之役,谢玄以八千人当苻坚九十万之众;清口之役,杨行密以三万人当朱全忠八州之师。众寡绝殊,而卒以胜者,扼淮以拒敌,而不延敌以入淮也。孙仲谋以江守江,杨行密以淮守淮,晋人以淮守江,胡安国曰守江者必先守淮。自淮而东以楚、泗、广陵为之表,则京口、秣陵得以遮蔽;自淮而西以寿阳、历阳为之表,则建康、姑熟得以遮蔽。长江以限南北,而长淮又所以蔽长江也。"又曰:"淮之东根本在广陵,而山阳、盱眙为门户,淮之西重镇在合肥,而钟离、寿春为扞蔽,

自古未有欲守长江而不保淮甸者。淮甸者国之唇,江南者国之齿。"叶氏适曰:"自古保江必先固淮,曹操不能越濡须,苻坚不能出涡口,魏太武不能窥瓜步,周世宗不能有寿春,以我先得淮也。"王氏希先曰:"三国鼎立,南北瓜分之际,两淮间常为天下战场。孙仲谋立坞濡须,曹操先计后战,不能争也;谢幼度师于淝上,苻坚拥众山立,不能抗也;沈璞守一盱眙,佛狸倾国南向,往复再攻,其城不能下也。①

其所引述各个事例,大体可归为两类:三国时期孙吴与曹魏以江为界,孙吴未经营淮河流域,曹魏邓艾却在此屯田驻守,最终魏胜而吴亡。东晋南朝乃至五代十国时期南吴均拥有淮地,因此得以长久与北方政权抗衡;而东晋与前秦淝水之战、五代十国时期杨行密与朱全忠清口之役,这些以少胜多的战例,获胜关键也在于控制了淮河的关要。

若从黄河与长江两大流域经济发展进程分析,长江流域出现政权中心的孙吴时期仅是农业开发的初期,孙吴政权尚没有能力治江又理淮,于是战线处于长江一线,而此时的淮河流域既是黄河流域的延伸地带,也是其军事上的屏障;随着北方人南下数量的增加与移民自北向南的迁移,东晋南朝时期江淮联为一体,淮河流域成为长江流域的延伸部分,于是南方政权不但得到支撑,且在战事上获得了胜利。

尽管中国历史上南北之间的战事不限于秦岭、淮河一线,但必须承认这里留下了"十"字中自北向南那一划最浓重的一笔。而在这一南北军事交锋之地,无论河淮相连还是江淮并属,仅就地理而言,淮河流域毫无争议地处于"四战之地",南北之间的军事交锋不在于河,也不在于江,而在于淮。这就是顾祖禹所强调的"南得淮则足以拒北,北得淮则南不可复保"这一地理与军事对应的结果。

三 中国北方农牧交错地带的战事与长城的地理学意义

中国北方农牧交错带与明长城几乎处于相同的位置,而农牧交错带不仅是农田与草原两种不同环境的过渡地带,也是农耕与游牧两种经济生活

---

① [清]顾祖禹《读史方舆纪要》卷一九《南直一》。

方式的结合部。历史上,发生在这一地带的战事,不同于农耕区内部东西、南北之间的争斗,而属于农耕民族与草原民族之间的军事争锋。民族的分异,首先表现于依赖自然环境而建立的经济生活方式,其后才是习俗与宗教。由于农田与草原的环境分异,农耕区的西北、东北先后成为匈奴、氐、羌、柔然、突厥、回纥、薛延陀、沙陀、吐谷浑、党项、蒙古以及濊貊、肃慎、挹娄、夫余、乌桓、鲜卑、室韦、库莫奚、豆莫娄、乌洛侯、地豆干、勿吉、奚、契丹、靺鞨、女真、满等非农业民族或部族的活动区域。这些民族与农耕民族之间的军事争锋与地质力学提出的北北东向、北北西向两大构造体系营造的山脉走向以及应力方向十分相似,无论出击者还是还击者的来向与去向均在西北、东北,而长城即横亘在农耕区的北边。

长城是中国历史上一项伟大的工程,不仅在中国家喻户晓,且在国际上享有不凡的知名度,据称美国阿波罗11号登月飞船上的宇航员曾说,在太空能够看到的人类工程只有中国的万里长城与荷兰的围海大堤(尽管这一说法并非事实,但着实让中国人兴奋了一阵,我们终于拿出了独领风骚的品牌)。长城,就像它脚下的土地一样,无论为人所知还是不知,厚重的历史永远有着磁铁一样的吸引力,令人驻足、深思。

20世纪30年代美国学者欧文·拉铁摩尔名为 *Inner Asian Frontiers of China* 的著作问世,这是一部围绕长城描述中国北方边地的著作。拉铁摩尔的著作出版不久即被译成中文,最早的译本诞生于20世纪40年代,译者为赵敏求,书名为《中国的边疆》;2005年唐晓峰的译本出版,书名为《中国的亚洲内陆边疆》。无论哪种译法,均没有离开中国的边疆这样一个主题。一部以长城为核心的著作,为什么会以中国的边疆冠名?拉铁摩尔的立意非常清楚:长城南北有着完全不同的自然环境与人文风貌,长城以南有密集的人口、适宜耕种的农田;长城以北人口稀少,草原荒漠之上民生所系为畜牧业;长城则是两者之间的过渡带。拉铁摩尔所说的"中国"并非作为主权国家的中国,而是持农耕生产方式的汉民族所在区域,"长城内各地即所谓'中国本部',包括清初18省"[1],正因此,以长城为边疆也并非国家的边疆,而是种植业生产区域的界限或农耕民族政权的边界,这一界限以北即长城

---

[1] 〔美〕拉铁摩尔:《中国的亚洲内陆边疆》,唐晓峰译,江苏人民出版社2005年版,第7页。

外还有东北、蒙古草原、新疆以及青藏高原这些属于中国的土地。

长城坐落于农田与草原的过渡地带,拉铁摩尔文中提到长城"是环境分界线上社会影响的产物",他没有说明这是什么性质的环境分界线。在当代中国年降雨量分布图上,400毫米年降雨量等值线东段与明长城走向惊人地相似,这一点告诉我们,正是降水这一制约种植业的关键因素决定了长城所在位置拥有过渡地带的特征。400毫米年降雨量等值线是农耕生产对于水资源需求的底线,这条年降雨量线以东为半湿润区,以西为半干旱区,两个不同性质的环境地带在雨量因素的制约下,不仅表现出农田与草原、荒漠的差异,同时也造就了农民与牧民的区别。长城界分农、牧,而自身却是真正的过渡地带,既不属于农耕民族,也不属于非农耕民族,无论经济生活方式还是人们的社会风貌均具备明显的农牧兼营、你中有我、我中有你的特征。

在这样的地带修筑长城,从战国时期直到明代陆陆续续延续两千多年,目的是什么?难道人类的这项伟大工程仅仅是要表明自然环境与人文风貌过渡地带的位置吗?对于这一问题已经有诸多讨论,传统且主流的观点认为长城是抵御北方草原游牧民族南下的军事屏障,拉铁摩尔则认为长城是国家稳定边疆的一种努力,用以限制汉族的活动范围,并隔绝草原民族。汉族与少数民族均起源于上古时期,文化同样久远,只是因各地的自然资源不同,在文化上表现出差异。长城坐落在环境过渡地带的位置,几乎是在战国至秦代农耕民族的空间推移中确立的,汉族向草原发展,对于所取得的每一个区域,都会通过汉化将少数民族改变为汉族,而在这些被汉化的少数民族背后才是真正的戎狄。从这一角度来说,汉人与真正的少数民族之间的边界北移了,且最终确定了作为过渡地带的长城的位置。因此在农业社会与草原社会的关系史中,主要是农业社会限定了草原社会,而不是草原社会"扰乱"了农业社会。若站在完整的长城地带历史角度审度拉铁摩尔的观点,不难看出,这仅是长城位置确定之初的一幕,此后长城脚下上演的不但以武戏为主,且主要为自外向内,另一位美国学者巴菲尔德的著作《危险的边疆——游牧帝国与中国》再现了其中的主角与重要的几幕[1]。

---

[1] 〔美〕巴菲尔德:《危险的边疆——游牧帝国与中国》,袁剑译,江苏人民出版社2011年版。

拉铁摩尔的观点抓住了将长城修建在农牧过渡地带的决定力量来自农耕民族这一关键之处,汉民族的活动范围决定于农耕生产对环境的适应,因此长城的位置既是汉民族以及汉化的少数民族依托农耕生产定居的底线,也是农耕生产的底线。汉民族试图用长城这一人为的工程挡住北方民族南下的马队,但历史证明,长城的出现并没有真正终止农、牧两种力量的较量。自战国至秦汉时期匈奴人带着草原民族特有的雄豪,跃然于中国历史文献记载之中,此后乌桓、鲜卑、柔然、羌、氐、吐谷浑、突厥、回纥、吐蕃、铁勒、契丹、女真、蒙古、满……这些来自长城以外,活动在草原上、森林中的非农业民族,如同抢滩的浪潮,倏忽之间来到长城之下,又旋即呼啸而去,不仅将金戈铁马、烽火狼烟留在塞上,而且也为后人留下许多思考:历史时期长城地带的战事究竟是土地之争还是民族之争?

农耕民族与非农耕民族立足于不同的环境之中,自身的生产物不同,固然都能自给,但对方的物质创造仍然有着巨大的吸引力,尤其非农业民族对农耕文明积累的各类财富需求更强烈。对此巴菲尔德的著作中如此写道:

> 在一个农业社会中,统治者的权力最终建立在对日渐积累的剩余粮食的控制之上……草原统治者则处于不稳定的状况之中,因为草原经济建立在粗放且高度流动的游牧生活方式这一基础之上,游牧财富无法有效地集中或贮存……这些内部的脆弱性迫使那些成功的游牧国家统治者建立一种更为安全的经济基础。在内陆亚洲,通过从草原外部获取资源并为游牧国家提供资金的方式实现。匈奴帝国政府将游牧部落组织为一个统一力量,被单于用来从中原攫取商品与贸易利益。在战时,单于发动突袭,为他的追随者和匈奴国家提供战利品。在和平时期,单于扮演了中原与草原之间中介者的角色,进行贸易,并通过贵族制度对汉地物资加以再分配。通过从草原外部攫取资源,匈奴国家获得了其他政权所未曾获得过的稳定性。①

巴菲尔德的论述中用"外部边界战略"概括了匈奴之后,长城以外其他非农耕民族南下动机的一致性,显然这一动机与资源索取、物资需求相关。但长

---

① 〔美〕巴菲尔德:《危险的边疆——游牧帝国与中国》,袁剑译,江苏人民出版社 2011 年版,第 56—57 页。

城内外的战事,出击的一方并非只是非农耕民族。面对草原民族的南下,经营定居生活的中原王朝最初无力出击,长城即成为战略守势的产物;当历史进入西汉中期,汉武帝"图制匈奴,患其兼从西国,结党南羌",乃设置河西四郡,"开玉门,通西域,以断匈奴右臂,隔绝南羌、月氏",如此举措导致"单于失援,由是远遁,而幕南无王庭"①。汉武帝的战略在于断匈奴右臂以绝其援,此后唐王朝乃至清朝更进一步图谋拥有草原,并在阻遏草原骑兵南下的同时,实现版图扩展以及与西高东低地形一致的高屋建瓴的政治战略。经过近两千年的努力,如法国学者格鲁塞所言,至乾隆年间才最终将大清帝国的版图稳定地扩展至亚洲西部山地与草原的边界,并实现了"农耕地区对草原的还击"②。

作为后人,我无意于评论长城脚下的战事谁是谁非,只希望解读战争发生于这里的地理基础,显然,无论西北或东北的民族还是中原民族,长城所在地年降雨量400毫米的地理环境决定了这里首先成为农耕民族守疆保土的底线,然后成为农牧双方交锋的战场。南下突破这条界线,鲜卑、匈奴、氐、羯、羌、契丹、女真、蒙古、满等民族均在农耕区建立过政权,固然中原王朝曾时断时续将权杖伸向草原,但作为农耕民族的代表,最终越过400毫米等降雨量线,将田园与草原统为一体的却是来自东北森林草原地带的满人。

发生在中国大地上的那些战事早已远去,无论从西向东、从北向南还是自西北、东北向中原,历史事实告诉我们,地理不仅仅是展现历史的舞台,而且是推动历史的基础。而真正的地理既可以显山露水,也蕴藏在人们的生产活动摸索中,年降雨量400毫米等值线即是如此。把握地理之根本,运用于战略之中,不仅能够克敌制胜,而且可以成就宏基伟业。

◎作者讲课实录:

---

① 《汉书》卷九六下《西域传》。
② 〔法〕勒内·格鲁塞:《草原帝国》,蓝琪译,商务印书馆1998年版,第670页。

第十五讲

都邑春秋
——城市地域空间格局与都城内部结构

城市是当今世界上最繁华的地方,大量财富与人口汇聚在这里,使得这里不仅具备掌控周邻地区的实力,而且承担着政治中心、文化中心的职能。时至21世纪,无论人们如何流连田野牧歌,城市仍然是梦开始的地方。但回顾历史,城市并非自古就存在,而是农业发展到一定阶段,产量满足生产者自身需求之外,也能够养活非生产者的时候,城市才会出现。因此当一座座城市拔地而起,铺在城市形成之路上的基石却是农业生产的进步。

在人类历史进程中,城市是非农产业与非农人口集聚形成的大型居民点,且城市一旦形成又因职能而有普通城市与都市之别,《史记·五帝纪》载:"一年而所居成聚,二年成邑,三年成都。"司马迁谈及的是从聚落到城市的成长历程,但并非所有聚落均能最终发展为城市,也并非所有城市最终均能成为都市,都市仅是众多城市中的一个。从聚落到城市,从城市到都城的逐层发展,经历着不断的选择与提升,而城市立足于大地之上,对其的选择与提升始终不能摆脱地理因素的影响。

城市的产生、城市与城市之间的关联即城市地域空间格局与城市内部结构,是城市地理的重要内容。但这是尺度完全不同的两个问题,前者立足于宏观视角探讨城市与城市间的地理关系,后者为城市内部的微观研究,两者之间不仅存在群体与个体的差异,而且影响其发展变化的动力也不相同。城市从起步到发展既凝聚着历史之光,也像侯仁之所指出的那样,"是由于人类活动而产生的最重要的地理现象之一"[①],历史城市地理不仅是历史地

---

① 《侯仁之文集》,北京大学出版社1998年版,第29页。

理的一个研究领域,也是研究城市的重要视角。

一 城市产生、发展的地理过程

每座城市都经历过产生、发展的地理过程,尽管城市的位置各不相同、历史各有短长,但促使城市产生、发展的地理过程却有相似之处。侯仁之针对北京城的研究告诉我们,这座都城是从数千年前的一个小聚落起步,逐渐发展兴盛。北京坐落于华北平原西北角,北面为燕山山脉,西面为太行山,地形之势使这里拥有"北京小平原"之称。那时华北平原的腹心地带布满河湖沼泽,太行山东麓冲积扇地带与燕山山前不仅成为古人类择居之地,且在古人的步履之下连缀成行,沿太行山东麓的南北道路与燕山山前的东西道路交汇在一起,这就是今天北京的位置。也许正是由于这样的择居环境与交通区位,距今70万年前的旧石器时代,北京小平原西部山地就留下了北京猿人的遗迹,此后新石器时代人们逐渐从山地进入平原,开始建立原始聚落。北京小平原的山前台地与河流的二级阶地,成为早期聚落的落脚之地,平谷的北埝头和上宅村、昌平的雪山村、房山的镇江营都有这一时期的重要聚落遗址。此后,殷商时期燕、蓟等北方属国均将政权建立在北京小平原,其中蓟国的统治中心即在今北京市西南,相当于白云观东南一带。西周初分封燕、蓟于北京小平原,秦统一后于此设置蓟县,此后唐为幽州、辽为南京、金为中都,经元大都至明、清北京。① 回顾北京发展的历程,虽然无法指陈最贴近当今城址的那个或那几个聚落,但从聚落至方国、诸侯国的都邑乃至县治、州治、地方政权的陪都,最后为统一王朝的国都,却形成了清晰的脉络。史前时期太行山东麓、燕山山前留下了众多聚落遗址,为什么只有北京能够发展为城市,且成为国都?除农业这一繁衍生息的必要条件之外,就是交通了。凭借交通不仅可以汇聚天下之财,也可以控制天下之权,太行山东麓与燕山山前的道路正是成就北京的关键。

北京从聚落发展至都城的缘由并非特例,若对其他城市展开研究,会发现背后的推力极为相似。为了说明这一问题,我选择城市发展起点完全不

---

① 参见侯仁之:《关于古代北京的几个问题》,《历史地理学的理论与实践》,上海人民出版社1979年版。

同的河南与东北地区,展现从聚落到城市的发展历程。

(一)史前时期河南聚落分布与城市起源

河南是一片历史悠久的土地。史前时期城市尚未产生之前,人类聚居和生活场所表现为聚落,据《中国文物地图集·河南分册》统计,河南史前时期聚落遗址中前仰韶时期77处,仰韶文化时期包括庙底沟类型、大河村类型、后岗类型、大司空类型、下王岗类型等考古文化类型714处,龙山文化时期1389处。各考古文化期中,龙山文化时期与夏代在时间上彼此重叠,考古学界认为龙山文化时期即已出现城市。据《古本竹书纪年》所载,夏代禹都阳城、太康居斟鄩、相居斟灌、帝宁居原、胤甲居西河、桀居斟鄩,这些人物均是夏代帝王,帝王所居之地自然应是城市,若将这些城市与考古遗址对应起来,比较统一的观点即阳城为今登封王城岗遗址,斟鄩为偃师二里头遗址,这两处分别属于夏代早晚两个时期,其他城市为都时间均很短,其中斟灌位于范县、原位于济源、西河位于汤阴。① 考古界对于王城岗与二里头两处城址的发掘,不仅展现了当时都城的形制,而且使我们直观地感受到城市形成初期的规模。当人类聚居地处于农业聚落形式时,每个聚落都是一处农业生产核心,生产与生活围绕聚落展开,聚落集聚的人口与生产物具有一定的独立性,属于同一聚落的人群在共同劳动中形成分工与协作,而聚落与聚落之间的关系则十分松散,仅存在有限的协作与联合。与聚落不同,城市不仅规模凌驾于聚落之上,且拥有汇聚周邻地区财力、号令周邻地区人力的能力。面对两类不同的人类聚居形式,我们需要探寻的是,城市凭借什么力量从农业聚落中脱颖而出?

史前时期四野皆农田,只有一些农业聚落能够发展为城市,从农业聚落发展到城市经历一系列过程,登封王城岗就是这样一处遗址。王城岗遗址前后延续几千年,自史前时期裴李岗文化、仰韶文化、龙山文化至历史时期的夏、商、周、汉、唐、宋、元、明代,文化传承从未间断。但文明演进的不同时期,王城岗遗址的性质却在变化,裴李岗、仰韶时期这里还是小聚落,龙山文

---

① 程平山:《登封王城岗遗址性质分析》,《考古与文物》2009年第5期;方酉生:《偃师二里头遗址第三期遗存与桀都斟鄩》,《考古》1995年第2期;袁广阔:《古河济地区与早期国家形成》,《中原文化研究》2013年第5期。

化时期步入辉煌,成为嵩山东南部颍河中上游最为重要的中心聚落,多方面研究证明这里就是"禹都阳城"所在地。此后,二里头文化、二里岗文化以及殷墟文化时期,王城岗遗址降为普通聚落。东周时期,郑、韩阳城以王城岗和告成镇东北阳城山为落脚点,但此时的阳城作为军事据点的性质更为明确。汉、唐以降王城岗再度回归为普通聚落。① 王城岗遗址引起学术界关注的重点是龙山文化期的城市遗址,存在大城、小城,其中大城约30万平方米,小城1万平方米,两城相连,时代相同。②

史前时期河南农业聚落遍布全省各处,其中太行山东南麓与颍河、汝水流域存在两条聚落集中分布带,且两条分布带交汇于伊、洛河下游至嵩山山麓地带,王城岗即处于颍河上中游至嵩山南麓地区。农业生产是聚落存在的基础,因此聚落集中与稀疏首先是农业生产环境优劣的反映。战国时期黄河下游修筑大堤之前,以漫流形式存在的黄河河道使今河南东部平原地带屡经水患,而西部的丘陵岗地以及颍水、伊河、洛河等河流谷地却有着农业生产的便利条件。尽管今天我们已经无从感知当时农业生产的情景,但聚落的集中却显示出这一地带农业拥有的优势。农业是聚落发展为城市的必要条件,但并非所有农业聚落均可以发展为城市,那么关键性的条件又是什么?城市之所以凝聚成形,具备凌驾于聚落之上的力量,在于人力与物资的集聚,这种动力来自王权。王权的力量使得分散且独立的农业聚落被置于统一的控制之下,并实现了人力、物资向一地集中。而王权的力量得以发挥,凭借的却是交通条件,即通向四周的道路与守卫自身的地形。登封地处嵩山之阳,临颍河之滨,不仅具备通向四方的交通条件,且依托嵩山构成防御屏障,由此从农业聚落发展为城市。

夏代都城不止一座,这一时期不仅聚落时有迁移,帝都也是如此。聚落与都城不断迁移与土地连年耕种肥力递减、黄河水患以及敌对力量的威胁相关,但每一处新的都城诞生,支撑性的地理条件总是相似的。

夏代是中国城市的肇始时期,因此这一时期城市发展的每一步均具有重要意义。从农业聚落到城市,地理因素与王权力量交织在一起,完成了城

---

① 方燕明:《登封王城岗遗址聚落形态再考察》,《中原文物》2007年第5期。
② 杨肇清:《略论登封王城岗遗址大城与小城的关系及其性质》,《中原文物》2005年第2期。

市位置的选择与物质基础的营造。基于夏代的经济实力,这一时期的城市并不多,且处于迁移与兴废的变化之中。进入商、周两代,城市的数量不断增加,分布范围从伊、洛河流域向黄河南北两岸以及东部平原发展,除天子之都外,几乎所有封国的都邑均为城市。城市走出肇始时期,成为构成社会的重要元素,但无论哪一类型的城市,在以农业为共同基础的同时,交通条件都是不可或缺的支撑性要素。

(二) 东北地区城市发展与中东铁路

河南的城市进程可上溯至数千年前,有着几乎与中国历史比肩的悠久历程,东北地区的城市进程却是在近百余年间完成的。固然论及东北地区我们会想起渤海国、辽王朝、金王朝等政权设在这里的城邑,但这些王朝兴建的城邑并未连续使用,一段时期的兴盛之后即被毁弃。元、明两代东北地区除军事据点之外,鲜有农业聚落。明代在东北地区设置辽东都司和奴儿干都司,连接辽东都司治所(今辽阳)和奴儿干都司治所(黑龙江下游东岸特林)的道路沿线设有驿站、堡寨、卫所等驻兵地及军事支撑点,很少有民居聚落。明末满族先民进入松辽平原且开始从事农业生产,垦殖地主要分布在辽河流域的开原、铁岭、沈阳、辽阳及牛庄一带,吉林、黑龙江等周边地区仍散居着以渔猎为主的民族或部落。明清之际的战争使东北地区原本稀疏的农业受到致命的摧残,人烟稀少,土地荒芜,清廷于顺治十年(1653)开始实行垦荒戍边,奖励出关开垦,并颁布《辽东招民开垦条例》。这一条例打开了出关的大门,自宁远、锦县、广宁辽西走廊一线至奉天、辽阳、海城一带,耕地与聚落不断增加。但关外放垦维持时间不长,康熙七年(1668)清廷为了保存"龙兴之地"取消《辽东招民开垦条例》,对东北地区实施了长达190年的封禁。

这190年内,以保障"龙兴之地"安全为目的,朝廷先后在东北设置镇守辽东等处将军(简称辽东将军)和镇守宁古塔等处将军(简称宁古塔将军)。后来辽东将军改称为奉天将军(康熙四年,1665)、盛京将军(乾隆十二年,1747),宁古塔将军改称为吉林将军(乾隆二十二年,1757),并于康熙二十二年(1683)正式设置了黑龙江将军。盛京、吉林、黑龙江三将军的主要任务是镇守"龙兴之地",均驻留一定数量的士兵,为满足驻军粮草之需,几乎各驻军之地均实行屯田。开垦农耕土地必然促使驻军边塞、城堡集聚人口,并向城镇发展。康熙三十九年(1700),盛京内务府皇庄已达91个,此外还有盛京户部、礼部、工部官庄。盛京既是清朝关外的政治中心,也是通向吉林、黑龙江等地的军事重镇。此后清廷又相继在宁古塔(今黑龙江宁安)、伯都讷(今吉林扶余)、墨尔根(今黑龙江嫩江)、黑龙江(今黑龙江黑河)等地设置了官庄,与官庄并存的还有旗地,这些地方均是控扼吉林、黑龙江重要通道的军事重镇。朝廷在增置官庄的同时,又在东北各地修建了驿道,沿驿道有卜魁(今黑龙江齐齐哈尔)、乌拉(今吉林省吉林市)等重要驻兵地。从辽西走廊北端的锦州开始,驿道连接一系列军事重镇沿松花江、第二松花江、牡丹江、嫩江形成"T"字形的布局形式,每一个军镇均派兵镇守,朝廷也会将内地犯人遣送至此,尤其康、雍、乾时期由于科场案、文字狱、平三藩、年羹尧、隆科多等案充配东北的人犯一拨又一拨,都成为塞外农业开垦的劳动力。① 在军事重镇基础上形成的官庄、旗地,形式上均具有点状开发的特点,以各个军镇为中心,人口集中于军镇附近,农田也集中分布在周围,距离军镇较远的地方大多仍属荒闲之地。支撑"T"字形布局的军事重镇乃至早期农田形成的地理条件是交通,即由内地通向东北的驿道。

　　清后期的边疆危机使"移民实边"成为朝野的共识,关禁彻底打开了,真正意义的"闯关东"从这时开始。同治、光绪年间,清政府重新颁布了放垦政策,来自河北、山东的农民纷纷涌出山海关、古北口等长城关塞,进入东北地区进行垦荒活动。从光绪二十三年(1897)至宣统三年(1911)的14年中,奉天增加了600万人口,吉林增加了470万人口。大量关内农民涌入东北,加速了土地开垦与城镇的形成。清代同治、光绪年间东北地区全面实现了由南向北、由军事重镇向一般地区扩展的面状开发,移民定居之处即成村落,今日所见东北各地地名如范家窝堡、张家烧锅②、崔家马架子③、郭家屯、三家子、七家子等均是最初的移民聚落的名称。这些村落都是农业聚落,其中地处道路通达之处的聚落,在人口与商机的促动下逐渐从农业聚落发展为城镇。今辽宁新民市就是一例,这里地处辽河下游,为南北往来必经之

---

　　① 参见孔经纬:《清代东北地区经济史》,黑龙江人民出版社1990年版。
　　② 烧锅指酿酒的作坊。
　　③ 过去东北常见的简易民居,由几根木头简单搭建。正面呈三角形,侧面呈长方形。上面苫草,门开在三角形一面。

地,清初移民在此开垦,所在村落俗称新民屯,乾隆初年将巨流河巡检移驻新民屯,带动了人员流动与商机,经历"聚而成村,久而成镇"①的过程,新民逐渐成为府、县行政治所,并迈向城市之列。

同治、光绪年间东北各地的城镇在农业生产的基础上,仍具有融农业、商业与行政为一体的属性。此后,工矿业逐渐加入东北地区经济开发进程之中,尤其是日、俄两国势力的渗入,有力地推动了东北城市转型。其中以中东铁路的修建为转折点②,不仅铁路沿线齐齐哈尔、哈尔滨、长春、沈阳、旅顺等步入近代城市行列,而且铁路沿线筑路工人驻地亦发展为城镇,如牡丹江、肇东、公主岭等。

在中东铁路推动下发展起来的城市,长春就是一例。长春原名宽城子,本属于蒙古王公的前郭尔罗斯草原,18世纪晚期关内移民至此垦殖,此处凭借交通优势汇集了大量人口并成为农产品交易之地。19世纪20年代长春厅治所迁至宽城子,此时宽城子虽然并未形成城市街坊,只是在个别地段设有固定的集市和较为集中的商业店铺,但却奠定了日后城市发展的基础。清光绪十五年(1889),长春厅升为长春府,长春城市规模正值形成期,城市内部形成了基本道路网并集中大量店铺,城市商业形态处于自然经济向现代商业经济转变的阶段。③ 20世纪初中东铁路修筑以后,长春凭借铁路便利的运输条件,赢得了更大的经济腹地,获得了对于周邻地区更大的控制权,快速发展为近代城市。

近代东北地区城市形成、发展与其他地区不同,移民聚居村落、集镇均建立在农业与传统手工业、商业的基础上,中东铁路修通之后,以巨大的力量迅速将长春以及其他铁路沿线的城市推入近代进程,从乡村农业聚落起步到近代城市仅百余年。

河南、东北两地并不能涵盖中国所有的城市,但因其城市起步一早一晚的时间差异,具备了解读城市产生、发展地理过程的典型性。

城市是人类社会发展到一定阶段的产物,当城市发展到成熟阶段,各地

---

① 民国《新民县志》卷二《疆域沿革》。

② 中东铁路,俄国于1896—1903年修建,以哈尔滨为中心,西至满洲里,东至绥芬河,南至大连,路线呈丁字形。初名"东清铁路",民国改称"中国东方铁路",简称"中东铁路"。日俄战争后,南段长春至大连为日本所占,称"南满铁路"。

③ 参见曲晓范:《近代东北城市的历史变迁》,东北师范大学出版社2001年版。

的城市功能并不一致,大体可归为行政、经济、文化、防务、交通、旅游几种类型。城市类型的差异往往会被视作城市产生的缘由,若仅将视线停留在当代,从类型到缘由具有一定的合理性,但回顾城市产生、发展的历史,依托农业生产形成的聚落几乎是所有城市的起点。

二 中国古代城市地域空间格局

中国古代城市地域空间格局着眼于地理视角下的城市空间关系。城市的存在不是孤立的,依凭内在的关联,城市与城市之间、城市与所在地区之间往往构成地理统一体。当代地理学使用"城市体系"这一概念表述以城市为核心的地理统一体,依据这一概念,城市体系是在一定区域范围内,以中心城市为核心,相互关联、起各种职能作用的不同等级城市的群体。就各种职能、不同等级的城市群体而言,中国古代城市群究竟从属于哪种职能?美国学者施坚雅认为中国古代城市存在两套层级:一套为因政治管理而建立的行政体系;另一套则为因经贸活动而形成的经济层级。① 我并不否认中国古代城市存在这两套层级,但更关注两套层级出现的时间以及构成城市群的初始原因,基于这一思路,本节将重点集中于中国古代两套城市体系的产生与相互作用。

(一) 中国古代两套城市体系的产生与相互作用

自德国学者提出中心地理论之后,以此为理论基础,地理学界提出的城市体系主要偏重经济层级,且具有这样的基本特征:(1)城市群内,各城市间具有相对稳定的分工、联系,包括物资、人员、资金以及信息往来,并通过经济与行政的纵向、横向关系,形成社会经济、政治实体。(2)城市群内,各城市从大到小、从主到次、从中心城市到一般集镇,共同构成等级序列,一般上级城市支配下级城镇。(3)城市群内,各城市地域上是邻近的,一些城市位于另一城市的郊区或互为郊区。若缺乏其中任何一点,则城市群体只是

---

① 〔美〕施坚雅主编:《中华帝国晚期的城市》,叶光庭等译,中华书局2000年版,第327—417页。

一种地域、功能或规模的排列组合,而不是体系。①

依照这一标准,中国古代城市乃至某一地域的城市群,几乎不具备这样的条件,尤其各城市间具有相对稳定的分工、联系,包括物资、人员、资金以及信息往来,这一基于经济要素而界定城市体系的标识,不是中国古代城市群具有的关系。这一认识来自历史常识:城市肇始时期正处于夏、商、周三代,而这一时期均实行分封制,分封制之下无论邦国还是封侯均是独立的"有土之君",领地的独立性导致城市的独立性,尽管国都与邦国、封侯的都邑存在人口、占地以及工商业规模的大小之别、强弱之分,但国都不具备统辖邦国、封侯都邑的权力,也不属于都邑的上一级城市。在分封制这一政治制度的制约之下,城市之间不仅不具备自上而下的纵向关系,而且同样不具备由此及彼的横向关联性,它们各自从属于自己的土地之主,政治从属与经济供养均是如此。城市是在王畿或邦国、封侯土地上形成的独立的、以非农产业与非农人口集聚为特征的较大居民点,也是分封制政治背景下不同层级的政治中心。

中国历史从分封制进入郡县制,城市仍然是政治中心,但不再是封建领主的统治中心,而是各级官员的施政中心。无论秦汉时期的郡县之制、隋唐时期的州县之制,还是明清时期的省、府、州、县,无论哪一级行政区,官员的施政中心均位于城市,官员依托官衙所在城市管理四方,城市表现出鲜明的政治中心特点。郡县制政治中,城市处于各级行政区中心,在国家政治力量的推动下,行政区上下相属,层层相叠,高级行政区拥有对低级行政区的统辖权,高级行政区的官员也有权支配、统领、过问下一级别官员的政务,但这是否就意味着城市间也具有这种关系?就实质而言,作为政治中心,城市层级之间的统属相辖关系仅作用于政权与官员,并不涉及整座城市。将整座城市无论官员还是百姓都纳入一个体系之中,只有经济具有如此巨大的力量。

支撑城市体系存在的重要因素是经济,即经济之间的供需关系将城市群纳入共同体系中。中国是一个以农业立国的国家,小农经济长期在经济构成中占主导地位。在自给自足经济背景下,农户与市场的关系被压缩到最低,大多数农户完全固守于农田。虽然郡县制下不存在分封制的领地限

---

① 杨吾扬:《论城市体系》,《地理研究》1987年第3期。

制,但小农经济自身的局限性以及传统农业的产业特点决定了城市与城市之间、地区与地区之间几乎不存在物资、人员、资金往来,因此也无从建立城际间的经济关联,至少明朝之前是如此。

就小农经济而言,自给自足的经济使得城市之间的经济关联几乎不存在,但置身于小农经济之上的官府却通过赋税,将隶属于不同行政层级的城市串联起来。中国古代的赋税缴纳制度从来都是自下而上,县级行政建置是最基层的衙门,来自民间的粮食汇集于县城,并由县及郡或由县及州府,最后送至京师。关于赋税缴纳程序,且以唐代为例。唐前期,国家税收由国家统收统支,地方政府依法征税、纳税、输税,没有制税与擅自支用国家税收的权力。"安史之乱"后,唐中央将部分税收、部分财权划归地方,税收形成两大类目,一类为中央直接收益税,另一类属于中央与地方分享税。780年唐王朝实行两税法,两税收入以州为单位划分为留州、送使、上供三部分。唐代前后两个时期地方获得税收的方式并不相同,税收固然经由县城向上逐层交纳,但前期县、州两级官衙需要的钱粮在地方制定计划后由朝廷拨放,这一过程中县、州两级官衙并没有建立直接的经济关联,收到它们手中的均是中央下拨的钱粮。唐后期地方获得钱粮的途径就不同了,留州这一部分直接由州属各县赋税汇集而得。各州按照朝廷规定的比例留在州衙的钱粮来自各县,州属各县构成支撑州衙的经济腹地,县、州两级官衙依托钱粮建立了关联。但这样的关联就城市而言,具有明显的局限性,即每个官衙固然立足于一座城市,但服务于官衙的赋税并不能延伸至整座城市,因此凭借赋税而认定隶属于各个行政层级的城市已经纳入城市体系之中,并不准确。

明以前,中国几乎不存在因经济而关联的城市体系,仅存在由于政治统辖而建立的城市间上下相属关系。中国历史进入明代,社会经济发生重要变化,商业经济地位不断提升,工商业城镇大量涌现。沿江、沿海地区响应这一变化,成为新兴工商业城市最集中的地域。那么这些城市及城市间的关联性又如何呢?且以上海、天津以及台南市为例。上海市全部成陆大约在唐、宋时期,伴随成陆过程,人口向这一地区迁移,渐成聚落。唐天宝年间设立华亭县,北宋时期上海地区分属华亭县、昆山县,元至元年间华亭县升府,次年改称松江府,进入明代府、州、县几个行政层级皆备。天津市起步于明初设置于小直沽的天津卫,清代天津从县治、州治升为府。上海、天津均处于沿海或沿江地带,工商业加港口的区位优势均为两座城市的发展注入了活力,使两座城市表现出明显的工商业城市特征。两座城市伴随工商业的发展,不仅与农村腹地建立了经济关联,同时也与周邻城市形成密切的经济往来。这时两座城市兼具地区政治中心与经济中心的功能,并就此融两套空间体系于一体,即如施坚雅所言,其一是产生于中国"法定的"官僚政治结构,由大小官吏与各级衙门组成,上下有序,等级森严;其二源于中国社会"自然的"结构,在经济贸易中形成,包括市场、贸易体系、民间政治活动及乡绅、豪商操纵的特殊社会群体。① 大陆城市如此,台湾城市也有着相同的历程。明代天启年间荷兰人在台南兴修"红毛城"(今安平古堡)、"红毛楼"(今赤崁楼)作为与大陆通商的基地,明末郑成功收复台湾,建承天府,清康熙二十二年(1683)改为台湾府。台南最初作为商港,后升置为府,同样经历着由商港转为政治中心的进程。

中国古代城市发展历程中,受政治、经济两种力量作用,有两套空间体系,由于两种力量的作用方式不同,导致城市空间体系复杂化。近200年以来经济力量的作用越来越突出,源于经济因素建立的空间体系也越来越清晰。由于两套体系的存在,处于地区核心的官衙所在城市以及由此统辖的区域,既是经济体,又是行政管理体,官衙所在城市兼具两套体系的中心地功能。

(二) 区域性的地理环境与城市空间格局

中国地理环境复杂多样,那些为山地、河流所包围的地域,有着近似封闭的地理环境,并构成独立的地理单元。依凭这些山地、河流,区内农业生产自成一统,区域间则各具特色。一个区域内作为边界的山地与中部平原,自然环境完全不同,农业开发进程也大不一样。平原既是率先从事农业开发的地带,也是人口与技术的扩散中心。平原与山区不仅存在开发进程的时间差,而且处于完全不同的技术层级,因此在区域开发进程中,平原始终具有核心地位,无论人口流动还是技术传播都有自平原到山区的特点。南方闽、浙、赣、湘、鄂、川等地这一特点尤其突出。城市是农业财富积累到一定阶段的产物,在自然环境营造的独立地理单元之内,城市的空间发展进程几乎经历了与农业生产近似的轨迹,即从平原的核心地带向边缘扩展,从河

---

① 〔美〕G. W. 施坚雅:《中国封建社会晚期城市研究——施坚雅模式》,王旭等译,吉林教育出版社1991年版,第144页。

流的下游向上游推移,并在空间扩展中形成级别不同的城市群。讨论这一问题,可以江西为例。

江西以鄱阳湖平原为中心,具有三面环山一面临江的地理形势,山地与平原的环境反差使鄱阳湖平原既是当代也是历史时期江西的经济中心。追述这段历史,我们选择了西汉、唐、明三个朝代。《汉书·地理志》载豫章郡下辖18县,即南昌、庐陵、彭泽、鄱阳、历陵、余汗、柴桑、艾、赣、新淦、南城、建成、宜春、海昏、雩都、鄡阳、南壄、安平。西汉豫章郡辖境与今日江西省基本相同,这一时期无论县治还是郡治所在城市均以鄱阳湖平原以及赣、信、抚、修几条大河干流、支流沿岸地带为主,18县中豫章郡治设在南昌,南昌、彭泽、鄱阳、历陵、余汗、柴桑、新淦、建成、海昏、鄡阳10县都位于鄱阳湖平原,其余8县治所几乎均滨河而立。城市设置在周围丘陵山区的还很少。以后的历史中,伴随农业开发与人口迁移的步伐,以鄱阳湖为中心形成的城市群不断向周边丘陵山区扩展,《旧唐书·地理志》载唐中期今江西辖区内共设8州32县,位于赣南山区的虔州所辖区域多属汉代尚未开发的地带,唐代新增14县中,7县属于虔州。另外7县或因鄱阳湖平原地区人口增加而析置为县,或增置于汉代尚未开发的丘陵山区。《明史·地理志》载明代今江西境内设13府1州77县,比唐代新增45县,很明显新增各县仍然分别出现在两类地理环境之中,一类属于平原地区析置,另一类新置于丘陵山区。由平原向山区,从河流下游向上游,江西城市依循农业开发的步伐,逐步扩展分布范围,尤其赣东北、赣东南山区新增建制县几乎都出现在明代。伴随县级行政建制不断增加,汉代为郡、县两个层级,唐代州、县两级,明代省、府州、县三级,各个级别的政治中心同时也是不同层级的城市。汉代豫章郡治设在今南昌,下辖18县;唐代8州并列,江西道采访使治洪州,即今南昌;明代江西省治也设在今南昌,在各级行政治所中,南昌的地位高于其他城市。宋人曾巩称洪州"其田宜粳稌,其赋粟输于京师为天下最,在江湖之间,东南一都会也"[①]。江西半封闭的地理环境使鄱阳湖平原在整个地区居于中心的地位更加突出,基于这样的原因南昌成为古今共享的地区中心。无疑,以南昌为中心,其他城市均处于较低的行政层级,行政隶属关系将这

---

① [宋]曾巩:《元丰类稿》卷一九《洪州东门记》。

些城市政务纳入共同的政治体系之中,但在小农经济的制约下,以经济为前提建构城市体系仍然不是城际关系的主流。历史时期江西的城市发展虽然没有摆脱小农经济的制约,但地理环境却为地区乃至城市文化留下更多的共同性,最终促使赣文化区形成。

江西城市群仅是发展于独立地理单元之内的一例,中国其他地方呢?施坚雅的研究做出这样的总结:中国历史时期每一个大区经济均在某一自然地理大区中形成,并完全被包容其中。自然地理大区依流域、盆地而划分;每个区域都以各种资源在一个中心地集中为特征,在农业社会中资源主要是耕地、人口、资本,越靠近区域的边缘,资源越贫乏;与边缘区比较,核心区具有明显的交通优势。一个或几个地处核心区的城市居于地区城市层次的顶点。不同区域居于中心位置的城市之间的交往则因距离遥远和交通费用而受到限制。因此,每一个主要自然地理区域都形成独立的城市体系。①

出现在各地的区域性城市体系与毗邻体系之间的联系十分松散,且每个体系内城市所影响的腹地往往是部分交错的。每个城市体系对应着一个区域,中国历史就是由发生在各个地理单元之内的地方史、区域史所组成,至中国历史晚期尚未形成全国一体化的城市体系。

(三) 近百年来商品经济促动下城市地域空间体系的形成

近百年来,随着商品经济逐渐渗入农业社会之中,乡村与城市之间、城市与城市之间的经济关联性越来越多,这样的现象首先引起美国学者施坚雅的关注,并纳入研究之中。

涉及施坚雅,必须首先提到德国学者克里斯塔勒(Walter Christaller)、廖什(August Lösch)先后提出的中心地理论与区位论,这些理论论述的问题之一为中心地等级与空间网络关系,即以市场区的规模为基础,中心地(产业与人口的集聚地)形成不同的等级。小城镇仅提供当地所需的商品;大城市既提供当地所需的商品,也提供那些门槛值较高的商品。不同的服务职能有着不同的门槛值和门槛服务范围,门槛值高,服务范围大;门槛值低,

---

① 〔美〕G. W. 施坚雅:《中国封建社会晚期城市研究——施坚雅模式》,王旭等译,吉林教育出版社1991年版,第54—94页。

服务范围小;门槛值低的服务区包含在门槛值高的服务区之内,并就此在高低之间形成相互关联的商业网络。较高级别中心地不仅服务于普通交易者,兼为较低级中心地商家提供批发业务,因此凌驾在较低级中心地之上,并将低级中心地服务区纳入自己的服务范围之内。

根据德国学者的理论,施坚雅将19世纪的中国分为不同级别的经济中心,它们分别是:标准市镇(27000—28000个)、中间市镇(8000个)、中心市镇(2300个)、地方城市(669个)、较大城市(200个)、地区城市(63个)、地区都会(20个)、中心都会(6个)。表15-1为1893年中国内地18省经济中心地的分布,施坚雅认为这一时代中国各地在商品经济的促动下已经拥有完整的上下叠的经济中心地体系。这些经济中心地与行政中心又是一种什么关系?在经济层级中,被施坚雅列为地方城市或更高级城市的多数中心地同时也是行政官署治所,如1893年的长江上游,全部8个地区城市和地区都会都是行政治所、21个较大城市当中的20个、87个地方城市中的68个、292个中心市镇中的43个也是行政治所。表15-2列出中心地经济层级与行政层级的关系,与最高级中心地——中心都会相对应的是国家级,以下渐次为省级、道级、府州级等,随着经济层级逐层降低,对应的行政层级也在降低。表中被称作低级行政层级的,主要是县级以及与县同级的散厅,而非行政则属于与乡村密切相关的定期市所在地。① 从施坚雅的研究中我

表15-1　1893年内地18省中心地数目

地区	在经济层级中的级别						总数
	中心都会	地区都会	地区城市	较大城市	地方城市	中心市镇	
西北	1	2	7	18	55	178	261
云贵	-	2	3	13	36	112	166
岭南	1	2	7	24	71	223	328
长江中游	1	3	10	25	115	403	557
长江上游	1	1	6	21	87	292	408
东南沿海	-	1	4	11	42	147	205
华北	1	6	18	64	189	697	975
长江下游	1	3	8	24	74	267	377
总数	6	20	63	200	669	2319	3277

---

① 〔美〕施坚雅主编:《中华帝国晚期的城市》,叶光庭等译,中华书局2000年版,第327—417页。

表 15-2 1893 年中心地经济层级与行政层级关系

在经济层级中的级别	在行政层级中的级别						
	国家级	省级	道级	府级和直隶州	低级	非行政	总数
中心都会	1	3	2				6
地区都会		15	1	3	1		20
地区城市		1	26	20	8	8	63
较大城市			19	77	85	19	200
地方城市			12	62	494	101	669
中心市镇				17	581	1721	2319
中间市镇					106	7905	8011
标准市镇					12	27700	27712
总数	1	19	60	179	1287	37454	39000

们看到，即使各级中心地未必与行政层级完全吻合，行政中心对于经济中心地仍然起着决定性的影响，这在中高级经济中心地尤其明显。县是历史时期最低级别的行政层级，出现在县以下乡村之中的定期市所在地不属于城市。定期市所在地与古代"日中为市"的交易形式十分接近，集市周围十里八村的村民因需求而聚拢至此，完成交易即返回乡里，这是与行政体系无关的最低级经济层级。

施坚雅的研究自下而上建立了全国性的中心地网络，但是若从中国社会经济形态分析，近百年以来，尽管商品经济发挥的作用越来越大，但农村社会与农民并没有摆脱传统经济的烙印。我通过对于近代山西乡村社会的研究发现，基于农田而生存的农民，无论因交易而进入集市、因联姻而结缘外村还是因祭祀而携眷朝拜，所有这一切由经济与社会力量驱使的活动，其范围都不会超过一日内往返路程。这一距离被施坚雅称为购买者不愿意超出的极限范围。时至 20 世纪中期，山西乡村仍然具有浓厚的传统经济特色，交易物品多数为门槛值较低的日用品与农副产品，虽然就中心地服务级别而言，县城凭借较高门槛值商品与各类针对商家的服务业表现出高于一般集市的等级，但县城这一特征对于多数村民却不具备意义，若在出行距离之外，乡间村民不会着意前往县城，进而将社会交往范围始终保持在一日往返路程之内。从地理学角度看待这一问题，乡村与城市之间、城市与城市之间，对于中国古代社会的基本人口——农民而言，不存在服务地的级别问题，被施坚雅称为标准市镇的乡村集市是在自然经济与农民自然选择中形成的,这一级别以上的中心地即都城、省城、府、州城以至县城,只要不在一日往返路程之内,都与农民没有直接关系。

上述讨论的问题需要重申之处在于:1.即使近一百年来,中国出现经济中心地,但几乎所有政治中心地都是经济中心地,往往一座城市同时具有政治中心地与经济中心地双重功能。2.商人以及商人所从事的经济活动是促使各个级别中心地存在的重要力量,商人的经营活动与各级政治中心结合,使各级政治中心不仅被赋予较高级别中心地的职能,同时也因行政级别的差异而集中了档次不同的商品,建立了相应的金融机构等,进而推动城市与城市之间物资、人员、资金以及信息往来,并推动城市与城市、城市与地区即经济腹地的联系从政治隶属关系向经济关联关系发展。3.在政治、经济双重功能中心地之外,出现了一批具有独立功能的经济中心地。独立经济中心地多数存在于县以下集市,而集市所在地往往不属于城市。4.占人口比例最大的群体——农民的交易活动,仅限于当日往返范围之内,与经济中心地的高低层级无关。

通过以上论述,我们看到中国古代城市体系经历了政治中心地—政治、经济双重中心地—经济中心地的发展历程,伴随经济中心地由低级向更高级别的推进,建立在经济基础上并与社会基本民众相关的城市体系逐渐形成。

三 中国早期城市形态与重要古都平面布局

"城市"包含两层含义,即"城"与"市"。城为由城垣所包围,以居住功能为主的大型聚落。有的城分为两重,内层为"城",外圈称"郭"。"筑城以卫君,造郭以守民"是古人对于内外城居住者的区分,然而无论"城"还是"郭",其意涵均重于有形的墙体和防御功能。"市"指交易买卖的场所,古人云"日中为市,致天下之民,聚天下之货,交易而退,各得其所"①。最初便于城乡百姓交易,市设在城外,随着交易量增大,市期频繁,逐渐有人居住在交易之处,渐成聚落,并与城连结起来,成为城的一部分而被包围在城内。城与市的结合,使城在原有居住功能之上又有了商业中心的功能。至于城

---

① 《周易·系辞下》。

与市的结合是否代表城市,中外学者展开过各种讨论,也提出过各类标识,但居住与商贸是必在其中的要素。

中国城市经历了漫长的发展历程,其间不仅存在平面布局的变化,且存在规划理念的不断变化。都城虽是众多城市中的一个,但由于皇权的力量与礼制的需要,城市空间格局的变化不仅应政治所需,且融建筑精华。

(一) 中国早期城市形态与重要古都布局变化

中国城市经历了渐进的变化历程,后世看到的壮丽的古都、古城并非一蹴而就。城市从早期形态历经数千年的发展变化,砖石、泥土与木料建构的建筑群不仅具有最初始的居住功能,而且伴随人类社会的发展将政治、军事防御乃至礼制融入其中。城市的发展不是孤立的,它们不仅仅是历史的平台,无论都城还是一般城市都是中国历史的重要部分。

1. 中国早期城市形态

中国城市起步于史前至商、周时期,年代固然久远,却为后来的城市空间布局奠定了基础。考古成果为当代人探索早期城市空间格局提供了依据,其中河南偃师二里头和尸乡沟商城、郑州二里岗商城、湖北黄陂盘龙商城、河南安阳商代晚期殷城、陕西岐山周邑,均是具有典型意义的城市遗址。偃师商城、郑州商城与安阳殷城均属于商代不同时期的都邑或政治中心,盘龙商城则为方国之都,这些城市虽然分别属于商代不同时期,但就城市布局而言表现出相同的理念,即城市中心为宫殿,居民区以及手工业区设在宫殿外围,城市内部形成功能不同的两个区域,即王室与贵族的生活区与服务他们的手工业加工区。在两大基本功能分区的基础上,对比商早期与晚期的城市布局不难发现,手工业加工区以及平民居住区由集中到分散,这一变化应与王室用品需求量加大而导致服务性人口增加相关。正是由于这样的变化,偃师商城是封闭的,并由若干单一功能的分区组成(图15-1);安阳殷城则是开放的,并以某一功能为主,兼具其他设施,组成综合性功能的区域。商代城市的基本空间布局特点被西周城市继承下来,尽管时代不同,岐山周邑有着与安阳殷都相似的布局。

2. 西周都城与春秋战国时期封国都邑

"文王作丰,武王治镐"开启了西周早期都城历史,周天子随后在洛邑营建成周。考古发掘证明,成周城呈正方形,边长2890米,约合周制9里。城内以宫殿为中心进行布局,宫殿区位于中南部,手工业区与进行贸易的"市"位于城北。由于目前考古界仅揭示了成周部分情况,历史文献尤其是《周礼·考工记》有关记载对认识西周都城之制具有重要意义。《周礼·考工记》所载王城制度大致有如下要点:王城方9里,四面筑有城垣,每面城垣开3门,共12门。宫城置于城中部,全城中轴线南北穿越宫城。"前朝后市""左祖右社"是城内布局的重要组成部分,

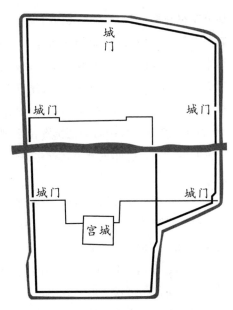

图 15-1　偃师二里头商城遗址

城内道路对应城门采取九经九纬之制,进而构成南北、东西各3条主干道。将此与洛邑考古成果比较,固然洛邑并未违背《周礼·考工记》所记,但也没有更充足的考古资料证实其全面实施,因此在更多情况下可以将此视作王城规划思想。

战国时期社会生产力进一步提高,促进了手工业发展与城市繁荣,如齐都临淄、赵都邯郸、魏都大梁都是工商业发达的大城市。当时临淄居民达到7万户,街道上车毂相击,人肩相摩,热闹非凡。据考古发掘得知,战国时齐都临淄由大、小城组成,小城为内城,大城为外郭,对小城起环护作用。大城内散布着冶铁、铸铁、制骨等作坊以及纵横的街道。大城西南有小城,南北长约5公里,东西宽约4公里,其中夯土台高达14米,宫室、宗庙以及官府手工业作

图 15-2　齐临淄平面图

坊分布在周围(图15-2)。战国时期赵国都城遗址位于河北省邯郸市区及其西南郊,总面积约1888万平方米。全城分郭城与宫城,两部分相距六十余米。宫城被称为"赵王城",主要由宫室、宗庙、官府手工业组成;郭城被称为"大北城",手工业作坊、市均分布于此。战国时期燕下都位于河北易县,由东西两城并列组成:东城为城,宫殿、官府手工业均位于这里;西城为郭,为驻军营地。战国时期楚都郢位于湖北江陵,呈长方形,城东南有庞大的宫殿群,宗庙、府库也分布在这里,城内可分为宫殿区、居住区、手工业作坊区。①

战国时期封侯都邑多有内、外城之分,并在建筑上呈现城与郭的区别。这一时期剧烈的社会变革为城市带来了新的变化,最明显之处在于商品交易场所"市"的地位不断提升,工商业区成为城市的必要组成部分。"城"与"市"的结合是这一时期城市发展的重要特点。

天子所都与诸侯之邑分属出自不同政治理念与规划需求的两类城市,两类城市在具有贵族生活区与服务他们的手工业生产区、商品交易区这一基本共性之外,天子所都重在礼制,诸侯之邑偏于实际。

(二) 中国重要古都布局变化与规划思想

都城是国家的政治中心,因此都城的营造不仅符合政治与军事防御的需求,而且集礼制、建筑最高成就于一体。中国历代都城(包括历代统一王朝与地方政权)以数百计,其中长安、洛阳、开封、南京、北京的城市布局变化与规划思想在中国城市史上占有重要地位。

1. 西汉长安城

汉长安城地处关中平原中部,历史上西周、秦、西汉、新莽、隋、唐六个统一王朝以及前赵、前秦、后秦、西魏、北周、两汉之际的更始帝刘玄、东汉献帝、西晋惠帝和愍帝、赤眉军、黄巢、李自成等十几个政权均在这里建都,前后历时一千多年,在中国各大古都之中最为长久,故古人有"关中自古帝王都"②的说法。

西汉长安城始建于汉高祖时期,逐步完成全部建筑。高帝立都长安,首

---

① 参见贺业矩:《中国古代城市规划史》,中国建筑工业出版社1996年版。
② [清]斌良:《抱冲斋诗集》卷三六《藏卫奉使集二·新丰》。

先着手将秦咸阳建于渭河南岸的兴乐宫改造为长乐宫,并在长乐宫西建未央宫,未央宫北草建北宫,长乐、未央宫间修筑武库;惠帝时开始筑城垣;武帝时在西城外修筑建章宫,长乐宫北建明光宫,未央宫北建桂宫,并增建北宫。这些建筑群构成长安城内主要建筑,并决定了城市的基本布局。对于西汉长安城布局,杨宽的研究指出:(1)汉长安城为内城。汉长安城城垣为斗形,如此造型并非有意对应天象,而是因为受渭河流向的限制。长安城城内建筑主要为宫殿、宗庙、中央官署、三辅官署,这些建筑大约占全城面积2/3,此外还有仓库以及诸侯王、列侯、郡主等达官贵人的府第,所有这些占据城内绝大部分面积,使长安城具有鲜明的内城特点。长安城主要居民区分布在东门、北门外郭城区,渭河、禁苑、漕渠共同担任外城的功能。(2)城内实行里坊制。里坊制是古代对于城市实行封闭式管理的建筑形式,里是人们居住的区块,宅院安在里内,里周围筑有围墙,凭借里门出入。汉以后出现了坊,就建筑而言,里、坊没有明显区别。《三辅黄图》载:"长安闾里一百六十,室居栉比,门巷修直。有宣明、建阳、昌阴、尚冠、修城、黄棘、北焕、南平等里。"当年宣帝流落民间,即"时常在尚冠里"。[1] (3)长安城内街道长短不一,宽度却一致,为方轨十二。[2] (4)长安城内商业活动集中于市,"长安市有九,各方二百六十六步,六市在道西,三市在道东,凡四里为一市"[3]。其中位于横门外的"西市"与杜门外的"东市"最重要。(5)长安城没有明显的中轴线,整座城市承秦制,坐西朝东。未央宫为帝王理政之处,长乐宫为后宫所在之地。《史记·高祖本纪》载:"八年,萧丞相营作未央宫,立东阙、北阙。"各个宫殿群中的每座宫殿虽然朝南,但整个宫殿群坐西朝东,并在东、北门处修建门阙。不仅未央、长乐两宫偏重东向,长安城12座城门中也只有东门修筑门阙。门阙的位置突出了所在方向的重要性,也是城市尊崇方向的标识。(图15-3)

西汉长安城的城市布局,既是后世都城城市建设的模板,也是变革改造的基础。我们会看到在都城城市布局的发展变化中,哪些留下了,哪些不再有。

---

[1] [汉]佚名:《三辅黄图》卷二《长安城中闾里》。
[2] 一轨为车子两轮之间的距离,其宽度为古制八尺。
[3] [汉]佚名:《三辅黄图》卷二《长安九市》。

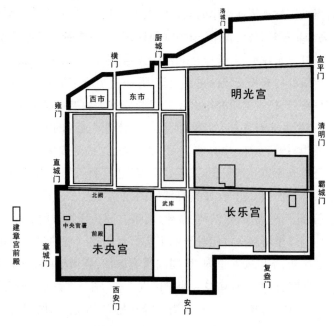

图 15-3 西汉长安城平面图

2. 东汉、北魏洛阳城

洛阳号称"天下之中",北依邙山,西负黄河,南临洛水。历史上东周、东汉、曹魏、西晋、北魏(孝文帝后)、隋(炀帝)、唐(武后)、后梁、后唐在此立都,洛阳素有"九朝古都"之称。九朝之中,当属汉、魏时期的城市布局更值得探讨。

汉、魏洛阳城位于今洛阳市区东 15 公里。东汉、北魏两代都城位置相叠,城市布局具有如下变化:(1)东汉洛阳城呈不规则长方形,南北长 9 里,东西宽 6 里,被称为"九六城"。秦、西汉两代洛阳已经建有南宫、北宫,东汉光武帝立都洛阳后,首先起南宫前殿,汉明帝时重建北宫,北宫内永乐宫、永安宫为太后所居之处,南宫与北宫其他宫殿均为朝政所用。南、北两宫不仅面积大,而且占全城主要部分,宫殿、仓库、官署布满城内,故东汉洛阳城仍为内城。洛阳城内南、北宫南北纵列,以南城垣偏东的平城门为正门,这座城门直对南宫南门(朱雀门),直接服务于帝王出城郊祀。(2)东汉末年洛阳被毁,魏明帝在东汉南宫崇德殿基础上建造太极殿。西晋末年洛阳再次被毁,北魏孝文帝迁都洛阳,在废墟上重建洛阳,省去南宫,在北宫基础上修建了占全城面积 1/10 的新北宫宫殿群。这一时期的洛阳城仍属于内城性质。(3)北魏洛阳城布局出现的新变化在于城市中轴线的出现,这条中轴线为一条贯穿洛阳城南北的大街,宽 41—42 米,也被称为铜驼街,沿街两侧为中央官署。(4)据《洛阳伽蓝记》所载,北魏洛阳城分为 320 里,其中大多分布在郭区即外城。洛阳外城分布在内城的东、西、南三面,其中西郭区的边界为张方沟、张方桥,东郭边界为引洛水北上而成的南北向漕渠——阳渠,南郭为洛水。(图 15-4)

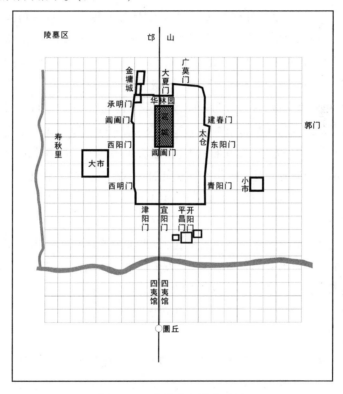

图 15-4　北魏洛阳城平面图

汉、魏洛阳城城市格局的最大变化,在于南北向城市中轴线的出现;而对于旧有城市格局的承继,主要表现在里坊制与整座城市具有内城属性。

3. 隋唐长安城

唐长安城是一座恢宏的古代都城,这座城市在隋大兴城的基础上修建而成。隋开皇二年(582)高颎、宇文恺经过规划、设计,在汉长安城东南建大兴城。其城市布局具有如下特点:(1)大兴城分为郭城、内城,"筑城以卫君,造郭以居民"是大兴城内外城突出的职能特征。内城又分为宫城与皇城两部分,宫城为帝王所居,皇城为中央官署。朱雀大街为全城的中轴线。(2)实行内、中、外三朝制度。西周至春秋时期即曾出现三朝制度,但唐朝确立的三朝制度与古制并不相同。唐代的外朝用于大规模朝贺仪式,中朝用于定期举行朝仪,内朝则用于处理日常政务。唐代前期位于宫城与皇城之间的横街具有宫廷广场的特点,每逢元旦、冬至与千秋节(帝王生辰)在此举行大型朝贺,承担外朝的功能;太极殿具有中朝功能,每月朔望均在这里举行朝仪;两仪殿为帝王日常处理政务的地方,属于内朝。由于宇文恺等规划大兴城时,对于宫城所在地环境条件考虑不充分,太极宫所在地低洼、潮湿,唐太宗贞观八年(634)于龙首原兴建大明宫,这一宫殿群中含元殿为正殿,承担外朝功能,宣政殿为中朝,紫宸殿为内朝,三座宫殿自南向北一线排列的布局形式对于后世宫殿布局影响很大。(3)唐长安城依然实行里坊制度,城中诸坊分方形、长方形两类,多数坊四面开门。封闭式的管理使里坊之内不仅有普通民宅,且有各级官员居住,按规定"出不由里门,面大道者名曰第。爵虽列侯,食邑不满万户,不得作第,其舍在里中,皆不称第"[1]。(图15-5)

若与此前都城城市格局进行对比,继北魏洛阳城之后,隋唐长安城拥有人工建成的内外城,不再利用天然或人工河道等地物作为内外城界限。经过规划而建设的长安城不仅具有鲜明的对称布局形式,且在三朝制度的基础上,使宫城内各宫殿分工更明确,建筑更恢宏。

4. 北宋开封城

宋代是中国历史上政治变革最剧烈的时代,伴随政治变革,社会经济与城市布局均进入新的发展阶段,其中令人瞩目且具有划时代意义的是长久以来的里坊制封闭式管理被取消,坊墙被推倒,街市店铺开设于市井之中,民宅府第展露于街巷两侧,为中国城市布局带来了新的面貌。变革中的开封城表现出如下特点:(1)宋开封城基于后周的基础发展、改造,后周立都于原汴州城,首先在汴州城外围扩建了四倍大的外城,在此基础上出现三重

---

[1] [唐]徐坚:《初学记》卷二四《居处部·宅》。

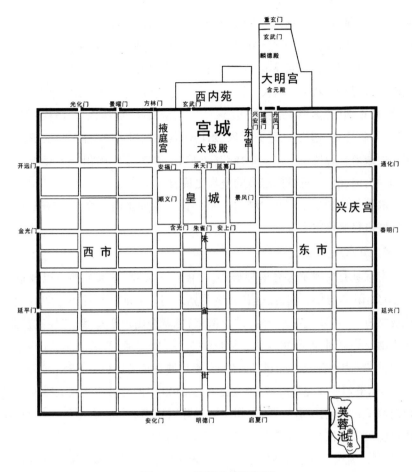

图 15-5 唐长安城平面图

城,即宫城、里城和外城。里城在外城的中央,宫城又在里城的中央偏西北。宫城亦称皇城,即大内;里城也称阙城,又称旧城,即唐代汴州城;外城称罗城,又称新城,为后周世宗所扩建。北宋继承了开封城三重城的布局形式,城市中轴线为经宫城南门宣德门、里城南面正门朱雀门,连接外城南面正门南薰门的南北向大街。这条被称为御街的街道两侧建有千步廊,每逢元旦、冬至百官在此排班等候庆典。中央主要官署也设在大街两侧。(2)北宋时期城市经济高度发展,服务于商业的"行""市"不但存在于各个工商业部门,应对客商需要的邸店也日益增长,这些邸店主要设在沿汴河地带,对应邸店又出现了新的行市。里坊制取消之后,商业经营不再受经营地点的限制,北宋时期为了方便漕运,蔡河、五丈河、金水河、汴河四条运河行经城内,沿河、沿桥乃至近城门地带凭借交通优势,成为商业行市集中地带。宋人孟元老《东京梦华录》为后人留下了关于开封城的永久记忆:"开封府御街一直南去,过州桥,两边皆居民。街东车家炭、张家酒店,次则王楼山洞梅花包子、李家香铺、曹婆婆肉饼、李四分茶。"①大量商家、店铺之外,酒楼、茶馆、货栈、邸店乃至"勾栏""瓦子"等娱乐场所均在这里占有一席之地,成为都城之内最繁华的地带。宋人张择端《清明上河图》所展示的画卷,就是坊墙推倒后沿河、沿桥、近城门地带的繁华之景。

取消里坊制是北宋开封城的一大变革,从封闭走向开放,北宋开封城为后世城市格局奠定了基础。

5. 南京城的变迁

南京具有虎踞龙盘之地理形势,北依长江天险,东南为钟山以及栖霞山、南象山、幕府山。据传三国时,诸葛亮来到东吴准备与孙权结盟共同抵抗曹操80万大军。路经金陵(即今南京)见紫金山山峦巍峨,似蛟龙盘曲,石头山地势险固,如虎踞江边,不胜感叹:"钟山龙蟠,石头虎踞,真乃帝王之宅也。"②力劝孙权在此建都。然而,南京城真正的历史更久远,自公元前472年越王勾践在此筑越城,至今已有近2500年的建城史。公元229年孙权迁都于此,其后又有东晋、南朝宋齐梁陈以及南唐、明、太平天国、中华民国等朝代或政权在这里建都立国,前后共有1700多年的建都史。公元549年,侯景之乱使建康城遭到大破坏。公元589年隋平陈,隋文帝又下令荡平建康城邑及宫殿,六朝300余年的建设毁于一旦。公元937年,南唐建国,定都金陵,改称江宁府。此地成为东南地区政治、经济、军事、文化中心,城市建设得到恢复和发展。南唐都城和南朝建康城相比有所南移,把秦淮河下游两岸的商业区和居民都包围于城内,其范围约在今北门桥、中华门、大中桥、水西门之间;城内开辟有御街,是整个江宁府的中轴线。公元1368年朱元璋称帝,将南京改称应天府,依山川、江湖地理形势,先后修筑了宫城、皇城、京师城和外郭城,都城的规模得到了极大的扩展。永乐年间南、北两

---

① [宋]孟元老:《东京梦华录》卷二《朱雀门外街巷》。
② 《舆地纪胜》卷一七《江南东路建康府》。

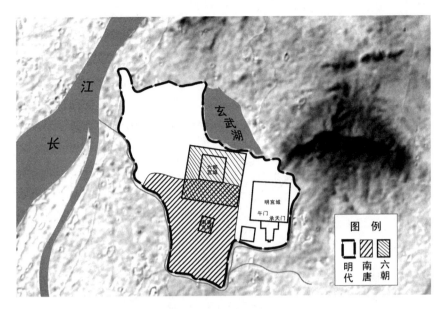

图 15-6　南京历代城址变迁图

京并立,南京失去政治中心的地位。(图 15-6)①

回顾南京城过往的变迁,"江南佳丽地,金陵帝王州",南朝谢朓《入朝曲》中这一诗句浓缩了这座城市的历史与文化属性。

6. 北京城的变迁

北京曾为金、元、明、清四个王朝的都城,若追寻其建城历史的起点,往往从西周初期燕、蓟两个诸侯国的都邑开始,而其建都历史则离不开唐代幽州城。唐代置幽州于今北京之地,只是北方一州治所。936 年草原民族契丹人据幽州城,并在这里建立陪都,即后来的辽南京,又称燕京。继契丹人之后女真人在塞外建立了金王朝,并于贞元元年(1153)正式迁都于燕京,改置为中都。北京城的建都历史起步于金中都,金中都位于今北京原宣武区西部,整座城市呈方形。元代立都于北京,以金中都外的离宫——大宁宫为设计中心,展开大都的规划与营建(图15-7)。经元、明、清三代的改造,北京城城市布局具有如下特点:(1)元大都由外城、皇城、宫城组成,建筑布

---

① 图 15-1、15-2、15-3、15-4、15-5、15-6 根据杨宽《中国古代都城制度史研究》(上海古籍出版社 1993 年版)插图改绘。

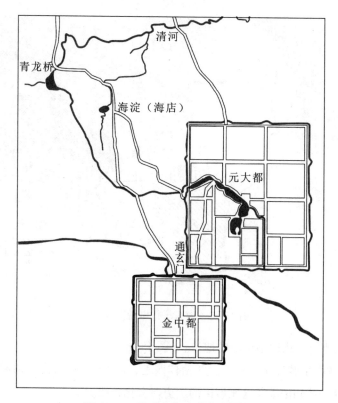

图 15-7 元大都与金中都位置图

局具有"前朝后寝,左祖右社"这一与《周礼·考工记》理念吻合的格局特征。元大都将代表皇权的宫城与皇城安排在整个城市的南面,且宫城内处理朝政的宫殿也位于南部,寝宫位于北部,再次将《周礼·考工记》"前朝后寝"的理念融于宫城设计之中。(2)商业区是一座城市最活跃的部分。元代商业区主要集中在与通惠河连接的积水潭东北斜街至钟鼓楼一带,以及东四牌楼与西四牌楼附近。明代通惠渠故道被包围在城内,切断了城内与大运河的联系,全城的商业中心也从北向南推移,并与东、西四牌楼构成十字形商业中心。正阳门附近本为城南主要商业区,自明代中后期外城修造以后,商业活动更加活跃。晚清修建铁路之后,火车站坐落在这里,使商业中心的特点更加突出。元、明、清时期北京商业中心经历着从"东四、西单、鼓楼前"到"前门大街、鼓楼前"的变化。(3)北京城的中轴线经由钟、鼓楼向南延伸,穿过紫禁城,至正阳门,形成一条完整的城市核心带。(4)元大

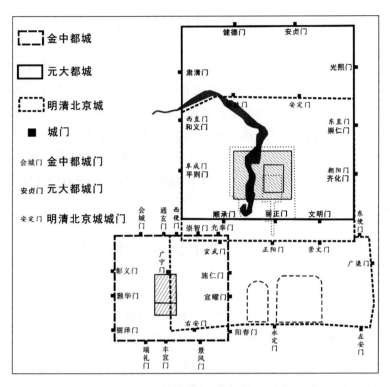

图 15-8　北京历代城址变迁图

都整个城市呈长方形,南墙在今北京城东西长安街的南侧,北墙在今德胜门和安定门以北五里处,东墙与西墙分别与今东直门、西直门各在南北一条垂直线上。明代放弃了北部城区,并在北城墙以南五里修筑新城墙,又将南城墙向南推移了二里。明代嘉靖年间为了防御蒙古人南下,朝廷决定全面修筑外郭城,嘉靖四十三年(1564)首先在南郊修筑了外城垣,后因经费紧张取消原有计划,由此北京城形成"凸"字形城市轮廓。(图 15-8)①(5)清代满八旗入住内城,并形成两黄旗居住在北城、两白旗居住在东城、两红旗居住在西城、两蓝旗居住在南城的分布形式。② 旗人入居内城,汉人迁至外城,内城满族为主,外城为汉族聚居地;内城、外城形成完全不同的文化氛

---

① 图 15-7、15-8 根据侯仁之《北京城的生命印记》(生活·读书·新知三联书店 2009 年版)插图绘制。

② "中国早期城市形态与重要古都平面布局"主要内容参见杨宽《中国古代都城制度史研究》、侯仁之《历史地理学的理论与实践》、贺业矩《中国古代城市规划史》。

围,内城具有贵族文化特征,外城则以平民文化为主。

回顾中国古代都城平面布局的发展,北魏洛阳城、隋唐长安城出现中轴线,北宋开封城取消里坊制,元、明、清北京城实现了《周礼·考工记》的设计理念,三个时代完成了具有里程碑性质的城市布局变化。都城具备所有城市功能的同时,重点在于服务政治,而政治对于都城建设的影响一方面体现在功能利用上,另一方面则将礼制融会其中。纵览中国古代都城平面布局的变化,在从属于政治需要的前提下,城市布局越来越规整,不但具有清楚的规划理念,且赋予其规范的建筑原则。

四 中国古代都城选址的地理基础

中国古代城市以政治中心为主兼具地区经济中心的特点,使城市生长必然依托四通八达的交通道路、供给充裕的经济腹地,两者的结合构成了城市选址的地理基础。都城从属于城市基本需求之外,又与普通城市有别。都城不仅是整个国家的政治中心,而且是国家的象征与文化的凝聚体,出于这样的需要,都城在城市选址共同的地理基础之上,又增加了更多的支撑条件。

分合聚散使中国历史上存在统一王朝与地方政权,然而无论哪一类政权建国与立都是并行的两件大事,都城确立在什么地方不仅决定统治者权力核心的地理归属,而且影响着政权的昌运。史念海的研究指出,中国历史上统一王朝与地方割据政权兴建的都城共二百多个[1],由于地方政权地分南北东西,都城也因地而置,具有鲜明的地方特色,而统一王朝的都城就不同了,偌大的国家究竟将国都设置在什么地方,既要满足统驭全国的需要,又要保障自身的安全,众多的古都看似无序,但从地理的视角不难看到其共同的基点。

以地理中心为都城是最初古人建都选址的重要理念:"古之王者,择天下之中而立国,择国之中而立宫,择宫之中而立庙。"[2]"周公行政七年,成王

---

[1] 史念海:《中国古都概说》,《陕西师范大学学报(哲学社会科学版)》1991年第1—8期。
[2] 《吕氏春秋》卷一七《慎势》。

长,周公反政成王,北面就群臣之位。成王在丰,使召公复营洛邑,如武王之意。周公复卜申视,卒营筑,居九鼎焉,曰:'此天下之中,四方入贡道里均。'"①这时古人十分强调"国之中"对于都城选址的意义,而此时的"国之中"就是今河南洛阳。夏、商、周三代的政治中心固然经历多次变化,但始终没有脱离这一地区,尽管西周"文王作丰,武王治镐",但至成王时还是在洛邑兴建了成周,东周时期国家的政治中心彻底转向这里。

都城选址突出地理因素中的哪个环节,并非一成不变,历史进入战国,直至秦统一,军事地理对于都城的支撑作用越来越重要,而兼具政治、军事乃至经济优势之地就是关中,其地历史上曾为十三朝古都,故后人诗文中有"关中自古帝王都"之说。那么关中凭借什么地理形势而成为帝王之都?前已论及,《史记·留侯世家》称关中"金城千里,天府之国"。何谓"天府之国"?即因土地肥沃、物产丰富而含天子府库之意。关中平原由渭河冲积而成深厚沃土,加之渭河、泾河等河流的灌溉,在农业为本的古代社会中极尽地利之势。经济腹地是支撑都城存在的必要基础,对于国都而言,另一项必须考虑的就是军事地理与交通区位。就地形来说,中国古人将易守难攻之地称为"形胜之区,四塞之国",这样的地方不仅能够为战事赢得不败之结果,且拥有支撑"根本之地"进可攻、退可守的战略基础,关中地区就具备这样的地形条件:南有秦岭,北则黄土丘陵山地,关中平原地处其中,不仅营造"四塞之国"的地形,且平原与山地结合之处的山间谷地自然成为冷兵器时代的关隘,并由此构成"形胜之区"。关中地区同时为"天府之国""形胜之区,四塞之国",独占冷兵器时代少有的地理优势,正因此而成为十三朝立都之地。

当然,任何优势都并非永久的,随着历史的发展关中地区作为"根本之地"的优势面临着两方面的挑战:其一是邻近西北游牧民族,极易受到北方民族的攻击;其二是随着统治集团的庞大,为了支撑朝廷日常支出以及皇族、贵族、百官的物质需求,仅凭八百里秦川自身的物产已经无法满足,而关东地区的漕粮与其他物资又面临着运输困难,尤其黄河河道三门峡段"多风波覆溺之患,其失尝十七八"②。于是,东汉都城东移至洛阳。此后经魏

---

① 《史记》卷四《周本纪》。
② 《新唐书》卷五三《食货志》。

晋至北魏时期，历时数百年，均以洛阳为都。隋代北周而起，立都于长安，唐代继承了这一都城选择，尽管如此，隋唐两代均在洛阳另设东都。

洛阳虽然没有关中"形胜之区，四塞之国"的地理优势，但北依黄河，南临洛水，且居"天下之中"。北宋时期定都开封，除北靠黄河外，几乎无险可守。故宋初关于立都何处，曾经有过一番讨论。开宝九年（976）宋太祖赵匡胤到洛阳巡幸，并打算以此为都，甚至还有定都长安之意。但其弟赵光义与群臣都力谏劝阻，赵光义等人的理由主要是开封有通江淮漕运之便。无奈之下宋太祖接受了群臣的意见，但他已经预见到由于开封无险可守，必须仰仗重兵，"患不在今日，自此去不出百年，天下民力殚矣"①。以后的历史证明了赵匡胤预见之准确，不仅重兵驻守在开封城周围需要的粮饷耗尽民力，且开封因无险可守屡遇险境，最终还是被女真人攻陷，徽、钦二帝被俘送北国，结束了北宋王朝的历史。

历史时期沿黄河一线设置的都城，在优先选择军事屏障还是经济补给之间反复徘徊，取此必失彼，最终以北宋王朝的覆灭而终结了都城沿黄河一线东西之间变换的历史。

自三国至东晋南朝时期，以长江下游的经济开发为基础，建康即今南京开始了都城历史，并于明代成为统一王朝之都。北京作为都城起步于金代，并于元、明、清三代成为统一王朝的国都。看得出来，无论位于长江流域的南京还是位于华北平原北端的北京，南、北二京作为都城均起步于地方政权，即分裂时期的地方政权从事的经济开发与城市建设为后来统一王朝的都城奠定了基础，并依托运河这一物资补给线为南、北两京提供了物资保证。

都城选址是一个复杂过程，"龙兴之地"即统治集团起家的政治根据地或其邻近之地，也是都城选址的重要取向。周、秦、隋、唐、辽、宋、金、元、明、清无不如此，甚至连割据江东的孙吴政权也有如此说法。孙吴政权晚期孙

---

① ［宋］王称《东都事略》卷二八《列传十二》："太祖幸西京，有迁都意，怀忠乘闲言曰：'汴都岁漕江淮米四五百万斛，赡军数十万计，帑藏重兵在焉。陛下欲都洛，臣实未见其利。'会晋王亦以为言，太祖曰：'迁洛未久，又当迁雍。'晋王扣其指，太祖曰：'吾将西迁者无它，据山河之胜，而去冗兵，循周汉之故事，以安天下。'晋王又言在德不在险，太祖不应。晋王出，太祖谓侍臣曰：'晋王之言若从之，患不在今日，自此去不出百年，天下民力殚矣。'乃不果迁，遂还京师。"

皓为国主，迁都武昌，由此"扬土百姓溯流供给，以为患苦，又政事多谬，黎元穷匮"。故陆凯上疏孙皓："武昌土地实危险而墝确，非王都安国养民之处，船泊则沉漂，陵居则峻危，且童谣言：'宁饮建业水，不食武昌鱼。宁还建业死，不止武昌居。'"①供应烦劳固然是东吴人不愿意都于武昌的理由，但远离家乡也许是真正的原因。辽王朝为契丹人于907年以西拉木伦河流域为中心建立的北方政权，根据《辽史》记载，都城上京临潢府以及各州建置地点的确定，主要有这样几种背景特征：(1)奉陵州及契丹祖先纪念地。(2)皇家猎场或官牧地。(3)契丹部族的活动地带。无疑，西拉木伦河流域不仅是辽王朝都城所在之地，也是辽帝王的"龙兴之地"。那么，为什么"龙兴之地"或接近"龙兴之地"会成为都城的重要选地？道理十分简单，统治者不仅熟悉这些地方，且占有人脉与信念，人心可以信赖，水土带来昌运，有助于国运长久。

都城选址在整个国家宏观视角下，既是地理选择，也是政治选择，而将所有选择原则归结为一点，就是保证长治久安。而长治久安的内涵不仅在于时间，政治上得以号令全国、文化上拥有根基、经济上保障供给、军事上实现自保，均在其中。

考古学界提出，距今5000年左右中国大地上就出现了古城，但是，史前时期的城与真正意义上的城市并不一样，仅是拥有城垣的较大聚落。城市跃入我们的视线，是历史进入国家时期的事。这时国家的都城乃至各个邦国、侯国的都邑都发展为真正的城市。回顾中国城市数千年的发展进程，城市在构成中国历史重要组成部分的同时，也在自身的发展中形成独特的地域空间格局与内部结构。

◎作者讲课实录：

---

① 《三国志》卷六一《陆凯传》。

主要参考书目

方国瑜:《中国西南历史地理考释》,中华书局1987年版。

葛剑雄:《统一与分裂——中国历史的启示》,生活·读书·新知三联书店1994年版。

葛剑雄:《中国历代疆域的变迁》,商务印书馆1997年版。

葛剑雄主编:《中国人口史》,复旦大学出版社2000年版。

顾颉刚、史念海:《中国疆域沿革史》,商务印书馆1999年版。

韩茂莉:《草原与田园:辽金时期西辽河流域农牧业与环境》,生活·读书·新知三联书店2006年版。

韩茂莉:《辽金农业地理》,社会科学文献出版社1999年版。

韩茂莉:《宋代农业地理》,山西古籍出版社1993年版。

韩茂莉:《中国历史农业地理》,北京大学出版社2012年版。

何业恒:《中国珍稀兽类的历史变迁》,湖南科学技术出版社1993年版。

贺业矩:《中国古代城市规划史》,中国建筑工业出版社1996年版。

侯仁之:《历史地理学的理论与实践》,上海人民出版社1979年版。

侯仁之:《历史地理学四论》,中国科学技术出版社1994年版。

胡阿祥:《六朝疆域与政区研究》,学苑出版社2005年版。

蓝勇编著:《中国历史地理学》,高等教育出版社2002年版。

李孝聪:《历史城市地理》,山东教育出版社2007年版。

李志勤、阎守诚、胡戟:《蜀道话古》,西北大学出版社1986年版。

李治安主编:《唐宋元明清中央与地方关系研究》,南开大学出版社1996年版。

施雅风、孔昭宸:《中国全新世大暖期鼎盛阶段的气候与环境》,施雅风主编,孔昭宸副主编:《中国全新世大暖期气候与环境》,海洋出版社1992年版。

施雅风总编,张丕远本卷主编:《中国气候与海面变化及其趋势和影响

1:中国历史气候变化》,山东科学技术出版社1996年版。

石璋如等:《中国历史地理》,台湾中国文化大学出版社1983年版。

史念海、曹尔琴、朱士光:《黄土高原森林与草原的变迁》,陕西人民出版社1985年版。

史念海:《河山集 二集》,生活·读书·新知三联书店1981年版。

史念海:《河山集 四集》,陕西师范大学出版社1991年版。

史念海:《黄河流域诸河流的演变与治理》,陕西人民出版社1999年版。

史念海:《中国的运河》,陕西人民出版社1988年版。

史念海:《中国古都和文化》,中华书局1998年版。

史念海:《中国历史地理纲要》,山西人民出版社1991年版。

水利部黄河水利委员会《黄河水利史述要》编写组:《黄河水利史述要》,水利出版社1982年版。

谭其骧:《长水粹编》,河北教育出版社2000年版。

谭其骧:《长水集》,人民出版社1987年版。

谭其骧主编:《中国历史地图集》,中国地图出版社1982年版。

童书业:《中国疆域沿革略》,上海开明书店1946年版。

王恢:《中国历史地理》,台湾学生书局1986年版。

王文楚:《古代交通地理丛考》,中华书局1996年版。

王小甫:《唐、吐蕃、大食政治关系史》,北京大学出版社1992年版。

王育民:《中国历史地理概论》,人民教育出版社1985年版。

魏良弢:《叶尔羌汗国史纲》,黑龙江教育出版社1994年版。

文焕然等:《中国历史时期植物与动物变迁研究》,重庆出版社1995年版。

辛德勇:《古代交通与地理文献研究》,中华书局1996年版。

辛德勇:《黄河史话》,社会科学文献出版社2011年版。

辛德勇:《历史的空间与空间的历史:中国历史地理与地理学史研究》,北京师范大学出版社2005年版。

辛德勇:《秦汉政区与边界地理研究》,中华书局2009年版。

杨宽:《战国秦汉的监察和视察地方制度》,《杨宽古史论文选集》,上海人民出版社2003年版。

杨宽:《中国古代都城制度史研究》,上海古籍出版社1993年版。

中国科学院《中国自然地理》编辑委员会编:《中国自然地理·历史自然地理》,科学出版社1982年版。

周长山:《汉代地方政治史论——对郡县制度若干问题的考察》,中国社会科学出版社2006年版。

周振鹤:《体国经野之道》,香港中华书局1990年版。

周振鹤:《西汉政区地理》,人民出版社1987年版。

周振鹤:《中国地方行政制度史》,上海人民出版社2005年版。

邹逸麟:《千古黄河》,香港中华书局1990年版。

邹逸麟、张修桂主编,王守春副主编:《中国历史自然地理》,科学出版社2013年版。

邹逸麟编著:《中国历史地理概述》,上海教育出版社2013年版。

邹逸麟主编:《中国历史人文地理》,科学出版社2001年版。

〔法〕勒内·格鲁塞:《草原帝国》,蓝琪译,商务印书馆1998年版。

〔日〕江上波夫:《骑马民族国家》,张承志译,光明日报出版社1988年版。

〔日〕松田寿男:《古代天山历史地理学研究》,陈俊谋译,中央民族学院出版社1987年版。

〔美〕施坚雅主编:《中华帝国晚期的城市》,叶光庭等译,中华书局2000年版。

〔美〕G. W. 施坚雅:《中国封建社会晚期城市研究——施坚雅模式》,王旭等译,吉林教育出版社1991年版。

第二版后记

　　历史地理与当代地理一样，是一个涉及领域很广的学科，不仅包括决定人类生存的环境与资源——气候、植物、土壤、山川湖泊，而且包括人类创造的一切——农田、城市、道路、文化以及基于政治、军事需求对于环境的利用，这本"十五讲"的内容几乎涉及所有这些领域。从属于历史地理的各个研究领域，每一个领域均可以自成体系、独立成章。20世纪初涉及历史地理各个领域的学术论文相继刊行，20世纪80年代谭其骧主编《中国历史地图集》正式出版，葛剑雄《西汉人口地理》、周振鹤《西汉政区地理》两部历史地理专项研究问世，此后的30年间属于历史地理的研究成果令人目不暇接。我主要从事中国历史农业地理与相关环境以及乡村社会地理研究。虽然北京大学出版社推出的"十五讲"系列属于通识讲座，却以严谨、前沿而著称，因此针对"十五讲"的各个篇章，我在领悟、体会其他领域研究成果的同时，也进行了认真的思考，并形成自己的再认识。

　　撰写《中国历史地理十五讲》，除历史地理各个研究领域的成果外，邹逸麟《中国历史地理概述》、史念海《中国历史地理纲要》、王育民《中国历史地理概论》、石璋如等《中国历史地理》、王恢《中国历史地理》涉及的内容与章节安排，也让我受益颇多，我由衷地感谢他们，并感谢我的老师史念海、黄永年、侯仁之先生，以及多年来视为师长的邹逸麟、张修桂、周振鹤、葛剑雄先生。

　　本书2014年初版，其后几年中邹逸麟、张修桂两位先生先后辞世，我几乎失去了所有的老师，常怀思念之情，并不时想起那些在他们的点拨下一步步长进的日子。

　　本书中插图分别由北京大学城市与环境学院研究生张丹、李晶、杨昕、王嘉懿等同学绘制，在此表示感谢。

　　感谢初版所有的读者，也感谢未来的读者。尤其感谢指出初版讹误的读者。

最后，我要感谢北京大学出版社以及这套书的编辑艾英，感谢他们的付出与对学术的支持。

韩茂莉

2022 年 9 月 21 日